KB191029

거대한 음모

제1권 불사조의 귀환

THE BIG PLOT

THE BIG PLOT

Copyright © 2024, Teklium Inc.
Allringhts reserved.

Korean Translation Copyright © Book & People
Korean edition is published by arrangement with
Thyon Solutions Co., Ltd.

이 책의 한국어판 저작권은 (주)사이언솔루션즈와의
독점계약으로 북앤피플에 있습니다.
저작권법에 의하여 한국 내에서 보호를 받는 저작물이므로
무단전재와 무단복제를 금합니다.

거대한 음모

제1권 불사조의 귀환

THE BIG PLOT

제이슨 호·모에 후카다 지음

권은주·박보영 옮김

북앤피플

거대한 음모

중국은 어떻게 미국을 추월하고 있는가
-조직적인 절도, 압력 행사, 부패, 그리고 범죄 행위를 통해

불과 30년 전만 해도 중국은 무너진 기반 시설과 통행 불가능한 도로에 발목 잡혀 대도시에 식량을 보급하는 데 어려움을 겪었다. 그러나 30년이 지난 지금, 중국은 미국, 유럽, 남미, 아프리카를 비롯한 전 세계에 큰 위협으로 떠올랐다. 많은 국가들은 중국을 최우선의 국가적 · 경제적 안보 문제로 여기고 있다. 하지만 많은 중국 전문가들과 정보분석가들은 중국이 이렇게 예상을 뛰어넘는 속도로 성장할 것을 예측하지 못했다.

"남중국해를 위협하는 중국", "첨단 AI의 위험요소인 중국", "자동차 산업을 장악한 중국", "항공우주 분야에서 힘을 얻은 중국", "최신 양자 컴퓨터를 개발한 중국", "첨단 핵융합 개발에 앞장서는 중국" 등 뉴스 헤드라인에서 알 수 있듯이 중국은 이제 명실상부하게 거의 모든 기술과 경제개발 부문에서 선두주자로 떠올랐다. 이런 상황은 기술 전문가나 경제학자 중 누구도 예측하지 못한 것이다.

이러한 중국의 극적인 성공은 환호보다는 두려움을 불러일으킨다. 국민들은 삶의 구석구석까지 침해하는 권위적인 공산당의 통제 아래에서 고통받으며, 미래에 대한 희망을 잃은 채 절망하고 있다. 한편, 국제사회는 공산당의 역습에 대한 두려움에 휩싸여 있다. 중국의 부정적인 영향력은 전 세계를 공포의 팬데믹으로 뒤덮어버렸고, 사람들은 평생의 노력과 저축으로 이룬 것을 잃을지도 모른다는 두려움에 떨고 있다.

반대로, 주요 기업들과 정치 지도자들은 중국의 성공으로 이익을 누리고 있다.

이들은 수십 년 동안 공산당을 지지하며 중국을 옹호해왔다. 세계의 부호들은 중국의 최고 지도자이자 슈퍼 엘리트인 시진핑 주석의 친구가 되기 위해 경쟁하는 중이다. 자신들의 지위를 계속 누리려는 욕망으로 함께 식사하고, 술을 마시고, 웃으며 앞으로 계속될 유대감을 형성하기 위해 힘쓴다. 중국 공산당은 그들에게 특혜를 줌으로써, 일반 국민들의 경제적 계층 간 이동을 어렵게 하고 부와 권력을 가진 자들이 불안정하지 않도록 한다. 그들은 시진핑과 떨어질 수 없는 관계로 중국 공산당이 그들의 부를 가장 잘 유지시켜 줄 것으로 굳게 믿고 있다.

하지만 아무도 중국 공산당 지도자들, 세계 정치 지도자들과 기업들 사이의 이러한 부적절한 동맹의 실체를 밝히려 하지 않는다.

마오쩌둥은 나의 지인에게 "사람들은 쉽게 잊어버리기 때문에 같은 속임수로 몇 번이고 속일 수 있다"고 말한 적이 있다. 감독이 등장인물과 무대장치, 시점을 바꾸면 관객들은 같은 속임수에 반복해서 빠지는 것과 같다. 국정 운영이 셰익스피어는 상상도 하지 못할 연출 무대가 된 것이다.

진실은 관점에 따라 다양한 얼굴을 가지고 있다.
절대적인 진실은 없고 결과만 있을 뿐이다.

Special Thanks to:

Dr. Christopher R. Harz Ed.D., MBA for editing and review

Alyssa Morino for biography and references

Boyoung Park for research and references

Hyemin Jeon for art works and book design

Hayoung Cho for art works and cover page design

차례   **제1권 불사조의 귀환**

제1장
차이메리카

2049년 9월 30일

　커리어의 전성기를 누리고 있는 존 T. 말린턴 대통령이 미 국회의사당 건물 앞에 놓인 높은 마호가니 연단 위에 긴장한 표정으로 서 있다. 그 뒤로는 중화인민공화국 주석 왕전시와 인민해방군 총참모장 샤샤오빙 장군이 감정을 드러내지 않은 채 있고 VIP석에는 전 세계 모든 국가의 정상과 대표단이 자리하고 있으며 언론의 관심은 페티르 메드베데프 러시아 대통령, 영국 총리인 게리 랜더 경, 기시 마코토 일본 총리에게 쏠려 있다. 아래에는 약 200만 명의 사람들이 설레는 마음으로 취임식을 기다리고 있다.

오전 10시 정각에 전설적인 미공군 F-35 전투기와 최첨단의 중국 인민해방군 J-47 제트 전투기가 굉음을 내며 급강하하여 군중 위로 낮게 날았다. 새로운 차이메리카(Chimerica) 국기가 새겨진 제트기를 본 군중은 열광적인 박수와 함께 환호했다.

"국민 여러분!" 확성기에서 흘러나온 말린턴 대통령의 목소리가 의사당 주변 수 킬로미터 떨어진 곳까지 울려 퍼진다.

"불과 100년 전, 이 땅에서 우리는 흑인 형제자매들을 차별했습니다. 우리는 여성에게 투표를 허용하지 않았습니다. 우리는 국경을 높은 장벽으로 막았습니다. 부자는 더 부유하게, 가난한 사람은 더 가난하게 만들었습니다.

우리의 꿈은 공허한 약속에 의해 부정당했습니다. 우리의 미래는 아름다운 거짓말에 묻혔습니다. 오늘은 우리가 영원히 기념할 날입니다. 여러분, 자녀들, 그리고 자녀의 자녀들까지 이 날을 결코 잊지 못할 것입니다. 오늘 우리는 삶에 희망을 주고 우리 사회에 평등을 되찾는 영원한 횃불을 밝힙니다.

국민 여러분!

더 이상 공허한 미사여구는 없을 것입니다. 기만도 없습니다. 그리고, 더 이상의 불의도 없습니다.

오늘 우리는 하나가 되었습니다. 우리는 하나입니다. 더 이상 전쟁도, 갈등도, 걱정도 없는 평화와 번영의 날이 바로 지금 이 순간 밝았습니다.

지금 이 역사적인 순간, 저는 차이메리카(Chimerica)의 탄생을 자랑스럽게 선언합니다!"

말린턴은 눈물을 흘리며 연설을 마친다. 이 연설은 더 이상 미국 대통령으로서의 연설이 아니다. 이 순간부터 말린턴은 중화인민공화국의 특별행정구인 차이메리카 서구 지역의 최고 지도자가 된 것이다.

21발의 총성이 울리고 인민해방군 부대가 이끄는 행렬이 의사당 경내로 행진한다. 뒤를 이어 새로운 중화인민공화국 군대가 등장하고, 제복을 입은 미 해병대 장병들이 차이메리카의 영웅인 마오쩌둥의 거대한 초상화를 선두로 그 뒤를 따라간다.

미국회의사당

이 장면은 억지스러운 상상처럼 보일 수도 있다.

마치 30년 전에 중국이 미국의 권력에 가장 큰 위협이 될 것이고, 중국이 거의 모든 기술 분야를 경제적으로 지배하게 될 것이라고 했던 것처럼 가능성이 희박한 시나리오이다. 만약 그때 누군가가 중국이 다른 많은 나라들이 의존하는 세계 최고의 경제 대국이 될 것이라고 예언했다면 모두 "말도 안 되는 소리"라고 했을 것이다.

우리는 지금 미국과 자유 세계 전체가 경제 쇠퇴, 산업 쇠락, 기술 발전

둔화, 범죄율 급증, 군사력 약화, 국가 가치 하락 등 심각한 위기에 직면해 있다는 사실을 인정해야 한다. 사람들은 경기 침체, 인플레이션, 실업, 부패, 검열, 불공정한 제도에 고통받고 있다. 전보다 더 오래, 더 열심히 일하지만 더 적은 임금을 받고 구매력은 낮아졌다(References 275~474의 관련 뉴스 보도를 참조).

우리가 주류 미디어에서 낙관적이고 고무적인 뉴스를 마지막으로 접했던 것이 언제인가?

신장의 위구르족 강제 수용소, 인권 변호사 탄압, 기독교인들의 투옥, 사찰과 교회 철거, 버려진 건물로 가득한 유령 도시의 증가, 급격히 떨어지는 출산율, 중소기업의 소멸, 소득의 감소 및 식량 가격 상승 등의 중국에 대한 부정적인 뉴스들뿐이다. 중국인들 역시 자유 세계 사람들과 마찬가지로 경기 침체, 인플레이션, 실업의 증가, 부패, 검열 및 불공정한 제도에 시달리고 있다. 많은 중국인, 특히 젊은 세대는 희망을 잃고 비관적인 미래를 예상하며 두려워한다. 중국인들도 고통받고 있는 것이다. 그렇다면 중국 공산당이 중국과 전 세계에서 그 어느 때보다 강력하고 위협적인 존재가 된 이유는 무엇일까?(References 475~583의 관련 뉴스 보도를 참조)

자유 세계의 사람들은 중국에 대해 점점 더 부정적이 되고 있다. 신뢰할 수 있는 여론조사에 따르면 일본, 호주, 스웨덴, 미국, 한국 인구의 80% 이상이 중국에 대해 부정적인 견해를 갖고 있다. 중국 정부는 인기가 없고 환영받지 못하고 있다. 그럼에도 불구하고 자유 세계 국가들에 대한 중국의 영향력은 점점 더 커져서, 교육, 경제, 사회, 정치, 그리고 주류 미디어에 침투하여 강력한 국제적 영향력을 행사하고 있다. 가장 널리 사용되는 소셜 미디어 TikTok과 가장 보편적인 비즈니스 플랫폼 Zoom은 중국 공산당의 창작물이자 도구이다. 세계 정치인들과 주요 기업들은 중국과 그 어느 때보다 더 밀접한 관계를 맺고 있다. 중국에 대한 여론은 공산당의 관심사가 아니다. 국민의 다수 의견이 국가 정책과 관행에 영향을 미친다고 믿는 전 세계 어느 나라에서도 불가능한 일이다. 대부분의 국가에서는 여론이 중요하지만 중국에서는 그렇지 않다. 중국은 무엇이 다른 걸까?

중국공산당 중앙당사 중난하이로 들어가는 중요한 입구인 신화문

현실은 복잡하다. 정보와 데이터를 통해 이익을 얻는 주요 기술 기업들은 주류 미디어와 소셜 미디어의 대부분을 장악하고 있으며, 정치와 선거에도 깊숙이 관여하고 있다. 이들은 무엇을 사고, 어디에서 쇼핑하고, 어떤 영화와 TV 프로그램을 시청하는 지와 같은 우리의 일상생활에 지대한 영향을 끼치고 있다. 또 우리의 친구가 누구여야 하는지, 우리가 얼마를 벌어서 그 돈을 어디에 소비해야 좋은지를 제안한다. 즉 우리 사회에 좋은 것들이 무엇인지, 우리가 어떤 후보를 지지하고, 어떤 정책에 투표해야 하

는지, 그리고 어떤 활동에 참여해야 하는지를 알려준다. 기업들은 어떤 정보가 우리에게 유익하고 어떤 정보가 해로운지를 결정하고, 도덕적으로 부적절하다고 판단되는 정보는 우리가 절대 보지 못하도록 한다.

더 이상 우리에게 객관적인 정보는 제공되지 않는다. 주요 기술 기업, 정치 단체, 억만장자들에 의해 조작된 내러티브를 강제로 주입받을 뿐이다(References 뉴스 보도를 참조).

우리가 알고 있는 중국은 통제되고 잘못된 정보, 과장선전에 진실이 가려져 있다. 우리는 단지 부분적인 정보, 반쪽짜리 진실, 허위 정보만을 가지고 있을 뿐이다. 기자와 작가들은 특정 관심 분야에 대한 왜곡된 정보에 익숙하고, 권력 메커니즘의 다른 주요 측면에 대해서는 무지하다. 그래서 일반적인 편협한 관점으로 중국에 대한 주요 주제를 논의하면서 관련 경제 및 사회적 동인은 무시한다. 때로는 부분적인 진실이 노골적인 거짓보다 더 해롭다. 중국은 눈에 보이는 정치, 기술, 군사력, 경제적 지위, 사회 정책뿐만 아니라 다방면에 걸쳐 영향력을 행사하고 있다. 이 모든 것과 그 이면에 존재하는 중국의 과거와 현재에 대한 더 나은 정보와 맥락 없이 우리는 중국의 위험성을 제대로 이해할 수 없다.

일반적으로 사회 구성원은 영속적인 권력을 가진 계층과 생계를 위해 싸우는 두 계층으로 나뉘는데, 이들을 "상류층" 또는 "상위1%"와 "서민" 또는 "하류층"이라고 부른다.

현대 사회에서 계층은 더 이상 순환하거나 정화되지 않고 고여 있는 늪과 같다. 상위에 있는 사람들은 자격과 상관없이 상위에 머물러 있으며 하층에 있는 사람들은 아무리 능력이 뛰어나거나 재능이 있어도 영원히 그 자리에 머물게 된다. 물론 하위 계층에서 성공하는 사례도 있지만, 극소수에 불과하고 대부분 상위 계층에 의해 선택되는 경우이다. 만약 과학자로서 상대성 이론의 오류를 발견하거나, 빅뱅이 일어나지 않았다는 증거를 발견하거나, 인류보다 더 오래된 고대 문명의 증거를 발견하거나, 공짜로 전력을 모으는 에너지 획득장치를 발명한다면, 주류 사회에서 추방당하고 사이비 과학자로 낙인찍히는 삶을 준비해야 할 것이다. 전문가로서 자신의 의견을 말할 기회는커녕 아마추어 취급을 받을 수도 있다. 최상위 계층은 시스템을 뒤흔들 수 있는 파괴적인 아이디어를 논하려고 하지 않는다. 억만장자, 정치인, 저명한 학자 또는 지배층의 일원이 되고 싶다면 이러한 냉혹한 현실을 직시해야 한다. 이것은 "사이비 과학자"가 되는 것보다 훨씬 더 어려운 일이다.

이토 조이치(伊藤穰一)와 에릭 위안(Eric Yuan)의 이야기는 많은 점을 시사한다(자세한 내용은 주요 인물 참고 1~2 참조).

지금 이 역사적인 순간에도 권위주의는 중국에서 전 세계로 수출되어 정치뿐만 아니라 국제사회 곳곳에 퍼져 있다. 한 연구에 따르면, 대부분의 미국인조차도 정부가 온라인에서 '거짓' 정보를 제한해야 하고, 사람들이 이러한 정보를 게시하고 접근하지 못하도록 막는 것이 바람직하다고 생각한다. 롤로 메이(Rollo May)는 《자아를 잃어버린 현대인》이라는 저서에서 "우리 사회에서 용기와 반대되는 개념은 비겁이 아니라 순응이다"라고 썼다. 우리는 위에서 살펴본 2가지 계급 시스템을 영속화하는 교육과 훈련을 받아왔다. 독창성과 개인주의는 사라지고 순응만이 존재하는 무자비한 권위주의 사회 속에서 사람들은 권력자, 부자, 유명인의 권위에 복종하고 있다.

중국은 오랜 역사를 통해 이러한 상황을 잘 알고 있다. 중요하지 않은 일반 대중과 다수는 의사 결정 과정에서 배제하고 부자와 권력자들은 공산당을 위한 길을 닦았다.

중국 지도자들은 경험을 통해 원하는 것을 성취하기 위해 부자와 권력자만 상대하면 된다는 것을 알게 되었다. 이들이 원하는 것은 단순하다-중국과 나아가서는 전 세계에서 영원히 부와 권력을 누리는 것이다. 이들은 "당신과 자녀들, 그리고 자녀의 자녀들은 지금보다 훨씬 더 부유하고 강력해질 것이다!"라는 커다란 거짓말로 영향력 있는 최상위 계층을 휘어잡는다. 믿기 어렵고 가능성이 희박해 보일지 모르지만 차이메리카의 가능성은 점점 커지고 있다.

제2장
항상 승리하기

중화 세계의 수도로 알려진 북송시대 왕조의 군주들의 행정 및 사법 관청

서기 900년, 중국 5천 년 역사상 가장 위대한 왕조였던 당나라 말기에 십삼태보(十三太保)라는 무사 집단이 있었다. 중국 동부를 지키는 군사 지도자였던 이극용의 13명의 아들로 구성된 십삼태보는 당나라 황제 이엽(Li Ye, 李曄)을 섬겼으며 이들을 이끄는 건 이존욱(Li Cunxu, 李存勖)이었다.

이존욱은 당나라의 멸망을 예견했지만 그 시기가 언제일지는 확신하지 못했다. 십삼태보의 일원이자 장군으로서 이존욱은 제국의 멸망을 두려워한 나머지, 피할 수 없는 상황에서 살아남기 위해 "전쟁도, 평화도, 전투도, 휴전도 없는 것"이라 불리는 영리한 전략을 고안했다.

이존욱은 군대를 두 개 부대로 편성한 뒤, 각각 황실 군대와 반란군의 군복을 입도록 명했다. 그리고 주어진 상황에 따라 가장 적합한 부대를 활용했다.

그는 반란군 군복을 입은 부대에게 황금 보따리를 들고 주요 반란군 세력들을 찾아가서 반란군 지도자를 찾아 자신을 만나러 오라고 요청하도록 명령했다. 초대에 응하는 반란군 지도자에게 황금 보따리를 주었는데 대부분 이 초대를 받아들이고 그를 찾아왔다.

이존욱은 자신을 찾아온 반란군 지도자들에게 크게 공감하며 "이런 일이 일어난 것이 매우 안타깝고 그로 인한 고통에 통감한다"라고 위로했다. 그리고 "황실이 저지른 잔혹 행위로 인한 손실을 되돌릴 수 없어 유감스럽다"라고 말했다. 그는 잠시 말을 멈추었다가, "황실 근위대로서 부끄럽고 장군으로서 죄책감을 느낀다"라고 말을 이었다.

이존욱은 계속해서 "왕조에 대항하는 여러분의 싸움에 동참할 것이다. 이제 여러분은 내 형제자매이고 우리는 한 가족이다. 내가 황제로부터 받은 황금 전부를 가져가고 여러분의 대의에 대한 나의 헌신을 받아달라!"라고 설득했다. 뇌물로 타락한 반군 지도자들을 포섭한 이존욱은 반군 연합의 최고 사령관이 되었다.

그해 겨울, 반군은 수도를 포위했다. 불길할 정도로 춥고, 눈이 내리는 추운 날이었다. 그날은 마침 당나라 5대 황제 애종의 생일이었고 궁궐의 모든 방은 화려한 꽃과 장식으로 꾸며져 있었다. 예년처럼 황실의 전통에 따라 모든 신하들을 초대해 생일 연회를 축하하며 함께 즐기고 있었다. 북쪽 깊은 바다의 생선요리, 남쪽 산에서 잡은 닭고기, 히말라야의 사슴고기, 몽골의 소고기, 중국 전역의 황실 농장에서 직접 수확한 신선한 야채 등

진귀하고 풍미가 뛰어난 요리들이 엄선되어 화려한 접시에 놓여 있었다. 황실 주방장이 6개월 동안 준비한 만찬은 봄부터 보존한 과일과 양념, 꽃으로 구운 과자로 만든 64가지 후식, 산 이슬로 씻은 포도를 발효시킨 후 88년 동안 땅속에서 보관해 숙성시킨 고급 와인과 함께 끝이 났다.

거대한 전투도끼를 들고 있는 송나라 중보병

식사를 마친 뒤, 이존욱은 황제 앞에 엎드려 말했다. "어제 반란군이 수도 동쪽 지역을 장악했습니다. 저는 폐하를 섬기는 근위대의 의무를 다하지 못했습니다. 저를 죽여 주시옵소서!" 황제는 화가 나서 말했다. "나에게 필요한 건 해결책이지 네 쓸모없는 목숨이 아니다!"

이존욱이 떨리는 목소리로 대답했다. "폐하! 저는 이 절망적인 상황에 죄책감을 느낍니다. 제 무능에 대한 책임을 제가 지겠습니다." 그리고 목소리를 높여 "폐하, 한 달만 시간을 주시면 수도의 동쪽을 되찾겠습니다. 그렇지 않으면 제 목을 베어 동쪽 성벽 위에 매달아 저의 무능함을 백성들에게 보여 주십시오!"라고 호소했다.

황제는 공개적으로 죄를 고하는 이존욱에게 크게 놀랐다. 겨우 열세 살에 황위에 오른 그는 자신의 통치 아래 왕조가 무너져가고 있다는 것을 알고 있었다. 하지만 그를 섬겼던 신하 중 누구도 이존욱과 같은 희생을 약속한 적은 없었다. 자신의 이익을 위해 그에게 거짓 찬사를 바쳤을 뿐이다.

운명적인 생일날, 황제는 이존욱을 장군으로 삼아 반란군과의 전쟁을 지휘하게 했다. 결국 이존욱은 황실군과 반란군, 두 군대의 지휘관으로서 패배할 수 없는 전쟁을 치르게 된 것이다.

약 10년 후, 반란군의 지도자 이존욱은 황제를 죽이고 당나라를 멸망시킨 후 스스로 황위에 오른다. 그는 모순적으로 황제가 된 후에도 반란군 수장의 지위를 유지했고 두 집단을 모두 통치하기 위해 '청방'으로 알려진 지하 비밀 조직을 결성하고 청방의 우두머리가 되었다.

중국의 엘리트 집단은 서구의 엘리트 집단과는 매우 다르다. 그들은 직위나 겉모습에는 신경 쓰지 않는다. 오직 권력과 지위를 움켜쥐고 이를 유지함으로써 가족과 가문에게 얼마나 많은 혜택을 줄 수 있는지만을 중요하게 생각한다. 그들에게 가족과 가문은 국가, 국민, 땅보다 더 중요한 가치이다. 국가는 멸망할 수 있고, 사람은 죽을 수 있으며, 땅은 잃을 수 있지만 가문만은 영광과 자부심과 함께 지속되어야 한다.

덩펑의 중악사에 있는 송나라 장군(중국 허난성, 철제)

19세기에 접어들자 서구의 민주주의 체제가 중국에 뿌리를 내렸고 20세기 초 청나라가 붕괴한 후 중국국민당과 공산당의 양대 정당이 형성되었다. 중국에서 정치인들이 국민당 당원이 되었다가 공산당 당원이 되거나, 또는 그 반대의 길을 택하는 것은 매우 흔한 일이었다. 중국 정치인은 민족주의자면서 공산주의자를 도울 수 있고 공산주의자면서 민족주의자를 지지할 수 있다. 편리를 위해 필요하거나 적절할 때는 언제든지 한 쪽을 택하거나, 그 반대쪽을 택하는 것이다. 이들에게 중요한 것은 항상 가족뿐이다. 가족 외에는 그 누구도 믿지 않기 때문에 중국 정보 기관은 일반적으로 가족 구성원만 인정한다. 아버지가 중국 스파이라면 그의 자녀들도 대를 이어 중국 스파이가 될 것이 확실하다.

중국 엘리트 집단들은 한 가문이 광활한 중국땅과 그 안의 다양한 민족을 통제할 수 없다는 사실을 잘 알고 있다. 따라서 다른 주요 가문 구성원과의 결혼을 장려함으로써 긴밀하게 연결된 중국 재벌 과두제를 형성한다. 예를 들어, 쑹칭링(宋慶齡)은 중화민국 건국자인 쑨원(孫文)과 결혼했고, 이후 공산당에 입당했다. 그녀는 마침내 중화인민공화국의 부주석이 되었고 여동생 쑹메이링(宋美齡)은 중국군 총사령관 장제스(蔣介石)와 결혼하여 나중에 중화민국 주석이 되었다. 언니인 쑹아이링(宋藹齡)은 중국 최고의 부호이자 악명 높았던 쿵샹시(孔祥熙)와 결혼했다. 민족주의자이든 공산주의자든 상관없이, 이들은 근본적으로 중국을 지배하는 엘리트 집단이자 신디케이트이며 앞으로도 수 세기 동안 그 자리를 지킬 것이다.

중국 최상류층 가문은 배타적인 가문의 자녀끼리 결혼함으로써 혈통을 이어받은 후손의 한계를 잘 알고 있다. 따라서 배경이 좋은 가문이 아닌 사람과의 결혼도 허용하고, 때로는 재능 있는 아이를 데려다 입양하기도 한다. 중국 상류층에게 가족은 곧 사업이다. 사업적 우위를 유지하기 위해서는 재능 있고 유능한 가족 구성원을 확보해야 하기에 새로운 피가 필요한 것이다.

도쿠가와 막부의 초대 쇼군, 도쿠가와 이에야스의 초상

이러한 전통은 일본과 같은 다른 아시아 국가에서도 흔히 볼 수 있다.
도쿠가와 후쿠마쓰마루(德川福松丸, 1580~1607)는 일본 도쿠가와 막부를 세운 도쿠가와 이에야스(德川家康, 1543~1616)의 넷째 아들이다. 전국 시대 일본의 사무라이였던 마츠다이라 이에타다(松平家忠, 1555~1600)는 도쿠가와 후쿠마츠마루를 양자로 삼았다. 도쿠가와 후쿠마츠마루는 마츠다이라 타다요시(松平忠吉)로 개명하고 마츠다이라 가문의 수장이 되어 오시성의 성주가 되었다.

지표, 민족, 국기 또는 특정 정당의 관점에서 중국의 공공 문제를 다룬 글, 공산당 지도자들에 비판적이고 반정부 인사에 호의적인 글을 쓰는 기자나 작가들이 있다. 하지만 이런 피상적인 보도는 문제의 진실에 접근할 수 없다. 일부 대만인들이 '수박'이라고 부르는 차이잉원 전 총통이 그런 예이다. 빨간색은 중국 공산주의, 녹색은 대만 독립운동을 상징하는 데 수박은 겉은 초록색이지만 속은 빨간색이라는 뜻이다.

대만에서 지도자가 독립을 지지하는 동시에 공산당 지지자라는 것은 받아들일 수 있는 일일 뿐만 아니라 충분히 예상할 수 있는 일이다. 서양 문화권에서는 비논리적이고 이질적으로 들리겠지만 중국인들은 이를 일관성 있는 것으로 받아들인다. 중국의 상류층 지도자는 완전히 반대되는 두 가지를 동시에 믿거나 지지할 수 있으며 이는 적절한 권력 행사를 위한 필수적인 능력으로 여겨진다. 권력자에게는 이러한 노련함이 필요하다.

일대일로(一帶一路) 착공식에서 시진핑의 연설을 듣고 눈물을 보였던 궈 타이밍 폭스콘 CEO는 중국-대만 통일 운동을 지지하고 TV 인터뷰에서 중국이 대만을 점령하는 것에 강력히 반대한다고 말한다. 대만 총통 선거에서 그를 지지하는 많은 대만인은 이러한 모순된 태도를 유지하는 그의 능력을 더욱 강력하고 매력적인 강점으로 여긴다. 대만인들은 그를 때와 방법을 정확히 아는 영리한 전략가로서 신뢰한다. 이러한 리더십이 인정받는 문화를 모르고서는 중국을 결코 이해할 수 없다.

과두제의 상류층인 정치인들은 정치, 경제, 사회 전반을 여러 세대에 걸쳐 지배하고 있다. 그들이 영구적으로 지배할 수 있게 하는 세 가지 권력의 기둥은 검열, 사법부, 마피아이다. 그리고 여기에 없는 네 번째 기둥은 신중함이다.

중국 상류층은 항상 신중하게 행동하며 주로 보이지 않는 곳에서 활동한다. 그들은 많은 정치인이 예기치 않게 몰락하고 새로운 인물들이 그 자리를 대신하는 정치의 함정을 잘 알고 있다. 정치인들은 비밀 엄수와 신중함을 통해 바람직하지 않은 결과를 피할 수 있는데 외부에 사실이 알려지는 것을 피하고 외부인들의 접근을 차단하기 위해 검열이 필요하다. 그들의 구체적인 역할, 활동, 영향력에 대한 심층적인 정보는 엄격하게 차단되어 있다. 수 세기에 걸친 관행을 통해 정보를 통제하는 방법을 터득한 중국의 권력가들은 국가를 통제하면서 자신은 드러나지 않도록 익명성을 유지해 왔다.

중국 상류층 가문은 권력을 유지하기 위해 정부에 의존하지 않는다. 그들은 관료와 정치인을 통제하는 데 가장 중요한 사법 시스템을 통제한다. 검사와 판사를 장악한 이들은 자신의 명령을 따르지 않는 사람을 실질적인 위협이 되기 전에 감옥에 가둘 수 있다. 그렇게 함으로써 지위가 낮은 가문들이나 사회 집단과의 경쟁을 피하고, 나쁜 길로 빠진 가족 구성원을 제거한다. 미리 계획된 법적 사건으로 대상을 제거하는 방법이 많이 쓰인다. 부패에 대한 거짓 고발은 공산당 지도자들이 정치적 라이벌을 제거하는 가장 일반적인 방법이다. 사법 제도는 공산당 지도자들이 무소불위의 권력을 유지할 수 있도록 하는 주된 수단이다.

마피아는 두 가지 중요한 역할을 한다.

하나는 골칫거리를 제거하는 것이다. 예를 들어 특종을 위해 명문가의 일원이 연루된 스캔들을 쫓는 기자나 상류층 가문의 사업과 경쟁을 계속하는 회사의 사장이 있을 때 기자가 갑작스러운 사고로 사망하거나 경쟁 회사가 불의의 화재로 폐업할 수 있다. 이런 사건들은 마피아에게 적합한 작업이다. 우리는 비슷한 패턴을 쉽게 찾아볼 수 있다. 집권 세력과 관련된 중요한 증거를 가지고 있는 정치인이 불의의 사고로 갑작스럽게 사망하는 일도 있다. 중국의 집권 세력들은 다른 나라의 권력자들과 다르지 않지만 권력과 통제력의 규모는 더 깊고 광범위하다. 사소해 보이는 일이라도 방심하면 그들의 그물에 걸린 피해자가 된다.

마피아의 또 다른 역할은 범죄 조직들의 가장 수익성이 높은 사업인 마약과 인신매매에 대한 상류층의 지배력을 확대하는 것이다. 이는 국가를 엄격하게 통제하는 2단계 작전의 일부이다. 정부는 위에서부터 통치하고 범죄 조직은 아래에서 통치한다. 이들은 함께 국민의 활동 대부분을 감시한다. 불확실성과 혼란스러운 상황을 싫어하는 중국의 권력층은 국민들이 각자 주어진 위치에서 주어진 일을 하는 것을 당연시한다. 주어진 자리에서 벗어나는 것은 불확실성을 초래하고, 불안정한 혼란을 일으켜 상류층의 지배에 도전하는 것으로 간주된다. 마피아는 마약과 인신매매를 통해 자금을 조달하고 중요한 임무를 수행할 준비를 갖추고 지배층은 정부와 마피아를 통해 위험 요소들이 위협이 되기 전에 미리 제거한다.

명문가 또는 상류층 가문은 "청방(青幫)"이라고 불리는데 수십 년 동안의 검열을 거친 중국인들은 청방의 실체를 잘 알지 못한다. 모든 상류층은 청방의 일원이 아니라고 강력하게 부인하며, '청방'이라는 미끼로 삼을 작은 조직을 만들어 대중의 주의를 분산시키고 혼란스럽게 한다. 그러나 알려져 있거나 숨겨져 있거나, 다른 이름으로 불리는 것과 상관없이 실제 청방과 중국 지도층 가문은 1,200년 넘게 중국을 지배해 왔다. 많은 왕조와 정권이 나타났다가 사라졌지만 청방 무리들은 더 강해지고 있다. 최근 역사를 살펴보면 장제스, 저우언라이, 덩샤오핑, 차이잉원 등 많은 정치 지도자들이 청방에 의해 자리 잡았다. 차이잉원 대만 총통의 여동생은 지금은 고인이 된 장제스의 부인 쑹메이링과 매우 가까운 관계였다.

청방 조직들은 "전쟁도 평화도 투쟁도 휴전도 없다"라는 핵심 원칙에 따라 활동한다. 그들은 어느 편에서든지 활동하며 적이자 친구, 경쟁자이자 아군이 될 수 있는 속임수와 선전의 전문가이다. 그들의 목표는 단 하나, 언제나 어떤 대가를 치르더라도 승리하는 것이다. 승리하면 승리로부터 이익을 얻고, 만약 패배하면 패배를 통해서도 이익을 얻는다.

이러한 청방 조직들의 양면성을 이해하지 못하면 중국에 대해 이해할 수 없을뿐더러 중국에 대한 중요한 것들을 결코 알 수 없다.

제3장
흔적도 없이

홍콩공항

    2001년 9월 말, 구름 한 점 없는 어두운 밤, 새벽 1시가 가까워지자 홍콩국제공
항에 개인 제트기가 조용히 착륙해 격납고 앞까지 이동한 후 엔진을 끄지 않은 채
멈췄다. 곧 검은색 SUV 8대와 검은색 밴 5대로 이루어진 장갑차 호송대가 빠르게
다가와 헤드라이트를 끈 채 비행기를 보호하는 대형으로 포위했다. 검은색 정장을
입은 건장한 체격의 남자 서른 명 정도가 격납고에서 나와 소리 없이 비행기로 달려
갔다. 검은 정장을 입은 남자 7명이 왕칭샹(가명)의 인솔 아래 비행기에서 내렸다.

    대만 국가안전국 비밀 부대의 부대장 왕칭샹이 격납고에 다가갔을 때 한 남자가
그를 맞이하러 나왔다. 그는 중국 국가안전부 방첩부 부부장 장훙(역시 가명)으로, 미

국 법무부는 방첩부를 'FBI와 CIA의 결합체'라고 묘사했다.

"먼 길을 지나 마침내 여기서 만났군요"라는 장홍의 말에 왕칭샹은 "정말 역사적인 순간입니다. 우리는 다시 한 가족이 되었습니다!"라고 말하며 장홍과 진심 어린 악수를 나누었다. "시간이 많지 않습니다. 빨리 끝냅시다."

장홍의 최우선 과제는 임무를 완수하는 것이었다.

비행기의 화물칸 문이 열리자 검은색 밴 5대가 그 옆으로 다가왔다. 정장을 입은 남자들은 비행기에서 상자들을 내려 타고 온 차량에 실었다. 짐을 다 싣고 남자들은 이 차량에 올라타 속도를 내기 시작했다. 왕칭샹과 그 일행은 재빨리 비행기에 다시 탑승했고 얼마 지나지 않아 비행기는 다시 하늘로 날아올랐다. 그 사이 밴은 공항 동쪽의 스카이 피어(부두) 쪽으로 이동했다. 임시 부두에는 중국 인민해방군(PLA) 소속 고속보트가 대기 중이었는데 밴이 보트 가까이 정차하자 승무원들이 차에서 짐을 내려 보트에 실었고, 몇 분 후, 보트는 선전으로 향했다.

약 45분 후, 선전의 푸용 부두에 도착한 보트는 보안이 철저한 부두 구역에 정박했다. 사복 차림의 인민해방군 군인들이 보트로 이동해 근처에 있는 밴에 상자를 모두 옮겨 실었다. 약 15분 후, 상자들을 실은 밴은 화웨이 본사로 향했다.

화웨이 본사의 한 건물에는 엄선된 엔지니어들과 군사 전문가들이 기다리고 있었다. 밴이 도착하자 모든 상자를 지하실로 옮기는 데는 5분밖에 걸리지 않았다. 수백 대의 타자기, 카메라, 디자인 복제 기능을 탑재한 컴퓨터가 설치된 지하실에는 약 300명의 직원들이, 일러스트레이션팀과 함께 대기하고 있었다. 상자가 도착하자 직원들은 조심스럽게 상자를 개봉하고 문서를 분류해 엔지니어와 군사 전문가들에게 전달했고 이들은 각 문서를 꼼꼼히 살펴본 후 분류했다. 타자기로 복사하고, 컴퓨터로 설계도를 다시 그린 후 일러스트레이션 책상에서 선택한 설계 도면을 손으로 다시 스케치하기 위해 문서들이 이동했다.

상자에 있던 모든 문서를 복제하는 데는 밤낮으로 총 3개월이 걸렸다. 작업이 끝난 후 인민해방군 병사들은 상자와 문서들을 새로 지은 용광로에서 모두 태웠다. 남은 재는 시멘트 믹서 트럭 30대에 실려 콘크리트와 섞인 채 약 250킬로미터 떨어진 곳에 건설 중인 교량에 사용되었다. 그리고 용광로를 작은 부품으로 분해하여 금속 부품 공장으로 가져가, 고철로 녹여 다른 제품으로 재활용했다. 상자나 용광로의 흔적은 아무것도 남지 않았다.

미국 정부와 의회는 중국이 미국의 지적 재산을 훔쳐 미국 산업에 수조 달러의 손실을 입혔다고 반복적으로 비난하지만 중국은 증거나 근거가 없는 비난이라고 반박하고 있다. 실제로 미법무부는 중국이 미국의 지적 재산을 조직적으로 훔쳤다는 사실을 입증한 적이 없다. 중국이 절도를 통해 어떤 이득을 얻었는지 보여 주거나, 미국 기업에 돌이킬 수 없는 피해를 입힌 방법을 정량화하지 못했다. 미국 법원에서 중국 기업 임원이나 공산당 지도자를 지적 재산 절도 혐의로 기소한 형사 또는 민사 소송 기록도 찾을 수 없다. 하급 엔지니어나 젊은 학자들을 대상으로 한 개별적 소송만 있을 뿐이다. 미국 정부가 중국의 절도를 막기 위해 할 수 있는 일은 아무것도 없어 보인다. 미국 기업들에게 지식재산 도난의 위험성을 인식해야 한다고 경고하는 것만이 그들이 할 수 있는 유일한 조치이다(References 관련 뉴스 보도 참조).

미디어 플랫폼, TV 방송국, 뉴스 매체, 소셜 미디어, 세미나 및 포럼에서 중국 관련 문제를 논의하는 중국 전문가로 추정되는 사람들은 점점 더 많아지고 있지만 역설적이게도 중국이 구체적으로 어떻게 미국의 지적 재산을 도용하는지에 대한 완벽한 시나리오를 제시하거나, 이를 방지할 수 있는 방법을 제시하는 사람은 없다. 비난하는 내용의 동일한 보고서가 계속해서 반복되고 있을 뿐이다. 때로는 소위 중국 전문가들이 증거들을 깊이 파헤쳐 진실을 자세히 밝히기를 거부하는 것처럼 보인다. 결국 시청자들은 이런 주제에 무감각해지고 점점 이러한 반복적이고 표면적인 보도에서 눈을 돌리고 있다. 이에 따라 미국 정부에 중국의 절도 행각을 근본적으로 해결하라는 대중의 압력 역시 줄어들고 있다. 이것은 중국에 이로운 상황이다. 대규모 절도는 계속되고, 정치인들은 계속 떠들지만, 문제는 해결되지 않은 채 더 악화되어 간다. 이러한 불편한 상황을 이용해 주요 기업들은 중국 기업의 불공정 비즈니스 관행에 맞서 싸우기 위해 연방 정부에 더 많은 보조금을 요청할 수 있는 기회로 삼는다. 이런 식으로, 중국의 지적 재산 도용 문제는 스스로 그들의 생태계를 지속적으로 유지하는 연료의 역할을 하고 있다.

위에 나온 2001년 9월에 일어난 일은 화웨이 최고 경영자의 가족과 밀접한 관계에 있는 사람이 확인한 사건의 목격자 보고서를 바탕으로 한 것이다. 이때 화웨이가 얻은 것은 미국의 최첨단 F-35 제트 전투기용 컴퓨터 칩 설계였다. 2020년 초 미국 법무부 국가안보국에 위증죄에 대한 처벌을 받는다는 조건으로 선서한 진술서가 제출되었는데, 이 진술서에는 미국 F-35 설계 도용과 관련된 화웨이의 범죄 혐의가 자세히 설명되어 있다. 신고 당시 화웨이 CFO였던 화웨이 창업자 런정페이의 딸 멍완저우는 지적 재산 절도 등의 범죄 혐의로 미국에서 영장이 발부되어 캐나다에서 구금되었다.

2019년 미국 정부 관리들은 중국이 사이버 스파이 활동을 통해 F-35와 F-22의 모든 세부 사항을 알아냈다는 사실을 공개적으로 인정했다. 중국은 동체의 주요 하위 시스템, 엔진, 레이더, 스텔스 보호, 무선 통신, 광섬유 네트워크를 갖춘 컴퓨터 시스템 등 F-35의 모든 기술적 세부 정보를 입수했다. 위의 진술서에 나온 증거들은 미국 법무부가 멍완저우를 심문하고 미국 교도소에 평생 수감할 수 있는 전례 없는 명분을 제공했다.

영국 상공을 비행하는 F-35 라이트닝 II 제트 전투기

하지만 그런 일은 일어나지 않았다.

현실은 훨씬 복잡했다. 진술서가 제출된 지 일주일 후, 소유자를 알 수 없는 웹사이트에 5천 장에 달하는 증거 자료와 함께 법무부에 제출된 진술서가 게시되었다. 중국은 이미 모든 세부 사항을 파악하고 있었고 시진핑은 중국의 모든 영향력을 동원해 캐나다와 미국 정부에 멍완저우를 석방하라고 압력을 가했다. 시진핑은 너무나도 많은 것이 걸려 있는 이 사건에 대해 염려했다. 미국이 F-35 기술 절도 혐의에 대해 멍완저우 심문에 성공하면 중국이 군사 기밀을 포함한 첨단 기술을 조직적으로 훔친 사

실이 드러날 것이기 때문이었다. 또한 중국의 일급 기밀 군사 기술 획득을 돕고 이러한 범죄를 은폐한 미국, 일본, 싱가포르, 대만, 유럽 국가의 고위급 정치인들의 이름도 공개될 수 있었다. 2021년 9월 24일, 미국 법무부와 맺은 담합에 따라 법무부의 기소를 피할 수 있을 뿐만 아니라 부당 수감으로 미 법무부를 고소할 수 있는 권리도 부여받은 멍완저우는 캐나다를 떠났다. 결국 2022년 12월 2일, 재판장은 미국 정부의 요청에 따라 멍완저우에 대한 모든 혐의를 기각했다. 이 사건은 2021년에 보도된 벤 와인가르텐의 뉴스위크 오피니언 기사, "화웨이 멍완저우 사건에서 시진핑에 대한 조 바이든의 굴복은 재앙적 매국이다"를 비롯해 다양한 뉴스 매체에서 다뤄졌다.

여기서 주목할 것은 이후 해당 사건에 대한 언론의 관심이 사라진 것이다. 어떤 미국 언론 매체도 이 사건과 연관된 세부 사항을 감히 파헤치지 않았고, 트럼프 행정부에서 조 바이든 행정부로의 전환 시기와 정확히 맞물려 멍완저우와 화웨이에 대한 법무부 수사와 기소 과정에서 절대적 반전이 나타났음을 설명하는 공신력 있는 보고서는 일반 대중에게 공개되지 않았다. 중국 언론은 시진핑 주석이 조 바이든 미국 대통령에게 영향력을 행사하여 미국 법무부를 교묘하게 조종한 것을 자랑스러워했다. 반면에 당시 백악관에서는 이 중요한 통화에 대한 내용을 단 한 문단으로 발표하며 은폐했다. 백악관의 이러한 은폐 행위는 미국 언론에서 다루게 될 것이다.

실제로 2021년 9월 9일 시진핑과 조 바이든 사이에 이루어진 역사적인 전화 통화는 중국의 조 바이든 가문에 대한 투자의 수익을 요구한 것이었는데, 중국 언론 매체를 통해 그 통화 내용의 일부가 공개되었다.

현재 서방에서 이루어지는 전례 없는 검열을 이제 이해할 수 있을 것이다. 이는 자유 언론을 탄압하기 위해 수십 년 간 노력해 온 중국의 영향력이 낳은 독이 든 열매이다.

영국 상공을 비행하는 F-35 라이트닝 II 제트 전투기

　그렇기 때문에 여러 강대국의 유력 인사에 대한 사건을 알게 된 기자나 작가가 감히 이를 폭로한다면 극단적인 위험에 빠질 수 있다. 이처럼 자신의 목숨과 가족, 경력, 미래를 걸고 취재하라는 것은 무리한 요구일 수 있기에 그들을 비난해서는 안 된다.

　중국 상류층은 표적으로 삼은 인물을 통제하기 위한 최고의 도구로 '명확하고 분명한 범죄 증거'를 사용한다. 예를 들어, 중국 상류층 가족의 밑에서 일하려면 먼저 범죄를 저질러야 하는 경우가 많다. 상류층은 검찰이나 경찰과 거래하여 그들이 무혐의 처분을 받을 수 있도록 하지만, 일종의 보험으로 모든 증거를 보관하며, 만약 그들이 불성실하게 행동하면 보관했던 증거를 사용해 그들을 영원히 감옥에 가둘 수 있다. 중국의 명문가로부터 돈을 받거나 혜택을 받은 정치인은 외국인이든 중국인이든 상관없이 그들의 명령과 통제를 받는 장기 말이 되는 것이다. 만약 그들의 명령에 불복종하면 스캔들로 인해 정치 경력이 끝나거나 최악의 경우 저지르지도 않은 범죄 혐의를 받아 징역형을 선고받게 된다. 미국 기업 500닷컴 뇌물 수수 사건이 좋은 예이다. 500닷컴으로부터 뇌물을 받은 정치인 8명이 징역형을 선고받고 복역 중이지만 검찰은 500닷컴이 미국 기업임에도 불구하고 500닷컴과 경영진에 대해 아무런 조치도 취하지 않았다.

중국에는 "관원의 혁대나 훔치는 자는 사형을 당하지만, 나라를 훔치는 자는 제후가 된다(竊鉤者誅, 竊國者侯)"라는 말이 있다. 중국이 지적 재산을 훔치는 것은 근본적인 문제가 아니다. 중국이 자유 세계의 모든 정부에 어느 수준까지 침투했다는 것과 고위급 정치인들은 이미 그들의 범죄 조직의 일부로 활동하고 있다는 것이 더 근본적인 문제이다. 중국 역사의 기준에 따르면 시진핑은 영웅 그 이상이다. 시진핑은 많은 정부에 성공적으로 침투하여 해당 국가의 미래와 희망, 번영을 막후에서 조종하고 있으며, 각 나라의 정치인들과 그 후손들이 중국을 영원히 지지할 것이라고 확신한다. 이러한 저명한 정치인들을 제거하려면 대대적인 혁명이 성공해야 한다. 즉 주요 국가 10개국에서 혁명이 성공해야 하는데, 그럴 가능성은 거의 없다. 시진핑은 언젠가 우리 모두가 중국의 통치를 받게 될 것이라고 생각한다.

제4장
어느 대만 해군 장교의 죽음

프랑스 해군 군함

1993년 12월 9일 이른 아침, 무기획득실 책임자로 근무하던 대만 해군 상교 인칭펑은 타이베이시 용허에 있는 한 식당에 아침 식사를 하러 갔다. 이곳은 그가 사무실에 가기 전에 자주 들르는 곳이었는데 그날은 대만 고위 장군들과 친분이 있는 네 명의 청방 조직원들과 함께였다. 인칭펑은 해군 방위 시스템 설계, 개발, 건설을 전문으로 하는 프랑스의 주요 산업 그룹인 톰슨-CSF가 건조하는 25억 달러 규모의 라파예트급 호위함 구매 프로젝트를 감독했다.

대만과 프랑스는 공식적인 외교 관계가 없기 때문에 악명 높은 무기 거래상들이 양국 정부 사이의 중개자로 활동할 수 있는 여지가 있었다. 이러한 뇌물과 부패로 대만의 조달 진행은 처음부터 제대로 되지 않았다. 대만 해군은 탐욕스러운 무기상들과 부패한 내부자들의 요구를 충족시키기 위해 조달 계획을 수차례 변경했다. 실제로 이 프로그램의 혜택을 받은 사람들의 목록은 너무나 광범위해서 대만 해군은 물론 대만 정부에서도 이 명단에 없는 고위 공무원을 찾기가 어려울 정도이다.

밤샘 검토 회의를 마치고 지친 모습으로 식당에 들어선 인친펑은 늘 앉던 테이블에서 식사를 주문했다. 잠시 후 유력한 지인 세 명이 도착했다.

"돈 때문이 아닙니다. 모두가 라파예트급 호위함의 이점을 알아야 합니다." 인칭펑은 밤새도록 그들에게 반복해서 설명했던 내용을 간절하게 말했다.

"당신 때문에 많은 중요한 사람들이 화난 것 알고 있습니까?" 그 중 한 명이 불길한 미소를 지으며 대답했다.

"오늘은 구매에 서명하시겠습니까? 요구 사항을 충족시키기 위해 모든 노력을 다했습니다. 저희도 인내심이 바닥나고 있습니다"라고 다른 사람이 화를 내며 말했다.

"하지만 무기상이 반대편 고위급들과 두 번이나 이야기한 걸 알고 있습니까?" 인칭펑은 조달을 관리하는 무기상과 인민해방군 고위급 장군 간의 만남을 언급하며 격앙된 목소리로 말했다.

인칭펑은 그날 오후 사망했다.

그의 시신은 대만 섬 북동쪽에 있는 이란시 해안에서 48킬로미터 떨어진 곳에서 발견됐는데, 대만 해군본부 군사사법부는 인칭펑이 자살한 것으로 판단하여 추가 조사 없이 신속하게 수사를 종결했다. 그러나 이 스캔들로 인해 사망한 사람은 인칭펑뿐만이 아니었다. 인칭펑과 매우 가까웠던 조카도 1996년 캐나다의 자택에서 갑작스럽게 사망했다. 조카는 욕조에서 헤어 드라이기에 감전되어 사망했는데, 그의 짧은 머리 스타일을 고려하면 납득하기 어려운 사고였다.

대만, 이란시 외곽 해안 풍경

그 밖에도 이 거래와 관련 있는 프랑스인 6명, 대만 고위 군장교 6명 등 총 14명이 갑작스럽게 사망했다. 지붕에서 떨어져 사망한 프랑스 정보 요원 티에리 임보(Thierry Imbot), 심장마비로 사망한 프랑스 범죄 수사관 루아레(Rouaret), 대만 국가안전국 국장이었던 4성 장군 쑹신롄, 톰슨-CSF의 아시아 태평양 사업부 사장 장-클로드 알베사르(Jean-Claude Albessard) 등이다. 쑹신롄은 1995년 타이베이의 한 호텔 공중목욕탕에서 심장마비로 갑작스럽게 사망했는데, 그가 타이베이에서 공중목욕탕을 이용한 것은 그때가 처음이었다. 알베사드는 2001년 도쿄의 한 호텔에서 체크인 직후 사망했는데, 사인은 급성 백혈병이었다. 그는 사망하기 전 정보기관에 근무하는 친구에게 연락해 중요한 문서를 공유하겠다고 말했고, 친구는 도쿄에서 그 문서를 받기로 했으나 그런 일은 일어나지 않았다. 당연히 그가 사망한 후 그 문서들은 사라졌다.

2000년, 대만 총통에 당선된 천수이볜(2000~2008년 재임)은 "대만 정권이 흔들릴지라도 라파예트 호위함 스캔들의 진실을 밝히고 책임자들을 법의 심판대에 세우는 데 모든 힘을 쏟겠다"라고 국민에게 약속했다. 2006년 대만 검찰은 리덩후이 전 총통과 하오보춘 전 참모총장 등을 조사했지만 얼마 후 보고서 한 장 작성하지 않고 사건을 마무리했다. 그 후 이 사건은 기소 없이 공식적으로 종결되었다.

후버 연구소의 린샤오팅은 2023년 7월 발표한 연구 논문에서 리덩후이 전 대만 총통이 1998년부터 북한과 긴밀한 관계를 맺은 과정을 자세히 설명했다. 그의 주장에 따르면 리덩후이의 지시에 따라 대만의 국가 정보 당국자들은 군사 정보, 경제, 기술 등 여러 분야에서 협력을 모색하면서 북한 측 인사들과 정기적으로 회의를 가졌고, 북한은 독일에서 훔친 2,000톤급 독일 잠수함의 일급 기밀 설계를 구매할 수 있는 기회를 대만에 제공했다. 또 다른 분야에서 대만은 북한의 황해 유전 탐사를 지원했고 양측은 민간 기업을 통해 지속적인 정보 교류를 했다.

대만의 리덩후이 전 총통은 젊은 시절 공산당에 입당했다가 1971년 국민당(중국국민당)에 입당했고 곧 내각의 일원으로 권력을 잡은 인물이다. 1988년 장제스의 아들이 사망한 후 대만의 총통이 되었는데 총통 재임 기간 동안 "대만과 중국은 서로 다른 두 국가"라는 주장을 펼쳤다. 모든 중국 언론과 일부 대만 뉴스 매체는 리덩후이를 대만 독립운동의 지도자로 칭송한다. 아베 신조와 기시다 후미오를 비롯한 일본 총리들은 리덩후이를 우상화해 왔는데 오늘날까지도 일본 정치인들에게 깊은 영향을 미쳐 일본의 모든 보수 정치인 사무실에는 그의 사진과 책, 그리고 음반이 전시되어 있다. 일본 시민들은 선거 때마다 후보자들이 리덩후이의 이름을 반복해서 외치며 자신도 리덩후이처럼 중국과 열심히 싸우고 있다는 것을 보여주기 위해 노력하는 모습을 쉽게 볼 수 있다.

대만 군함 Kun Ming(PFG-1205), La Fayette급 호위함

2001년, 대만의 전 참모총장 하오보춘은 예비역 장성 20여 명과 중장 5명, 소장 몇 명을 이끌고 중국을 방문했다. 대만과 중국 간의 최고위급 군 대표단 교류를 위한 것이었다. 하오보춘은 2014년 7월 7일, 중일전쟁 발발 77주년 기념식에도 참석했는데 TV 인터뷰에서 자랑스럽게 중국 국가를 불러 대만 국민들에게 큰 충격을 주었다.

2004년에는 청방의 지도자 챠오팅뱌오와 하오보춘이 함께 중국을 방문했다. 이 방문에 대해 잘 아는 목격자가 유출한 보고서에 따르면, 두 사람은 중국 인민해방군을 대표하는 최고위급 대표를 만났는데, 그는 중국군 현대화에 기여한 두 사람에게 감사를 표했다. 또 보고서는 챠오팅뱌오가 인민해방군이 첨단 F-35 제트기의 설계 파일을 입수하는 데 도움을 주었고 하오보춘이 라파예트급 호위함과 다쏘 미라지 2000 제트 전투기의 세부 정보를 입수하는 데 도움을 주었기 때문에 두 사람이 이런 높은 평가를 받았을 것이라고 추측했다.

대만 타이베이의 총통 집무실

인칭펑의 죽음은 돈 때문이 아니었다. 그가 대만과 중국의 비밀 군사 협력에 참여하기를 거부하고 이를 신고하려 했기 때문에 발생한 사건이었다. 당시에 그는 자신의 제보를 들어줄 사람도, 이를 해결해 줄 사람도 없다는 사실을 알지 못했다. 그의 죽음은 대만 정부 최고위층에서 결정된 것이었다. 언젠가 대만 사람들은 그의 용기를 기릴 것이고 그와 관련되어 희생된 다른 열세 명의 죽음 역시 재조명될 것이다. 이들의 죽음을 계기로 대만 사람들은 당국이나 권력층에 저항하는 사람들에 대해 "자살 의도가 없다고 스스로 선언"하게 되었다. '사고사'는 대만 엘리트 집단이 종종 성가신 문제를 일으키는 사람을 제거하는 가장 편리한 방법이다. 그리고 일반 대중은 이를 통해 복종을 배우게 되었다.

그렇지 않으면 신속한 보복이 뒤따를 수 있기에….

라파예트 호위함 스캔들은 대만과 중국 사이의 첫 번째 군사적 협력이었고, 청방이 국제 문제를 조작하기 위한 능력을 그 정도까지 행사한 것 또한 이번이 처음이었다. 중국과 대만 모두 이 사건의 결과에 만족하는 듯했고 이 일과 관련되어 희생된 14명의 목숨은 부수적인 피해로 간주될 수 있었다. 그들은 이 경험을 통해 몇 가지 성과를 얻을 수 있었다. 첫 번째는 청방이 기소되는 일 없이 외국에서 범죄 수사를 봉쇄할 수 있는 능력이 있음을 증명했다는 점이다. 또한 조직원들은 자신들의 활동에 대해 별다른 보고 없이 서방 정보기관에 침투할 수 있다는 것을 배웠다. 그들은 대만이나 중국을 군사 협력과 연관시키는 기사 한 줄 없이 전 세계 언론을 관리했으며, 타국에서도 어떤 반향이나 소란 없이 조용히 살인을 할 수 있다는 사실도 알게 되었다.

1998년, 라파예트 호위함 스캔들을 시작으로 청방은 다음과 같은 몇 가지 조건을 바탕으로 인민해방군이 세계 최첨단 군사 기술을 획득할 수 있는 방법을 새롭게 모색했다. 우선, 모든 과정이 언론에 보도되거나 대중에게 알려지지 않도록 비밀리에 진행되어야 한다. 둘째, 탐욕스럽고 신뢰할 수 없는 무기 거래상이 개입해서는 안 된다. 셋째, 정치 또는 군사 지도자에게 공개적으로 금전적 뇌물을 제공해서는 안 된다. 이는 기록이나 서류상의 흔적을 남길 수 있기 때문이다. 라파예트 호위함 사건의 성공 이후 청방은 실무자, 설계자, 엔지니어, 기술자, 하급 관리자를 표적으로 삼기로 결정했고, 우선 상대적으로 취약한 대기업의 하청업체를 목표로 삼았다. 이러한 경험들을 통해 청방은 기업의 경영진을 효과적으로 매수하고, 정치인을 부패시키고, 언론을 회유하고, 검사와 판사에게 영향력을 행사하는 방법을 터득하면서 다각적인 작전에 대한 자신감을 얻었다. 그들이 얻은 또 하나의 중요한 교훈은 변호사 사무소들에 투자하여 그들의 법적 영향력을 강화하는 것이 필요하다는 것이었다.

1998년, 청방은 중국공산당의 현대화를 방해하는 두 가지 심각한 문제에 대한 해결책을 찾아야 했다. 첫 번째는 대부분의 인민해방군 무기가 러시아 무기를 모방했다는 사실이었다. 중국군이 완전히 호환되지 않는 두 가지 무기 체계, 즉 러시아와 서방 국가의 무기를 함께 보유하는 것은 쉽지 않은 일이었다. 둘째, 중국은 군사 시스템 통합 능력이 부족했다. 청방들이 중국에 첨단 군사장비의 설계를 제공할 수 있다고 해도 인민해방군은 이를 실제 사용 가능한 무기 체계로 전환할 능력이 없었다. 대신 그들의 요구를 충족하는 제조 능력과 기술을 보유하고 있는 구소련 국가와 일본에게서 해결책을 찾았다(자세한 내용은 11장을 참조).

청방의 지속적인 활동은 현재 세계 정세 불안정의 주요 원인이 될 수 있다. 특히 청방의 지도자에게 이익이 되거나 미국과 같은 라이벌 국가를 당혹스럽게 하는 분야에서는 더욱 그렇다.

관객이 마술의 비밀을 알게 되면 마술사는 매혹적인 공연을 할 수 없다.

표: 라파예트 호위함 스캔들관련 희생자들

국적	이름	신분	사건과 관계	사인(死因)	사망시기
중화민국 (대만)	인칭펑 (尹淸楓)	대만 해군 무기획득실 상교	초국적 자금세탁 사건을 수사하려고 했던 중화민국 군인	'암살'. 이란 해안에서 시신 발견. 경찰과 군은 시신에 둔기로 인한 멍과 목에 심한 부상 및 후두부 출혈이 있었다고 보고함	1993. 12. 9
	이산쉬 (易善穗)	중국과학원 다청 기획실 퇴임/ 중교 퇴임	인칭펑 사망사건 이후 대만을 떠났다가 다시 대만으로 돌아와 조사를 받기로 동의	귀국 후 삼군총병원에서 급성 말라리아로 사망.	1994
	리카이 (李鎧)	해군 주둔지 사령관이자 해군 소장	구매 당시 자오총밍의 상관	총으로 자살, 공금 무단사용과 가족 문제로 인한 프로젝트 지연으로 인한 수치심 때문에 자살한 것으로 공식 보고	1994
	자오총밍 (趙崇銘)	중사	리카이 사망 며칠 후 자살	당시 신문은 자오총밍이 이마에 권총을 쏴서 스스로 목숨을 끊었다고 보도함	1994
	장커원 (張可文)	참모실 중교	라파예트에서 조달 사기 혐의로 징역형을 선고받고 복역 중 2005년 가석방	5년간 사망 교통사고가 발생하지 않았던 타이베이시 신성베이루 101번 도로 입구에서, 교통법규를 위반한 차량에 치여 사망	2007
	쑹신롄 (宋心濂)	당시 중화민국 국가안전국 국장	라파예트 매입 사건의 핵심 인물로서 6명으로 구성된 양안 그룹 중 일인.	호텔에서 갑자기 사망	1995
	제임스 쿠오 (James Kuo)	소시에테 제네랄 프랑스 은행의 대만 간부	라파예트 거래 결제를 담당	건물에서 추락사.	1992
	양이리 (楊以禮)	인칭펑과 가까운 조카	양 씨의 어머니는 인칭펑이 양 씨에게 라파예트 사건의 판매 관련 파일을 주었다고 했으나 캐나다 경찰은 이를 찾지 못했음	캐나다에서 헤어 드라이기 감전으로 욕조에서 사망	1996
프랑스	임보 (Imbot)	프랑스 정보부 장교	대만 BRAVO Applause 프로젝트 총괄	건물에서 추락사.	2000
	루아레 (Rouaret)	수사관	프랑스 군은 국제 자금 세탁을 조사 중이었음	파리에서 심장 마비로 사망	2002
	드 갈쟁 (De Galzin)	마트라 코퍼레이션 대만 지사 대표	BRAVO Applause 프로젝트와 함께 비전 머신 세일즈 데스크를 모니터링함	파리에서 질병으로 사망	2001
	모안느 (Moine)	마트라 코퍼레이션 극동 담당 책임자	BRAVO Applause 프로젝트 디렉터	코르시카에서 휴가 중 익사	2001
	알베사르 (Albessard)	톰슨사(社) 극동 지역 담당 책임자	왕촨무와 함께 대만을 탈출	도쿄에서 혈액암으로 '갑작스럽게' 사망	2001
	모리슨 (Morisson)	대만 톰슨-CSF(社) 부대표	BRAVO Applause 프로젝트 협상 책임자	파리의 한 아파트 2층 거주 중 옆집의 5층에서 추락사.	2001

표 A: 라파예트 호위함 스캔들 관련 사망자 현황

대중이 진실을 알면 거짓말쟁이들의 주장을 일방적으로 믿지 않을 것이다. 마찬가지로, 정직하지 못한 정치인의 본색이 대중 앞에 명백히 드러나면 선거에서 승리할 수 없다.

따라서 청방의 이런 계획들이 계속 성공을 거두지 못하도록 전 세계 사람들은 청방이 어떻게 운영되는지, 어떤 활동을 하는지 알아야 한다.

제5장
시작

중국 베이징 천안문 광장

1949년 3월 25일, 마오쩌둥(1893~1976)과 그의 추종자들이 베이징에 도착했다. 중국공산당이 탄생한 지 28년 만에 장제스가 이끄는 국민당에 완승을 거둔 후 집권당의 지도자가 된 마오쩌둥이 베이징에 도착한 것이다. 마오쩌둥과 다른 공산당 지도자들이 기차를 타고 칭화위안 역까지 이동하는 데는 이틀이 걸렸다. 베이징 시민들은 마오쩌둥과 중국공산당이 이끄는 군대를 열렬하게 환영했고 훗날 어떤 결과를 가져올지 상상하지 못했다.

"굴뚝을 보고 싶다! 검은 연기가 피어오르는 것을 보고 싶다!" 마오쩌둥이 중국의 지도자로서 베이징시에 내린 첫 번째 명령이었다.

마오쩌둥이 상상한 현대 도시는 굴뚝으로 가득한 도시, 모든 건물에 검은 연기가 자욱한 도시였다. 그는 카를 마르크스(Karl Marx)의 공산당 선언을 연구하며 새로운 산업 사회의 이미지를 구상했으며 베이징과 중국 전역에 대한 큰 계획을 가지고 있는 것 같았다.

1949년 10월 1일, 마오쩌둥은 베이징의 천안문 광장에서 400명의 당 지도자를 소집하여 중국공산당 정부 출범식을 당당하게 주재했다. 이 행사에 대표단을 파견한 우방국은 소련뿐이었지만 30만 명의 중국인이 이 잊을 수 없는 역사적 사건을 목격하기 위해 광장을 가득 메웠다. 마오쩌둥은 천안문 꼭대기에서 당 중앙위원회 주석으로서 중화인민공화국 중앙 정부의 수립을 선포했다. 천안문 꼭대기에 그와 함께 서 있던 당원들은 '최초의 붉은 세대', 광장 맨 앞줄에 선 사람들은 '제1세대 관료'로서 새 정부에서 고위 관료로 활동하게 된다.

마오쩌둥은 독서를 좋아해서 항상 많은 책을 가까이 했다. 책더미 사이에 앉아 책을 읽으며 담배를 피우는 모습은 베이징 전역에서 흔히 볼 수 있는 의인화된 거대한 굴뚝의 모습과 흡사했다. 마오쩌둥은 항상 짙은 연기에 둘러싸여 있어서 그를 만나러 오는 사람의 시야가 흐려질 정도였다. 자신만의 세계 속에 살았던 마오쩌둥의 마음을 정확히 이해하는 사람은 아무도 없었다. 그가 생각을 멈출 수 없었던 것만은 확실하다. 마오쩌둥은 무엇이 될 것인가, 더 정확하게는 미래를 구상하고 있었다. 그는 "신과 대지, 사람들을 상대로 싸우는 것은 나에게 끝없는 즐거움이다"라고 자주 말했다.

1949년 늦여름 밤, 마오쩌둥은 지루한 중국공산당 정부 수립 작업에 지쳐 집무실에 앉아 있었다. 그는 공산당 최고위 간부들에게 걸맞는 거주공간을 공정하게 마련해 주어야 했고 정부의 중요한 직책에 적합한 후보자들을 찾아야 했다. 무엇보다도 가장 힘들고 어려웠던 것은 파산한 경제 상황에서 필요한 자금을 조달하는 것이었다. 습관적으로 쉬지 않고 담배를 피우는 그와 함께 참모 세 명도 연무 속에 앉아 있었다.

마오쩌둥은 "중국인민들이 탐욕스럽고 무정하며 심하게 부패한 청방을 증오하기 때문에 우리가 이 전쟁에서 승리할 수 있었다"라고 말했다. 그리고 "이제 우리는 힘과 자원을 가지고 있는데, 그들과 똑같이 될까 두렵다"라며 걱정했다.

참모들 중 한 명이 답했다. "문제는 양쪽 모두에서 비롯된 것입니다. 청방에도 문제가 있지만 인민들도 문제가 있습니다. 청방은 민중의 만화경이자 거울일 뿐입니다. 그들은 사람들의 어두운 욕망을 먹고 자랍니다."

마오쩌둥이 말했다. "우리는 그들에게 좋은 삶을 줄 수 없다. 그들이 자유 의지를 갖도록 허락해서는 안 돼."

그는 결심을 굳혔다.

다른 참모가 말했다. "천안문 꼭대기에서 우리와 함께 서 있던 사람들을 믿을 수 없습니다." 그리고 취임식에 참석했던 사람들을 언급하며 "광장 앞쪽에 서 있던 사람들도 믿을 수 없습니다. 그들은 더 나쁩니다"라고 말했다.

"장제스와의 채널은 여전히 열려 있는가?" 마오쩌둥이 물었다.

세 번째 참모가 홍콩의 두웨성과 대만의 장제스 정부를 언급하며 답했다. "그는 홍콩에서 신뢰할 만한 네트워크를 구축했습니다."

마오쩌둥은 명령을 내렸다. "우리는 청방을 이용해 서방 국가의 모든 정보기관들이 우리를 위해 일하도록 만들어야 한다." 그리고 "우리는 이제 하늘과 땅을 뒤집는(翻天覆地) 일련의 프로그램을 시작해야 한다"라며 중국을 위한 다음 행보를 결정했다.

19세기 초, 청 왕조는 중국 항구가 유럽 화물선으로 가득 찼음에도 외국과의 무역을 엄격하게 제한했다. 탐욕과 적대감에 사로잡힌 영국 지도자들은 중국 사회, 특히 중국 지도층을 타락시키려는 의도로 중국에 아편을 밀수했다. 영국은 청나라와 두 차례 전쟁을 벌였는데 1840년에 시작된 첫 번째 전쟁은 1842년에 영국의 승리로 끝났다. 1856년에 시작된 두 번째 전쟁에는 영국과 함께 프랑스가 참전했고 1860년에 승리했다. 두 번째 전쟁에 패한 후 청나라 정부는 모든 중국인이 아편을 제한 없이 구매하고 사용할 수 있도록 허용하는 조약을 체결했다. 아편 사용이 중국 전역으로 확산되면서 현대의 청방이 등장하게 된다. 청방은 이미 중국뿐만 아니라 일본을 제외한 아시아 대부분을 아우르는 주변 지역에 밀수품을 공급하는 정교한 네트워크를 구축한 상태였다. 그리고 유럽인들과 협력하며 유럽의 언어를 배우고 타문화권에서 효과적으로 활동하는 경험을 쌓으면서 활동 영역을 넓혀갔다. 청방은 더 이상 국내 지하 조직에 만족하지 않고 전 세계로 활동 영역을 넓히는 글로벌 조직이 되기를 갈망했으며, 결국 그렇게 되었다.

마오쩌둥이 언급했던 두웨성(1888~1951)은 현대 청방의 1세대 지도자로 세계 각지에서 온 사람들로 번화한 무역 도시 상하이에서 태어났다. 자라면서 접한 서양인들과의 경험이 그의 시야를 넓히고 야망을 일깨웠으며 그는 자신을 중국인이라기보다는 글로벌리스트라고 생각했다. 두웨성은 청방이 밀수 무역을 통제하는 지역을 아시아에 국한해서는 안 된다고 생각해 전 세계의 불법 무역을 은밀하게 통제하는 강력한 비밀 네트워크를 구축하고자 했다.

수천 년의 역사를 통해 중국 황제들은 수많은 아름다운 후궁과 충성스러운 환관을 선발하여 궁궐에서 일하도록 하는 제도를 발달시켰다. 두웨성은 마약 거래와 인신매매를 하나의 사업으로 결합시켰다. 그는 청방에게 중국 황제들이 했던 선발 절차를 사용하여 아름다운 소년들과 소녀들로 구성된 대규모 군대를 만들라고 명령했다. 청방은 불과 몇 살밖에 되지 않은 아이들을 납치해 가족에 대해 아무것도 기억하지 못하도록 했다. 그들은 어린 아이들에게 강제로 마약을 먹여 중독시키고 세뇌를 통해 복종하도록 만들었다. 아이들을 철저한 스파이로 훈련시킨 후, 최고로 훈련된 아이들을 세계 지도자들에게 보내 인맥과 관계를 구축하고 정보를 수집하며 영향력을 행사하도록 했다. 두웨성은 이러한 효과적인 작전을 통해 청방을 느슨하게 조직된 지하 사회에서 응집력 있는 국제 조직으로 탈바꿈시켰다.

두웨성(가운데)과 국민당 정부의 악명 높은 정보국 책임자였던 다이리(Dai Li, 戴笠)(왼쪽)

중국 내의 엘리트 집단만 상대했던 중국의 이전 지도자들과 달리 두웨성은 청방의 핵심 조직에 두 명의 중요한 인물을 포함시켰다. 일본의 아편 왕(阿片王) 하지메 사토미(1896~1965)와 북한 정부 수립자이자 초대 지도자인 김일성(1912~1994)은 청방 내에서 활동하며 긴밀한 협력자로 활동했다.

두웨성(오른쪽)과 프랑스 주재 중국 국민당 정부 대사(왼쪽에서 두 번째) 및 친구들

두웨성은 하지메 사토미의 아편상 네트워크를 통해 사사카와 료이치(1899~1995)를 영입했다. 두 사람은 '만주의 괴물'이라는 별명을 가진 악명 높은 전범 기시 노부스케(1896~1987)의 강력한 지원을 받으며 일본 전역에 아편 네트워크를 구축했다. 전범으로 유죄 판결을 받은 사사카와 료이치는 이러한 지원을 바탕으로 일본 정부로부터 보트 레이스 도박 면허를 취득할 수 있었고 그 자금으로 일본 재단을 설립했다. 그의 측근인 마쓰시타 고노스케(1894~1989)도 1979년 마쓰시타 연구소를 설립했다. 마쓰시타 정부 및 경영 연구소를 졸업한 일본 국회의원은 20명이 넘는다. 위에 나온 전범 기시 노부스케는 일본의 전 총리이자 아베 신조 총리의 외조부이

다. 기시 가문은 제2차 세계대전 이후 세 명의 일본 총리를 배출했으며 총 9번 총리직을 수행했다. 사사카와 료이치와 기시 노부스케는 모두 두웨성의 측근으로 제2차 세계대전 말 일본 천황이 항복하고 물러난 이후 일본 정치와 정부의 구성을 지배해 왔다. 청방은 그 어느 때보다 강력한 영향력을 행사하며 일본을 지배하고 있다.

제2차 세계대전이 일어나기 전에 일본은 미국을 우방으로 끌어들이기 위해 남미 국가들과 관계를 발전시켰다. 사사카와 료이치와 두웨성은 이러한 일본의 활동을 통해 청방의 활동 영역과 영향력을 남아메리카까지 확장했고 아시아와 남미 일부 지역에 '거대 마약 조직'을 구축했다. 두웨성은 페루에 후지모리 가문을 강력하게 키웠고 그 가문의 구성원을 대통령으로 만들었다. 페루인들에게 '엘 치노(중국인)'로 알려진 후지모리 알베르토(1938~2024)는 일본 재단의 변함없는 지원을 바탕으로 1990년부터 2000년까지 페루의 대통령으로 재임했다. 하지만 2000년 콜롬비아 마약 카르텔로부터 돈을 받고 일본 재단의 자금으로 27만 명의 페루 여성에게 불임 수술을 강요한 혐의로 기소되어 페루를 떠났다. 이러한 스캔들에도 불구하고 남미에서 청방의 영향력은 줄어들지 않았고 오히려 더욱 강력해졌다. 그리고 남미에서 중국의 힘과 영향력은 더욱 커졌다.

사실 많은 공산당과 민족주의 지도자들이 일본에서 교육을 받았다는 오랫동안 잊혀진 중요한 사실 중 하나이다. 제2차 세계대전 당시 중화민국 국민정부의 지도자였던 장제스와 중국공산당 창당자 중 한 명인 저우언라이(1898~1976) 모두 일본에서 공부했다. 또한 많은 공산당 지도자들이 공산당에 입당하기 전에 중국 국민당 당원이었는데 저우언라이도 1923년 중국 국민당에 입당했다. 그는 청나라 이후 중국 최초의 사관학교인 황푸군관학교에서 주요 직책을 맡아 군 장교들의 정치적 양성을 지휘했다. 일본은 제2차 세계대전 훨씬 전부터 중국에서 확고한 입지를 구축했으며 중국의 공산당과 민족주의자들은 일본 엘리트 집단과 복합적인 관계를 맺고 있었다. 그들은 중국에서 공개적으로 일본군을 추방한 영웅으로 칭송받았으나 일본 내에서 정치적 라이벌을 제거하기 위해 은밀히 활동했다. 일본 쓰쿠바 대학의 저명한 학자 엔도 유가 쓴 책에 따르면 마오쩌둥은 일본군과 공모하여 중국 일부를 장악했다고 한다. 공산주의자와 민족주의자 모두 목표를 달성할 때까지 일본을 위해 싸우는 동시에 일본에 맞서 싸웠기에 일본과 은밀하게 협력하기 위해서는 소위 '하얀 장갑'이 필요했고 이를 위해서 청방은 가장 확실한 선택이었다.

저우언라이(Zhou Enlai) 항일 민족 전선의
중국 국민당 군복을 입고 있는 모습(1937년에 촬영)

김일성은 1925년 열세 살의 나이에 중국에 와서 교육을 받으며 공산당의 영향을 많이 받았고, 1932년 중국 공산당 군대에 입대하여 일본에 맞서 싸우다가 1946년 소련과 중국공산당의 지원을 받아 권력을 잡았다.

청방은 소련과의 우호 관계를 유지하기 위해 북한을 중요한 지렛대로 활용했다. 소련은 북한을 최초로 인정했으며 현재 러시아는 북한과 국경을 공유하고 있다. 러시아와 중국은 오랜 역사 속에서 각자의 목표에 맞게 서로를 이용해 왔으며, 때때로 친구 또는 적이 되었다. 김씨 왕조 내내 북한과 러시아가 우호적인 관계에 있기에 러시아는 청방의 이익에 반하는 행동을 취하기 전에 숙고했다. 청방과 김씨 왕조는 김일성이 북한 정권을 수립하기 전부터 중국공산당을 통해 서로를 알고 있었다.

두웨성은 공개적으로 중국국민당을 강력히 지지했고 내전에서 중국공산당과 싸웠으나, 실제로는 저우언라이와 긴밀한 관계였다. 저우언라이는 두웨성을 만나기 전에는 무선 통신을 이용해 비밀 메시지를 전달하는 미숙련된 군 정보 부대를 운영했을 뿐이었는데, 공산당 정보국을 창설했다. 두웨성은 중국 국민당군에 의해 살해당할 위기에 처한 저우언라이의 사촌을 구해줌으로써 저우언라이의 신임을 얻었다. 그는 중국 공산당군 최초의 스파이 부대를 설립하는 데 도움을 주었고, 멍완저우 화웨이 CEO의 조부인 멍둥보를 비롯한 최초의 스파이들을 직접 훈련시켰다. 이런 사실로 볼 때 두웨성은 중국 공산당 정보 기관의 창시자라고 할 수 있다. 그러나 그는 아이러니하게도 장제스가 공산당에 대한 중요한 정보를 수집하기 위한 스파이 네트워크를 구축하는 데도 도움을 주었다. 실제로1927년, 두웨성의 정보 덕분에 중국 국민당은 청방의 지휘 아래 많은 공산당원을 살해했고 무장 공산주의 노동자 동맹의 조직원들은 거의 전멸할 뻔했다. 또한 두웨성은 대만 정보국의 창설자이기도 하다. 1985년 장제스의 아들인 장칭궈(1910~1988) 대만 총통은 당시 캘리포니아에서 저명한 미국 작가를 암살하기 위해 청방 단원을 파견한 혐의를 받고 있었는데 미국 정부의 압력을 받아 대만 정보국을 폐쇄했다. 그러나 폐쇄 결정은 표면적인 것이었고 실제로 대만정보국은 "군사정보국"으로 이름을 바꾸며 조직을 확장했다.

두웨성과 장제스는 밀접한 관계를 유지하면서 한 사람은 비공개적으로, 다른 한 사람은 공개적인으로 활동했다. 장제스는 미국이 일본에 선전포고를 한 후 제2차 세계대전 때 국제적인 인물로서 미국 역사에서 중요한 역할을 했다. 장제스는 영어를 못했기 때문에 외국 지도자들과 만날 때는 부인 쑹메이링(1898~2003)이 대리인 겸 통역을 했다. 하버드대 학자 존 킹 페어뱅크스(John King Fairbanks)는 일기에서 쑹메이링에 대해 다음과 같이 묘사했다: "그녀는 훌륭한 자질, 뛰어난 매력, 빠른 직관력, 지성을 갖춘 배우이나 그 이면으로는 거짓 배역을 연기하는 것처럼 보인다." 해리 S. 트루먼 대통령은 장제스와 쑹메이링에 대해 더 직설적으로 평가했다. "그들은 한 명도 빠짐없이 모두 도둑놈이다." 쑹메이링의 가족은 중국 국민당 정부에 지원된 미국 정부의 인도적 지원금 10억 달러 중 7억 5천만 달러를 훔쳐 청방이 지배하는 브라질에 숨겼다.

그러나 두웨성에게 장제스와의 협력은 치명적인 실수였던 것으로 보인다. 중국인들은 장제스와 그가 이끄는 국민당의 부패와 약탈을 싫어했다. 장제스가 일으킨 끝없는 내전으로 수많은 중국인이 집과 재산, 사랑하는 사람들을 잃고 비참한 삶을 살 수밖에 없었다. 그들은 미래에 대한 희망 없이 비밀경찰에 체포될지도 모른다는 두려움에 떨며 권력자 간의 갈등을 피해 끊임없이 도피해야 했다. 고통 속에서 중국인들은 장제스를 탓했지만 동시에 청방을 원망했다. 그들에게 청방은 국민당의 더러운 일을 하는 무리에 불과했기 때문이었다. 결국 장제스와 국민당은 수백 년 만에 처음으로 외국 침략자를 물리치고 일본에 대한 승리를 선언했음에도 불구하고 불과 몇 년 후 중국에 대한 통치권을 잃게 된다.

홍콩에 있는 두웨성의 무덤

마오쩌둥과 두웨성은 모두 청방이 대중에게 좋지 않은 이미지를 갖고 있으며 더 이상 중국인들에게 환영받지 못한다는 것을 잘 알고 있었다. 마오쩌둥은 모든 청방 조직원들을 공산당에서 제명하고 중국 사회에서 청방의 영향력을 없애기로 결정했다. 두웨성은 분쟁을 피하고 대중의 관심에서 멀어지기 위해 중국을 떠나 홍콩으로 망명했고 다른 청방 조직원들은 장제스를 따라 대만으로 건너가 새로운 시대를 열었다. 중국과 대만의 모든 서적, 역사, 공공 기록물에서 청방이라는 이름은 삭제되었고 금기시되었다. 오늘날 사람들은 청방과 그 역사에 대해 잘 알지 못하지만, 그들은 여전히 권력의 고삐를 쥐고 있다.

　제2차 세계대전 후 많은 서방 동맹국들은 중국의 국민당원들이 자신들과 같은 가치를 공유한다고 믿었고 민족주의자로 간주했다. 장제스가 공산당과의 내전에서 패배하고 대만으로 이주한 후, 이러한 서방의 신뢰는 대만 정부와 국민들에게 이어졌다. 서방 국가들은 대만을 단순히 최전선에서 공산주의 중국에 맞서 싸우는 자유 세계의 일부로 여겼고 두웨성이 중국과 대만의 정보 기관을 모두 설립했다는 사실은 알지 못했다.

　이것이 바로 마오쩌둥이 원했던 것이었다. 마오쩌둥은 미국과 유럽 국가들이 대만에 손을 내밀어 청방이 그들의 정보망에 침투하기를 원했다. 마오쩌둥은 전략대로라면 60년 후(2010년) 청방의 이익을 위해 일하는 요원들이 서방 연합국 정보 시스템에 완전히 통합되기 때문에 더 이상 그들을 알아볼 수 없을 것으로 믿었다. 그렇게 되면 숙주의 뇌에 침투하여 조종하는 기생충처럼 청방이 서방 정보기관을 좌지우지할 수 있을 것이라고 상상했다.

　청방은 제2차 세계대전 이후 많은 서방 정보기관에 성공적으로 침투했다. 대만 정부는 이런 사실을 거듭 부인했지만, 2017년 대만 언론은 국방대학교 산하 정치전투대학이 유명한 독재자 3명을 양성했다고 보도했는데 1969년부터 2011년 반군에 의해 암살될 때까지 리비아를 통치한 무아마르 카다피(1942~2011), 1979년부터 2003년까지 이라크의 5대 대통령을 지낸 사담 후세인(1937~2006), 1983년부터 1989년까지 파나마의 사실상 통치자였던 마누엘 노리에가(1934~2017)가 바로 그들이다

　대만은 이들이 통치하는 국가를 위해 통신 장치를 제공하고, 정보 인프라를 구축했으며, 스파이 네트워크를 개발했다. 대만의 정보기관과 서방

정보기관이 긴밀히 협력하여 이들 독재자들의 권력 확보를 도왔다는 의혹이 제기되고 있다.

2022년 12월, 조 바이든은 TSMC 애리조나 공장 착공식에서 했던 연설에서 청중석에 앉아 있던 TSMC 설립자 장중머우의 아내인 소피 창에 대한 이야기부터 시작했다. 소피 창은 조 바이든 대통령의 첫 상원의원 선거 캠프에서 일했었고 둘은 막역한 사이였다. 조 바이든은 성공적인 정치인이 되기까지 도움을 준 소피 창을 칭찬하며 "저는 이 회사(TSMC)에 엄청난 빚을 졌습니다!"라는 말로 정중머우와의 49년간의 긴밀한 우정에 감사를 표했다.

2023년 9월, 시진핑의 일대일로(一帶一路) 연설을 듣고 눈물을 흘렸던 궈타이밍 폭스콘 CEO는 2024년 대만 총통 선거에 출마하겠다고 선언했다. 그는 러닝메이트로 대만계 미국 시민권자를 선택했는데 이는 모든 후보가 대만 시민이어야 한다는 대만의 선거 규정에 위반되는 것이었다. 그의 러닝메이트는 워싱턴 DC에 전화 한 통을 걸어 보통 3~6개월이 걸리는 미국 시민권 포기 절차를 2주 만에 끝내고 즉시 미 국무부의 허가를 받을 수 있었다.

이 모든 것이 가능했던 것은 전 세계 정보 네트워크의 지원을 받아 중국 공산당 공작에 도움이 되는 정보를 몰래 빼낸 두웨성 덕분이었다. 그러나 그는 마오쩌둥의 신임을 얻지 못했는데, 마오쩌둥이 그가 세계 정보 네트워크를 공산당에 불리하게 이용할 수 있다는 점을 우려했기 때문이었다. 마오쩌둥과 가까운 소식통에 따르면 그는 두웨성을 살려둘 이유가 없다고 생각했다고 한다. 1949년 홍콩으로 건너가 1950년 유명 여배우와 결혼한 두웨성이 중병에 걸려 이듬해에 사망하자 마오쩌둥은 그 문제에서 벗어날 수 있었다.

　오늘날 대부분의 공산당 지도자들은 마오쩌둥이 청방을 통제함으로써 중국 공산당에 큰 도움이 되었다고 믿는다. 그러나 현재 많은 청방 우두머리들은 다르게 생각하며 세계 무대에 다시 서기를 기다리며 활동하고 있다.

제6장
문화대혁명의 재현

1940년대 중반에 찍은 장칭(왼쪽)과 마오쩌둥(오른쪽)과 딸 리나(Li Na, 李娜)

장칭(江靑, 1914~1991)은 마오쩌둥의 네 번째 부인이었다. 베이징에서 가장 좋은 천연 온천이 있는 곳에 살았던 그녀는 숙면을 취하기 전에 목욕을 하는 습관이 있었다. 1976년 10월 6일 밤, 장칭은 습관대로 밤 9시쯤 욕실에 들어갔다.

마오쩌둥은 불과 한 달 전 쯤인 9월 9일에 사망했고 후계자로 지명된 화궈펑(華國鋒, 1921~2008)이 공산당 주석직에 올랐다. 장칭이 걱정했을까?

장칭은 새 주석이 친구는 아니지만 적도 아니라고 확신했고 그를 아무것도 모르는 바보로 여겼다. 그녀는 마오쩌둥이 하라는 대로 해왔다. 그리고 오래전부터 역사가 자신을 긍정적으로 평가하지 않을 것이라는 운명을 받아들였다. 그녀는 마오쩌둥에 비하면 자신이 별 볼 일 없는 존재라고 믿으면서 두려워할 것이 없다고 스스로를 설득했다.

젊은 시절의 장칭

습관대로 목욕을 마친 장칭은 잠옷을 걸치고, 몸을 말리려고 욕실 밖으로 나섰다. 이상하게도 아무도 그녀의 시중을 들러 오지 않았고 방은 불길할 정도로 조용했다. 그녀는 갑자기 자신이 전할 것이라고 자신했던 게 잘못이었다는 것을 깨달았다.

남편이 죽은 후부터 그녀는 자신의 운명이 어떻게 되든 두려움 없이 받아들이겠다고 반복해서 스스로에게 말했었다. 하지만 현실은 상상했던 것과는 달랐고 그녀는 두려웠다.

1981년 중국 특별법원에 선 장칭

장칭은 뛰기 시작했다. 숨어 있던 인민해방군 장군 세 명이 그녀를 체포하기 위해 뛰어나왔고 무장한 병사들이 그 뒤를 따랐다. 수색은 30분 동안 계속되었고, 마침내 접이식 전통 나무 칸막이 뒤에 숨어 있던 그녀를 체포했다.

인민해방군 병사들이 그녀를 중국 공산당 지도자들의 집무실인 중난하이에 있는 독방으로 데려가는 동안 그녀는 침묵을 지켰다. 말을 할 필요가 있을까? 이제 자신이 할 수 있는 일은 아무것도 없다고 믿었기 때문에 그녀는 침묵했다. 그녀가 원한 것은 대중에게 최대한 좋은 이미지를 남기는 것뿐이었다. 고문받을 가능성에 대해서는 걱정하지 않았고 그녀는 아무것도 자백하지 않음으로써 중국공산당의 새로운 지도자들에게 굴욕을 주기를 원했다.

"다시!" 장칭은 체포 영장을 읽은 인민해방군 장교에게 소리쳤다. 영장을 이해하지 못해서가 아니라 그저 불합리한 체포에 대한 경멸과 함께 안타까운 블랙 코미디를 보여주기 위해서였다. 그녀는 체포 명령을 내리고 그것을 집행한 사람에게 그렇게 할 권한도, 능력도 없다고 생각했고 중국 역사가들은 그들을 비난할 것이라고 믿었다. 그녀는 죽기 전에 한 번만 더 거짓된 이야기를 듣고 싶었다.

"화궈펑이 덩샤오핑을 이길 수 있다고 생각하시나요?" 장칭은 마오쩌둥이 임명한 새 공산당 총서기를 조롱하며 말했다.

덩샤오핑(鄧小平, 1904~1997)은 중국 공산당의 창시자이자 1978년부터 1989년까지 중국의 실질적인 지도자였다. 그는 마오쩌둥과의 불안한 관계를 유지하면서 험난한 정치 경력을 이어갔다. 덩샤오핑은 재치와 야망을 과시하는 데 주저함이 없었고 공산당 내에 많은 적이 있었기 때문에 목숨을 잃을 뻔한 적도 있었다. 장칭은 자신을 체포하라는 명령을 내린 사람이 덩샤오핑이라는 것을 알고 있었다. 화궈펑이 '이름뿐인' 주석이며 실제 권력을 쥐고 있는 사람은 덩샤오핑이 분명했다.

1981년 1월, 공산당 중앙위원회가 소집한 중국 특별법원은 장칭에게 사형을 선고했고 그녀는 15년간의 수감 생활 끝에 1991년 5월 14일 자살했다. 중국인들은 재판에서 그녀가 "나는 마오 주석의 개였고 그가 물라는 사람은 누구든지 물었다"라고 했던 진술을 기억한다.

마오쩌둥은 중국을 오늘날처럼 비참하게 만들었고
덩샤오핑은 세계가 최대한 절망적인 상황이 되도록 계획했다.

대부분의 국민에게 중국공산당 통치 초기는 비참한 시기로 여겨졌다. 중국은 영국과의 전쟁, 유럽 연합과의 전쟁, 일본과의 전쟁, 내부 내전 등 수년간의 전쟁을 겪으며 폐허가 되었다. 이러한 장기간의 전쟁은 중국의 경제를 파괴하고 교육 체계를 붕괴시켰으며 국가 인프라를 약화시켰다. 장제스가 대만으로 피신한 후 일본군이 중국에서 철수하면서, 적어도 겉으로는 전쟁은 멈춘 상태였다.

수년 간의 전쟁으로 중국인들의 마음은 지쳐 있었고, 그 후 찾아온 평화는 곧 다른 전쟁터에 자리를 내주고 말았다. 이웃인 러시아는 항상 불안하게 했다. 교육받지 못한 공산당원들은 폭동을 일으키는 깡패 집단으로 여겨졌는데 전쟁은 그들을 훨씬 더 폭력적이고 무자비하게 만들었다.

하지만 가장 큰 문제는 국가의 재정 상황이었다.

군대는 돈이 필요했고, 정부도 돈이 필요했다. 국가 재건에도 돈이 필요했고 경제 개발에도 돈이 필요했다. 마오쩌둥이 외부의 후원 없이 이런 막중한 임무를 수행하기 위한 자원을 모을 방법은 없었다. 하지만 외국의 원조를 받으면 중국은 다른 나라에 의존하던 제2차 세계대전 이전으로 돌아가게 될 것이었다. 마오쩌둥은 미래가 고난으로 가득할 것이라는 사실을 깨달았지만, 탈출구를 찾을 수 있다고 믿었다. 그는 진심으로 그렇게 믿었던 것 같다.

1979년 미국 조지아주 애틀랜타 도빈스 공군기지에 부인과 함께 도착한 덩샤오핑

중국인들은 "위기는 적을 하나로 모으지만 성공은 동맹을 갈라놓는다"고 말한다. 중국공산당 지도자들의 성공을 예상치 못했던 마오쩌둥은 동지들을 불신하기 시작했다. 긍정적인 사고는 해결책을 찾는 데 도움이 되지 않았다. 그는 중국을 개선하는 유일한 방법은 중국을 완전히 파괴한 다음 다시 재건하는 것이라고 믿었고 이 잔혹한 결정에 대한 수많은 정당성을 만들어 냈다. 또 많은 미래 세대들을 구하기 위해서는 한 세대의 중국인을 희생해야 하고 그렇지 않으면 중국인들은 전쟁터에서 영원히 서로를 죽이는 일을 반복할 것이라고 주장했다. 마오쩌둥이 문화대혁명을 시작하기로 결정한 것이 바로 이때였다. 대약진운동과 대기근이 발생한 후 거의 15년이 지나서야 무대가 마련된 것이다.

문화대혁명의 목표는 중국의 공통된 가치를 깨뜨리고, 가족을 해체하고, 사회적 관계를 끊고, 육체는 피로하게 하고, 정신을 타락시키고, 자유의지를 없앰으로써 중국을 무력 탄압하려는 것이었다. 마오쩌둥은 모든 중국인이 중국공산당 지도자가 아무리 터무니없고 기괴하더라도 그들에게 동의하고 영원히 따르기를 원했다. 그는 전적이고 지속적인 복종을 요구했다.

1966년 5월 16일, 문화대혁명이 시작되었다. 1966년 5월 28일 마오쩌둥의 명령에 따라 중국 공산당은 문화대혁명 중앙위원회 사무실을 설립했다.

첫 번째로 그들이 한 일은 대중을 모아 공개재판을 하는 것이었다. 많은 공공장소에서 이 같은 공개재판이 벌어졌는데 공원, 대학, 정부 건물, 극장 또는 개인의 집 앞이 될 수도 있었다. 그 공개재판의 목적은 조직을 비판하거나, 특정 활동을 비난하거나, 특정인을 고발하는 것이었다. 참석자들은 항상 종이에 한자를 크게 써서 붙였는데 이는 "대자보(大字報)"로 알려졌다. 대부분의 중국인들은 하고 싶은 말은 무엇이든 표현하고 다른 사람의 대자보에 자신이 느낀 대로 쓸 수 있도록 정부가 허용하는 것에 놀랐고 곧 대자보를 게시하고 의견을 덧붙이는 것이 대중화되었다. 문화대혁명이 시작된 지 불과 몇 달 만에 수많은 젊은이들이 공개재판에 몰려들었다. 많은 사람들이 중독된 것처럼 공개재판은 열광의 도가니가 되었다.

1966년 10월 17일 천안문 광장에서 홍위병을 만나는 마오쩌둥

겉으로 보기에는 누구나 대자보를 통해 자신이 원하는 것을 표현할 수 있었다. 하지만 잘 훈련된 선전 전문가들이 이러한 대자보들을 엄격하게 통제하기 시작했다. 이들은 중국 대중들이 볼 수 있는 게시물과 볼 수 없는 게시물을 결정했고 자신들의 이념적 가치에 따라 게시 기준을 정했다. 그들은 새로운 기준을 위반하는 대자보를 검열했다. 그리고 공산당이 후

원하는 폭력 조직과 협력하여 공산당의 지침이나 원칙을 위반하는 대자보를 올린 사람들을 괴롭혔다. 폭력 조직은 기준을 위반한 사람들 모두를 대상으로 명예를 훼손하는 내용의 대자보를 작성하여 집 앞에 게시했고 때때로 위반자들을 물리적으로 공격하거나 집을 불태우기도 했다. 그 목적은 대중을 협박하고 세뇌하여 불순종자를 제거하기 위한 것이었다.

1966년 10월에 체포된 베이징대학 학자들을 비판하는 대형 게시물

공개재판이 큰 성공을 거두자 두 번째로 "계급 투쟁"이 시작됐다. 문화혁명 중앙위원회는 지주, 부농, 반혁명가, 악질 행위자, 우익 단체 등 불명예스러운 것으로 간주되는 다섯 가지 사회 계층과의 전쟁을 선포했고, 동시에 혁명군, 혁명 간부, 노동자, 극빈층 또는 빈농, 그 후손 등 다섯 가지 '홍' 또는 승인된 계급을 장려했다. 홍색 계급에 속한 사람들은 특권을 누리고, 불명예 계층에 속한 사람들은 죄책감에 따른 처벌을 받았다. 선전

선동가들은 모든 조직과 학교에 비판적 계급 이론을 주입했고 폭력적인 단체들을 결합하여 홍위병을 결성했다.

도당 서기와 그의 아내의 범죄를 백서로 쓴 채 비판하는 사회 포럼이 도 인민 경기장에서 열렸다

　홍위병들은 경찰을 봉건주의의 산물로서 사회에 해로운 존재라고 비난했다. 홍위병 지도자들은 경찰을 대체하는 새로운 무소불위의 법 집행 기관이 되었고 검사와 판사를 비판하며 사회 불의를 야기하는 봉건주의의 노예라고 선언했다. 그들은 사법 제도를 폐지하고 스스로 검사와 판사가 되었다. 홍위병은 대부분의 죄목을 없애고 "반란은 불가피하다. 혁명가는 범죄를 저지르지 않는다"고 선언했다. 종종 젊은 범죄자들을 환영하며 그들이 잔인하고 야만적이 되도록 부추겼다. 홍위병은 잔인함과 공포 전술을 효과적으로 사용하였고 마오쩌둥의 정치적 라이벌, 보수 단체, 자신들과 다른 생각을 가진 사람과 종교적 신념을 가진 사람들을 표적으로 삼

았다. 홍위병은 이런 사람들을 체포하여 거리를 행진시키고 공공장소에서 모욕을 주었으며 심지어 죽이기도 했다.

이러한 야만성은 수천만 명의 중국 젊은이들을 홍위병으로 유인했다. 그들은 마오쩌둥을 절대적인 지도자이자 멘토, 해방자로 여겼고 자신들이 저지른 범죄에 대해 아무런 처벌도 받지 않았다. 중국이 역사적으로 정점에 이르렀고 자신들은 무적이라고 믿었는데 역사가 자신들을 칭송하고 온 세계가 자신들을 우러러볼 것이라고 확신했다. 1966년 마오쩌둥은 몇 달 동안 천안문 광장에서 1,100만 명이 넘는 홍위병들을 맞이했다. 홍위병들은 마오쩌둥이 신이자 구세주이며 추종자들과 함께 앞으로 몇 세대에 걸쳐 세상을 통치할 것이라고 굳게 믿었다. 지금은 우스꽝스러워 보일지 모르지만 시간이 지나면서 그들의 신념이 완전히 틀린 것은 아니었다는 것이 증명될 것이라고 믿었다.

1966년 여름, 마오쩌둥은 홍위병들에게 낡은 사상, 낡은 문화, 낡은 풍속, 낡은 관습 등 네 가지 악을 사회에서 제거하라고 명령했고, 홍위병들은 역사적 조각들을 부수고, 유물들을 불태우는 등 중국 역사와 관련된 모든 것을 파괴하기 시작했다. 폭력으로 기존의 유행을 파괴하고, 지혜와 지식을 상징하는 것을 없애고, 종교적 표식을 철거하고, 교회, 사원 및 기타 예배 장소를 없애고, 학교와 대학을 해체하고, 예절과 매너를 금지했다. 그들의 목표는 사회를 개조하고 관계를 단절하여 개인을 완전히 고립시키는 것이었다.

홍위병은 부모들이 단지 부정한 욕망과 쾌락 때문에 아이들을 낳았다고 비난했고, 모든 부모가 자녀를 낳음으로써 빚을 졌다고 주장했다. 그리고 가족에 대한 부모의 권리를 부정하며 결혼을 방종으로, 부부를 실제 사회적 의무와 단절된 분리된 집단으로 비난했다.

1966년 12월 26일 베이징 경기장에서 홍위병을 만나는 장칭과 저우언라이

　홍위병은 모든 기본적인 권리인 결혼을 없애는 터무니없는 사회를 만들었고 중국인은 공산당 지도자에게 맹목적으로 복종함으로써 인간성을 잃고 정부에 구걸하며 비참하고 비루한 삶을 살게 되었다.

　마오쩌둥은 홍위병에게 인종 불평등에 근거해 사회 질서를 분열시키지 말라고 특별히 명령했다. 많은 적대 국가로 구성된 유럽과 같은 불안정한 상황을 초래하고 새로운 중국을 분열시킬 수 있는 민감한 주제라고 생각했기 때문이었다. 홍위병들은 이를 따랐다. 마오쩌둥은 또한 홍위병에게 알코올 중독자, 마약 중독자, 마피아를 조직에 받아들이지 말라고 지시했다. 마오쩌둥은 청방의 위험성을 잘 알고 있었고 중국공산당 지도자들의 절대 권력을 위협하는 청방의 부상을 용납하지 않았고 홍위병들은 명령에 복종했다. 마오쩌둥은 홍위병에게 주요 군사력이 되고 있는 혁명군 장교들을 건드리지 말라고 명령하기도 했다.

홍위병 조직은 크게 확장되었다.

1966년 12월 26일, 마오쩌둥은 일흔세 살이 되는 생일 만찬에서 문화대혁명의 성공을 축하하며 잔을 들고 "내전이여! 중국 전역을 불태우자!"라며 건배를 외쳤다. 잔인성은 더욱 심해졌고 중국은 깊은 혼란에 빠졌다. 1967년 7월, 홍위병은 우한에서 인민해방군을 공격했고, 인민해방군은 중국 전역의 혼란이 커지는 것에 우려를 나타냈다. 인민해방군은 이에 과감하게 대응했고 인민해방군 지도자들은 그때까지 계속되었던 공산당에 대한 확고한 지지를 철회하고 공산당의 정치적 갈등에 참여하기를 거부했다.

다른 선택의 여지가 없다고 판단한 마오쩌둥은 문화대혁명 중앙위원회의 최고 지도자 3명을 투옥하며 인민해방군에 대한 지지를 표명했다. 그리고 장칭이 문화대혁명의 지도자로 취임했다. 마오쩌둥은 원래 장칭을 막후에 두고 전면에 나서지 못하도록 했는데 행복한 결말이 아니라는 것을 분명히 알고 있었기 때문이었다. 자신이 실행한 잔학 행위에 대한 책임을 누군가는 져야 하고 문화대혁명 중앙위원회 책임자가 누구이든 사형이 선고될 가능성이 높았다. 장칭의 목숨을 위험에 빠뜨리는 일이었기에 마오쩌둥은 장칭에게 책임을 맡기는 것을 원하지 않았다.

문화대혁명은 10년 동안 계속되었다. 중국 정부는 사망자 수를 정확히 밝히지 않았으나 혹자는 수백만 명이라고 믿었고, 다른 이들은 수천만 명이라고도 했다. 덩샤오핑은 "천문학적 숫자"라고 주장했다. 놀랍도록 충격적이었지만 중국인들은 자신들의 운명을 받아들였다. 중국인들은 행복하지 않았지만 공산당의 통치에 반대하지 않았고 공산당이 없었다면 분쟁과 재난, 전쟁으로 인해 더 심한 혼란을 겪었을 것이라는 생각으로 스스로를 위로했다. 홍위병은 중국 정부가 국민에 대해 절대적인 권력을 갖는 것이 옳고, 공산당이 미래를 결정해야 하며, 공산당 지도자는 사회의 다른 사람들보다 특권을 누려야 하고, 당 지도자는 누구든 구금하거나 체포할 수 있다는 것을 잘 가르쳤다. 중국에서 생활고와 불공정에 항의하는 소요 사태는 많이 일어나지만 중국인들은 결코 공산당에 도전하지 않는다. 시위대는 그것이 자살 행위라는 것을 알고 있다.

문화대혁명 이후 많은 중국인들이 공산당에 입당했는데, 그렇게 함으로써 자신들이 비밀 경찰, 선전원, 검열, 정보 요원으로부터 자유로워지고 홍위병과 비슷한 역할을 수행할 수 있을 것이라 믿었기 때문이다. 중국인들은 자신들이 경직되고, 무정하고, 무자비해졌으며, 종교적 가치를 잃고 물질주의자들로 변했다는 사실을 모르는 것처럼 보인다. 문화대혁명은 공감과 사랑의 원칙, 자연과 지적 지혜에 대한 존경심 등 중국 전통문화에 대한 존중과 실천을 크게 약화시켰다.

제7장

파벌과 분파들

1961년 항저우에서 인민일보를 읽고 있는 마오쩌둥

    공산당을 하나의 통일체로 간주해서는 안 된다!

    마오쩌둥과 덩샤오핑(1904~1997)은 결코 의견의 일치를 보인 적이 없었지만 그럼에도 불구하고 덩샤오핑은 마오의 뒤를 이어 두 번째 공산당 지도자가 되었다. 마오쩌둥에게 덩샤오핑은 당의 법령에 충실하지 않은 기회주의자였지만, 다른 공산당 지도자들이 너무 극단으로 치닫는 것을 견제하기 위해 그를 이용할 필요가 있었다. 마오쩌둥과 덩샤오핑은 중국에서 공산주의자라는 표식은 정치, 경제, 사회 전반에서 실용적이고 필요하다고 생각되는 모든 것을 수행할 수 있는 우산이나 가림막과 같은 것이라는 것을 알고 있었다. 이 표식은 오늘날에도 여전히 유용하다. 중국공산당은 이념적으로 순수한 '공산주의' 정당은 아니었는데 이 사실은 앞으로도 달라지지 않을 것이다. "중국 공산주의"라는 포괄적인 명칭 아래에서 추구하는 진정한 목표는 모든 수단을 동원해서라도 절대 권력을 장악하는 것이다. 덩샤오핑은 공산당의 절대주의적 목적을 달성하기 위해 복지와 개발이라는 두 가지 수단을 이용했다. 덩샤오핑은 중국의 헌법과 선거를 감독하고 주재했는데 이 두 가지가 온전히 기능한다고 믿기는 어려웠다. 공산당 지도자들은 전쟁으로 폐허가 된 정치 지형에서 중국이 부상했다는 신화를 만들기 위해 편의상 입헌 체제의 외관을 채택했을 뿐이었다. 마오쩌둥과 덩샤오핑은 다른 나라와 동등한 현대 중국의 이미지를 전파하기 위해 실시간으로 중국사 책을 집필했다.

마오쩌둥은 저우언라이에게 "중국은 우리의 전설을 이어갈 영웅이 필요하다"라고 말했다.

1973년 겨울, 문화대혁명이 시작된 지 8년이 지났을 때였다. 8년간의 피비린내 나는 학살로 인해 그해 베이징은 예년보다 더 추워 보였다. 마오쩌둥은 홍위병들을 이용해 정치적 라이벌을 제거해 왔는데 1973년이 되자 홍위병들은 마오의 오랜 동맹이자 중국 정보부 수장이었던 저우언라이에게 등을 돌리고 맹렬히 공격했다. 마오쩌둥은 자신의 수명이 얼마 남지 않았음을 깨달았지만 의사들은 더 이상 그의 고통을 덜어줄 수 없었다. 마오쩌둥은 문화대혁명의 웅장한 결말을 간절히 원했다. 그는 중국을 평등한 길로 되돌리기 위해서는 그 웅장한 결말의 일부로서 누군가는 가혹한 처벌을 받아야 한다는 것도 알고 있었다. 그렇다면 중국의 차기 통치자로 누구를 세워 문화대혁명을 종식시켜야 할 것인가?

마오쩌둥은 저우언라이를 서재로 불러 자신의 "전설"을 이어갈 수 있는 인물에 대해 논의했다.

저우언라이는 "덩샤오핑은 경제 개발 계획을 제안했고 당내에서 폭넓은 지지를 받고 있습니다"라고 말했다. 권력의 고삐를 잡기 위해서는 덩샤오핑을 선택할 수밖에 없다는 것을 알고 있던 저우는 자신의 호불호를 드러내지 않기 위해 신중하게 말을 골랐다.

1954년 중화인민공화국 제1차 전국대표대회에서 마오쩌둥(왼쪽)과 저우언라이(오른쪽)

마오쩌둥은 "그는 야망이 너무 강하고 그것을 숨기려 하지 않아"라고 비난하며 "그는 외세와 끊임없이 접촉하고 있어"라고 말했다. 덩샤오핑은 다른 국가의 지도자 및 엘리트 집단과 정교한 네트워크를 유지한 유일한 공산당 지도자였다. 그리고 덩샤오핑의 해외 인맥 대부분은 공산당 지도자들에게 적대적이었다.

"덩샤오핑의 주장은 잘못되지 않았습니다. 안정을 유지하기 위해서는 외교 정책이 필요합니다." 저우언라이는 덩샤오핑에 대한 아첨이 섞인 말로 마오쩌둥을 위로했다. 저우언라이는 50년 전 스무 살의 젊은 덩샤오핑을 훈련시킨 적이 있었기에 그를 항상 제자로 여겼다. 마오쩌둥이 저우언라이와 이 중요한 주제에 대해 대화한 이유도 바로 이 점을 잘 알고 있었기 때문이었다.

"그는 중국을 세계의 리더로 만들 계획이야. 실제로 그는 중국이 세계를 지배할 것이라고 믿고 있어"라고 마오쩌둥은 말했다. "그의 계획 때문에 공산당이 종말을 맞을까 걱정되는군." 수년간의 갈등과 살육을 통해 마오쩌둥은 아무리 염려한다 해도 다른 선택의 여지가 없다는 것을 깨달았다. 그는 덩샤오핑이 권력자로 부상하고 중국이 실제로 세계를 장악할 수 있다는 것과 중국 공산주의자들에 대한 심판이 열린다는 것, 그리고 덩샤오핑은 절대 중국이 패배할 거로 생각하지 않을 것도 알고 있었다.

1974년 저우언라이는 덩샤오핑의 제안을 이행하여 농업, 산업, 국방, 과학기술의 4대 현대화를 발표했고 2년 후인 1976년 4월 세상을 떠났다. 몇 달 뒤인 1976년 9월 9일 마오쩌둥 역시 사망했다. 문화대혁명은 잠시 멈췄지만 끝난 것은 아니었다. 중국인들의 마음속에 내재된 문화대혁명이라는 이념을 통해 무의식 속에서 계속되고 있었다.

덩샤오핑이 중국공산당의 권력을 장악했다.

저우언라이와 덩샤오핑은 모두 초기에 중국 국민정부 국민당과 중국공산당의 당원이었다. 서방 세계의 관점에서 본다면 민주당과 공화당에 모두 가입한 것과 마찬가지였다. 대부분의 외국인들에게는 이해할 수 없는 일이지만, 중국 문화에서는 이러한 행동은 매우 합리적인 것으로 받아들여지기 때문에 이에 의문을 제기하는 중국인은 없었다.

1957년 '사회주의 국가 공산당 선언 및 노동당 대표대회 선언'에 서명하는 마오쩌둥(왼쪽에서 두 번째), 덩샤오핑(왼쪽), 장칭(오른쪽에서 두 번째)

덩샤오핑은 정규 교육을 받은 적이 없었고 고등학교를 마치지 못했다. 그는 저우언라이로부터 또 스스로 배워나갔다. 그는 냉철한 현실주의자이자 기회주의자였으며 항상 계산하고 음모를 꾸미는 파란만장한 삶을 살았다. 마오쩌둥과 달리 그는 사람들과의 싸움을 재미가 아닌 생존의 문제로 생각했다. 또 자신의 생존은 동맹에 달려 있다고 믿었는데 동맹은 진정한 친구가 아니며 정치적 친구가 가장 치명적인 적이 될 수 있다는 것도 알고 있었다. 덩샤오핑은 자신의 계획과 계략에 측근들을 포함시켰다. 중국의 미래를 외면으로 드러난 우방에 의존해서는 안 된다고 생각했기에 권력을 확보하는 순간 어떤 국가가 중국의 친구가 될 수 있고 어떤 국가가 적으로 남을지 파악하기로 결심했다.

덩샤오핑이 항일 민족통일전선 정치부 부장으로
중국 국민당 군복을 입고 있는 모습. 1937년에 촬영

1974년 덩샤오핑은 중국 대표단을 이끌고 유엔을 방문하여 중국의 경제 발전 계획을 발표하는 연설을 했다. 집권 후인 1978년 5월, 덩샤오핑은

베이징에서 지미 카터 대통령의 국가안보 담당 보좌관인 즈비그뉴 브레진스키를 만났는데 이 만남은 그의 백악관 방문을 성사시킬 수 있는 토대가 되었다.

1978년 10월, 덩샤오핑은 양국 간의 오랜 전쟁 이후 처음으로 일본을 방문했는데 중국 공산당 지도자로는 최초였다. 그는 사사카와 료이치, 기시 가문 등 일본 지도자들과 돈독한 관계를 맺었다. 1978년 8월 12일 중국은 베이징에서 일본과 평화 및 우호 조약을 체결했다.

1978년 11월에 덩샤오핑은 태국, 말레이시아, 싱가포르를 방문하여 각국 지도자들과 정상회담을 가졌다. 그의 강력한 의지로 미국과 공산주의 중국은 공식적으로 외교 관계 수립에 관한 성명을 발표했고 1979년 1월, 덩샤오핑은 마침내 미국에 도착하여 백악관의 환영을 받았다. 이 만남으로 그는 국제적 라이벌을 직접 평가한 최초의 중국 공산당 지도자가 되었다.

미국에서 돌아온 덩샤오핑은 중국 공산당이 영원히 권력을 유지하기 위해서는 세계를 '탈문명화'해야 한다는 결론을 내렸다.

어떻게 세계를 탈문명화할 수 있을 것인가? 역사의 선례를 살펴보자.

기원전 210년경 진 이세황제 영호해(秦 二世皇帝 嬴胡亥, 기원전 230년~207년)가 황위에 올랐는데 꼭두각시에 불과했고 모든 실질적인 권력은 재상 조고가 쥐고 있었다.

어느 날 조고가 사슴을 타고 조정에 도착했다.

"왜 사슴을 타고 있소?" 황제가 웃으며 물었다.

"말을 타고 있습니다!" 조고는 진지한 표정으로 단호하게 대답했다. 당황한 황제는 "아니오, 그건 사슴이오"라고 말하며 조고가 무엇을 하려는 것인지 궁금하면서도 약간 불안한 기분이 들기 시작했다.

"폐하, 제후들에게 이 말이 사슴이라고 생각하는지 물어보십시오." 조고는 황제 앞에 모인 제후들을 바라보며 말했다.

제후들 중 절반은 분명 진실을 말했지만, 나머지 절반은 조고의 말에 동의하며 그가 타고 있는 사슴이 말이라고 했다. 이런 식으로 조고는 어떤 제후가 자신의 아군이고 어떤 제후가 적군인지 명확하게 파악할 수 있었다. 제후 중 한 명인 황제의 보좌관은 황위를 빼앗으려 한다고 맹렬히 비난하며 조고에게 소리를 질렀다.

조고의 반란군에 반대하는 충성스러운 제후들은 얼마 지나지 않아 황위를 찬탈하려는 조고에 대항하는 방어 연맹을 결성했다.

충신들이 찬탈자 조고를 무너뜨리기 위해 수도로 진격하기 하루 전, 조고의

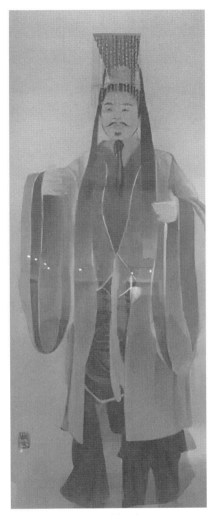

진나라 두 번째 황제 영호해의 그림

무례함을 비난했던 황제의 보좌관이 잔을 들어 제후들에게 건배를 권유했다. 그는 건배사에서 그들의 용기를 응원하고 의로운 대의를 칭찬하며 성공을 기원했다.

그러나 건배를 마친 후 잔을 들고 있던 충성스러운 제후들은 모두 그 자리에서

갑자기 죽고 보좌관만이 남아 있었다. 제후들에게 건네진 포도주에는 독이 들어 있었다.

그 보좌관은 조고가 정적들을 한꺼번에 제거하기 위해 배치한 장기말이었다.

말을 뜻하는 한자는 마(馬), 사슴을 뜻하는 한자는 록(鹿)이다. 일본어에서 이 둘을 합치면 "ばか[馬鹿] 어리석은 사람"이라는 뜻이 된다. 흥미로운 뜻과 느낌을 담고 있는 말이다 .

"사슴 또는 말" 사건 이후 2천 년이 지나면서 중국의 공산주의자들은 훨씬 더 정교한 방법으로 더 많은 방법을 계승하고 발전시켰다. 덩샤오핑은 중국이 도박을 할 준비가 되어 있다고 확신했고, 전 세계를 중국공산당의 발아래 둘 수 있다고 여겨 승부를 걸었다. 중국인들은 "사마귀는 매미를 잡지만 그 뒤에 있는 꾀꼬리가 모든 것을 가져간다"라는 말을 좋아한다. 덩샤오핑은 그 계획들이 단기적이고 수십 년 동안만 지속될 수 있을 뿐, 수 세기 동안은 버틸 수 없다는 사실을 깨닫지 못했다.

1957년 마오쩌둥은 대명대방(大鳴大放)을 통해 사람들이 하고 싶은 말은 무엇이든 하고, 느끼는 대로 표현하도록 장려했다. 이것은 공개재판의 장을 예고하는 영리한 함정이었다. 공산주의자들은 "대방(大放)"으로 자신의 생각을 말하라는 초대에 어떻게 반응했는지에 따라 적대적인 시민과 유순한 시민으로 구분된 명단을 확보할 수 있었다.

문화대혁명 기간 동안 선전원들은 대방을 통해 확보한 적대자 명단을 바탕으로 부정적인 게시물을 효과적으로 검열했다. 홍위병이 폭력적으로 변한 후 그 명단은 적대적인 인물들을 사회에서 제거하는 데 사용되었다. 적대자들은 공산당식 강제 수용소인 인민 감옥에 수감되었고 대부분

고문을 당한 후 사망했다. 운 좋게 살아남은 사람들은 당에 반대를 표명하면 어떤 일이 벌어지는지에 대해 고통스러운 교훈을 얻었다. 이 영향은 여러 세대에 걸쳐 이어지고 있고 이제 중국인들은 공산당과 싸우는 것이 자살 행위라는 것을 알고 있다. 문화적으로 중국인의 정신에 영구적으로 뿌리내린 이러한 인식은 쉽게 바뀌지 않을 것이다. 중국 공산주의자들은 조고와 진나라의 이야기로부터 교훈을 얻어 이를 효과적으로 이용했다. 그들은 조고보다 더 정교한 1인극을 통해 중국 인민을 변화시켜 무조건적인 복종을 얻어냈다.

덩샤오핑은 공개적으로는 문화대혁명을 무자비하게 비판했지만, 속으로는 그것이 중국에 평화를 가져왔을 뿐만 아니라 앞으로 수백 년 동안 평화를 보장할 위대한 성공을 거두었다고 생각했다. 또한 중국이 다른 나라에서 세계를 탈문명화하기 위해 사용할 수 있는 모델이라고 믿었고, 이를 정당한 일이라고 여겼다. 덩샤오핑은 수세기 동안 지속된 약탈과 전쟁으로 중국을 학대하고 짓밟았던 외국 세력이 다시는 중국을 침략할 수 없게 만들고자 했고 남은 여생 동안 전 세계에 문화대혁명을 일으킬 계획을 검토하며 새로운 활력을 얻었다.

덩샤오핑은 모든 정당과 동맹이 파벌로, 모든 사회가 작은 파벌들로 구성되어 있음을 알고 있었다. 따라서 세계를 탈문명화하려면 정파와 사회 분파 간의 틈새를 정찰하고 동맹과 적을 파악한 다음 그들을 분리해냄으로써 모든 국가를 조각조각 해체해야 한다고 믿었다. 아군과 적군을 파악하고 전 세계 시민들의 명단을 작성하기 위해서는 전 세계적인 대방이 필요하고 적대적인 것으로 확인된 사람들을 제거하여 전 세계적인 문화대혁명을 실현하기 위해서 전 세계적인 홍위병이 필요했다.

그러나 덩샤오핑은 홍위병이 사용한 것과 같은 방법을 전 세계 문화대혁명에 적용할 수 있을 것이라고는 생각하지 않았다. 서양인들은 중국인들보다 교육수준이 높았으며 더 선진적이었기 때문에 적절한 대안을 계속 모색했다. 덩샤오핑은 이 계획이 자신이 살아 있는 동안 성공할 수 있을지 알 수 없었지만, 미래에 승부를 걸기를 원했다. 그는 실행 가능한 계획을 찾아낸다면 지금뿐만 아니라 미래 세대에도 계속해서 세상을 속일 수 있는 유일한 인물로 역사에 남을 것이라고 믿었다.

덩샤오핑은 장기적으로 그렇게 될 확률이 높다고 믿었다. 세계는 중국 문화대혁명의 메커니즘과 그 역사에 대해 잘 알지 못한다. 중국은 1차 문화대혁명에서 살아남았지만 세계는 문화대혁명이 무엇인지조차 모른다.

오늘날에도 세계는 여전히 그것에 대해 알지 못한다.

제8장

힘을 숨기고 길을 감추어라

미국 대통령 지미 카터, 전 미국 대통령 리처드 닉슨, 덩샤오핑, 통역 지차오주, 국빈 만찬, 1979년 1월

1979년 3월 29일, 덩샤오핑은 1997년 예정된 홍콩의 중국 반환에 대해 논의하고자 홍콩 총독인 영국인 머레이 매클레호스(Murray MacLehose) 경을 만났다. 덩샤오핑은 일국양제라는 개념을 소개하며 영국 총독에게 홍콩이 중국과 재결합한 후에도 자본주의 체제를 유지할 수 있도록 하는 방안을 제안했다. 덩샤오핑은 홍콩의 반환을 계기로 전 세계 문화대혁명을 위한 실행 가능한 계획에 대한 아이디어를 얻게 된다. 그리고 서구인들

에게 우호적인 얼굴을 보여줌으로써 전 세계의 경계를 늦추면서 전 세계적인 탈문명화의 시작을 준비했다.

몇 달 후, 무더운 여름밤 덩샤오핑은 국가안전부 과장 웡정푸(가명)를 소환했다. 마스터 제임스라고 알려진 왕정푸는 주하이에서 홍콩과 마카오 지역을 담당했다.

"고양이도 춤을 출 수 있지." 부하들은 덩샤오핑의 말투에 매우 익숙해져 있었고 마스터 제임스 역시 놀라지 않고 덩샤오핑의 말을 경청했다.

"처음 본다면 정말 놀랍겠지." 덩샤오핑은 계속 말을 이어갔다. "하지만 열 마리의 고양이가 춤을 추면 더 이상 놀랍지 않을 거야."

"마카오에서의 제 임무에 대한 건가요?" 마스터 제임스가 물었다.

덩샤오핑은 전에 마스터 제임스에게 대가를 바라지 말고 2년 동안 마카오 경찰관에게 뇌물을 주라고 명령했었다. 저우언라이가 사망한 후 중국 정보부를 감독한 덩샤오핑은 마스터 제임스에게 직접 지시를 내렸다.

덩샤오핑은 그 질문에 대답하는 대신 "검은 고양이든 흰 고양이든 쥐를 잡을 수 있는 고양이가 좋은 고양이야"라고 말했다. "깡패가 경찰이 된다면 모두가 반대할 테지." 애연가인 덩샤오핑은 잠시 말을 멈추고 담배를 길게 한 모금 들이켰다. "깡패 열 명이 경찰에 들어가면 아무도 의문을 제기하지 않을 거야."

"마카오에서 일하는 것도 그런가요? 경찰 60명이 우리 돈을 가져갔습니다. 이제는 아무도 그것이 잘못되었다고 생각하지 않겠죠?" 마스터 제임스가 질문했다.

"그렇지 않아." 덩샤오핑이 대답했다. "우리는 깡패를 경찰로 보낼 수는 없지만, 경찰을 깡패들처럼 행동하게 만들 수 있어. 우리 돈을 거부하는 사람들은 그게 범죄라고 생각할 수 있겠지. 그러나 경찰 60명이 깡패들처럼 행동한다면 그들이 무엇을 할 수 있을까?"

마스터 제임스는 청방의 도움을 받아 마카오에서 도박 사업을 운영하는 조직에 잠입했다. 그는 마카오 카지노에 돈 가방을 든 운반책들을 보내 포커를 치게 하고, 카지노 호스트에게 부탁하여 경찰관을 같은 테이블에 앉혔다. 경찰관은 어떤 카드를 들었는지 상관없이 포커에서 승자가 되었고 카지노는 경찰관이 받은 돈의 40%를 나눠 가졌다. 이런 방식으로, 경찰관들은 방문할 때마다 수십만 달러를 벌 수 있었다.

"정산은 잘해 주었나?" 덩샤오핑은 운반책들에 대해 물었다. 각각의 운반책들은 10번씩의 임무만 수행한 후 중국으로 돌아갔다.

"운반책들은 모두 티베트 산속에 있는데 아무도 살아서는 그곳을 떠날 수 없습니다." 마스터 제임스는 운반책 중 한 명이라도 벗어나는 것을 용납하지 않았고 돈의 위험성을 잘 알고 있었기 때문에 증거를 남기지 않고 비밀리에 이 임무를 수행했다.

덩샤오핑은 외국의 사법 시스템을 부패시키는 것이 세계를 탈문명화하기 위한 전 세계적인 문화대혁명의 첫걸음이 될 것이라고 판단했다. 부패한 사법 제도는 부패한 정치인, 조직 범죄자, 탐욕스러운 사업가 등 악당들에게 봉사하게 될 것이고 부패한 정치인들은 비뚤어진 사법 시스템을 이용해 선거에서 부정행위를 저지르고 다른 정파의 라이벌을 공격할 수 있을 것이다.

조직 범죄자들은 부패한 사법 시스템을 이용해 불법 활동을 은폐하고 범죄 네트워크를 구축할 수 있으며 탐욕스러운 사업가들은 이런 사법 시스템을 이용해 경쟁자를 약탈하고 사악한 이익을 추구할 수 있을 것이다.

균형과 공정성을 잃은 정의가 사라진 사회에서는 선한 사람은 몰락하고 악한 사람이 득세하게 된다. 조작된 선거는 결국 합법적인 정권을 해체할 범죄적 사고를 가진 정치인을 키우게 된다. 경찰, 검찰, 판사, 중범죄자들이 무제한적인 범죄 네트워크로 통합되면 암세포처럼 성장하여 사회의 근간을 무너뜨릴 수 있다. 규제 없는 시장은 탐욕스러운 사업가들을 양산하고, 능력에 기반한 발전을 무너뜨리며, 그 사회를 문명의 요소들이 사라진 원시 상태로 퇴보시킬 수 있다. 이것이 바로 덩샤오핑이 원했던 것이다. 중국이 동원할 수 있는 모든 수단을 동원해 다른 국가를 무너뜨리고 탐욕과 비뚤어진 권력 기반이 지배하는 야만 국가로 되돌려 놓겠다는 것이 그의 의도였다.

마오쩌둥은 문화대혁명을 통해 공산당 지도자들에게 잊을 수 없는 교훈을 남겼다. 사람들은 속기 쉽고, 착각에 빠진 부도덕한 이들은 불순한 목적을 위해 악당들을 주인으로 모실 수 있다는 것이다. 책임을 맡은 악당들은 세상을 파괴하는 더러운 일을 대신해 줄 것이기 때문이다.

마오쩌둥은 공산당 지도자들에게 이러한 악의에 대한 쉬워 보이는 해독제가 있다고 경고했다. 훌륭한 지휘관과 양심적인 지도자는 억압받는 시민들로부터 압도적인 지지를 이끌어내고 악당을 권력에서 축출할 수 있다. 따라서 홍위병은 선량하고 양심적인 사람들이 발붙이지 못하도록 하여 그들이 권력을 획득하고 세력을 유지할 수 있는 기회를 얻지 못하도록 해야 한다.

부패한 정치인들은 교활한 범죄자들을 고용하여 자신의 손을 더럽히지 않고 그런 활동이 눈에 띄지 않도록 한다. 그리고 범죄자들이 조직을 확장할 수 있도록 은신처를 제공하고, 범죄자들이 권력과 부를 누릴 수 있도록 한다. 상류층 범죄자들은 더 많은 돈을 가져와 불법 네트워크를 키울 부패한 사업가들이 필요하기에, 부패한 사업가들을 보호하고 그들이 막대한 이익을 얻도록 돕는다. 부패한 사업가들은 저택을 짓고 부패한 은행가와 부정직한 과학자들을 자신의 통제하에 두며 사회를 지배할 것이다.

덩샤오핑은 마카오 경찰과 함께 자신의 계획을 시험했는데 마카오와 홍콩의 부유한 주민들을 공산주의 중국으로 돌아오게 하는 평화로운 전환점이면서 더 중요하게는 세계 사법 시스템을 부패시키기 위한 시험무대였다. 경찰에 이어 다음 타깃은 마카오의 검사였고, 그다음은 판사였다. 그들은 카지노를 자주 찾았고, 한 번 방문할 때마다 엄청난 돈을 받아갔다.

불과 6개월 만에 마카오의 사법 체계는 식민 지배를 포기하고 공산당에 복무하는 체제로 전환됐다. 마스터 제임스는 덩의 명령을 받고 계획을 실행하기 시작했다. 덩샤오핑은 다음 단계로 홍콩의 사법기관들을 연루시키라고 지시했다.

다음 단계는 새로운 홍위병을 창설하는 것이었다. 덩샤오핑은 누가 홍위병이 되어야 하는지 잘 알고 있었다. 1980년 2월, 덩샤오핑은 선의 대가이자 영향력 있는 중국 전통문화 학자인 난화징(南懷瑾, 1918~2012)의 제자를 만났다. 난화징은 책을 50여 권이나 출간하여 중국의 주요 가문들 사이에서 널리 회자되고 있었다. 난화징은 과거를 알고 미래를 예견하는 신탁의 존재로 여겨졌고 사람들은 그의 지식뿐만 아니라 미래 트렌드, 특히 역사를 주도하는 트렌드에 대한 그의 통찰력에 매료되었다.

덩샤오핑이 정말로 난화징의 점괘를 믿었는지는 알 수 없다. 덩샤오핑은 난화징을 공산당 지도부와 청방을 하나로 묶을 수 있는 공통분모로 활용했다. 그는 청방에게 전 세계를 중국의 지배 아래 두는 가장 중요한 임무를 부여할 계획이었다.

덩샤오핑은 난화징이 완벽한 후보인지에 대한 확신이 필요했다.

"대만이 중국으로부터 분리된 지 30년이 지났습니다. 대만은 다른 길을 걸어왔지만 결코 조국을 떠날 수 없습니다." 덩샤오핑은 대만 경제의 빠른 성장을 지적하며 난화징의 제자에게 말했다. 덩샤오핑은 난화징이 대만의 미래를 어떻게 보는지 궁금했다.

난화징은 "결국 대만은 고국으로 돌아와야 합니다. 피는 항상 물보다 진합니다"라고 진심 어린 대답을 했다.

"좋은 삶은 우리가 늘 바라는 것이고 우리는 모두 죽기 마련입니다." 덩샤오핑은 청방이 표면적으로 가장 중요하게 생각하는 것은 이익이라는 것을 알고 있었다.

"사부님은 우리를 잘 인도해 주십니다. 우리는 삶을 사는 것이 아니라 마음을 느끼며 살아야 합니다"라고 난의 제자는 학문적으로 대답했다.

아베 신조, 2018년 10월 26일 베이징에서 시진핑과 회동

"지금이야말로 우리의 마음이 하나가 되어야 하는 순간입니다. 마음속 깊은 곳

에서 우러나온 말입니다"라고 덩샤오핑은 감성적으로 말했다. "일본 내 조직은 어떤가요?" "우리는 이미 기시 가문에 침투해 있습니다." 난화징의 제자는 대답했다. 기시 가문은 제2차 세계대전 이전에도 권력을 장악하여 일본 정치를 이끌었다. 기시 노부스케(1896~1987), 동생 사토 에이사쿠(1901~1975), 손자 아베 신조(1954~2022) 등 기시 가문에서 배출된 3명의 총리는 총 9번 일본 총리로 재임했으며 아직 이들의 기록을 넘어서는 일본 가문은 없다.

덩샤오핑은 불과 30년 만에 청방의 손길이 세계 강대국에 미쳤다는 사실에 놀랐다. "이제 우리의 일본 친구들에게 호소할 때가 되었습니다."

홍콩과 마카오에 이어 다음 타겟은 일본이었다. 미국은 일본이 취약할 것으로 전혀 예상하지 못했고 특히 아시아를 향한 미국의 디딤돌로 여겼기에 일본에 대한 침투와 통제를 통해 미국 이해관계의 핵심을 꿰뚫게 될 것이었다.

아베 신조는 저서 《아름다운 나라를 위하여(美しい国へ)》에서 미국으로부터 일본의 주권을 되찾기 위한 계획에 대해 다음과 같이 기술하고 있다: "(일본의) 헌법과 교육기본법은 미국이 만든 것으로 일본의 손과 발을 묶어… 노예와 같은 관계를 맺고 있다." 아베 신조는 맥아더가 일본으로부터 자국의 안보를 군사적으로 방어할 권리를 빼앗았기 때문에 일본 헌법을 "폄하"한 것이라고 비난했다. 또한 저서에서 하토야마 유키오 전 총리(2009~2010년 재임)의 주장을 반박했다. 유키오 총리는 "일본은 미국에 너무 많이 의존하고 있다. 미일 동맹은 물론 중요하지만 아시아의 국가로서 아시아를 더 중시하는 정책을 펴고 싶다"고 주장했다. 그러나 사실 아베 신조는 재임 시절 한국과의 정보 교류를 단절하면서 미국의 군사력과 영향력으로부터 독립된 일본의 독자적인 방위력 구상을 지지한다고 말해 하토

야마 유키오의 주장과 동일한 행보를 보였다.

또한 저서에는 아베 신조가 미국의 일본 지배에 대해 얼마나 부끄러워했는지가 잘 드러나 있다. 그는 일본과 중국 중심의 동맹인 대동아공영권으로 구성된 제2차 세계대전 이전의 일본 헌법을 회복하기를 간절히 원했다. 전통적인 아시아 강대국 명문가의 후손인 아베 신조는 조부 기시 노부스케를 전범으로 3년 동안 감옥에 수감시켰던 미국에 대한 치욕을 씻어야한다는 의무감이 있었다. 그리고 일본은 미국에 대해 직접적인 전쟁을 수행할 힘이 없으므로 중국을 투쟁에 끌어들이는 것이 은밀하게 그리고 노골적으로 미국과 전쟁을 벌일 수 있는 유일한 방법이라는 사실을 이해하고 있었다.

2022년 11월, 삼자 위원회 50주년 기념 회의가 아시아의 유력한 리더십 그룹, 정치인, 기업 임원, 학계 지도자들이 참석한 가운데 도쿄의 총리 관저에서 매우 가까운 곳에서 열렸다. 한 전직 일본 관리는 솔직한 생각을 말했다. "우리는 중국을 끌어들여야 합니다. 어느 편인지 선택하도록 요구한다면 동남아시아 국가들은 중국을 선택할 것입니다." 그러나 그는 또 덧붙였다. "핵심은 그들에게 선택을 강요하지 않는 것입니다." 미국인 대부분은 일본이 태평양 전역의 안보 문제에서 공통의 이익과 가치를 공유하는 충실한 동맹국이라고 굳게 믿고 있다. 겉으로 보기에 "동맹"이라는 부분은 사실이지만 미국은 "충실한"이라는 의미를 과신하고 있는 것처럼 보인다. 사실 그보다는 "편의적"이라는 표현이 더 적절할지도 모른다.

일본 엘리트 집단은 종종 일본이 먼저 항복했는지, 아니면 미국이 먼저 핵폭탄 두 발을 투하했는지에 대해 의문을 제기한다. 어떤 답을 선택하든 상관없이 많은 사람이 미국 정부가 일본을 핵실험장으로 사용했고 미국 정부가 서로 다른 두 제조사의 핵폭탄 두 개를 선택한 이유는 두 가지 설계의 효과를 시험하기 위해서였다고 믿고 있다. 일본인들은 비옥한 땅과 생활 방식, 자유를 가진 미국을 부러워하면서도 여전히 해결되지 않은 의구심을 품고 미국을 신뢰하지 않는다.

1945년 일본 나가사키에서 원자 폭탄 폭발

이러한 역사적, 문화적 상황은 중국 공산당 지도자들이 대만을 매개체로 삼아 일본을 은밀하게 자기편으로 끌어들일 수 있는 기회가 되었다.

제2차 세계대전 후 기시 노부스케는 자신의 제지 회사를 통해 청방의 비호 아래 대만산 바나나를 일본으로 수입했는데 청방이 터무니없이 낮은 가격으로 물건을 제공했기에 엄청난 수익을 올렸다. 기시 노부스케와 장제스는 반공의 깃발 아래 미국의 원조를 끌어들이는 동맹을 맺었다. 1962년 장제스는 1934년생 대만인 김메이링을 기시 노부스케에게 소개했는데 김메이링은 그들의 회담에서 통역을 맡았다. 흥미로운 사실은 장제스는 중국 저장성 방언과 일본어를 조금 할 줄 알았고 김메이링은 일본어, 대만어, 영어만 할 줄 알았기 때문에 그들에게 공통 언어는 없는 셈이었다. 김메이링이 기시 노부스케와 장제스를 위해 어떤 통역을 했는지는 아무도 모르지만 어쨌든 기시 노부스케는 27세의 젊은 김메이링을 개인 비서로 삼아 곁에 두었다.

김메이링은 공산주의 중국과 일본의 운명을 좌우하는 놀라운 일을 했던 여성이다. 장제스와도 가까웠고 기시 노부스케와도 밀접한 관계였던 김메이링은 미일 관계를 약화시키기 위해 청방이 파견한 방해꾼이었던 것으로 보인다. 정치적 재능 덕분에 그녀는 곧 기시 가문의 실세가 되었고 몇 년 후, 어린 아베 신조의 후견인으로 임명되어 교육을 감독하게 된다. 청방이 전달한 덩샤오핑의 명령에 따라 그녀는 1980년부터 미래의 역할에 대비해 왔다. 덩샤오핑은 다른 나라의 사법 시스템에 침투하기 위해서는 다른 접근 방식이 필요하다는 것을 알고 있었다. 홍콩과 마카오는 쉬웠으나 일본은 더 큰 도전이었다. 덩샤오핑은 일본 경찰, 검사, 판사 한 명을 중국 요원으로 바꾸려면 최소 10년이 걸릴 것으로 계산했다. 그는 이미 나이가 많았기 때문에 계획이 실패하면 자신에게도 중국에게도 두 번째 기회는 없다는 것을 알고 있었다. 그럼에도 불구하고 덩샤오핑은 인내심을 발휘해서 서두르지 않았는데 기다릴 만한 가치가 있는 보상이라는 것을 알고 있었기 때문이었다. 공산주의 정부 요원들이 타국 정부에 성공적으로 안전하게 침투하여 정치인으로서 선거에 참여하고, 군에 입대하여 지휘관이 되고, 중요 기관에 들어가 대학교수, 연구소 학자, 정보위원회 분석가, 국가안보위원회 자문관으로 활동할 수 있는 이유는 그 나라의 사법 체계가 허술하기 때문이다. 덩샤오핑은 그 임무가 성공한다면 그의 유산이 될 것이기 때문에 자신이 살아 있을 때거나 죽은 이후거나 상관하지 않았던 것 같다.

덩의 명령에 따라 인민해방군 정보부는 5세 미만의 일본계 어린이들을 선발해 부모와 함께 마을 10개 크기의 특수 시설로 이송하기 시작했다. 세심하게 계획되어 철저하게 보안이 유지되는 이 시설 안에 있는 건물, 사무실, 거리, 도로, 버스, 기차, 경찰서, 상점, 은행, 사무실, 학교 등은 일본에 있는 실제 건물과 똑같은 복제품이었다.

당시 만주에는 약 150만 명의 일본인이 거주하고 있었는데 그중 20만 명은 열악한 생활 환경으로 사망했으며 만 명이 넘는 여성과 어린이가 노예로 팔려 갔다. 중국 내전 이후 중국 다른 지역에도 약 300만 명의 일본인이 중국 전역에 걸쳐 고립되어 있었다. 1950년 일본 정부는 중국에 남은 일본인의 99%가 돌아왔다고 주장했으나 중국 정부에 따르면 상당수가 중국에 남아 있었다고 했다. 일본인들 중 일부는 가난하게 살았지만 일부는 공산당에 입당한 후 부자가 되었다. 중국 정부는 남아 있는 일본인 중에서 아이들을 선발했고 자격을 갖춘 일본인들을 특수 시설에서 일하도록 징집했다.

시설에 들어온 사람은 누구나 진짜 일본에 있다고 생각할 정도였는데 교사, 경찰관, 기차 차장, 버스 운전사, 상점 주인, 점원, 사무원 등 실제 일본 사회에서처럼 모든 역할을 수행했다.

어린 아이들은 중국어와 일본어를 모두 배웠고 매일 아침 공산당 대표들이 진행하는 정치 세뇌 교육에 참석해야 했다. 부모들은 다른 지역에 머물렀는데 인민해방군은 시설의 완전한 기능을 유지하기 위해 이들에게 다양한 임무를 부여했고 군 병사들은 부모들의 모든 활동과 대화를 면밀히 감시했다. 부모가 올바르게 행동하고 필요한 조건을 충족하면 일주일에 한두 번 자녀를 방문할 수 있었다.

일본 국회 회의장

1988년, 8년간의 훈련 끝에 아직 12살이 되지 않은 첫 번째 어린이 스파이 졸업반이 일본으로 갈 준비를 마쳤다. 김메이링을 통해 일본에서 확고한 기반을 다진 청방 우두머리들은 그 어린이들을 전략적으로 배치하는 일을 맡았다. 이들은 중국 주재 일본 대사관에 대한 영향력을 이용해 아이들에게 필요한 일본 신분증을 확보했다. 정부 요원들은 사망한 일본인과 중국인 사이의 허위 혼인 증명서를 만든 다음, 아이들이 손자 또는 손녀인 것처럼 기록을 위조했다. 부모들은 아이들을 일본 대사관으로 데려왔고 청방의 통제를 받는 출입국 관리관은 즉시 이들에게 진짜 일본 정부 서류와 함께 합법적인 일본 신분을 제공했다.

　일본에 도착한 아이들은 청방의 주선을 통해 중국 정부 요원이었던 일본 엘리트 집단으로부터 풍족한 재정 지원을 받아 최고의 학교에 다닐 수 있었고 그들 중 일부는 마쓰시타 정부 및 경영 연구소에 입학했다. 수십 년이 지난 후 그 아이들은 일본 정부 곳곳에서 요직을 맡아 일본을 근본적으로 변화시켰다. 김메이링과 그녀의 요원들이 미국을 무너뜨리고 기시 가문의 명예를 되찾기 위해 일본을 재부상시키는 과정에서 공산당의 하수인이 되게 한 것이다.

　2012년, 특수 시설을 운영했던 사람들은 상하이에서 작은 상봉 모임을 열어 일본 대법원 판사가 된 최초의 '졸업생' 요원을 축하하는 자리를 가졌다.

　덩샤오핑이 예측한 바와 같이, 일본에 침투한 중국 요원들은 전염병처럼 다른 나라로 퍼져나갈 것이다. 결국 청방의 비호 아래 중국 요원들이 전 세계 곳곳에 침투할 것이라고 믿었던 덩샤오핑의 예상은 적중했고 청방은 효과적인 새로운 홍위병을 조직했다.

하지만 덩샤오핑은 여전히 홍위병이 흔들릴 수 있다고 우려했고, "힘을 숨기고 길을 가려라(韜光養晦)"라는 지침을 주며 조심할 것을 당부했다.

도쿄에 있는 일본 천황의 궁전

제9장

계산된 모든 것

2022년 봄에 촬영한 베이징의 청나라 황제의 여름궁전

중국 공산당 요원들은 처음에 지하 무선 네트워크를 이용해 정보 수집 활동을 벌였는데 청방은 이들이 라디오 방송국 안테나에 무선 장비를 몰래 꽂는 것을 도왔다. 청방의 지도자 두웨성은 배후에서 정부의 정보 네트워크를 시작했고 저우언라이는 비밀 라디오 작전을 감독한 최초의 공산당 지도자였으며 그때 덩샤오핑은 그의 첫 번째 보좌관이었다. 광활한 중국 대륙에서 즉각적인 정보 교환은 최우선 과제였다. 중국 공산당의 지하 무

선 네트워크 덕분에 중국 국민당군의 공산당 지도자 체포 시도를 피하고 전략적 목표물을 조직적으로 공격하는 성공이 가능했다. 수년간의 경험과 확장을 통해 무선 네트워크는 중국 공산당의 정보 조직으로 발전했다. 덩샤오핑은 통신이 곧 정보이고, 정보가 곧 통신이며, 효과적인 통신은 세계를 통제할 수 있는 정보를 가져다 준다는 사실을 깨닫게 되었다.

덩샤오핑은 작은 진공관을 통해 무선 통신이 가능하다는 사실에 놀랐다. 정식 고등 교육을 받지 못해서 과학적 지식이 부족함을 절실히 느꼈던 덩샤오핑은 새로운 발명품에 관심을 기울이는 것으로 결핍을 채웠다. 그는 기술에 관한 한 중국은 불모지라고 생각했다. 부피가 큰 진공관을 대체해 사람의 눈에는 거의 보이지 않는 작은 트랜지스터를 사용하는 반도체의 발명에 대해 알게 되었을 때, 그는 비록 어떻게 작동하는지 이해할 수는 없었지만 그 새로운 기술에 즉시 매료되었다. 그에게 반도체는 마법 같기도 했지만 동시에 서양이 그것을 통해 중국을 이길 수 있을 지 몰라 두려워했다.

덩샤오핑은 반도체의 중요성을 감지했고 중국이 빠르게 발전할 수 있는 기회를 놓치지 않겠다고 결심했다. 그는 반도체의 발명이 대부분의 기술 개발에서 중국에 수십 년 앞서 있던 선진 현대 국가와의 격차를 해소할 수 있을 뿐만 아니라 중국이 주도권을 잡을 수 있는 지름길이라는 점을 인식했다. 반도체는 중국이 제3세계 지위에서 벗어날 수 있는 길이 될 것이었다.

문제는 서방이 이미 개발해 보유하고 있는 반도체 기술을 중국이 어떻게 습득할 수 있느냐는 것이었다. 중국 내에서 재창조하는 것은 불가능했다.

덩샤오핑은 청방이 필요했고, 더 정확하게는 대만이 필요하다는 것을 깨달았다.

대부분의 서구인들은 공산주의 중국을 적으로 보지만, 대만은 동맹으로 여긴다. 그들은 남한과 남베트남이 북베트남에 대항해 싸웠던 것처럼 대만이 공산주의 중국에 대항해 싸우는 것을 도왔다. 미국과 서방은 적국인 중국과 동맹국인 대만 사이에 진정한 협력 관계가 있을 거로 전혀 의심하지 않았다. 그래서 중국에게는 반도체 기술에 대한 접근을 허용하지 않았지만, 이미 대만의 한 대학에 실험용 반도체 라인을 제공한 상태였다. 서방 국가들은 중국과 대만이 여러 면에서 두 얼굴을 가진 카드와 같다는 사실을 인식하지 못하고 있었지만 그들은 겉으로는 서로 싸우는 것처럼 보이지만 실제로는 협력하고 있다.

덩샤오핑은 몇 가지 중요한 질문과 결정에 직면했고, 효과적인 해결책을 빨리 찾아야 했다. 대만에서의 반도체 개발을 위해 누가 주도권을 잡아야 할 것인가? 어떻게 하면 대만이 최첨단 반도체 기술을 확보할 수 있을 것인가? 어떻게 하면 반도체 산업을 지배할 수 있을까? 통신과 반도체 사업을 어떻게 결합할 수 있을까? 어떻게 통신 장비를 사용하여 중요한 비즈니스 및 정보 정보를 수집할 수 있을까? 어떻게 반도체 장치를 사용하여 전 세계 주요 지역에 침투해 그들을 지배할 수 있을까? 과학자는 아니었지만 덩샤오핑은 기술을 이용해 세계를 지배하려는 계획을 추진하는 데는 전문가였다. 대략적인 아이디어가 있었던 그에게 필요한 것은 계획의 세부 사항을 구체화할 과학자일 뿐이었다.

1978년 여름, 덩샤오핑은 공산당에 통신 및 반도체 개발을 지휘할 위원회를 구성할 것을 명령했다. 중국이 통신과 반도체 기술 분야를 주도해 두 산업을 철저히 통제해야 한다고 판단한 덩샤오핑은 중국의 파산한 중국 경제가 자신의 꿈을 이루는 데 걸림돌이 된다고 생각하지 않았다. 그는 대만의 청방과 수년간 꾸준히 협력하면서 자신감을 키워 왔다. 청방은 대만은 물론이고 전 세계 대부분의 국가에 대한 내부 정보를 갖고 있었다.

덩샤오핑은 선진국의 사법 시스템에 침투하기 위한 마스터 플랜을 완성했다고 믿었다. 이제 같은 방식으로 과학 기관에도 침투할 계획이었다.

호수에 화사하게 복숭아꽃이 피어있는 베이징의 여름

덩샤오핑은 세계를 탈문명화하는 데 중요한 다음 단계인 통신 및 반도체 산업을 독점하기 위해 구체적 계획을 수립할 과학자가 필요했다. 덩샤오핑은 적임자를 떠올렸다. 군인들을 인솔하여 마오쩌둥의 부인 장칭의 체포를 성공으로 이끌고 그녀의 정치적 지지자였던 '4인방' 역시 무너뜨렸으며 이 모든 일들을 단 한 번의 정국 혼란도 일으키지 않고 해낸 인물이었다. 베이징 시민들은 쿠데타가 완료된 후 며칠

이 지날 때까지 쿠데타가 일어났다는 사실조차 알지 못했다.

덩샤오핑이 선택한 이상적인 후보는 암호학 교수이자 핵 과학자, 우주 전문가, 9급 바둑 기사, 사상가, 그리고 전략가인 량 박사(가명)였다. 량 박사는 서구의 대학에서 세 개의 박사학위(수학, 물리학, 정신의학)를 취득한 존경받는 학자이자 인민해방군의 영웅이었다. 그는 핵폭탄과 유도 미사일을 개발한 과학 팀 두 곳에서 중요한 역할을 담당했다.

1978년 10월, 겨울이 일찍 찾아온 것처럼 추운 밤이었다. 량 박사는 공산당 중앙위원회로부터 의문의 전화를 받았다. 량 박사가 중국 공산당 최고 지도자의 소환을 받은 것은 이번이 처음이 아니었는데 이번에는 어떤 임무가 그를 필요로 하는지 궁금했다. 통화가 이루어진 지 며칠 후 어느 안가에서 긴 개인 면담이 이어졌다. 덩샤오핑의 의도를 알게 되자 량 박사는 즉시 베이징시 인근 외딴 마을에 있는 정부 휴양지에서 은둔하기로 결정했다. 그곳은 인적이 드문 안전한 곳이었다. 그는 비서에게 가족을 포함한 그 누구에게도 자신이 어디로 가는지 알리지 말라고 지시했고 심지어 덩샤오핑의 집무실에서 온 사람이라 할지라도 방문객도, 전화도 받지 말라고 명령했다.

이렇게 며칠, 몇 주, 몇 달, 마침내 100일이 지났을 때, 량 박사는 비서를 불러 베이징 시로 돌아갈 교통편을 준비하라고 지시했다. 겨울이 중국 북부 지역을 뒤덮고 중국인들이 춘절을 맞이할 준비를 하고 있을 때, 량 박사는 학생들을 자신이 가장 좋아하는 식당에 초대했다. 인민해방군 총참모부 본부 근처 외곽에 위치한 그 식당에 초대된 제자들은 평범한 학생이 아니라 중국 공산당 중앙위원회의 엄격한 심사에 합격한 인민해방군 장군들이었다. 그들은 중국의 권력자들이었지만 "전설"로부터 배워야 할 필요성을 인식하고 있었고 량 박사로부터 중요한 교훈을 배울 것으로 기대했다.

전문 요리사가 고급 요리를 준비했다: 량 박사의 식욕과 기대에 부응하기 위해 이 별미들을 준비하는 데만 일주일이 걸렸다. 베이징 오리, 매콤한 사천식 훠궈, 황주를 곁들인 상해식 생선찜, 중국 약초를 넣고 끓인 윈난성 닭고기 요리 등이 준비되었는데 요리사들은 몇 주 전부터 열성적으로 준비하며 량 박사가 은둔처에서 돌아오기를 기다렸다. 그들은 량 박사가 국가적으로 긴급한 중요한 문제 때문에 활동한다는 것을 알고 있었으나 자세한 내용은 이해하지 못했고 알려 하지도 않았다. 그들이 량 박사를 지원하기 위해 할 수 있는 일은 그가 좋아하는 요리를 열심히 준비해서 제공하는 것이었다.

상업 지구의 한 구역에 위치한 식당은 겉으로 보기에 평범한 단층 회색 콘크리트 건물로 식별 표시도, 간판도, 심지어 주소도 없었다. 유일한 출입구는 블록 도로를 사이에 두고 반대편에 있는 식료품점 뒷편이었는데 그 가게는 사실 총참모본부의 비밀경비초소였다. 비밀초소는 그곳만이 아니었고 그 구역의 모든 상점에는 민간인 복장을 한 인민해방군 병사들이 잠복해서 총참모부를 은밀히 지키고 있었다.

식탁에 앉은 량 박사는 제자들에게 인사도 하지 않고 식사에만 집중했고 제자들 중 누구도 감히 그를 방해하지 못했다. 거의 한 시간처럼 느껴졌던 15분이 지나자 원하는 음식을 거의 다 먹은 량 박사는 입술을 닦은 후 목을 축였다.

"전기도 없고 전등도 없는 건물에 어떻게 하루 만에 전구를 설치할 수 있을까?" 량 박사는 제자들에게 엄중하게 물었다.

한 명이 "베이징 전력회사에 급히 전기를 공급해 달라고 요청하고 전기 기술자에게 즉시 조명 시스템을 설치하라고 지시하면 됩니다"라고 대답했다.

"일반적인 장치나 표준 부품을 사용하지 말라고 요구해도 하루 만에 할 수 있을까?" 량 박사는 자신의 주장을 펼치기 시작했다.

통신과 반도체 산업을 독점하라는 덩샤오핑의 명령을 달성하기 위해 량 박사는

'탈표준화' 또는 '완전 맞춤화'가 해답이라고 판단했다.

18세기 중반 영국에서 산업혁명이 시작된 이래, 표준화는 효율적인 제조 능력의 기반이 되었고 빠른 경제 성장을 가져왔다. 생산 비용은 생산량에 따라 달라지는데 생산량이 많으면 표준화된 많은 제품에 대한 고정 간접비를 낮출 수 있어 생산 비용이 낮아진다. 표준화를 위해서는 최종 제품을 제조하는 데 사용되는 구성 요소의 엄격한 사양이 필요한데 표준 부품으로만 구성된 제품 설계는 제조 비용을 낮출 수 있다. 즉 산업화는 표준화에 의존하며 표준화 역시 산업화에 의해 달성되는 것이다.

또 다른 비유는 의류 산업에서 찾아볼 수 있다. 재단사가 만든 맞춤형 양복은 표준 사이즈로 제공되는 대량 생산 양복보다 훨씬 더 비싸다. 맞춤 정장이든 대량 생산된 양복이든 디자이너는 최대한의 수익을 올리려고 노력할 것이고 이는 대부분의 산업에서 추구하는 것이다. 가장 많이 기여한 사람이 가장 많은 수익을 얻는 것이 자유시장경제의 본질이자 현대 사회의 공리인 자본주의의 핵심 교리이다. 그러나 표준 디자인 관행을 깨고자 하는 맞춤형 디자이너에게는 이러한 원칙이 적용되지 않는다.

한 회사가 전 세계의 모든 재봉틀을 소유하고 단 하나의 옷감 디자인을 생산한다고 상상해 보자. 그리고 재봉틀은 한 가지 종류의 천만 사용할 수 있다. 의류 디자이너가 백화점에서 판매할 옷을 생산하려면 먼저 디자인 승인을 받거나 생산업체에 새로운 맞춤형 재봉틀의 제작을 의뢰하고 제작 비용을 지불해야 한다. 그런 다음 기다려야 하는데 새 재봉틀을 설계하고 제작하는 데는 몇 달 또는 몇 년이 걸릴 수도 있다. 기다리는 동안 주문한 맞춤형 재봉틀을 지원할 수 있는 공인된 테스트 및 유지보수 회사와 계약을 맺어야 하고 마지막으로 새 재봉틀이 준비되면 그 디자이너는 전체 의류 생산 프로세스를 책임지며, 재봉틀을 사용하는 작업자들을 교육하고 급여를 지급하는 한편, 생산 문제를 해결하기 위한 계약업체도 고용해야 한다. 모든 과정이 어렵고 비용이 많이 들겠지만 선택의 여지가 없다.

한 회사가 전체 공정을 통제하면 시장을 독점하고 그 산업의 규칙과 관행을 결정하게 되는 것이다.

반도체 산업도 이와 비슷한 점이 많다.

이것이 바로 량 박사가 계획한 것이고 덩샤오핑이 원했던 것이었다. 그럼 그들의 계획이 어떻게 실현되었을까?

1979년 봄, 량 박사는 덩샤오핑에게 중국이 반도체 산업을 통제할 수 있는 계획을 설명했다. 당시 반도체는 아직 확실하고 검증된 기술이 아니었다. 하지만 덩샤오핑은 자신의 운을 시험하고 또 세계를 지배하려는 이 야심찬 계획을 실행했다. 그는 초기 반도체 산업을 독점하고자 했고, 그럼으로써 자본가들의 게임을 하는 공산주의자가 되고자 했다.

량 박사는 이전의 공산당에게는 불가능해 보였던 두 가지 성과를 해냈다. 핵폭탄과 이를 운반할 유도 미사일을 획득하는 데 성공한 것이다. 덩샤오핑은 량 박사의 대담한 계획이 성공할 수 있을지 전혀 의심하지 않았다. 이는 덩샤오핑의 직관과 야망이 현실이 될 수 있는 일이자, 그의 운명이 될 수 있는 일이었기 때문이었다.

천안문 광장에는 량 박사의 기적적인 두 가지 업적을 기념하는 비석이 세워져 있다. 언젠가 중국 지도부 가문들은 그곳에 그의 원대한 계획과 실제 실행을 기념하는 세 번째 기념비를 추가할 수도 있다. 량 박사는 중국이 세계적으로 반도체 파운드리를 독점하도록 만든 선구자로 기억될 것이다. 그는 중국 지도자들이 지배하는 미래로 나아가는 길에 실리콘으로 만든 디딤돌을 놓았다고 믿었다.

량 박사의 계획을 실현하기 위한 첫 번째 단계는 대만 해협에 통신 및 반도체 회사를 설립하고 중국 본토에는 통신 사업을 하는 4개의 회사를 세우는 것이었다. 그중 2개사는 통신 장비에, 나머지 2개사는 통신 장치용 반도체 기술에 주력하도록 했다. 대만에는 반도체 제조에 주력하는 반도체 회사와 메모리 장치에 주력하는 반도체 회사 두 곳을 세울 것이다.

량 박사의 생각과 계획에서 중요한 회사는 중국의 통신 장비 회사와 대만의 반도체 제조 회사 두 곳뿐이었고 나머지는 본래의 목적을 드러내지 않은 채 큰 규모의 작업을 지원하는 보조적인 위치에 있을 뿐이었다. 이 두 핵심 기업은 동일한 연구 개발 리소스를 공유했기에 마치 두 개의 날을 가진 칼처럼 서로를 향해 날을 세우고 경쟁하는 두 개의 이름을 가진 하나의 조직이었다. 통신 회사는 전 세계 네트워크와 센서를 장악, 그 조직에 침투하여 특정 국가의 일반 대중을 감시하는 것을 목표로 하였고 반도체 제조 회사는 의류 산업에서 재봉틀을 통제하는 것과 같은 방식으로 제조 공정을 통제하여 반도체 산업을 독점하고자 했다.

량 박사는 수년 동안 계속된 일본과의 전쟁을 통해 일본이 재료 과학과 제조 장비에 얼마나 뛰어난 재능을 가지고 있는지 알게 되었다. 그는 일본이 이미 반도체 설계 및 개발 분야에서 강점을 가지고 있다는 것을 파악했는데 실제로 일본은 반도체 장치 생산에 필요한 특정 핵심 소재의 유일한 공급원이었다. 그러므로 다음 단계는 일본이 적극적으로 반도체 기술을 대만으로 이전하여 대만에서 사업 기회를 창출함으로써 다른 유럽 기업들도 그렇게 하도록 동기를 부여하는 것이었다. 이를 위해서는 기시 가문의 정치적 영향력을 이용해 일본 정부와 주요 기업들을 설득하기 위해 김메이링이 필요했다.

량 박사는 전 세계 반도체 제조 장비와 컴퓨터 지원 설계 및 그 제작을 모두 통제하는 것은 불가능하다는 것을 알고 있었다. 이를 일본에만 의존해 개발하는 것은 현실적으로 불가능한 일이었다. 미국 기업들은 반도체를 발명했고, 지적재산권을 소유하고 있었으며, 실용화할 수 있는 노하우를 가지고 있었다. 이때 메사추세츠주 케임브리지에 있는 왕 연구소와 왕 컴퓨터가 그에게 영감을 주었다.

중국에서는 실질적으로 반도체 제조와 기술 개발을 할 수 없었지만 미국에서는 가능했다. 따라서 그의 세 번째 단계는 반도체 제조 및 컴퓨터 도구 설계 사업을 하는 미국 기업에 중국인 요원을 투입하는 것이었다. 중국 정부는 정상적인 경로를 통해 해당 기업에 직접적으로 영향을 미칠 수는 없었지만, 표적 기업 내에 중국 요원을 배치함으로써 내부 정보를 확보할 수 있었다.

미국 반도체 제조업체 어플라이드 머티리얼즈(Applied Materials)와 미국 반도체 설계 도구 회사인 시놉시스(Synopsys), 캔던스(Candence)에서 많은 중국계 미국인들이 알든 알지 못하든 상관없이 공동 창업자나 핵심 인력으로 발탁되어 성장했다.

량 박사의 네 번째 단계는 성공적인 사업 운영을 통해 지적 재산 포트폴리오를 확장하는 것이었다. 그의 대만 반도체 제조업체는 경쟁력 있는 품질과 가격, 빠른 처리 시간으로 경쟁력 있는 제조 서비스를 유지하여 충분한 비즈니스 모멘텀을 구축한 후, 그들의 제조 공정에 대한 지적재산권을 암묵적 또는 명시적으로 요구하고 출원해야 했다.

이는 재봉틀 회사가 앞으로 생산될 모든 의류 디자인에 대한 소유권을 요구하여 의류 산업을 독점하는 것과 비슷하다. 재봉틀 회사는 의류 디자이너가 기존 디자인과 큰 차이가 없는 새로운 디자인을 만드는 것을 극도로 어렵게 만들 것이고 그렇게 되면 의류 디자이너들은 저작권 침해를 피하기 위해 라이선스 비용을 지불해야 할 것이다. 이 유명한 재봉틀 회사가 소유하고 있는 지적 재산이 많을수록 더 많은 라이선스 비용을 요구하게 될 것이고 수년간의 운영을 통해 재봉틀 회사는 전체 의류 산업에서 발생하는 수익의 대부분을 회수할 수 있을 것이다. 이것이 바로 량 박사가 설계한 모델이고 이 모델에 따르면 대만의 반도체 회사는 제조뿐만 아니라 전체 반도체 산업에서 발생하는 수익의 70% 이상을 통제하고 벌어들일 수 있게 된다.

량 박사의 마지막 단계는 청방을 이용해 그의 '완전 맞춤형 반도체' 비즈니스 모델을 위협할 수 있는 모든 기술을 파괴하고 반도체 제품을 표준화하려는 회사를 없애는 것이었다.

표준화는 제조 공정을 단순화하여 업계에 다른 기업이 등장하여 경쟁할 수 있는 진입장벽을 낮출 수 있다. 표준화는 또한 독점적인 제조 서비스의 가치를 떨어뜨려서 반도체 생태계에서 그들이 점유했던 독점적인 지위를 잃게 할 것이며 반도체 산업에 새로운 인재가 등장하여 설계에 혁신을 가져올 수 있도록 할 것이다. 또한 표준화를 통해 반도체 업계는 더 나은 기술과 개선된 제조 공정을 개발하여 구식 공정을 대체하게 될 것이다. 그리고 이 모든 것들은 그에게 파괴적인 영향을 미칠 것이다.

표준화가 이렇듯 커다란 위협이기에 량 박사는 대만 반도체 기업들이 주도권을 장악한 후 반도체 산업의 발전을 동결시키려 했고 청방은 반도체 산업에서 탈표준화를 시행하는 일에 완벽을 기해야 했다.

중국 선전의 화웨이 테크놀로지

　량 박사의 계획을 들은 덩샤오핑은 청방의 지도자로 하여금 직접 대만
의 운영을 감독하도록 결정했다. 그는 량 박사의 계획을 약간 수정하여 대
만 계획에 중간 단계의 과도기 회사를 추가했다. 청방을 전적으로 신뢰하
지 않았던 덩샤오핑은 중국에도 동일한 제조 서비스 회사를 설립하고 싶
었다. 따라서 그 과도기 회사의 임무는 반도체 기술을 복제하고 복제된 제
조 장비를 대만에서 중국으로 이전하는 것이었다.

　1982년 덩샤오핑은 중국에 4개, 대만에 3개 회사를 설립하라는 명령을
내려 량 박사의 계획을 실행에 옮겼다. 그리고 용의 기상을 지닌 강력하고
지배적인 중화민족이 세계를 제패한 당나라의 역사를 되풀이한다는 의미

의 한자성어(巨大中華 龍唐興為)를 사용하여 회사 이름을 정했다.

1987년에 설립된 4개의 회사는 통신용 반도체 기술을 주력으로 하는 즈룽(巨龍) 커뮤니케이션, 통신용 반도체 기술을 주력으로 하는 다탕(大唐) 커뮤니케이션, 통신 장비에 주력하는 ZTE(中興) 커뮤니케이션, 그리고 화웨이(華為) 커뮤니케이션이었으며 이들은 모두 중국에 설립되었다.

같은 해인 1987년에 대만에도 두 회사가 설립되었는데 반도체 제조 서비스를 전문으로 하는 TSMC(대만반도체제조공사)와 메모리 칩에 주력하는 윈본드 일렉트로닉스(Winbond Electronics)가 바로 그들이다. 그 후 1996년에는 과도기적 회사로 WSMC(세계반도체제조공사)가 설립되었다. 덩샤오핑은 의도적으로 대만 회사의 이름을 의미심장하게 지었는데 강력하고 번영하는 중화민족을 의미하는 중국 관용구(中華興為, 定國安邦)를 사용하여 화웨이(華為)와 윈본드(華邦)라는 이름을 준 것이다. 이제 경쟁이 시작되었다.

대만 신주 과학단지의 TSMC Fab 5

이들 회사의 이름들은 덩샤오핑의 진취적인 사명을 상징한다. 이들은 덩샤오핑의 유지를 계승하여 21세기의 인민을 위한 덩샤오핑의 유령을 불러내고 있다. 덩샤오핑의 오만이 그들 안에서 살아 있는 것이다.

제10장
총통 죽이기

1940년대 베이징 천안문 광장에 걸려 있는 장제스의 초상화

　1948년 7월, 자신의 정치적 입지가 취약하다는 사실을 잘 알고 있던 장제스는 자신의 집권 기간이 얼마 남지 않았다는 것을 느낄 수 있었다. 1945년 장제스의 중국 국민당과 공산당 간의 군사적 충돌을 중재하기 위해 조지 캐틀렛 마셜 미국 특사가 파견됐다. 이는 트루먼 대통령의 명령에 따른 것이었는데 중재 과정에서 공산당이 중국 본토를 장악하면서 임무에 실패했다. 장제스 총통은 트루먼 대통령이 자신에게 좋지 않은 감정을 품고 있다는 사실을 알고 있었지만, 대통령의 개인적인 경멸 때문에 중국 전

체를 잃게 될 것이라고는 예상하지 못했다.

이미 62세였던 장제스는 더 이상 갈등을 겪고 싶지 않았다. 장제스는 반대편을 위해 많은 역할을 해왔다. 청방에서 수습과정을 마친 20대 초반 장제스에게 청방은 정치 입문의 길을 열어주었고 장제스는 보답하기 위해 많은 호의를 베풀었다. 그러나 중국에서 그가 권력에서 밀려나면 대중의 찬사는 끝날 것이고 한 때 자신을 둘러싸며 환호와 웃음을 주었던 아첨꾼들의 모습 대신 몇 명 남지 않은 측근들의 얼굴에서 심각한 불안함만 보게 될 것이었다. 그는 이 상황이 어떻게 끝날지 전전긍긍하고 있었다.

마침내 저우언라이의 전령이 그에게 당도했다.

"마오쩌둥은 8월 15일이 되기 몇 주 전에 베이징에 입성하기로 결정했습니다." 전령이 장제스에게 통보했을 때 그 방에 있던 세 사람은 장제스, 전령, 그리고 뒤에 앉아 있던 장제스의 장남 장칭궈(1910~1988)였다.

"우리는 마지막 한 명의 병사, 그리고 마지막 총알이 남을 때까지 싸울 것이다." 장 총통은 매우 기분이 상했고 불쾌감을 감추지 못했다.

"마오쩌둥이 성공하고 공산당이 중국을 점령할 것이라는 것을 잘 알고 계시지 않습니까! 우리는 피할 수 없는 결과를 바꿀 수 없습니다." 전령은 진심을 담아 말했다. "그렇다고 국민당이 종말을 맞아야 한다는 뜻은 아닙니다. 마오쩌둥은 당신을 죽이고 싶어 하지 않습니다."

"나는 중국을 떠나지 않을 것이다. 죽을 때까지 싸울 것이다!" 장제스는 단호하게 대답했다.

"마오쩌둥은 당신과 국민당 정부 전체, 그리고 모든 군대가 대만으로 가기를 원합니다." 전령이 그에게 말했다.

마오쩌둥은 공산당이 중국을 쉽게 장악할 수 있다고 확신했지만, 얼마나 오랫동안 권력을 통제할 수 있을지 의문을 가졌다. 공산당은 무기도, 돈도, 자원도 없었고 중국을 침공할지도 모르는 서양인에 맞서 싸울 수 있는 군대도 없었다.

1949년 이후 베이징 천안문 광장에 걸려 있던 장제스의 초상화를 마오쩌둥의 초상화로 대체함

또한 마오쩌둥은 중국 인민이 편의에 따라 공산당의 '친구'일 뿐이라는 사실도 알고 있었다. 중국 인민은 국민당과 떼려야 뗄 수 없는 동맹 관계에 있는 청방을 싫어했고 장제스와 국민당을 인민의 적으로 간주했기 때문에 마오쩌둥은 쉽게 인민들의 표면적인 지지를 끌어내 영토 전쟁에서 승리할 수 있었다. 그러나 중국인의 마음과 정신은 그렇게 쉽게 얻을 수 있는 것이 아니었다. 중국인들은 서양인을 부러워했고 특히 미국인을 동경했다. 미국이 공산당을 공격하기로 결정한다면 중국 국민이 어느 편에 설지 확신할 수 없었다. 그래서 마오쩌둥은 미국과 다른 서방 국가들이 중

국 본토의 공산당과 전쟁을 시작하는 것을 막기 위해 장제스가 또 다른 역할, 즉 졸(卒) 역할을 해주길 원했다.

마오쩌둥은 장제스와 그의 사람들이 대만으로 후퇴하기를 원했는데, 표면적으로는 대만을 마오쩌둥의 공산당 세력 확장을 저지하는 요새로 만들기 위해서였지만 진짜 목적은 미국과 서방 국가들이 중국을 공격하는 것을 막기 위해 대만을 이용하려는 것이었다. 마오쩌둥은 대만이 서방에 대한 장벽이 됨과 동시에 서방과 동맹의 외관을 갖기를 원했다. 경험상 필요에 따라 장제스는 매우 유연한 인물이었다.

그 대가로 마오쩌둥은 장제스와 국민당 정부, 군대의 안전한 대만 이주를 보장했다. 마오쩌둥은 국민당을 통해 미국과 서방 국가의 정보기관에 침투할 계획을 세웠는데 해당 기관으로부터 정보를 입수하는 동시에 그 해당 기관의 활동에 영향력을 행사할 것이다. 그 대가로 공산 정부는 대만 섬을 침공하지 않기로 약속했는데 마오쩌둥은 또한 양측의 협력 관계를 비밀로 하고, 이견이 있을 경우 홍콩의 청방 조직을 통해 중재할 것을 요구했다. 장제스는 이 제안을 수락했고 1948년 8월부터 그의 공군을 대만으로 이동시키기 시작했다.

마오쩌둥은 베이징 입성을 연기하고 장제스가 중국 본토를 떠날 때까지 새 공산당 정부 발표를 연기하기로 합의했다. 하지만 장제스는 중국에서의 마지막 남은 시간을 만끽하고 싶었기 때문에 이주를 서두르지 않았고 가능한 한 많은 보물을 가지고 떠나기 위해 시간을 끌었기에 공군을 대만으로 옮기는 데는 4개월이 걸렸다. 그리고 국민당 정부와 군대를 모두 대만으로 옮기는 데는 1년이 더 걸렸다. 이주 자체는 쉬웠지만 중국 고대 왕조의 역사적 국보를 포함하여 장제스가 중국인들로부터 강탈한 모든 재산을 포장하는 것이 어려웠다.

1940년대 장제스와 아들 장칭궈(왼쪽)

대만으로의 이주가 1년이 넘게 지연되자 마오쩌둥은 조바심이 났다. 더 빨리 움직이라고 장제스를 독촉했지만 장제스는 넘쳐나는 국고를 즐기며 여유를 부렸다. 마오쩌둥은 더 이상 지체할 수 없다고 결심했고 1949년 말까지 중국을 떠나라고 장제스에게 최후통첩을 보냈다.

마오쩌둥은 1949년 3월 베이징에 입성했고 마침내 1949년 10월 1일 천안문 광장에서 중화인민공화국의 출범을 선포했다. 장제스는 결국 1949년 10월 10일 청두시에서 대만으로 떠나는 비행기에 몸을 실었다. 그는 중국 본토를 떠난 마지막 중국 민족주의자였다. 많은 역사가들은 마오쩌둥이 장제스가 탑승한 비행기를 격추하지 않은 이유에 대해 의문을 제기한다. 역사가들 중에는 아무도 공산당과 국민당 지도자 간의 비밀 합의에 대해 알지 못하기 때문이다. 이 합의는 1958년에 처음 시험대에 오르게 된다.

한국전쟁(1950~1953년) 이후 베트남에서는 긴장이 고조되고 있었다. 아이젠하워 대통령은 공개적으로 중국 공산당에게 핵무기를 사용할 수 있다며 위협했다. 핵무기 사용 가능성을 최초로 언급한 사람은 한국전쟁 중의 트루먼 대통령이었다. 트루먼은 공산주의 집단이 아시아를 더 불안하게 만드는 것을 막기 위해 핵무기 사용을 고려한 최초의 미국 대통령이었다. 마오쩌둥은 핵 공격으로 얼마나 많은 중국인이 죽을지는 신경 쓰지 않았다. 단지 중국 공산당이 핵 공격의 결과를 관리할 준비가 되어 있지 않았기에 염려했다. 핵 공격은 공산당에 대한 중국 인민의 취약한 지지를 무너뜨릴 수 있었다. 그래서 마오쩌둥은 중국과 대만 사이에 공산주의 중국에 대한 핵무기 사용 가능성과 관련된 가상의 군사적 갈등을 만들어야 한다고 판단했다. 그렇게 하면 중국의 문제가 되어 장제스는 중국 땅에서 핵무기를 사용하는 것에 반대할 것이었다.

마오쩌둥은 장제스가 그들 사이의 비밀 합의를 위반하고 대만에 정착해 중국과의 모든 관계를 끊고 작은 섬 대만의 지도자가 되는 것에 만족할까 봐 두려웠다. 1949년 마오쩌둥은 일부러 중국 본토에서 불과 몇 킬로미터 떨어진 작은 섬 몇 개를 장제스에게 넘겨 대만의 통치하에 두었다. 그리고 1958년 8월 23일, 공산군은 마치 이 섬들을 장악하려는 것처럼 포격을 가하기 시작했는데 이는 미군을 중국-대만 분쟁으로 끌어들이기 위해 계산된 군사행동이었다. 40일 이상 지속된 격렬한 전투로 수천 명의 사상자가 발생했는데 이는 장제스에게 중국과 공산당 정부에 대한 핵무기 사용을 천명한 아이젠하워 대통령의 결정을 거부할 수 있는 절호의 기회를 제공한 셈이었다. 장제스는 정직해서가 아니라 필요한 전략이었기 때문에 마오쩌둥과의 약속을 지켰다. 중국 본토에 대한 핵 공격은 항상 본토로 돌아가 다시 중국의 지도자가 되기를 원했던 장제스의 꿈을 불가능하게 만드는 것이었기에 용서할 수 없었다.

그러나 장제스의 아들 장칭궈는 아버지의 결정을 결코 지지하지 않았다.

장제스는 어렸을 때부터 사회주의자이자 공산주의자로서 이데올로기론자였던 아들 장칭궈 대한 애정이 없는 것처럼 보였다. 장칭궈는 청방의 우두머리들이 아버지 곁을 맴돌며 온갖 더러운 일에 아버지를 끌어들이는 것을 싫어했다. 청방이 말과 행동이 다른 이중적인 모습을 보인다는 이유에서였는데 청방 조직원들 역시 항상 그들에게 경멸감을 보였던 장칭궈를 싫어했고 장제스에게 끊임없이 장칭궈를 험담했다.

장칭궈는 평생을 청방 조직들과 싸웠고, 결국 그 대가로 죽음을 맞는다. 젊고 순진했던 장칭궈는 장제스가 청방의 일원이었다는 사실을 깨닫지 못한 채 청방의 부패를 폭로하려 했다. 장제스는 1925년 장칭궈를 러시아로 추방했고 장칭궈는 1936년 12월 시안사변(西安事變) 이후 장제스의 부하 장군 두 명이 그를 납치할 때까지 중국으로 돌아오지 않았다. 저우언라이는 시안사건을 계획하여 장제스가 중국 공산군과 싸우는 대신 일본 침략군과의 전투에 참여하도록 설득하는데 성공했다. 또 저우언라이는 장제스에게 포로 석방 협정의 일환으로 장칭궈의 중국 귀환을 허용해 달라고 요청했다. 장씨 일가 내부에 갈등을 일으키려는 의도였다. 저우언라이의 음모는 성공했지만 결국 덩샤오핑의 계획에 장애물을 만들게 되었다. 장칭궈가 청방에 대항하는 헌신적이고 치열한 전사가 되어 45년 후 덩샤오핑의 탈문명화 계획에 장애물이 되었기 때문이다.

장칭궈와 그의 벨라루스인 아내 장팡량은 1939년부터 1945년까지 위원으로 임명되었을 당시 중국 간난 현에서 찍은 사진

장칭궈는 1972년 대만의 수상격인 중화민국 행정원 원장이 되어 총통 휘하의 관료 조직을 이끄는 권력을 잡았다. 실질적으로는 훨씬 전인 1965년 장제스의 건강이 통치하기에 너무 쇠약해지자 장칭궈는 정국에 영향력을 행사하기 시작하여 대만 사회에서 청방을 뿌리 뽑아 제거하기 위한 일련의 정책을 시행했다. 장칭궈는 중국 국민당과 아무런 연고가 없는 대만 태생의 사람들을 정부 고위직에 등용하여 새로운 컴퓨터 산업의 비즈니스 리더로 승진시켰고 부패를 척결하기 위한 공격적인 정책을 시작했으며 조직범죄 가담자들을 체포했고 대부분의 청방 우두머리들을 투옥했다. 1975년 장제스가 사망하자 장칭궈는 공식적으로 아버지의 자리를 이어받아 대만의 총통이 되었다.

1963년 9월 11일, 존 F. 케네디 대통령은 대만 국방위원회 사무부총장이던 장징궈를 만남

1980년에 이르자 청방은 몇몇 지도자와 군부를 제외하고는 대만에서 거의 추방당했다. 장칭궈는 중국 공산당과 청방 사이의 복잡한 거래 관계를 잘 알고 있었지만 대만을 넘어선 청방 조직에 대한 세부 정보를 알아내기 위해 소수의 지도자들을 계속 살려두었고. 대만 군대의 안정을 위해 청방 조직원들을 그대로 군에 두어 복무하게 할 수밖에 없었다.

1982년 덩샤오핑은 세계를 탈문명화하기 위해 청방에 의존하고 있는 상황을 인식했다. 그는 대만 국방군 총참모장 하오보춘(1919~2020)과 청방의 지도자 차오팅뱌오에게 명령을 내렸다. 마오쩌둥은 하오보춘에게 장칭궈를 권좌에서 제거하라고 지시했고 차오팅뱌오에게 대만의 반도체 사업 부문을 장악하고 덩샤오핑이 선택한 인물이 책임자가 되도록 해달라고 부탁했다. 덩샤오핑은 또한 이 두 사람의 임무를 완수하기 위해 예상치 못한 인물인 리덩후이(1923~2020) 대만 총통에게 도움을 요청했다.

당시 덩샤오핑이 중국 내 통신 회사의 책임자로 결정했던 사람은 바로 최초의 공산당 스파이였던 멍둥보의 손녀 멍완저우였는데 아직 열 살에 불과했다. 덩샤오핑은 멍완저우의 아버지 런정페이에게 그녀를 초대 CEO로 임명하고 후계자가 될 때까지 잘 훈련시키라고 명령했다.

덩샤오핑은 대만의 반도체 회사를 감독할 적임자를 찾는 게 쉽지 않았다. 세계를 탈문명화하겠다는 그의 대담한 계획에서 가장 중요한 자리였기 때문이었다. 덩샤오핑은 공산당 군사 정보부가 제안한 모든 후보를 거부했다. 미국의 유명 과학자, 영향력 있는 학자, 유력한 경제학자 등이 후보로 거론되었지만 아무도 덩샤오핑의 신임을 얻지 못했다.

1982년 9월 24일, 덩샤오핑은 베이징에서 마거릿 대처 영국 총리를 만나 홍콩의 중국 반환 문제를 논의했다. 회담 전에 한 청방 일원이 덩샤오핑에게 원활한 주권 이양을 위해 마카오 카지노와의 협력과 관련된 홍콩에서의 활동을 보고했는데 덩샤오핑은 이를 통해 새로운 아이디어를 떠올렸다. 덩샤오핑이 구상한 반도체 회사는 카지노와 같은 형태였기 때문에 카지노 사업을 운영할 수 있는 전문가가 필요했다. 반도체 제조업체는 카지노의 하우스와 같은 역할을 하고 모든 기술 회사가 반도체 제조업체에 와서 사업에 베팅을 하는데 누가 이기든 지든 항상 이익을 얻는 것은 하우스이다. 그래서 덩샤오핑은 미국 반도체 회사를 찾기로 했다.

거의 1년이 지난 1983년, 수백 명의 후보를 검토한 끝에 덩샤오핑은 마침내 장중머우를 선택했다. 장중머우는 텍사스 인스트루먼트에서 256비트 메모리 생산을 담당하는 부사장으로 근무했었는데 당시 제너럴 인스트루먼트에 최고 운영 책임자로 막 입사한 상태였다. 그의 가족은 청방과 깊은 연관이 있었다. 그는 대만인은 아니었으며 중국과 홍콩에서 자랐고 미국에서 학위를 받았다. 일본과 서구 침략자에 대한 원한이 있고 대만과는 아무런 연고도 없었기 때문에 완벽한 후보였다. 대만에서 그의 가족이 될 수 있는 건 청방 뿐이었다. 덩샤오핑은 장중머우가 대만에서 반도체 제조업체를 카지노처럼 운영할 수 있는 완벽한 후보라고 믿었다.

세계 유수의 하이테크 기업들이 장중머우의 칩을 걸고 도박을 했고 이기든 지든 장중머우와 중국의 배당금은 항상 더 컸다. 덩샤오핑은 전율을 느꼈다. 마침내 중국이 그의 계획대로 세계 반도체 기술 분야를 장악할 수 있는 위치에 올라서고 있었기 때문이었다. 덩샤오핑은 중국의 힘만으로는 승산이 없다고 생각했다. 중국에는 지역 인재나 기술이 없다는 것을 알고 있었기 때문이었다. 하지만 이제 반도체 도박에서 승리할 기회는 거의 보장된 것이나 다름없었다. 덩샤오핑은 하우스는 항상 이길 것이고 중국이

이 하우스의 주인이 될 것으로 믿었다.

1980년, 미국 정부는 일본의 독주에 대항하기 위해 대만에 반도체 산업을 구축하기 시작했다. 1984년, 청방은 미국 정부가 대만의 반도체 기술 연구 개발을 담당하도록 지정한 기관인 대만의 산업기술연구소(ITRI)를 장악했다. 1985년 대만 정부의 초청으로 장중머우는 대만에 도착했다. 당시 54세였던 그는 ITRI의 사장과 유나이티드 마이크로일렉트로닉스 코퍼레이션(UMC)의 CEO를 맡게 되었다. 1987년, 장중머우는 덩샤오핑의 계획에 따라 중국이 세계의 필수 기술을 장악할 수 있도록 대만 반도체 제조회사(TSMC)를 설립했다. 덩샤오핑의 예측이 사실이 된다면 TSMC는 세계 문명의 대부분을 지배하려는 중국의 무기가 될 것이었다.

1984년 9월 24일 베이징에서 열린 덩샤오핑과 마가렛 대처의 회동을 재구성한 영상으로, 심천 박물관에 전시된 홍콩의 미래에 대한 회담 모습

대만에서 생산되는 AI 칩에 대해 우려하는 전문가들은 덩샤오핑의 예측에 동의할 것이다.

흥미롭게도 덩샤오핑과 장칭궈는 동창이었다. 1926년부터 1927년까지 모스크바의 쑨원 대학에서 함께 공부했었는데 당시 덩샤오핑은 공산당 청년 캠프의 지도자였고 장칭궈는 그의 그룹 멤버 중 한 명이었다. 장칭궈는 사랑이 없는 환경에서 자랐다. 겨우 열다섯에 결혼한 장제스는 가족과의 관계를 단절하고 정치에 전념했는데 아들인 장칭궈에게 애정을 보이지 않았고 때때로 매우 적대적이었다. 장칭궈는 가족들로부터 소외되었고 그를 둘러싼 기회주의적인 청방들은 아무도 믿을 수 없다고 가르쳤다. 아버지인 장제스에 대해 너무 잘 알고 있었던 장칭궈는 수많은 민감한 비밀을 모두 묻어버리기 위해 죽음을 당할지도 모른다는 두려움에 떨었다.

장칭궈는 불행한 어린 시절로 인해 다른 사람을 불신하게 되었고 안전하다고 느끼기 위해 더 많은 귀와 눈을 필요로 하게 되었다. 이러한 습관 때문에 그는 비밀경찰을 창설하는 끔찍한 실수를 저질렀고 모든 사람과 모든 것을 감시하기 위해 비밀경찰에 전적으로 의존하게 되었다. 전성기 때 무려 40만 명에 달한 대만의 비밀경찰은 모든 정부 기관, 모든 단체, 모든 학교, 거의 모든 가정에 정보원과 사무실을 두고 있었다. 그들은 경찰뿐만 아니라 검사, 판사, 사형 집행관 역할까지 겸했다. 수많은 무고한 대만인들이 비밀경찰에 의해 고문당했고 수만 명이 수용소에서 사망했다. 정확한 사망자 수는 아무도 모른다. 아마도 대만 비밀경찰 최악의 활동은 모든 대만인에게 친구, 이웃, 가족에 대한 정보를 보고하도록 한 것이었을 것이다. 대만 정부에 불리하게 작용할 수 있는 '의심스러운 생각'까지도 보고하라는 지시를 받은 비밀경찰들은 사상 범죄도 표적으로 삼았다.

신고 실적이 높은 사람은 정부, 사회, 연구기관, 대학에서 고위직에 배치되는 등 보상을 받았다. 오늘날에도 대만 정부에서 가장 비밀스럽고 철저하게 봉인된 문서는 비밀경찰과 관련된 것인데 그 이유는 간단하다. 많은 대만 엘리트 집단이 무고한 사람들과 사상범을 비밀경찰에 거짓으로 신고하여 현재의 지위를 얻었기 때문이다. 이러한 엘리트 집단은 피해자들에게 보상할 의사가 전혀 없기에 관련된 모든 기록을 영원히 봉인하는 것이 최선인 것이다.

장칭궈는 비밀경찰을 이용해 청방 조직들과 싸웠다. 청방은 뒤늦게 비밀경찰 조직의 목적을 알게 되었고 장칭궈는 사망에 이르렀다.

1984년 2월 23일, 장칭궈는 청방이 자신의 승인 없이 반도체 개발을 주도하는 대만의 산업기술연구소를 장악했다는 사실을 알고 분노한 나머지 즉시 잠재적 후계자 명단에서 책임 있는 고위 관리들의 이름을 모두 제외했다. 당시 74세였던 장칭궈는 당뇨병을 앓고 있어서 나날이 쇠약해 가고 있었고 팔에 난 흉터를 가리기 위해 항상 긴소매 셔츠를 입고 다녔다. 대만 군부 총사령관 하오보춘은 장칭궈를 권좌에서 끌어내리라는 덩샤오핑의 명령을 받았지만, 그의 건강이 악화되자 자신이 직접 그 일을 수행할 필요가 없을 거라는 생각에 실행을 미루었다. 하지만 그가 망설이자 청방이 직접 나서는 계기가 되었다. 청방들은 가능한 한 빨리 장칭궈의 삶을 끝내기로 결정했다.

청방은 리덩후이(장칭궈의 후임 대만 총통)를 찾아가 도움을 요청했는데, 리덩후이가 실제로 그들을 돕기로 동의했는지는 알 수 없다. 하지만 리덩후이가 청방들에게 아무것도 하지 않고 기다리는 것이 낫다고 조언했던 것은 분명하다.

그러나 청방은 오래 기다리지 않았다. 3년이 지난 1987년 12월 28일, 장칭궈가 당뇨 합병 증세의 악화로 타이베이 재향군인 종합병원에 입원했을 때가 그들에게 기회였다. 1988년 1월 3일 상태가 호전되기 전까지 장칭궈의 상태가 불안정했기 때문에 주치의는 관찰을 위해 계속 병원에 머물도록 조언했는데 청방은 지금이 바로 행동에 나서야 할 때라고 판단했다.

청방은 자신들 편에 있던 비밀경찰을 병실로 불러들여 장칭궈가 잠든 사이 독극물을 투약했다. 장칭궈 총통은 눈, 코, 귀에서 심한 출혈을 일으키며 극심한 고통 속에서 사망했다.

청방은 그의 시신을 240킬로미터 떨어진 가오슝 재향군인 종합병원으로 옮겼고, 혈흔을 완전히 지워낼 때까지 병실을 봉쇄했다.

1988년 1월 3일, 강력했던 장씨 왕조는 공식적으로 조용히 막을 내렸다.

청방은 3일을 더 기다린 후 1988년 1월 6일, 대만 정부에 장칭궈가 사망했다는 사실을 알렸고 얼마 지나지 않아 이 소식은 대중에게 알려졌다. 장칭궈는 1988년 1월 6일 공식적으로 사망했다.

청방은 마침내 대만을 완전히 장악하고 대규모의 비밀경찰을 확보했으나 학살은 아직 끝난 것이 아니었다.

장칭궈의 둘째 아들인 장샤오우(蔣孝武)는 아버지의 죽음을 둘러싼 정황을 의심하며 미국 정부의 개입을 요청했다. 그러자 청방은 장샤오우도 죽이기로 결정했다. 장샤오우는 1991년 6월 30일 싱가포르에서 대만으로 소환되었다. 청방은 타오위안 공항으로 그를 직접 데리러 왔고 장샤오우는 공항에서 이송된 지 몇 시간 후 타이베이 재향군인 종합병원에서 사망했다.

제11장
두 번째 물결

1989년 천안문 광장에 모인 중국 시위대, 대부분이 학생인 모습

공산당 군인들은 천안문 광장 아래 지하 미로로 이루어진 비밀 터널에서 보이지 않게 숨어 초조하게 기다리고 있었다. 그중에는 대학생으로 위장한 잘 훈련된 요원 50여 명이 있었는데 중국군 정보국에서 엄선한 요원들로, 이런 날을 위해 수년간의 훈련을 받아왔다.

"일단 밖으로 나오면 제군들은 혼자라는 것을 명심해라." 사령관이 경고했다. "우리 군인들이 제군들을 붙잡으면 다른 학생들과 똑같이 죽일 것이다." 수천 명의 학생들이 천안문 광장에 모여 시위를 벌이고 있었다.

이날은 악명 높은 천안문 대학살의 날, 1989년 6월 4일이었다. 이 전대미문의 사건은 그보다 몇 주 전인 1989년 4월 15일 중국 공산당 총서기 후야오방(1915~1989)의 사망으로 촉발되었다.

덩샤오핑은 일련의 경제 개혁 정책을 시작했고 중국인들은 이를 '개혁개방(改革開放)'이라고 불렀다. 1980년대 초, 덩샤오핑은 "중국의 작은 지역, 소수의 사람들이 먼저 부자가 되게 하자"는 계획을 발표했다. 문화대혁명과 마오쩌둥 치하의 여러 잔혹 행위로 인해 거의 소멸한 중국 경제를 소생시킬 수 있는 훌륭한 방법처럼 보이는 이 계획에는 두 가지 큰 문제가 있었다. 이 계획은 일부 부패한 공산당원들만 새로운 기회를 잡을 수 있게 했다. 일단 부와 새로운 권력을 획득한 이들은 다른 사람이 자신의 수준으로 올라오는 것을 절대 허용하지 않았다.

중국 국민들은 덩샤오핑에게 분노했고 그 결과 덩샤오핑은 공산당 내부와 일반 대중으로부터 가혹한 비판을 받았다.

"사람들은 불만을 표출할 수 있는 통로가 필요하다." 덩샤오핑은 점점 높아지는 대중의 비정상적인 압력을 해소하기 위해서 신중하게 관리되고 계획된 시위를 용인할 필요가 있다고 판단했다. 기민한 당원이었고 앞으로도 계속 청방의 당원으로 있을 가능성이 큰 덩샤오핑은 천안문 광장에서 전개되는 부정적인 시위 속에서 승리를 거두기를 원했다. 그리고 마오쩌둥의 '대자보' 공개재판과 같은 이전 시위를 통해 확보했던 적대자 명단을 수정할 기회라고 생각했다.

덩샤오핑은 전 세계가 지켜볼 것이라는 사실을 알고 있었기에 미리 짜여진 시나리오에 따라 요원 배우들을 신중하게 선발했다. 이 배우들은 인민해방군에 의해 자행될 천안문 광장의 무자비한 학살의 희생자 역할로 중국을 탈출해야 했다. 그리고 외국으로 도피한 후에는 미리 짜여진 각본과 리허설에 따라 외국 언론에 그의 선전 이야기를 들려주어야 했다. 즉, 새롭고 부유한 중국 사회가 서구의 가치를 수용하여 민주화될 것이므로 중국에 시급히 투자해야 한다고 전 세계에 알려야 했다. 덩샤오핑은 기만술의 전문가였고 신중하게 계획되어 극적으로 전달된 신호를 통해 외국과 국제 기업들이 중국 투자를 열망하게 만들었다.

1989년 천안문 광장에서 시위하는 중국 학생들

사령관의 경고에 '학생 요원'들은 터널 안의 다른 병사들보다 더 긴장했다. 일단 밖으로 나오면 자신의 운명은 스스로 결정해야 했기 때문이었다. 혹시 체포되면 진짜 신분을 밝힐 수 없기에 사형에 처해질 가능성이 높았지만 해외로 나가는 것에 성공하면 멋진 삶을 살 수 있는 기회가 주어질 것이었다. 전 세계는 그들을 천안문 학살의 희생자이자 공산주의 중국에 맞서 싸운 영웅으로 대할 것이고 백악관, 미국 의회, 버킹엄 궁전, 다우닝가 10번가, 그리고 일본 의회에 초대받고 세계 지도자들과 어깨를 나란히 할 수 있는 기회를 얻을 수 있을 것이다. 그렇게 된 후에는 중국과 관련된 문제에 대해 신뢰할 수 있는 조언자가 될 수 있었다.

덩샤오핑은 학생 요원들에게 천안문 광장에서 미리 지정된 목적지로 탈출하라고 명령했다. 그곳에는 서방 국가로 갈 수 있도록 도와줄 청방 조직원들이 기다리고 있었다. 얼마나 많은 요원들이 각자의 목적지에 성공적으로 도착했는지, 얼마나 많은 요원들이 실제로 임무를 완수했는지는 알 수 없다. 하지만 1990년대에 세계 지도자들이 "중국의 번영이 중국 내에 민주주의를 가져올 것"이라고 믿게 된 것은 이제 역사적 사실이다. 덩샤오핑이 각본을 쓰고 연출을 맡은 작품이 세계 무대에 진출한 것이다.

"외국 자본가들이 중국에 투자하고 싶도록 만들어 중국인을 부유하게 만들려면 영상이나 사진이 필요하다"고 생각한 덩샤오핑은 특별파견 요원들에게만 의존하는 것은 충분하지 않다고 생각했다. 그는 베트남 전쟁이 끝날 무렵 벌거벗은 소녀가 길을 달리는 상징적인 사진과 같은 충격적이고 잊을 수 없는 천안문 광장 학살의 이미지를 사람들의 머릿속에 깊이 각인시켜 중국을 돕고, 중국 경제에 투자하도록 촉구하여 중국인들을 서방 민주주의 국가의 국민처럼 부유하게 만들어야 한다고 생각했다. 덩샤오핑은 선전부와 정보부의 군 장교들을 소집하여 이를 실현할 구체적인 방법을 요구했다.

시위대 학살을 선전에 활용하겠다는 생각을 들은 장교 중 한 명은 "그건 불가능합니다! 그런 피비린내 나는 살상 장면으로부터 긍정적인 메시지를 담은 영상을 만드는 것은 불가능합니다"라고 말했다.

"해방군이 부상당한 학생들을 치료하는 사진은 어떨까요?" 한 선전 전문가의 제안에 "누가 그걸 믿겠습니까?"라며 덩샤오핑의 보좌관 중 한 명이 반대했다.

"중국군은 결코 선량한 시민을 해치지 않으며 폭력을 선동하는 무질서한 폭도만 체포한다는 것을 보여줘야 해." 덩샤오핑은 지시했다.

한 측근이 말했다. "시민에게 발포할 수 있는 무기는 사용할 수 없습니다." 그러자 한 선전 장교가 대답했다. "탱크를 사용할 수 있습니다!"

"탱크로 뭘 하려고 하십니까?" 정보 장교가 당황한 표정으로 물었다. "시민들에게 사용할 만한 무기를 보여 주지 않는 것이 중요하다고 하지 않았습니까? 그런데 탱크가 필요하다고 하시면 일관성이 없지 않습니까?"

"전진하는 탱크를 막고 있는 학생 말입니다." 그 선전 장교는 어떤 그림이 될지 설명했다. 그 광경은 전세계에 무력 탄압의 쇼를 보여줄 것이었다!

그러자 한 보좌관이 말했다. "탱크 한 대로는 충분하지 않습니다. 탱크 부대가 필요합니다."

"학생 한 명으로는 안 됩니다. 학생들은 항상 집단으로 모입니다"라고 다른 정보 장교가 덧붙였다.

선전 담당관이 말했다. "퇴근하는 시민은 완벽한 스토리가 될 것입니다. 손에는 그날 장본 것을 들고 있는 거예요." 그는 흥분한 목소리로 웃으며 말했다. "양손에!"

덩샤오핑은 즉시 그 제안을 승인했다.

군 정보기관은 평균 체격의 베이징 시민으로 별다른 특징이 없는 평범한 얼굴을 가진 완벽한 후보자를 찾아 양손에 비닐봉지 두 개를 들고 마치 집으로 돌아가는 길에 전장을 헤매는 것처럼 탱크 호송대 앞에 서서 반복적으로 연습을 시켰다. 그는 주변에서 탱크를 조종하는 탱크 운전병과 호흡을 맞춰 자연스럽게 행동해야 했다. 그동안 군 선전팀은 이 장면을 연출하기에 완벽한 장소를 찾아 최고의 촬영 장소를 선정했다. 다음 과제는 외신기자들을 유리한 지점으로 모아 그 장면을 촬영할 수 있는 방법을 찾는 것이었다. 그들은 백업 무대 계획까지 세워두었다.

1989년 6월 5일, 전설적인 '탱크맨'의 모습이 세상을 충격에 빠뜨렸다(탱그맨 이미지 AI 생성)

1989년 6월 5일, 그 전설적인 '탱크맨'의 모습은 전 세계를 충격에 빠뜨렸다.

역사상 가장 상징적인 사진 중 하나로 꼽히는 이 사진에는 난공불락처럼 보이는 중국 인민해방군의 무력과 그 가공할 위력에 침착하게 맞서며 꺼지지 않는 희망을 나누는 한 명의 무방비하고 순진한 비무장 중국 시민으로 형상화된 억압받는 중국인의 영웅적인 회복력이 담겨 있었다. 그 영상을 접한 전 세계 시청자들의 양심은 "중국에도 희망이 있다! 우리는 중국을 도와야 한다! 우리는 중국인들을 지지해야 한다!"고 외쳤다. 이렇게 덩샤오핑이 서구의 집단적 영혼에 뿌린 씨앗을 통해 이전에는 사악하다고 여겼던 중국 투자를 1990년대의 미덕이 되도록 만들었다. 공산주의 중국은 자본주의적 사고방식을 가진 서구인들에게 중국에 좋은 일을 할 수 있는 절호의 기회가 왔다고 믿게 했다.

학살 당일, 예비한 모든 계획의 결과로 사람들은 베이징 시내 곳곳에서 비슷한 '탱크맨' 공연을 목격했다. 운 좋게도 언론의 어느 누구도 이 극적인 사건의 여러 목격담을 비정상적이고 조직적인 움직임과 연결 짓지 않았고 설사 목격했다고 해도 이러한 특이 상황에 대해 보도하지 않았다.

즉, 다시 말하면 덩샤오핑은 중국의 이 비극적인 경험을 중국 공산당의 선전 승리로 바꾼 것이다.

2차 세계대전 후 서방 동맹국들은 중국 국민당의 의심스러운 배경에 의문을 제기하지 않고 큰 신뢰를 보냈는데 청방은 이러한 맹목적인 신뢰를 이용해 공산당 요원들이 서방 정보기관에 성공적으로 침투할 수 있도록 도왔고 이것이 이러한 침투의 첫 번째 물결이었다. 1989년에는 천안문 대학살을 피해 도망친 학생들로 위장한 요원들도 서방 정보기관에 침투하는 데 성공했다. 이것이 두 번째 물결이었다.

1989년 덩샤오핑은 이미 85세였고 자신의 시간이 얼마 남지 않았다는 것을 알고 있었다. 덩샤오핑이 마지막으로 이루고 싶은 과제는 바로 중국 해방군인 인민해방군을 위해 미국 무기 시스템을 획득하는 것이었다.

인민해방군은 중국 내전 기간부터 제2차 세계대전이 끝날 때까지 러시아로부터 많은 무기와 시스템을 지원받아왔다. 그러나 제2차 세계대전 이후 중국과 러시아의 관계가 적대적으로 바뀌면서 인민해방군은 자체 무기를 개발하기 시작했다. 한국전쟁과 베트남 전쟁 기간 동안 서방과 미국, 그리고 대부분의 자유 국가들은 중국을 적으로 여겼고, 엄격한 제재가 가해졌으므로 인민해방군은 러시아의 오래된 기술을 바탕으로 무기 시스템을 개발할 수밖에 없었다. 그러나 덩샤오핑은 구식 러시아 시스템에 대한 믿음이 거의 없었고 대안의 필요성을 절감하고 있었다.

1974년 발표한 4대(농업, 산업, 국방, 과학기술) 현대화를 추진하기 위해 중국은 첨단 무기 시스템을 갖춘 현대식 군대인 인민해방군을 건설하는 것을 최우선 과제로 삼았다. 덩샤오핑은 미국의 제트 전투기, 헬리콥터, 미사일, 탱크, 잠수함, 항공모함 등 첨단 무기를 모방하기로 결정하고 미국의 지휘 시스템 기술을 습득하여 대등한 협력 전투 능력을 갖출 것을 지시했다. 1989년 말 덩샤오핑은 평소처럼 청방을 통해 리덩후이 대만 총통에게 연락하여 미국의 국방 기술과 무기 체계를 제공해 중국 인민해방군의 현대화를 도와달라고 요청했다. 리덩후이는 청방의 도움으로 총통의 자리에 올라왔기 때문에 그들의 요구를 거절할 수 없었다.

1988년 장칭궈가 사망한 후 리덩후이는 청방의 도움으로 대만의 총통이 되었다. 1949년 장제스과 함께 대만으로 건너온 중국 국민당원들과는 달리 리덩후이는 중국과 아무런 연고가 없는 대만 태생이었다. 리덩후이의 집권 초기는 불안정했는데 중국 민족주의자들이 그를 외부인으로 간주하면서 정통성에 의문을 제기했기 때문이었다. 리덩후이가 자신의 통치 권력을 확보하고 이를 유지하기 위해선 청방과 중국 공산당의 지지가 필요했다. 그가 덩샤오핑의 요청을 받아들였다는 기록은 없지만, 결과를 보면 협조적이었던 것으로 보인다. 1989년 말, 청방은 덩샤오핑의 요청대로 인민해방군을 돕기 시작했고 리덩후이는 간섭하지 않았다.

얼마 지나지 않은 1990년, 중국과 대만은 미국의 첨단 무기 시스템을 도입하기 위해 협력하는 방안에 대해 논의하기 시작했다. 양국은 일련의 회의를 열어 고위험 고보상 작전을 통해 서로 이익을 얻을 수 있는 방법을 협상했고 인민해방군이 세 가지 경로를 통해 미국 방위 기술을 획득할 수 있다는 결론을 내렸다. 바로 미국 방위 기업과의 직접 거래, 스파이 활동을 통한 절도, 그리고 미국 동맹국과 공모하는 방법이었다. 직접 거래는 당연히 어려웠고, 기회를 만들어 내야 하는 첩보 활동을 통한 절도 역시 많은 위험을 수반했다. 즉 이 두 가지 모두 신중한 계획이 필요한 장기적인 임무였다.

중국과 대만은 미국 동맹국들과 공모하여 미국의 방위 기술을 중국에 이전하는 것을 즉시 시작할 수 있으며 가장 저항이 적은 방법이라고 판단했다.

어떤 군사 전문가도 인민해방군이 러시아에서 도입한 것과 미국에서 모방한 두 개의 상호 배타적인 방어 시스템을 어떻게 유지할 수 있는지에 대해 답하지 못했다. 기존 개발자의 지원과 도움 없이 두 개의 서로 다른 방어 시스템을 관리한 나라는 없었다. 두 가지 방어 시스템을 통합하려면 복잡하고 정교한 엔지니어링이 필요했고, 이 두 시스템을 하나의 명령으로 통합하기 위한 변환 인터페이스를 개발하려면 초기 설계자의 도움이 필요했다.

중국은 미국산 위조 무기를 전장에서 테스트하지 않고는 그 효과를 확인할 수 없었는데 인민해방군은 최근 미국 제트 전투기 및 정찰기와의 전투를 통해 제한된 작전 경험을 쌓을 수 있었다. 미국의 무기 시스템을 모방하려는 열망은 중국이 자체적으로 무기 시스템을 설계할 능력이 없다는 것을 강력하게 시사한다. 즉, 중국은 외국의 도움 없이 서로 다른 러시아와 미국의 두 가지 무기 유형을 하나의 작전 통제 하에 둘 수 있는 능력이 부족한 것으로 추론할 수 있다. 그렇기 때문에 다음 일련의 사건들은 일본과 프랑스가 중국의 계획 실행을 도왔다는 것을 보여 준다.

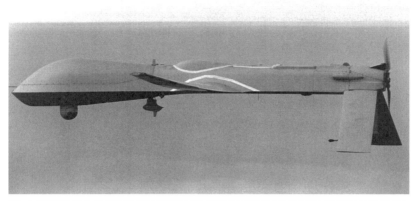

RQ-1 프레데터 무인 항공기(UAV)가 1995년 12월 5일 남부 캘리포니아 해안에서 항공모함 USS 칼 빈슨(CVN 70) 근처에서 해군 항공 정찰 비행 시뮬레이션을 하는 모습

1990년 10월, 리덩후이는 국가통일위원회를 설립하고 중국과 대만의 평화적 통일을 목표로 삼겠다고 공언했다. 1992년 10월, 대만과 중국 대표단이 홍콩에서 만나 양국 정부 간 관계 정상화를 논의했다. 실로 역사적인 순간이었다. 중국과 대만은 평화적인 전망을 가진 단합되고 진보적인 미래의 중국에 대한 약속을 발전시키고 이를 장려했다. 양측은 이번 만남이 역사적이라고 선언했지만 통일된 국가의 명칭에 대해서는 합의하지 못했다. '중국'을 '중화인민공화국'(중국의 공식 국가명)으로 할 것인가, '중화민국'(대만의 공식 국가명)으로 할 것인가, 아니면 완전히 새로운 이름으로 할 것

인가. 중국은 양측이 합의에 도달했다고 주장한 반면 대만은 이를 부인했다. 1992년 회의에서도 의견 불일치가 계속되는 듯 보였고 협상은 막다른 골목에 부딪힌 것으로 알려졌다.

그러나 실제로는 1992년 회의는 놀라운 성공을 거두었다. 중국과 대만은 인민해방군 현대화 방안에 대한 세부 사항에 합의했다. 그들은 미국의 국방 기술을 모방하기로 했고 양국은 작전 지휘권을 단일화하기로 합의했다. 청방이 가장 중요한 역할을 맡게 될 것이었다.

2017년에 촬영한 중국 무인 항공기 Wing Loong II-MAKS

청방의 초기 임무 중 하나는 미국 동맹국들 사이에 이미 침투해 있는 정보 네트워크를 이용해 대만에 첨단 무기 시스템을 판매하는 것이었다. 대만이 구매할 수 있는 모든 첨단 무기의 세부 정보를 인민해방군에 전달한다는 계획이었다. 청방은 프랑스에서 활동을 시작해 이미 구축된 인맥을 활용해 방산업체들이 첨단 제조 장비를 대만에 판매하도록 유도했고 이 계획을 통해 인민해방군은 많은 첨단 무기와 시스템을 생산할 수 있었다. 청방은 일본도 목표로 삼았다.

대만은 1990년대에 프랑스 정부와 라파예트급 호위함과 다쏘 미라지 2000 제트 전투기 구매 계약을 체결한 바 있었는데 이는 라파예트급 호위함 스캔들이라는 불행하고 치명적인 결과를 초래했다. 그럼에도 불구하고 이 임무는 중국에게 큰 성공을 안겨주었다. 인민해방군은 프랑스 제트 전투기와 호위함의 세부 설계도를 확보했고 이 과정에서 청방 또한 큰 교훈을 얻었다. 인민해방군은 프랑스 프리깃함을 모방하여 중국의 하얼빈 프리깃함을 구현했다. 인민해방군은 주목되거나 감시받는 것을 피하기 위해 전략을 수정하고 전체 무기 체계 구매를 피했다. 그들은 구매를 단계별로 세분화하고 기존 공급망을 통해 기존 공급업체로부터 무기 체계의 일부만 구입했다. 인민해방군은 청방이 고용한 국방 전문가들의 도움을 받아 원하는 무기 시스템을 복사하고, 역설계하고, 재구성했는데 이러한 전문가들은 대부분 일본인이거나 구소련 출신이었다.

2006년 5월 30일 화요일, 태평양 상공에서 연료 보급 임무를 마치고 날아오른 노스롭 그루먼 B-2 스피릿

단편적인 구매 프로그램이 초기 성공을 거둔 후 청방은 시스템과 무기 설계를 노골적으로 훔치기 시작했다. 청방이 법무부 시스템을 비롯한 미국 정부 기관에 성공적으로 침투한 후 법무부는 중국군의 범죄 혐의를 묵인하여 청방이 광범위하게 절도할 수 있도록 방치했다. 미국 언론조차도 공격을 받을까 봐 노골적인 스파이 행위를 보도하지 않았다. 미국의 동맹국들도 크게 다르지 않았다. 그러던 중 2005년 일본 해군 제독이 잠수함 기밀을 중국에 유출한 사건이 발생했다. 국가 안보를 담당하는 일본 경찰은 이 사실을 발견했지만 형사 소송을 제기하지 않았다. 그들이 형사 소송을 제기할 수 없었던 이유는 놀랍게도 간단했는데 일본에서는 국가 안보를 위협하는 스파이 활동이 불법이 아니기 때문이었다. 제2차 세계대전 이후 일본 법정은 단 한 건의 간첩 사건도 심리하지 않았다.

2021년경 중국 소셜 미디어에 떠도는 중국 H-20 폭격기 사진

청방은 손댈 수 없는 것처럼 보이고, 인민해방군은 많은 영역에서 무소불위의 힘을 발휘하고 있지만 중국의 손은 보이지 않았다.

중국의 무기 및 무기 시스템 절도는 엄청난 성공을 거두었다. 중국이 초강대국 지위로 급부상한 것이 이를 증명한다. 도난당한 무기, 시스템 및 설계의 목록은 인상적으로 길고 여러 장을 가득 채울 정도로 많다.

2014년 중국 주하이 항공 쇼에서 선보인 중국의 5세대 FC-31 팔콘 전투기

미국의 첨단 무기를 다수 입수한 중국 인민해방군의 절도는 현재도 계속되고 있다. 다음은 그 몇 가지 예시에 불과하다. 중국은 미국 B2 스피릿 폭격기를 성공적으로 복제하여 H20 폭격기를 생산했고, 미국 MQ-1 프레데터 무인항공기를 복제하여 윙룽 무인항공기를 생산했다. 그리고 미국 MQ-8 파이어 스카우트 무인 헬리콥터를 복제한 중국 SVU-200 플라잉 타이거 무인 헬리콥터, 미국 MQ-9 리퍼 드론을 베낀 중국 CH-4 레인보우 드론, 미국 UH-60 블랙호크 드론을 복제한 중국 Z-20 헬리콥터, 미국 LCAC 상륙정을 본떠 제작한 중국 Type-726 상륙정, 미국 X-47B UCAV(무인 전투 항공기)를 복제한 중국 리잔 샤프 UCAV, 미국 FGM-148 자벨린 대전차 미사일을 베낀 중국 훙젠-12 레드 애로우 대전차 미사일,

U. 미국 F-22 랩터 스텔스 전투기를 복제한 중국 J-20 스텔스 전투기, 그리고 미국 F-35 합동 타격 전투기로부터 핵심 부품을 복제, 생산한 중국 J-31 합동 타격 전투기 등이 있다.

2008년 10월 23일 에드워즈 공군 기지에서 이륙하는 AA-1로 표시된 F-35 라이트닝 II

　미국과 동맹국으로부터 군사 시스템과 무기를 훔치기로 한 대만-중국 비밀 협정이 2년 동안 원활하게 실행된 후 1994년 덩샤오핑은 외국 정보기관을 조사하여 그들이 이 거대한 계획에 대해 감지했는지 확인하기로 결정했다. 당시 파킨슨병이 악화되어 고통받고 있던 덩샤오핑은 보좌관이 적어준 유언장을 통해 그간의 긴밀한 협력의 실체를 은폐하기 위해 위기를 가장하여 중국과 대만이 적대 관계인 것처럼 연출하라는 지시를 내렸다. 청방은 덩샤오핑의 메시지를 대만에 전달했다.

　그 결과 1995년 6월 9일, 미국을 방문 중이던 리덩후이 대만 총통은 코넬대학교에서 연설을 했다. 덩샤오핑의 중국-대만 위기 조성 요청에 대해 리덩후이는 대만 독립의 아이디어를 떠올렸다. 그는 연설에서 '대만 내 중화민국'이라는 새로운 용어를 사용하여 대만이 독자적인 주권 정부를 가지고 있다는 생각을 홍보했다. 리덩후이가 대만의 "독립"을 어떻게 생각했는지는 알 수 없지만 그의 연설은 중국이 미국을 전쟁터로 끌어들이도록 유도하려는 일부 일본 지도자들의 이해관계를 반영한 것이었다. 리덩후이는 미국의 첨단 방위 기술을 얻기 위한 양안 간의 은밀한 협력을 숨기고 싶었을 것이다. 그의 회고록, 대중 연설, 정책 등을 보면 대만의 독립에 대한 신념은 확고한 것으로 보인다.

덩샤오핑은 리덩후이의 생각을 알고 있었을까? 이에 대해 알려진 것은 없다. 덩샤오핑이 너무 늙고 병약해서 이해하지 못했을 수도 있고, 중요하지 않다고 생각했을 수도 있다.

공산당 지도자들은 항상 대만을 배신자 국가라고 말한다. 리덩후이의 대만 독립 발언은 중국 본토의 중국인들 사이에서 광범위한 분노를 불러일으켰다. 그들은 리덩후이가 대만을 중국으로부터 분리하여 진정한 독립 국가로 만들려고 한다고 믿었는데 이것이 바로 덩샤오핑이 바랐던 것이었다. 대만과 중국이 합의한 대로 인민해방군(PLA)은 양국 간 긴장이 고조되고 있다는 언론 보도를 유도하기 위해 전략적으로 일련의 군사 훈련을 시작하게 된다. 여기에는 대만 섬 인근 해역을 겨냥한 신중하고 극적인 미사일 시험 발사가 포함되었고 중국에 맞서 자신을 방어할 준비가 되어 있는 대만의 용감한 이미지를 투영했다.

중국은 이 해역을 시험하고 시험대로 삼아 외국 정보기관의 반응이 어떨지, 그들이 이 연극 무대의 관객이라는 것을 알고 있는지, 정말 "위기"가 없다는 진실을 알아챘는지 확인하기 위해 기다렸다.

미국 정보기관은 특이한 점을 감지했다.

그들은 중국과 대만 간의 비밀 거래를 암시하는 통신을 감청했지만 자세한 내용이나 동기를 파악할 수 없었다. 더 많은 정보를 얻기 위해 미국 정보 당국은 중국이 리덩후이를 축출하기 위해 대규모 인명 피해를 유발하는 실제 미사일 공격을 계획하고 있다는 거짓 이야기를 대만에 고의로 흘렸고 리덩후이의 수석 보좌관은 즉시 인민해방군 난징(南京) 총사령부 참모총장에게 전화를 걸어 이 보도를 확인했다. 총사령부 참모총장은 군사 훈련이 단지 쇼일 뿐이라는 확신을 주기 위해 '아니오'라는 단호한 대답을 세 번 보냈다. 세 번의 '아니오'는 다음과 같았다: 미사일에 실제 탄두가 없다는 것, 대만 섬 상공을 향한 미사일 궤적이 없다는 것, 대만 해협 중간선을 넘어 중국 비행기가 비행하지 않는다는 것이었다. 미국 정보기관은 대만과 중국 간의 통신을 감청했지만 중국은 미국 정보기관이 어떤 결론에 도달했는지 확신하지 못했다.

1996년 계획된 중국의 군사 훈련은 아무 사고 없이 평화롭게 끝났다. 대만과 중국은 자유 세계의 정보기관을 속이는 데 성공한 것이다.

제12장
새로운 세계

동양과 서양이 만나면서 새로운 세상이 시작되었다.

1492년, 크리스토퍼 콜럼버스는 서쪽으로 항해하여 극동지역을 발견했다고 생각했다. 스페인의 왕과 여왕은 수년간의 전쟁 끝에 많은 위험이 따르는 모험에 자금을 지원했다. 서양의 지도자들은 도박을 했고, 극동은 찾지 못했지만 위대한 아메리카 신대륙을 발견했다. 기대했던 것보다 훨씬 더 많은 것을 발견한 것이었다. 그 후 억만장자 록펠러 가문이 1863년 중국에 첫 기업을 설립하여 동방에서 성공적인 사업 벤처를 완성하기까지는 수백 년이 더 걸렸다.

1970년대에 동양은 덩샤오핑으로, 서양은 데이비드 록펠러(1915~2017)로 의인화되었다. 1978년, 중화인민공화국과 미국은 공식적인 외교 관계를 수립했다. 데이비드 록펠러는 자본주의의 전형이었고, 덩샤오핑은 고대의 신비롭고 경화된 중국의 화신이었다. 덩샤오핑은 세계를 지배하기로 결심했고, 데이비드 록펠러는 세계가 어떻게 되어야 하는지 상상했다. 마치 천생연분처럼 보이는 이들의 만남은 인류에게 극적인 변화, 즉 중국식 권위주의적 자본주의의 탄생을 가져왔다.

록펠러는 서방의 강력한 동맹국으로써 중국을 현대화하여 경제적 발전을 시키기 원했고, 덩샤오핑은 공산당이 성장하여 영원히 권력을 유지할 수 있도록 서구를 변화시키기로 결심했다.

마치 대부분의 사람들이 인지하지 못하는 잠자는 시간 동안 그 축이 이동하여 세상이 바뀐 것처럼 우리는 이미 새로운 세상에 살고 있다.

안타깝게도 오늘날 록펠러와 덩샤오핑의 뒤를 이어 중앙 무대에서 활약하는 인물은 두 사람이 기대했던 인물은 아닌 것 같다. 덩샤오핑이 한 가지인 것처럼 보이지만 사실은 다른 세상, 데이비드 록펠러를 속이고 그가 예상하지 못했던 세상을 만들었기 때문이었을까?

그렇다면 결국 덩샤오핑도 자신을 속인 것일지도 모른다.

록펠러는 돈과 은행 업무는 잘 이해했지만 중국 역사를 잘 알지 못했기 때문에 했던 실수를 반복하지 않았다.

데이비드 록펠러는 스탠더드 오일 컴퍼니의 설립자 존 D. 록펠러(1839~1937)의 아들이다. 존 D. 록펠러와 동생 윌리엄은 석유 사업으로 큰 돈을 벌어 록펠러라는 이름을 세계적으로 유명하고 전설적인 이름으로 만들었고 록펠러는 전 세계적으로 자본주의와 부의 대명사가 되었다. 록펠러 일가는 체이스 은행, 체이스 맨하탄, 그리고 현재 JP모건 체이스를 통해 은행업에 진출했고 전 세계에서 가장 강력한 정치인들과 친구가 되었으며, 20세기 초부터 세계 정치를 형성한 주요 정치 단체를 설립했다.

엄청난 부와 권력을 타고난 데이비드 록펠러 같은 사람은 손발이 묶여, 그의 말을 듣기만 할 뿐 의문을 제기하지 않는 사람들로 둘러싸여 있었다.

록펠러는 생계를 위해 고군분투하는 노동자 계급의 평범한 일상과는 거리가 먼 특권적인 부의 세계에서 자라서 사업의 달인 중의 달인이 되도록 훈련받았다. 타인의 세계를 지배하기 위해 태어난 미국 엘리트 집단의 전형인 록펠러에게 세상을 지배하는 권력은 자신이 획득한 것이 아니라 자신과 같은 사람들이 부여한 것이었다. 그의 권력은 타고난 권리에서 비롯된 것이었고 균형이 필요 없었으며 절대적이었다.

데이비드 록펠러가 중국을 방문했을 당시 중국은 종교의 자유가 없고, 신의 존재를 거의 부정하는 사회였다. 그가 마주한 것은 신의 역할이 인간, 즉 공산당 지도자에 의해 빼앗긴 체제였다. 공산당 슈퍼 엘리트들은 자신들 외에 다른 신이 없는 무신론자였다. 그들은 스스로 신의 역할을 수행하기 위해 신의 역할을 재정의했고, 중국 국민은 이러한 새롭고 우스꽝스러운 재정의에 대체로 동의했다.

가장 좋은 예는 마오쩌둥이다. 마오쩌둥은 중국 인민에게는 살아 있는 신이었으며 전 세계 좌파 그룹에게는 우상이었다. 마오쩌둥에 대한 숭배와 그를 모방하고자 하는 열망은 놀라웠다. 그를 존경하는 많은 서방 지도자들이 중국에 와서 공개적으로 공산당에 대한 부러움을 표출했다. 당 지도자들은 엘리트 집단, 더 정확하게는 슈퍼 엘리트가 현대판 신들의 판테온으로 간주될 수 있음을 보여주었다. 그들은 수많은 순교자들의 피와 땀과 눈물을 통해 기독교를 동방으로 가져온 복음 선교를 자신들의 목적을 위해 역이용했다.

1970년대 동서양 엘리트 집단의 만남은 현대사에서 가장 큰 변화 중 하나를 촉발시켰다.

중국 기록에 따르면 록펠러 가문은 1863년 등유를 거래하며 중국에서 첫 사업을 시작했다고 한다. 록펠러 재단은 20세기 초에 중국에 진출하여 수백 개의 기관을 설립했고 수천 명의 중국 학자와 기업을 지원했다. 데이비드 록펠러는 중국은 자신의 운명이라고 믿었고 한 남자가 집을 떠나 다른 집을 찾아오듯이 중국에 왔다. 중국이 전 세계에 판도라의 상자가 되었다면, 그 안에 금처럼 반짝이지만 타르처럼 끈적끈적한 물건으로 채운 사람은 바로 데이비드 록펠러였다. 그는 판도라의 상자 뚜껑을 열어 전 세계가 볼 수 있도록 했지만 만지거나 가져갈 수는 없도록 했다.

동서양의 만남이 주는 충격파는 데이비드 록펠러로 하여금 중국을 지금의 위치에 올려놓은 한 사람, 그리고 두 조직과 강한 연대를 맺게 했다. 그 사람은 헨리 키신저였고, 두 조직은 세계경제포럼(World Economic Forum)과 삼자 위원회(Trilateral Commission)였다.

냉전이 한창이던 1955년, 소련은 바르샤바 조약을 제정하여 동유럽 전역에 철의 장막을 쳤고 얼마 지나지 않은 1962년 쿠바 미사일 위기로 세계는 핵전쟁 직전까지 몰렸다. 케네디 행정부가 쿠바 미사일 위기를 해결한 후 미국이 주도하는 북대서양조약기구(NATO)와 소련이 주도하는 바르샤바 조약기구는 유럽에서 대결을 준비했다.

1964년 베트남에 미 지상군을 18만 4천 명까지 파병한 린든 존슨 대통령에 의해 세계 혼란의 온도는 거의 끓어오르기 직전으로 치달았다. 1960년대 후반이 되었을 때, 세계는 피할 수 없는 핵 분쟁과 재앙을 향해 치닫고 있는 것처럼 보였다.

동방으로의 모험은 전쟁의 먹구름 속에서 계속되었다. 데이비드 록펠러는 중국이 핵 재앙으로부터 세계를 구할 수 있는 열쇠가 될 수 있다고 확신했다.

헨리 키신저는 데이비드 록펠러의 측근으로 세계 무대에 등장했다. 그는 닉슨 행정부에서 국가안보보좌관으로 임명된 후 국무장관에 임명되어 포드 행정부 내내 그 자리를 지켰으며 수년에 걸쳐 뛰어난 정치 전략가이자 학자, 뛰어난 외교관으로 인정받았다. 또 노벨 평화상을 수상했고 세계 최고의 분석적 사상가 중 한 명으로 명성을 떨치고 있었다. 냉전 시기 유럽과 소련, 핵무기 문제에 집중하고 있던 키신저를 닉슨 대통령이 역사적인 중국 프로젝트에 임명했다.

70년대 초 베이징에서 마오쩌둥을 만난 헨리 키신저. 뒤에서 듣고 있는 저우언라이

1956년 중국과 소련 간의 동맹에 균열이 보이기 시작했다. 러시아는 수백 년 동안 중국의 껄끄러운 이웃이었다. 항상 적도 동맹도 아니었고 둘 다 기회주의자였으며 때로는 민족주의자, 공산주의자였고, 일본, 미국에

게 친구가 되거나 때때로 이들 모두와 싸웠다. 중국 공산주의자들은 러시아 정부를 결코 신뢰하지 않았고 중국 지도부는 러시아의 지원이 필요할 때만 러시아에 대한 불신을 억눌렀다. 1956년 이후 상황은 바뀌었다. 러시아가 미국과의 심각한 냉전에 돌입하면서 중국 공산당 지도자들은 러시아와의 관계를 단절할 수 있는 여유를 갖게 되었던 것이다.

1964년 첫 핵분열탄 실험에 이어 1967년 6월 중국은 첫 수소폭탄 실험에 성공하며 주요 핵보유국이 되었다. 서방 국가들은 중국이 북쪽에 있는 이웃 국가에 경고를 보내고 있다고 평가했다. 서방은 '적의 적은 나의 친구'라는 원칙을 적용하여 러시아의 적이었던 중국이 그들의 새로운 친구가 되어야 한다고 생각했다.

1969년 3월 중국과 소련이 분쟁 지역인 젠바오 섬을 둘러싸고 대규모 무력 충돌을 일으켰을 때 기회가 찾아왔다. 역사책에 따르면 중국과 우호 관계를 맺고 소련의 냉전 수행을 방해하기 위해 과감한 움직임을 시작한 것은 닉슨이었다고 한다. 1971년 닉슨은 헨리 키신저를 비밀리에 중국으로 보냈다. 많은 사람은 모든 위험을 감수한 것은 닉슨이지만 이득은 데이비드 록펠러가 챙겼다고 생각한다.

당시 키신저는 자신의 방문이 미국과 중국, 그리고 세계의 역사의 흐름을 근본적으로 바꾸게 될 줄 알지 못했다. 대부분의 중국인들은 그를 중국 공산당의 사랑받는 친구로 알고 있지만, 대부분의 미국 젊은이들은 그를 미국과 미국의 가치를 위해 싸운 영웅으로 여긴다.

2017년 인터뷰에서 키신저는 "평화와 안정을 지키기 위해 우리는 중국의 변혁을 최우선으로 추진해서는 안 된다"고 말했다. 중국의 변혁은 그의 목적이 아니었다. 1971년에는 중국이 소련의 위협에 맞설 수 있도록 힘의

균형을 맞추는 것이 최우선 과제였다. 키신저의 방문은 성공적이었다. 키신저는 저우언라이를 만났고 이 만남은 저우언라이의 평생 동맹이었던 덩샤오핑이 세계 무대로 나올 수 있는 문을 열어주었다.

키신저는 1972년 닉슨 대통령이 역사적인 중국 방문을 할 수 있도록 길을 열어주었다. 닉슨은 마오쩌둥과 정상회담을 갖고 공동 결의안을 도출했다. 닉슨의 방중 마지막 날인 1972년 2월 28일, 중국과 미국은 상하이 코뮈니케를 발표했다. 미국은 오랜 동맹국인 대만의 중국 국민당으로부터 중국으로 돌아서기 시작했다. 이 중요한 순간을 앞두고 닉슨 행정부로부터 아무런 정보를 얻지 못한 대만은 큰 충격을 받았다. 중국과의 협상과 실행은 엄선된 백악관 참모들이 수행했으며 미국 정보기관은 이 과정에 관여하지 않았다. 그 협상에 대한 소문은 들었지만 사실일 것이라고는 예상하지 못했던 청방도 놀라움을 금치 못했다.

1년 후인 1973년, 데이비드 록펠러는 1948년 공산당이 집권한 이후 미국의 주요 은행가로는 처음으로 중국에 발을 디뎠다. 그는 닉슨의 대담한 행보에 미국 대중과 세계가 어떻게 반응할지 알아보기 위해 1년을 기다렸고 대부분의 반응이 긍정적이라는 것을 확인한 후에야 길을 떠났다. 록펠러와 저우언라이의 회담은 정중했지만 냉정하게 진행되었다. 저우언라이는 록펠러를 신뢰하지 않았다. 나중에 공산당 회의에서 저우언라이는 데이비드 록펠러를 엄청난 권력을 가졌지만 이데올로기로 가득 차 현실을 이해하지 못하는 사람이라고 묘사하면서 그가 미국 사회의 엘리트가 될 수 있다는 사실은 미국이 "종이호랑이"라는 것을 보여준다고 말했다. 결국 그런 종이호랑이는 탐욕스러운 의제를 추진함으로써 자국을 파괴할 것이라고 믿었다. 저우언라이는 중국에는 이미 충분히 많은 문제가 있기 때문에 그런 미국 금융계 지도자들과 거리를 두는 것이 낫다고 생각했다.

1972년 2월 26일, 중화인민공화국의 저우언라이 총리와 함께한 중국 연회에서 젓가락을 사용하는 리처드 닉슨 대통령

　기록된 몇 가지 긍정적인 발언을 제외하고는 데이비드 록펠러가 저우언라이에 대해 어떻게 생각했는지는 알려지지 않았다. 또한 자신에 대한 저우언라이의 평가를 알고 있었는지도 불분명하다. 데이비드 록펠러는 1978년 덩샤오핑이 집권할 때까지 중국에서 어떤 돌파구도 마련하지 못했다.

　서방 지도자들이 처음 중국에 와서 공산당 지도자들을 만났을 때 가장 놀랐던 것은 살아 있는 신과 같은 그들의 '절대적' 권력이었다. 서구에서는 아무리 부유하고, 권력이 있고, 영향력이 있고, 중요한 위치에 있는 사람이라도 라이벌, 경쟁자, 적으로부터 끊임없이 도전과 비판, 심지어 경멸을 받는 한계를 가진 인간으로 여겨진다. 하지만 공산주의 중국에서 권력은 매우 실체적인 현실이다. 모든 것을 갖거나 아무것도 갖지 못한다. 공산당 지도자들은 아무런 거리낌 없이 권력을 누리고 있으며 일반 대중 앞에 나타난 그들에게 항의나 대립은 찾아볼 수 없다. 중국인들은 그들을 마치 지상의 신처럼 숭배하며 존경심이 가득한 표정으로 복종할 뿐이다.

이러한 '절대 권력'의 과시 덕분에 많은 서방 지도자들은 저우언라이와 덩샤오핑을 유머 감각이 뛰어난 연설가, 심오한 지혜를 지닌 선구적인 전략가, 훌륭한 매력을 지닌 존경할 만한 지도자로 칭송하며 찬사를 보냈다. 데이비드 록펠러가 저우언라이와 함께 앉아 있는 사진과 덩샤오핑이 텍사스에서 카우보이 모자를 흔들고 있는 사진이 신문에 공개되자 사람들은 현대화되고 민주화된 중국에 대한 희망을 보았다. 현대화되고 민주화된 중국은 궁극적으로 유토피아가 될 것이며, 무의미한 전쟁을 멈출 수도 있을 것이라 믿었다.

서방은 중국 1세대 공산당 지도자들이 스스로를 도적단이라고 불렀다는 사실을 몰랐다. 공산당 지도자들은 침략자, 다른 파벌, 그리고 자기들끼리 전쟁의 잔혹함 속에서 살아남았고 계속되는 전쟁은 그들에게 공부할 시간을 허락하지 않았다. 그들은 대부분 학문적 교육을 받지 못했지만 끝없는 전투를 통해 실질적인 지혜를 얻었고 인류의 어두운 면을 보았다. 공산당 지도자들은 생존을 위해 사람들의 가장 깊은 두려움과 욕망을 읽는 법을 배웠고 자신을 위장하는 방법과 다른 사람을 조종하는 방법을 알고 있었다. 중국이 번영하고 민주화되더라도 미국의 기준으로는 결코 유토피아가 될 수 없다.

데이비드 록펠러는 개인적으로는 누구에게도 신체적 상해를 입히지 않앗을지 모르지만 그가 부추기고 가능하게 만든 전쟁을 통해 많은 이들에게 간접적으로 상해를 입혔다. 하지만 저우언라이와 덩샤오핑의 손에는 피가 가득했다. 그들은 인류의 어두운 면을 보았기 때문에 살아남기 위해 사람들의 가장 깊은 두려움과 욕망을 읽는 법을 배웠으며 자신을 숨기고 뒤에서 타인들을 조종하는 방법을 알고 있었다.

1972년 2월 26일, 리처드 닉슨 대통령과 저우언라이가 닉슨의 중국 방문 당시 연회에서 연설하고 있다

그 결과 공산주의 통치하의 중국 정치에서 돈이나 재산이 차지하는 비중은 거의 없다. 공산당 지도자는 보통 엘리트 집단 간의 치열한 경쟁을 통해 권력을 잡으며 승자는 모든 권력을 쥐지만 패자는 목숨을 잃을 수도 있다. 방대한 인구로 인해 한 자리를 차지하기 위한 뛰어난 가족 배경을 가진 경쟁자는 수백 명이 될 수 있고 경쟁자를 이기지 못하면 정상에 오를 수 없다. 평범한 사람은 가족의 부나 영향력 뒤에 숨어 권력을 잡을 수 없

다. 중국인들은 공산당 지도자를 원시 사회의 승리자, 즉 절대복종해야 하는 상류층 지도자로 여긴다. 공산당 지도자가 체포되거나 제거되었다는 보도가 나오면 일반적으로 내부 갈등의 결과가 아니라 새로운 승자가 나타나 그들의 자리를 대신한 것이다.

중국인들은 타고난 복종심이 강하지는 않지만 생존 전략으로 지도자에게 굴복하는데, 여기에는 외부인이 파악하기 어려운 뉘앙스가 존재한다. 최소한 이러한 역설을 인정하고 제대로 주목하지 않으면 서방은 대가를 치르게 될 것이다. 중국에서 절대 권력은 영구적인 것이 아니라 현 권력을 잔인하게 제거하고 새로운 승자가 집권할 때까지 기다리는 일시적인 상태인 경우가 많다. 데이비드 록펠러는 중국 공산당 권력의 이러한 특성을 이해하지 못했는데 이것이 저우언라이가 그를 좋아하지 않았던 주된 이유일 것이다. 저우언라이는 데이비드 록펠러가 중국의 현실에 무지했으며 그들을 진정으로 이해할 수 없다는 것을 알고 있었다. 권력에 대한 열망에 눈이 먼 록펠러는 공산주의 중국의 독특한 권력의 역설을 볼 수 없었다.

1971년 냉전이 끝나고 중국의 영향력이 부상하던 시기에 클라우스 슈밥 박사는 데이비드 록펠러와 헨리 키신저의 후원으로 스위스에서 유럽 경영 포럼을 설립했다. 그 후 1973년 데이비드 록펠러는 일본, 미국, 유럽 지도자들로 구성된 삼자 위원회를 설립하고 도쿄(아시아 태평양 그룹), 워싱턴 DC(북미 그룹), 파리(유럽 그룹)에 지부 본부를 두었는데 1987년 유럽경영포럼은 전 세계 문제로 사명을 확장한다는 의미에서 세계경제포럼으로 명칭을 변경했다.

1978년 덩샤오핑은 중국의 두 번째 공산당 지도자 저우언라이의 뒤를 이어 경제 개혁에 주력했고 그 일환으로 외국인 투자를 허용하면서 외국인들을 환영하고 초대하는 분위기를 만들었다.

뉴욕 시의 스카이라인에서 가장 유명한 마천루 건물 중 하나인 뉴욕 시의 록펠러 센터

기회를 감지한 클라우스 슈밥 박사는 덩샤오핑에게 유럽 경영 포럼(현 세계경제포럼) 연례 회의에 참석할 것을 제안했는데 덩샤오핑은 초대를 직접 수락하지 않았지만 중국 사회과학원 세계경제정치연구소 소장을 1979년 다보스 연차총회에 대신 파견했다. 중국 정부의 발표에 따라 클라우스 슈밥 박사는 3개월 후 20명의 CEO로 구성된 유럽 기업 대표단을 이끌고 중국을 방문했고, 베이징에서 장기적인 파트너십을 위한 양해각서에 서명했다.

변화가 시작되었다. 서방 지도자들은 권력을 추구했고 중국 지도자들은 세계를 탈문명화할 계획을 세웠다. 이렇게 전혀 다른 두 가지 목표가 합쳐져 세계를 통제하려는 권위주의적 자본주의 체제가 시행되었다. 서방과 공산주의 지도자들은 서로를 포용하여 이질적이지만 분리할 수 없는 꿈을 한꺼번에 이루고자 했다. 탐욕스러운 서방 지도자들은 자신들이 거래한 번데기로부터 희귀하고 아름다운 모나크 나비가 나타나 그들의 그물에 잡힐 것이라고 확신했다. 반면 이 '변태'를 생명 공학적으로 조작한 중국 공산주의자들은 서방의 그물망을 삼킬 수 있는 괴물 같은 나방이 등장해 서구 문명의 근간을 뒤흔들 것이라는 것을 알고 있었다.

한편, 사회정치적 반응도 시작되었는데 한번 반응이 일어나면 물로 융합된 수소와 산소처럼 다시 분리하기 쉽지 않았다. 많은 서방과 공산당 지도자들은 새로운 실체, 즉 세계주의자로서 연합했고 중국 공산당은 미토콘드리아 발전소가 되어 세계주의 기업들에게 에너지와 자원을 제공했다.

세계경제포럼과 삼자 위원회는 전 세계로 네트워크를 확장했다. 이들은 함께 의제를 설정했고 반대자와 비순응자를 찾아내어 가능하면 제거하거나 그 세력을 축소시켰다.

1979년 이후 중국은 세계경제포럼 연례 회의에 단 한 번도 빠지지 않았고 공산당 지도자들은 세계화주의의 원동력이 되었다. 전 세계 글로벌 기업들은 그들의 모든 제조 역량을 중국에 넘기는 대가로 매우 저렴한 인건비와 거의 존재하지 않는 생산 규제로부터 막대한 이익을 얻고 있다. 세계주의 지도자들은 사회의 모든 부문에 진출하여 주요 직책을 장악했고 그들 중 다수가 강력한 정치인, 권위 있는 학자, 저명한 활동가, 억만장자가 되었다. 사회적 계층 이동의 움직임은 멈췄다. 이제 하나의 세력이 모든 것을 독점적으로 지배하고 있다.

중국 언론의 보도에 따르면 록펠러 가문이 설립한 아시아 소사이어티는 덩샤오핑의 세계경제포럼에 대한 기여와 지원에 경의를 표하기 위해 뉴욕의 라일라 애치슨 월리스 강당에 그를 위한 특별 영구 좌석을 마련했다.

많은 역사가들은 1991년 8월 말 고르바초프가 서기장직을 사임한 후 소련이 완전히 붕괴되어 러시아 공산당의 통치가 종식되는데 중국이 결정적인 역할을 했다고 평가한다. 갑작스러운 소련의 붕괴로 미소 냉전은 종식되었지만 중국의 안보 위협은 끝나지 않았다. 중국은 서방과 전 세계에 더욱 위협적인 존재가 되었다.

이는 세계주의자들의 또 다른 승리이자 새로운 세계 질서가 다가오고 있다는 증거였다.

동서양의 구분은 더 이상 중요하지 않다. 이제 최종 게임은 지구의 어느 한 지역이나 다른 지역에 관한 것이 아닌 전 세계를 위한 연극이다. 새로운 권위주의 세계가 도래하고 있고 이는 서구의 엘리트 지도자 데이비드 록펠러도 상상하지 못했던 일이다.

2017년 클라우스 슈밥 박사는 시진핑 중국 국가 주석 겸 중국 공산당 서기장을 다보스에 초청했고 시진핑은 세계경제포럼의 개막식에서 기조연설을 했다. 연설이 끝난 후 슈밥 박사는 시진핑이 사용했던 두 가지 핵심 문구를 그대로 인용하여 시진핑을 칭찬했다. 슈밥 박사는 "인류의 미래를 공유하는 공동체"와 "중국의 꿈"이라는 두 가지 키워드를 사용하여 세계 경제 세계화에서 시진핑의 영향력 있는 역할을 인정했는데 또한 "중국은 앞으로도 세계 경제의 원동력으로서 중요한 역할을 할 것"이라며 시진핑 주석이 "우리에게 빛을 가져다주었다"고 말했고 청중은 우레와 같은 박수로 화답했다.

2018년 12월 10일, 중국 공산당은 슈밥 박사에게 중국 개혁 우호 훈장을 수여했다. 훈장 수여식에서 슈밥 박사는 중국이 세계와 더욱 통합됨에 따라 세계경제포럼은 평화, 번영, 상호 이해의 공동 미래를 만드는 것을 목표로 중국과 조화로운 글로벌 사회를 구축하기 위해 계속 협력할 것이라고 말했다.

2022년 시진핑 주석은 세계경제포럼에서 두 번째 연설을 한 후 공개 대화 세션을 화상으로 진행했다. 이 공개 대담에서 클라우스 슈밥 박사는 "중국은 시진핑의 리더십 아래 사회적으로나 경제적으로 상당한 성과를 거두었습니다"며 시진핑에 대한 찬사를 보내며 "중국은 모든 면에서 번영하는 사회가 되었고, 세계를 더욱 포용적이고 지속 가능하게 만들었습니다"라고 말했다.

세계경제포럼의 역사를 모르는 사람은 세계화 운동의 정의와 의제에 대해 혼란스러워할 수 있다. 자본주의와 공산주의와 같은 오래된 이념과 포퓰리즘과 세계주의와 같은 새로운 이념 사이의 경계를 구분하기가 더 어려워졌기 때문이다. 슈밥 박사는 시진핑 주석의 연설이 전 세계에 빛을 가져다주었다며 칭송했고, 더 나아가 중국을 세계화의 모범적인 모델이라고 치켜올렸다. 그러나 몇몇 인사들은 2017년 다보스에서 있었던 시진핑의 연설이 트럼프 행정부의 위협에 맞서 자신의 세계화 개념을 옹호하기 위한 것이었으며, 세계화가 중국의 꿈이라면 세계주의의 목표는 공산주의의 목표와 비슷하지 않느냐는 주장을 하기도 했다.

중국이 공산주의 국가인지 자본주의 국가인지에 대해 논쟁하는 것은 아마도 무의미할 것이다. 중국은 전체주의 국가이고 공산당은 권위주의 정권이다.

그렇다면 세계주의의 개념은 전체주의와 그 궤를 같이할 수 있을 것인가?

1978년 말, 마침내 덩샤오핑은 공산당의 지도자가 되었지만 그의 권력은 아직 안정되지 않았고 공산당 지도자들의 절반 이상이 그의 충성심에 의문을 제기했다. 덩샤오핑은 중요한 직책을 얻는 데 집착하지 않았고 그 중요한 직책을 통제하기로 결정하고서 자신을 자본주의자라고 비난하는 많은 사람들을 무시하고 경제 개혁에 집중했다. 그는 "1990년 말까지 국내총생산(GDP)을 1980년 수준의 두 배로 늘리겠다"는 목표를 세웠고, "그다음 20세기 말에는 GDP를 다시 두 배로 늘려 적당한 번영의 수준에 도달한 후, 세 번째 단계는 21세기 중반까지 GDP를 4배로 늘려 중간 정도의 선진국 수준에 도달한다"는 목표도 제시했다.

실제로 중국은 덩샤오핑과 다른 모든 사람들의 예상을 훨씬 뛰어넘었다. 2022년까지 중국의 GDP는 1980년 수준보다 94배나 성장했다. 1978년만 해도 공산당 지도자 중 누구도 이런 일이 일어날 것이라고 상상하지 못했고 덩의 야심찬 계획이 말도 안 된다고 생각했다.

1979년 1월, 대부분의 중국인은 음력설을 맞이할 준비를 하고 있었지만 덩샤오핑은 일을 미루지 않았고 보좌관들을 불러 클라우스 슈밥 박사를 초청하는 일에 대해 논의했다.

한 보좌관은 "우리 당에서 자본주의는 여전히 금기시되고 있습니다"라며 부정적인 의견을 피력했다.

"우리는 자본주의에 대해 이야기하는 것이 아니오. 우리는 돈에 대해 이야기하고 있소." 덩샤오핑은 불쾌한 어조로 대답했다. "우리 당에서 돈을 싫어하는 사람이 어디 있소?"

"서양인들은 그들만의 의제가 있고 자신들의 이익을 위해 우리에게 오는 것입니다"라고 다른 보좌관이 경고했다.

"미국이 러시아나 베트남에서 얼마나 많은 돈을 써야 하는지 아시오?" 덩샤오핑이 물었다. 그리고 "미국은 훨씬 더 많은 돈을 절약할 수 있기 때문에 우리를 부자로 만들고 싶어하지. 우리가 베트남 공산당을 지지하지 않고 러시아와 계속 대립하기를 원하는 거요"라고 대답했다.

덩샤오핑의 측근 중 한 명은 "우리가 서구인의 가치를 공유하지 않는다면 어떻게 될까요? 우리가 부유해지기 위해 서구인들에게 의존하면 그들은 공산당을 인질로 삼게 될 것입니다"라고 예상되는 시나리오를 설명했다.

"중국을 정복한 외국인은 없소. 결국 그들은 모두 중국의 일부가 되었지"라고 덩샤오핑은 말했다.

역사적으로 보았을 때, 터키(583~744), 몽골(1279~1368), 그리고 최근에는 만주족(1644~1911) 등이 중국을 침략했고 한동안 중국을 정복해서 다스렸지만 결국에는 모두 중국의 일부로 흡수되었고 그들의 후손들도 중국인이 되었다. 덩샤오핑의 계획은 결코 서구 엘리트들과 친구가 되는 것이 아니었다. 덩샤오핑은 과거의 침략자들처럼 서구 엘리트 집단 역시 자신들도 모르는 사이에 중국인이 되길 원했다.

덩샤오핑은 세계주의가 부상함으로써 중국이 세계를 탈문명화할 수 있는 도구가 될 수 있다고 확신했다. 그리고 "사마귀는 매미를 잡지만 그 뒤에 있는 꾀꼬리가 모든 것을 가져간다"라는 중국 전통 속담처럼 서방 지도부를 속일 수 있다고 믿었다. 덩샤오핑은 동양과 서양의 만남으로 인한 어떤 발전이라도 중국이 지배하고 감독하는 중국 영역 내에서 일어날 것이라고 생각했으며 결국 발전의 결과는 중국에 유리하고, 모든 발전은 중국에 속하며, 모든 플레이어는 새로운 중국인이될 것이라고 믿었다. 즉, 새로운 세계는 중국의 일부가 될 것이며 중국의 질서가 새로운 세계의 질서가 될 것이다.

세계주의자가 새로운 중국인이 될 것이라는 것은 두려운 가정이다. 이것은 사실이 될 것인가? 데이비드 록펠러가 설립한 미국, 유럽, 아시아 삼자 위원회의 현재 행보에서 답을 찾을 수 있다. 이 삼자 위원회는 지미 카터, 조지 W. 부시, 월터 몬데일, 폴 볼커, 앨런 그린스펀 등 많은 유명 정치인을 영입했다. 1976년 카터 대통령이 취임한 후 행정부의 부통령, 국무장관, 국가안보보좌관, 국방장관, 재무장관, 연방준비제도이사회 의장은 모두 이 삼자 위원회 출신이었다. 또한 아이젠하워, 케네디, 존슨, 닉슨, 카터 대통령의 국무장관들은 모두 록펠러 컨소시엄과 가까운 관계였다. 삼자 위원회는 약 400명의 위원으로 구성되어 있으며 유럽, 미국, 아시아의 3부분으로 나뉘어 있는데 현직 공직자는 한 명도 포함되어 있지 않다.

2023년 3월 12일 인도에서 삼자 위원회 세계 총회가 열렸는데 연사 중

한 명이 다음과 같은 중요한 전망을 내놓았다: "통합적인 자유시장을 기반으로 하면서 디플레이션으로 정의되는 지난 30년간의 세계화는 이제 자유시장 기반이 아닌 산업 정책을 기반으로 하며 구조적으로는 인플레이션으로 정의되는 파편화된 세계화로 대체될 것입니다."

그것이 덩샤오핑이 계획했던 것이었다. 세계를 탈문명화하기 위한 조작된 인플레이션과 수십 년 동안 지속될 통제 시장과 산업 독점을 기반으로 하는 파편화된 경제가 그것이다.

그 연사는 "2023년 올해가 새로운 글로벌 질서의 원년"이라고 자랑스럽게 발표했다.

회의 참가자들은 이 삼자 위원회에 대한 시를 지어 달라고 챗지피티에 질문했더니 다음과 같은 의미심장한 답변을 내놓았다:

"비밀 회의에서, 그대들은 계획을 세우며 음모를 꾸민다.

새로운 질서를 만들기 위해, 그대들이 열망하는

그 목표들은 불분명하지만, 몇 가지는 이루어진다.

세계 정부로서, 그대들을 친구로 두고 있는"

세계주의자가 후원한 인공지능 프로그램이 세계주의자의 사고방식을 드러낸 것이다.

제13장
불사조의 귀환

1989년 6월 24일, 장쩌민(1926~2022)은 중국 공산당 총서기, 중앙군사위원회 회장 및 중국 국가주석에 취임했다. 그는 중국 정권의 3대 축인 공산당, 인민해방군, 중국 정부의 권력을 동시에 장악한 최초의 중국 지도자였다. 중국 공산당의 2세대 지도자이자 마오쩌둥의 첫 번째 후계자였던 덩샤오핑은 공식적으로 퇴임했고 이제 장쩌민이 그 자리를 물려받았다.

마오쩌둥이나 덩샤오핑과 달리 장쩌민은 자신의 의도를 공개적으로 드러내지 않았다. 덩샤오핑이 장쩌민에게 탈문명화 계획을 공유했는지 여부는 불분명하지만 외부 세계가 세계를 '탈문명화'하려는 중국 공산주의자들의 계획을 알지 못했다는 것은 분명했다. 그런 거창한 계획은 서방 전문가들에겐 우스꽝스러운 망상에 불과했다. 그런 계획은 기껏해야 미래에 대한 희망이라면 무엇이든 믿을 준비가 되어 있는 후진국 지도자들의 마음속에 교묘하게 심어진 단순하고 허황된 관념에 불과하다고 여겼다.

가능성이 희박하긴 하지만 이 조잡한 탈문명화 계획이 성공할 가능성은 어느 정도 있었다. 덩샤오핑은 공산주의 중국이 서구의 탐욕을 이용해서 필요를 충족시킬 수 있다는 한 가지 사실을 깨달았다. 그는 세계 경제 포럼 및 삼자 위원회와의 긴밀한 관계를 통해 이 사실에 도달했던 것으로 보인다.

마오쩌둥이 장쩌민을 어떻게 판단할지는 알 수 없다. 중국 공산당은 수세기에 걸친 내전과 혼란을 극복하고 마침내 잿더미에서 일어섰지만 마오쩌둥은 중국 공산당이 현대적 환경에서 활동하는 법을 배워야 한다고 생각했다. 그는 새로운 중국 영웅이 '잿더미에서 일어선 전설'을 이어가기를 바랐지만, 공산당 내에는 기준에 부합하는 사람이 없는 것 같았다. 마오쩌둥은 영웅적 지도자는 전설의 불사조처럼 잔혹한 역경과 무자비한 시련, 심지어 전멸에서도 살아남아 더욱 강해진 모습으로 잿더미에서 다시 일어나는 존재여야 한다고 믿었다.

열정적인 역사 학도였던 마오쩌둥은 모든 왕조가 결국 쇠퇴하고 종말을 맞이할 수밖에 없다는 것을 알고 있었다. 중국의 오랜 역사가 이를 증명하는 것처럼 공산당도 예외가 될 수 없었다. 그러나 마오쩌둥은 중국 공산당의 권력을 유지하기 위해 세대 간 승계 시스템을 설계하여 이론적으로 중국 역사상 최장 정권이 될 수 있도록 했다.

이 세대 건너뛰기 승계 시스템에 따르면 현 중국 공산당 지도자는 차차기 후계자를 지명해야 한다. 즉 3세대 지도자가 5세대 지도자를 지명하고 4세대 지도자가 6세대 후계자를 지명하는 식으로 이어지는 것이다. 마치 두 번째 승계가 이전 승계와 일종의 이중 나선형으로 얽히고 설켜 있는 것과 같다. 마오쩌둥은 자신이 시간이 흘러도 변함없는 우월한 공산주의 중국을 설계했다고 믿었다. 각 세대는 10년 동안 권력을 갖게 될 것이다.

이 제도는 1992년 장쩌민의 임기 중에 시작되었고 덩샤오핑은 이 체제를 시작할 4세대 지도자로 후진타오(2002~2012년 재임)를 선택했다. 마오쩌둥은 중국이 아무리 부패하더라도 외세의 영향을 떨쳐내어 중국 공산당이 중국을 통치하기에 충분한 힘을 갖기를 원했다. 마오쩌둥은 중국 공산주의자들에 대해 그들 자신보다 더 잘 알고 있었다.

마틴 루터 킹 목사는 "인간의 궁극적인 척도는 편안하고 안락한 순간에 어디에 서 있느냐가 아니라 도전과 논쟁의 순간에 어디에 서 있느냐에 달려 있다"고 말했다. 마오쩌둥은 미래의 공산당 지도자들이 힘든 도전 없이 편안한 삶을 살면서 역경 없이 편안하게 권력을 잡을 것을 우려했고 장쩌민은 그 대표적인 예였다. 풍요로운 삶과 번영하는 중국 경제가 장쩌민을 현실에 안주하게 만든 것처럼 보였다.

마오쩌둥은 중국 공산당이 세계를 통치할 능력이 있다고 믿지 않았다. 대부분의 세계는 중산층의 안락한 생활이 지속되면서 중국 공산주의의 이상과 그 씨앗에 대해 면역을 갖고 있었다. 중국 공산주의의 자생적 세대는 잿더미가 된 문화에서 일어나야 했다. 서구의 근면성은 중국 공산주의의 이상을 이길 수 없었다. 하지만 이러한 공산주의 이상은 전쟁의 고통 속에서 신음하던 중국 인민들이 다른 대안이 없음을 깨달은 후에야 비로소 받아들여졌다. 중국 공산주의에서 중국인민들은 자신을 가둔 간수를 존경하게 된 독특한 스톡홀름 신드롬 사례를 보여주고 있었다.

마오쩌둥은 자신의 후계자들이 중국의 잿더미 속에서 누리는 독보적인 권력을 과신하고 심지어 착각할까 봐 염려했다. 마오쩌둥이 덩샤오핑을 결코 좋아하지 않았던 건 아마 이런 이유였을 것이다. 마오쩌둥은 덩샤오핑이 지나치게 자신만만하고 비현실적이라고 판단했고 덩샤오핑이 세계를 지배하려는 자기애적 야망을 억제하지 않으면 중국 공산주의에 종말이 올 것이라고 믿었던 것으로 보인다. 마오쩌둥에게는 안타까운 일이지만 덩샤오핑의 이러한 야망에 불을 지핀 것은 데이비드 록펠러의 아첨이었던 것 같다. 덩샤오핑은 가능성이 희박하지만 자신의 탈문명화 계획이 실제로 성공할 수 있다고 믿었다. 그리고 공산당원들이 그들의 필요를 충족시키기 위해서 서방세계의 탐욕에 의존할 수 있다는 한가지 사실을 깨달았다.

덩샤오핑은 마오쩌둥이 잿더미에서 일어난 불사조가 되어 중국의 부흥을 이어갈 영웅적인 지도자를 찾고 있다는 것을 알고 있었다. 하지만 안타깝게도 마오쩌둥은 공산당 내에서 불사조가 될 가능성이 있는 경쟁자들을 죽이거나 낙마시켰고 장쩌민을 비롯하여 살아남은 잠재적 후계자들은 그러한 영웅적인 지도자가 되기에는 너무 순진하고 권력에 길들여진 사람으로 보였다.

덩샤오핑은 위험한 상황을 잘 알고 있었다. 후계자 선정은 매우 중요한 문제였고 올바른 선택을 보장하는 것은 불가능했다. 자신이 떠난 후 후계자가 자신의 업적을 망치는 것을 막으려면 어떻게 해야 할 것인가? 덩샤오핑은 성공 확률을 높이는 승계 시스템을 통해 후계자뿐만 아니라 자신의 아이디어 역시 계속해서 확장시키고 싶었다. 덩샤오핑은 우선 중국을 통치하고 궁극적으로 중국이 세계를 지배할 수 있도록 하는 '초불사조 승계 시스템'을 계획했다.

1977년부터 1987년까지 10년 동안 덩샤오핑은 유럽 경영 포럼을 통해 서방 지도자들과 동맹을 맺으며 경제적으로 큰 발전을 이루었다. 연간 국내총생산(GDP) 성장률은 약 10%였고, 후반기에는 GDP가 거의 두 배로 증가했다. 유럽경영포럼 회원사 최고 경영진으로부터 지지를 약속받은 덩샤오핑은 중국이 세계 통신 및 반도체 사업 분야를 독점하기 위한 프로젝트를 시작할 준비가 되었다고 믿었다. 중국은 통신용 반도체 기술에 주력하는 두 개의 회사, 즉 쥴롱(巨龍)과 다탕(大唐)을 설립했고, 통신 장비에 주력하는 두 개의 회사, 화웨이와 ZTE를 설립했다. 대만은 제조 서비스에 주력하는 대만 반도체 제조공사(TSMC), 메모리 칩에 주력하는 윈본드 일렉트로닉스, 그리고 반도체 기술을 중국에 이전하는 중개 회사로 1996년에 설립된 세계 반도체 제조공사(WSMC)를 설립했다.

이 계획의 중심적인 단계는 덩샤오핑이 가장 중요한 두 가지 산업인 반도체와 통신에 대한 소유권을 확보함으로써 아이디어를 행동으로 옮기는 것이었다. 두 가지 산업은 덩샤오핑의 계획을 전 세계 구석구석에 들키지 않고 추진할 수 있게 하는 강력하고 보이지 않는 도구가 될 것이고 이 계획이 완성되면 중국 공산당의 세계주의 비전이 전 세계를 지배하게 될 것이다. 이때 클라우스 슈밥 박사는 새로운 발전을 반영하기 위해 유럽 경영 포럼의 이름을 세계 경제 포럼으로 바꾸게 된다.

1987년부터 1991년까지 중국 공산당의 세계주의 이상을 지지하는 서방 전략가들과 중국공산당은 매년 베이징에 모여 인간을 기계처럼 '표준화'하는 프로그램을 만들고 발전시켰다. 덩샤오핑에게 중국 공산당은 이들을 통제하는 기관이었지만 대부분의 서방 지도자들은 덩샤오핑이 자신들의 지휘 통제 계획에서 벗어났다는 사실을 알지 못했다. 서방 지도자들은 중국을 일부로 하는 새로운 세계를 건설하고 있다고 생각했을뿐 중국이 지배하는 새로운 세계를 건설하고 있다는 사실은 알지 못했다. 덩샤오핑은 인민해방군 전략가들이 이러한 비밀 계획을 공개하는 것을 엄격히 금지했다.

제2차 세계대전 이후 중국 국민당과 공산당 사이의 내전

그들은 서구인들의 눈을 속이는 데 성공했다.

덩샤오핑은 자신의 계획에 "피닉스 II 프로젝트"라는 이름을 붙였다. 이 것은 극비 프로젝트였고 소수의 사람들만 그 이름을 알고 있었다. 1987 년 덩샤오핑은 이 중요한 프로젝트의 감독을 량 박사에게 맡겼다. 이 프로 젝트는 량 박사가 받은 마지막 행군 명령이자 인민해방군 사령관으로서 의 마지막 임무였다. 량 박사는 이 마지막 임무에 대해 의구심을 가졌지만 덩샤오핑은 그의 의구심을 해소하는 답을 해주기에는 이미 너무 노쇠했 다. 량 박사는 서방 전략가들이 이 프로젝트에 어떻게 대응할지에 대해 의 구심을 가졌음에도 불구하고 충성스러운 군인으로서 이 임무를 받아들였 다. 량 박사는 서양 전략가들의 진정한 의도에 대해 확신할 수 없었고, 그 들 뒤에 보이지 않는 네트워크와 감지할 수 없는 영향력이 있다는 것을 알 아차렸다.

덩샤오핑은 두 가지 이유로 이 프로젝트의 이름을 '피닉스'라고 지었다. 앞서 살펴봤듯이 그는 지도자가 누구든 중국 공산당이 권력을 유지하기 위해 신화 속 불사조의 특성을 가진 시스템을 원했다. 두 번째 이유는 국 공 내전 중 1947년 12월 7일부터 9일까지 국민당과 공산당 사이에 벌어 진 봉황정(鳳凰頂) 전투에 경의를 표하고 영감을 얻기 위해서였다. 덩샤오 핑은 이 전투를 자신의 첫 번째 성공적인 교란 정보 작전으로 꼽았는데 이 전투에서 공산당은 250명의 병력으로 1,200명의 국민당 군대를 상대로 싸워 승리했다. 피닉스 II 프로젝트의 'II'는 압도적인 역경에도 불구하고 첫 번째 정보 작전의 성공을 다시 한번 반복할 수 있다는 자신감을 반영한 것이다.

불사조는 중국에서 황제의 권력을 대표하는 상징으로 잘 알려져 있기 때문에 서구의 전략가들은 피닉스(불사조) II라는 이름에서 이러한 이중적인 의미를 발견하지 못했다. 표면적으로 이 명칭은 프로젝트의 핵심 가치인 지혜, 평화, 행운, 화합을 의미하며 숫자 'II'는 이 프로젝트가 이러한 전통 세계의 미덕과 그들이 세우는 새로운 세계의 가치를 연결하고 있음을 보여준다.

량 박사는 처음에 계획을 세우는 데 어려움을 겪었다. 탈문명, 즉 문명의 파괴를 상상도 해본 적이 없었고, 달성할 계획도 없었기 때문이었다. 군인으로서는 명령을 따라야 했지만, 인간이자 뛰어난 과학자로서는 실행을 망설였다. 량 박사는 중국이 다시는 외국 침략자를 두려워할 필요가 없기를 바라며 기꺼이 재능을 다해 혁명군에 헌신하였고 공산당에 목숨을 바치기로 결심했으나 문명을 종식시키는 것은 이와는 완전히 다른 문제였다. 대의를 정당화할 수 없었던 량 박사에게 악행에 대한 모든 책임을 묻는 것은 무리한 요구였다. 처음 몇 달 동안 덩샤오핑의 보좌관들은 거의 매일 량 박사에게 연락해 진행 상황을 확인했지만, 그는 보고할 것이 거의 없었다. 시간이 지나면서 덩샤오핑의 건강이 나빠진 탓인지 문의는 점차 점점 줄어들었다.

량 박사는 그 후 약 2년 동안 아무런 진전을 보이지 못했는데 1989년이 되자 상황이 바뀌었다. 천안문 광장 학살 사건 이후 장쩌민이 권력을 잡은 것이다. 장쩌민은 피닉스 II 프로젝트에 젊고 공격적이며 무자비한 인민해방군 전략가들을 포함한 새로운 멤버들을 영입했다. 량 박사를 존경할 만큼 잘 알지 못한 그들은 량 박사의 지시를 따르기를 거부했고 량 박사는 자신이 실행 가능한 계획을 세우지 못하면 피닉스 II 프로젝트가 그들의 손에 넘어가 통제권을 잃게 될 것을 염려했다. 그렇게 되면 외국뿐만 아니라 중국에도 재앙이 임할 것이라고 생각한 량 박사는 이제 선택의 여지가 없음을 깨달았다. 량 박사는 세계를 탈문명화할 계획은 실제로 세우지 않은 채 마치 체스 전략에 따라 전진하듯 프로젝트를 강행했다.

　당시 중국의 4개 전략 관련 통신 회사와 대만의 2개 공동 관련 반도체 회사는 설립 4년 차에 접어들었는데 상황은 기대했던 것만큼 잘 풀리지 않았다. TSMC는 일본과 한국의 다른 반도체 제조업체들과의 치열한 경쟁에 직면했고 화웨이는 만족할 만한 품질의 통신 장비를 생산할 수 있는 기본 기술과 전문 지식이 부족했기 때문에 국내 시장에서 처참한 실패를 경험하고 있었다. 화웨이는 모토로라 등 유럽의 통신사들과 전혀 경쟁할 수 없었다.

　이러한 장애물에 직면한 량 박사는 시장 수요를 창출할 새로운 활용처를 찾아내고, 그 새로운 수요를 통해 회사의 성장을 이끌어야 한다는 사실을 깨달았다. 피닉스 II 프로젝트는 완벽한 출발점이었다. 그 프로젝트는 혁신적인 제품을 필요로 했고, 선정된 기업들은 이를 생산할 수 있는 완벽한 후보였다. 중국이 주도하는 새로운 생태계가 시작되었다. 량 박사는 정보를 통제하고 지식을 제한하며 호기심을 막는 것이 기존 사회로부터 사람들을 멀어지게 하는 방법이라고 판단했다. 그는 인간을 로봇처럼 더 통제 가능한 존재로 만들려면 창의성을 억누르고 열정을 꺾어야 한다고 생각했다. 이는 극적인 변화를 의미했다. 이를 위해서는 시간이 필요하고 사람들은 그러한 계획된 변화가 일어나고 있다는 사실을 몰라야 했다. 만약 알게 된다면 그 계획은 무너지게 될 것이었다.

　량 박사가 인간의 행동을 예측하는 매우 복잡한 수학적 모델을 구축하는 데 반년이 걸렸는데 실험을 통해 최적의 접근 방식을 선택하는 데 반년이 더 걸렸다. 여러 번의 시도 끝에 그는 70% 이상의 성공률로 만족스러운 결과를 얻었으며, 이는 해당 모델로 달성할 수 있는 최고 수치라고 생각했다.

량 박사는 반도체와 통신 산업을 독점하고 전 세계 대부분을 통제할 수 있는 새로운 제어 시스템을 개발하기 위해 피닉스 II 프로젝트를 4단계로 구성했는데 각 단계는 10년의 기간을 두고 진행되었다. 첫 번째 단계는 글로벌 출시를 위해 추가 단계를 설계하는 준비 단계였으며 다음 세 단계는 실행 단계였다. 시작 연도는 1992년, 첫 번째 글로벌 출시는 2002년으로 정해졌다. 량 박사는 단계별 실행 시점을 중국 공산당 지도자들의 10년 임기와 일치하도록 선택했다.

이는 시작에 불과했다. 프로젝트의 개요를 결정한 후, 량 박사는 얻을 수 있는 모든 사회적 및 행동적 지표를 확인하기 시작했다. 그는 40년 동안 피닉스 II 프로젝트의 성공적인 실행을 보장하기 위해 구체적인 목표와 목적을 정의해야 했다.

량 박사는 두 가지 주요 프로젝트 목표를 설정했다. 첫 번째 목표는 전 세계 커뮤니케이션 및 선전 시스템을 구축하여 프로젝트팀이 설정한 지침에 따라 정보를 검열하고 통제하는 것이었다. 기존의 선전 시스템은 완전히 통제되지 않은 사람들의 주장에 맞서 싸워야 했다. 피닉스 II 시스템은 효과를 극대화하기 위해 프로젝트 지침을 위반한 인터넷 기반 메시지는 자동으로 삭제하고 승인된 메시지와 의견은 증폭시킬 것이다. 이 시스템에 의해 뉴스 기사를 조작, 전달하여 원하는 아이디어를 전달함으로써 대부분의 사람들은 더 이상 다양한 주장이 아닌 프로젝트 당국이 주도하는 하나의 목소리와 이야기만 듣게 될 것이다.

두 번째 프로젝트 목표는 전 세계 감시 시스템을 구축하여 전 세계 수백만 명의 사람들을 감시하고, 승인된 선전을 거부하는 비 순응자를 탐지하고, 프로젝트에 위협이 될 수 있는 이상 징후를 발견하는 것이었다. 피닉스 시스템은 모든 통신을 자동으로 분석하고, 거부자를 식별하고, 모든 이상 징후를 프로젝트 당국에 보고하도록 설계되었다.

량 박사는 두 가지 프로젝트 목적을 제시했다.

첫째는 기만적인 용어를 사용하여 진정한 침입 목적을 덮는 것이다. 예를 들면, "검색 엔진"을 사용하여 "검열 프로그램"을 은폐하고, "보안 및 감시"를 사용하여 "도청 및 감청"을 은폐하고, "소셜 미디어"를 사용하여 "선전 플랫폼"을 은폐하고, "빅 데이터 분석"을 사용하여 "스토킹"을 은폐하고, "클라우드 스토리지"를 사용하여 "비밀 경찰 모니터링"을 은폐하는 것이다. 그 목적은 사람들이 의심 없이 침입 장치를 받아들이고 총체적인 감시 시스템을 환영하도록 장려하는 것이었다.

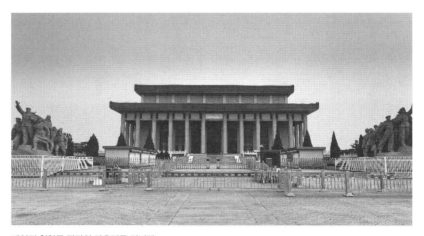

베이징 천안문 광장의 마오쩌둥 기념관

둘째는 침입 기술에 대한 긍정적인 시장 과대광고 또는 입소문을 만들어 투자를 유치하고 비즈니스를 유지하며 사용자를 모으는 것이다.

이를 위해서는 광범위한 분야 간 협력이 필요하고 기술자, 기업 임원, 재무 분석가, 학계, 미디어가 프로젝트 당국이 주도하는 기술을 홍보하기 위해 함께 행동하는 것이 이상적이다. 피닉스 II 프로젝트는 닷컴 기업, 검색 엔진, 스마트폰, 소셜 미디어, 클라우드 저장 및 처리, 빅데이터, IoT(사물인터넷), 가상 현실, 웨어러블 모니터링 장치, 암호화폐, 자율주행, MaaS(서비스로서의 모빌리티), 메타버스 등의 서비스 플랫폼, 인공지능에 이르기까지 시장의 과열을 체계적으로 주도하여 수십억 달러의 투자를 유치하고 수십억 명의 사용자를 모으며 수조 달러 규모의 글로벌 산업을 구축했다. 프로젝트 당국은 두 번째 목표에 따라 침투 기술을 조정하고 추진하여 뛰어난 성공을 거두었다.

목표와 목적을 설정한 후, 량 박사는 피닉스 II 프로젝트를 수행할 플랫폼을 설계하기 시작했고, 두 가지 플랫폼을 설계했다. 하나는 전 세계에서 거래되는 많은 정보와 데이터를 수집, 처리, 저장하는 중앙 집중식 데이터 시설인 클라우드이다. 모든 컴퓨터, 디바이스, 센서는 결국 클라우드에 연결되어 인터넷을 통한 데이터의 대부분은 클라우드를 통해 전송된다. 이를 통해 프로젝트 당국은 전 세계 활동의 대부분을 모니터링할 수 있다. 클라우드 구조는 프로젝트 당국에 의해 선진 사회의 많은 부분을 침입 감시하는 기능을 제공한다. 단 하나의 사건도, 단 한 명의 개인도 당국의 감시에서 쉽게 벗어날 수 없다.

또 다른 플랫폼은 유선 및 무선, 사설 및 공용, 온라인 및 오프라인의 네트워크 통신 하드웨어 및 프로토콜로, 전 세계 데이터 전송의 대부분을 감지하고 조작할 수 있다. 피닉스 II 프로젝트는 초저가 통신 장비, 광섬유, 무선 서비스 및 네트워킹 장치를 제공하여 프로젝트의 통신 네트워크 범위를 확장한다. 이러한 장치와 서비스는 통신 서비스가 어려운 지역에 무료로 제공될 수도 있으며 사용자가 피닉스 II 프로젝트와 관련된 통신 장비 또는 서비스를 선택하면, 눈에 띄지는 않더라도 이 사용자가 거래하는 모든 데이터를 로컬(네트워크 외부)에서도 수집하는 숨겨진 클라우드 시설을 통해 데이터에 접근할 수 있다. '소프트웨어로 정의된 네트워크'와 '소프트웨어로 정의된 라디오' 기능은 프로젝트 당국이 제어할 수 있도록 개방된 클라우드 서버에 백도어를 열어준다. 놀랍게도 대다수의 사용자는 이 사실을 알고서도 이를 두 기능을 통해 얻는 혜택의 대가로 감수해야 할 필요악이라고 생각한다. 그들은 이러한 백도어의 진정한 목적을 알지 못하는 기술 전문가와 미디어에 의해 세뇌되고 오도된 것이다.

마침내 2년간의 끊임없는 작업 끝에 량 박사는 정교하고 대담한 계획과 각 프로젝트 단계를 직접 완성했다. 이 계획은 공산당과 많은 세계주의자들을 모두 만족시킬 수 있는 통일된 계획이었고 량 박사는 서방과 중국인민해방군 전략가들에게 자신의 계획을 발표하여 호평을 받았다. 대부분의 서방 전략가들은 이 프로젝트가 끝날 때가 되면 결국 공산당이 통제권을 장악할 것이라는 사실을 눈치채지 못했다. 피닉스 II 프로젝트는 량 박사의 예상을 뛰어넘어 오늘날까지 빠르게 진행되고 있다. 현실 세계의 많은 사람들은 량 박사가 복잡한 수학적 모델에 반영된 기술 및 선전 계획을 사용해 예측했던 것보다 훨씬 더 쉽게 조종당하는 것으로 보인다.

준비 단계에서 량 박사는 비디오 기술과 카메라에 집중했다. 중국은 전 세계의 다른 모든 수요를 능가하는 가장 큰 감시 카메라 시장이 될 수 있다. 그는 중국 시장을 이용해 표준 개발을 테스트하고 추진하여 수요를 촉진하고 중국 중심의 카메라 산업을 만들고자 했다. 이 산업을 통제하기 위한 목적은 카메라 센서에 스파이웨어를 추가하여 프로젝트 당국이 관리하는 탐지 불가능한 클라우드 기반 서버로 메시지를 전송하는 것이었다. 량 박사는 이러한 카메라가 사용자로부터 많은 정보를 수집할 수 있는 가장 효과적인 방법이라고 생각했다. 정보가 풍부한 비디오 데이터는 사용자의 음성만으로 수집할 수 있는 것보다 훨씬 더 많은 정보를 알려준다.

사진 한 장이 천 마디의 말을 한다면 동영상은 수백만 배가 넘는 정보를 제공한다.

다음으로 수많은 카메라들을 클라우드에 연결할 수 있는 비디오 스트리밍 기술이 등장했다. 동영상을 저장하기 위한 데이터 용량은 사진이나 문자 메시지에 필요한 것보다 훨씬 더 크다. 프로젝트 당국은 비디오 스트림을 통해 사용자로부터 탐지되지 않고 방대한 양의 데이터를 수집할 수 있다. 사용자는 클라우드를 통해 동영상을 스트리밍할 때 동영상과 무관한 개인 정보 및 기타 데이터도 프로젝트 기관에 전송된다는 사실을 인지하지 못한다. 동영상 스트리밍 서비스는 여러 네트워크에서 데이터를 수집하는 슈퍼 고속도로와 같다. 사용자가 스트리밍 서비스의 이용 약관에 동의하면 스트리밍 서버가 자신의 장치에서 개인 데이터를 가져올 수 있다는 데 동의하면서 개인 정보도 포기하는 것이다.

피닉스II 프로젝트의 마지막 부분은 카메라 칩, 센서, 이미지 프로세서, 비디오 압축 및 네트워킹 코어, 특히 비디오 압축 코어에 중점을 두고 있다. 원시 비디오 데이터는 매우 크고 많은 네트워크의 대역폭을 초과하기 때문에 이 데이터 용량을 줄여 콘텐츠를 전송, 처리 및 저장할 수 있도록 하기 위해 비디오 압축이 필요하다. 물론 압축된 동영상은 원본과 동일하지 않다.

비디오 압축 및 복구 방법을 규정하는 VLDC, VSDC, Handbrake 등 70개 이상의 비디오 압축 표준이 존재하는데 압축률이 높을수록 동영상 품질이 떨어진다. 좋은 압축 표준은 동영상을 원래 크기의 1~2%까지 압축하면서도 허용 가능한 동영상 품질을 유지할 수 있다. 비디오 압축 기술은 카메라 칩의 중요한 기능이다. 량 박사는 대만 반도체 제조업체를 이용해 초저가 가격을 제시하고 대량 생산 능력을 개발하여 경쟁사, 특히 대만 이외의 업체를 몰아내고 프로젝트 당국이 통제하는 카메라 칩을 홍보할 계획을 세웠다. 대만의 반도체 제조업체들처럼 자금의 부족이나 수익 창출에 대해 우려하지 않는 기업은 시장을 쉽게 독점할 수 있다.

마지막 단계는 닷컴 열풍을 주도하여 침입형 기술이 뒤따를 수 있는 길을 닦는 것이었다. 모든 기기에 인터넷 연결을 의무화하고 그렇지 않은 기기는 퇴출시키는 것이 목적이며 이는 지금도 추진하고 있다. 궁극적인 목표는 사용자에게는 투명하지 않지만 피닉스 II 당국에는 완전히 투명한 사회를 구축하는 것이었다. 친구가 누구인지, 주로 무엇을 하는지, 어디로 여행을 가는지, 언제 일어나고 잠드는지 등 생활의 많은 세부 사항을 설명하는 데이터의 대부분은 수집 가능한 데이터이며, 클라우드를 제어하는 사람은 누구나 그 데이터에 접근할 수 있다. 사람들의 삶, 행동, 선호도를 설명하는 수많은 데이터는 우리가 아닌 거대 기술 기업의 수익 창출 상품이다. 일방향 투명 사회로의 전환은 "빅 데이터"라는 순한 용어 속에 숨겨져 있다. 빅 데이터는 혁신일 뿐만 아니라 우리의 삶과 사회, 그리고 많은 문화적 가치를 이끌어가는 도구이기도 하다.

빅 데이터는 기계 속의 큰 유령이다. 이제 기정사실화된 이러한 변화 이후의 새로운 현실을 깨닫고 그 일부가 되기를 원하지 않는 사람들은 현재 인터넷에 의존하는 사회에 참여할 방법이 없을지도 모른다. 빅 데이터의 지원 없이는 일자리를 구할 수도, 은행 계좌를 개설할 수도, 규제를 받는 부동산을 소유할 수도 없다. 돈과 관련된 거의 모든 일을 할 수 없는 것이다.

이는 피닉스 II 프로젝트팀의 승리를 예고한다.

초기의 큰 성공 이후 2002년, 글로벌 출시의 첫 번째 단계가 시작되었다. 프로젝트의 목표는 명시된 대로 글로벌 감시 네트워크의 중추인 클라우드와 통신 네트워크를 개발하는 것이었다. 프로젝트 당국은 모든 유형의 비즈니스에서 이 두 가지를 사용할 수 있도록 일련의 혁신적인 솔루션을 출시했다. 검색 엔진, 클라우드 서비스, 스마트폰, 소셜 미디어, 무선 통신에 이르기까지 수많은 혁신적인 솔루션이 클라우드 시설과 통신 네트워크에 의존하고 있다. 많은 기업이 경쟁력을 갖추기 위해, 심지어 생존을 위해 이를 도입하고 적응해야 한다. 클라우드 시설과 통신 네트워크의 성장 규모와 속도는 놀라울 정도로 빨라서 하룻밤 사이에 현대 경제를 정의하는 수조 달러 규모의 산업이 되었다. 대부분의 비즈니스는 네트워크를 떠나서는 운영할 수 없다. 2011년, 피닉스 II 프로젝트는 2단계 솔루션인 글로벌 감시 네트워크 구축을 시작할 준비를 마쳤다.

2012년에 2단계 글로벌 출시가 시작되었다. 1단계 기간 동안 선진국 시민 대부분은 인터넷에 연결되었다. 클라우드 시설에서 실행되는 빅 데이터는 방대한 인구로부터 충분한 데이터를 수집하여 프로젝트 당국이 부적합자를 식별하고 이상 징후를 감지하는 행동 모델을 만들 수 있도록 했다. 피닉스 II 프로젝트 당국에게 절대적인 정확도는 중요하지 않았지만 압도적인 성공률은 매우 중요했다. 예를 들어, 모델 분석 결과 10명이 부적응자로 식별되었지만 그중 한 명만 진짜 부적응자이고 나머지는 잘못 식별된 경우라면 이는 허용될 수 있다. 행동 모델의 상업적 사용은 얼마 지나지 않아 시작되었고 그 목적은 사용자의 구매 성향을 예측하는 것이었다.

2018년, 프로젝트 당국은 봉쇄 기간 동안 비즈니스 및 사회 활동의 주요 옵션이 될 화상 회의를 통해 모든 사용자로부터 생체 데이터를 수집하는 행동 모델이 궁극적인 임무를 수행할 준비가 되었다고 확신했다. 프로젝트 당국은 특히 전화 회의 중 사용자의 심장 박동 패턴, 호흡 리듬 및 모든 가청 소리를 수집하고자 했는데 축적된 생체 인식 데이터를 분석하면 얼굴 인식을 사용하는 것보다 더 쉽고 정확하게 사람을 식별할 수 있다는 사실을 발견했기 때문이다. 선명한 얼굴 이미지는 필요하지 않다. 프로젝트 당국은 또한 행동 모델의 실시간 전사 기능을 미세 조정하여 화상 회의 중 모든 사용자의 대화를 정확하게 전사하여 대화 대본을 즉시 렌더링하고자 했다. 2019년부터 2021년까지 피닉스 II 프로젝트는 또 다른 성과를 거두었다. 수백만 건의 컨퍼런스 콜, 참석자, 위치, 대화 내용, 모든 참가자의 생체 인식 데이터에 대한 정보를 성공적으로 수집했다.

이제 3단계로 진입할 준비가 되었다.

2022년에 3단계가 시작되었다. 목표는 선진국 어디에서나 거의 모든 사람, 모든 대화, 모든 활동, 모든 이벤트에 도달할 수 있는 실시간 3D 모델링 앱을 만드는 것이다. 프로젝트 당국은 3D 모델링 앱을 통해 많은 사람들을 대상으로 지난 며칠, 몇 주, 심지어 몇 년 동안의 이동, 연락처, 발화된 단어 등 개인 기록을 확인할 수 있다. 또한 프로젝트 당국은 3D 지도에서 이벤트를 타겟팅하여 관련된 사람들의 이력, 동선, 행동, 대화를 확인할 수 있다.

2032년 이전에 완료해야 할 두 가지 과제가 남아 있는데 하나는 전 세계에 인공 지능(AI) 센서를 설치하여 생체 인식 데이터, 동작 벡터, 사물 동작 등 다양한 유형의 정보를 수집하는 것이다. 수집된 정보는 AI 알고리즘을 사용하여 사람을 식별하고, 사물을 인식하고, 활동을 이해하고, AI 센서가 수집한 데이터를 사용하여 이벤트를 문서화하는 데 사용될 수 있다. AI 센서는 심지어 디지털 기기를 휴대하지 않은 개인으로부터도 중요한 세부 정보를 놓치지 않고 확보하여 그들을 감시할 수 있다. 두 번째 과제는 인터넷과 네트워크 서비스를 전 세계 곳곳으로 확장하여 사각지대를 없애는 것이다. 프로젝트 당국은 '디지털 격차'와 '디지털 형평성'과 같은 일련의 프로그램을 추진하여 전 세계를 덮는 인터넷 서비스 망을 완성하고 인터넷이 통하지 않는 지역을 없앨 것이다.

그리고 2032년, 글로벌 감시 시스템이 완전히 작동하면 프로젝트 당국은 AI 기반 프로그램을 사용하여 대중을 조종하고 승인된 행동을 강요하기 시작할 것이다.

위의 시나리오가 터무니없다고 생각하는 사람은 20년 전 지금의 세상을 제대로 예견했는지 살펴봐야 한다. 당시에는 지금 시대의 상황이 빅브라더가 지배하는 소설1984년의 말도 안 되는 이야기로 여겨졌을지도 모른다.

그렇다면 지금 세상은 량 박사의 멋진 신세계에 살고 있는가? 그렇지 않다. 1994년 덩샤오핑의 건강이 급격히 악화되자 장쩌민은 량 박사를 피닉스 II 프로젝트에서 배제했다.

1993년 베이징의 쌀쌀한 겨울 아침. 붐비는 회의실에서 량 박사는 인민해방군 정보부 소속 고위 과학자 그룹을 이끌고 테이블 한쪽에 앉아 있었다. 그들은 모두 일흔이 넘은 나이였다. 테이블 반대편에는 국방과학기술산업국 소속의 젊은 과학자 그룹이 앉았다. 회의실 분위기는 바깥의 겨울 기온보다 훨씬 더 차갑게 느껴졌다.

한 젊은 과학자가 외쳤다. "CPU를 설계하는 것은 비용이 매우 많이 들고 위험합니다. 우리는 먼저 컴퓨터 시스템에 집중해야 합니다. 우리만의 컴퓨터 시스템을 설계한 다음 CPU 설계에 대해 생각할 수 있습니다."

"CPU와 컴퓨터 시스템은 서로 다른 종류의 기술입니다"라며 원로 과학자인 이 박사는 젊은 과학자의 의견에 동의하지 않았다. "지금 CPU를 설계하기 시작하면 서구 국가들에 비해 20년 뒤처지게 되지만 우리는 여전히 따라잡을 수 있습니다. 그러나 지금 하지 않으면 다시는 CPU를 설계할 수 없을 것입니다!"

량 박사는 상황을 잘 이해하고 있었다. 빠르게 발전하는 반도체 기술은 CPU 성능을 비약적으로 향상시켰고 CPU 설계를 위한 진입 장벽은 훨씬 더 높아졌다. 5년 또는 10년 후가 된다면 극복할 수 없는 진입 장벽이 생겨 중국은 자체적으로 CPU를 설계할 기회를 놓치게 될 것이었다.

"지금은 세상이 달라졌습니다. 지금은 대결의 시대가 아니라 협력의 시대입니다. 모든 것을 우리 스스로 만들 필요는 없습니다. 서방인들이 더 잘할 수 있다면 그들의 솔루션을 사용하면 됩니다"라고 또 다른 젊은 과학자가 단호하게 대답했다.

"만약 미국인들이 CPU에 백도어를 숨긴다면 어떻게 될까요? 그들은 우리 정보를 마음대로 훔칠 것입니다!" 이 박사는 젊은 과학자에게 반박했다.

"우리가 가장 진보된 CPU를 설계할 것이라고 보지 않습니다." 량 박사가 설명했다. "우선 16비트 CPU부터 시작할 수 있습니다. 16비트 CPU는 자체 통신 장치를 개발하는 데 중요합니다."

량 박사는 언제나 자체 개발한 CPU 없이 중국이 안전한 네트워킹 장치를 생산할 수 없을 것이라고 믿었다. 그는 서양인들을 신뢰하지 않았고 외국산 CPU는 백도어로 가득 차 있어서 위험하다고 생각했다. 외국산 CPU가 네트워크 장치에 들어가면 중국은 안전한 통신 네트워크를 구축할 수 없다. 그래서 량 박사의 계획에는 중국의 두 반도체 회사인 줄롱과 다탕이 중국 자체의 CPU와 네트워크 칩을 개발해 신뢰하고 통제해야 하는 주요 통신 장비에 사용하도록 하는 내용이 담겨 있다.

청방은 량 박사의 계획이 마음에 들지 않았다.

세계경제포럼과 삼자 위원회가 중국과 협력 관계를 구축한 후, 청방의 지도자들은 더욱 공격적이고 야심 차게 변했다. 청방은 피닉스 II 프로젝트를 공산당의 손에서 탈취하여 자신들의 것으로 만들고자 했다. 그들은 중국이 반도체 칩을 개발하는 것을 원하지 않았고 대신 대만에 의존하기를 원했다. 청방은 줄롱과 다탕을 대체하기 위해 UMC(United Microelectronics Corporation)를 추진했는데 TSMC의 설립자 장중머우는 UMC의 CEO였다. 청방은 그들의 영향력을 이용해 중국이 먼저 자체 컴퓨터 시스템을 설계한 다음 반도체 칩을 설계해야 한다는 생각을 퍼뜨렸다. 장쩌민은 이 주장을 받아들였지만 청방을 뼛속까지 이해했던 덩샤오핑과는 달랐다. 덩샤오핑은 청방을 믿을 수 없다는 것을 알고 있었다. 장쩌민은 그렇지 않았다. 장쩌민은 청방의 함정에 빠졌고 마오쩌둥과 덩샤오핑이 공산당의 권력을 유지하려 기울였던 모든 노력은 실패로 돌아가고 말았다. 중국을 지휘하고 세계를 지배하는 불사조 역할을 하던 시스템도 무너졌다. 최초의 공산주의자들은 사라지고 새로운 공산주의 시대가 시작되었다.

플레이어들이 바뀌었고 청방이 서서히 중앙 무대에 등장했다. 많은 세계주의 단체들이 청방을 새로운 파트너로 환영했다.

1994년 중국 정부는 줄롱과 다탕의 칩 개발 계획을 중단했다. 두 회사는 시장에서 두각을 나타내지 못했고 통신 사업에서 중요하지 않은 존재로 전락했다. 이들의 존재를 아는 사람은 거의 없다. CPU 칩 개발은 좌절되었고 레노버 컴퓨터와 같은 회사들의 CPU 개발도 중단되었다. 그리고 이때 장쩌민은 피닉스 II 프로젝트에서 량 박사를 해고했다.

량 박사는 그렇게 될 것이라고 예상했다. 장쩌민은 덩샤오핑이 아니었다. 량 박사는 덩샤오핑이 절대로 후계자가 된 장쩌민에게 피닉스 II호 프로젝트의 진정한 의도를 말하지 않았으리라 확신했다. 량 박사는 자신이 떠난 후에도 프로젝트 이름이 그대로 유지될지 확신할 수 없었다. 그는 자신이 명령을 따르는 군인이라고 생각했는데 생애 처음으로 자신이 옳은 일을 했는지 의문이 들었다. 더 일찍 전역했어야 했을까? 피닉스 II 프로젝트를 지휘하라는 초대를 거절했어야 했을까? 덜 침략적인 계획을 설계했어야 했나? 아니면 아예 모든 계획 자체를 설계하지 말았어야 했을까?

량 박사는 서양인을 신뢰하지 않았고 세계주의 이데올로기를 인정하지 않았다. 그는 중국을 돕고 있다고 생각했다. 량 박사는 정식으로 인민해방군에서 퇴역했고 더 이상 군인이 아니었기 때문에 명령을 따를 필요가 없었다. 정신이 맑아진 량 박사는 자신이 인류에게 끔찍한 일을 저질렀다는 사실을 깨달았다. 량 박사는 후회했지만 프로젝트를 멈추기 위해 할 수 있는 일은 아무것도 없었다.

프로젝트 당국이 지금 어떤 이름을 사용하든 피닉스 II 프로젝트의 원래 계획은 변하지 않고 계속 진행되고 있다. 전 세계는 다가올 미래에 대비해야 한다.

제14장
쿠데타 시도

　1977년 4월 10일, 량 박사는 정치국의 명령을 따라 장칭을 중난하이의 격리실에서 공산당이 정치범을 가두는 친청 감옥으로 이송했다. 장칭은 방을 나가기 전에 셔츠 왼쪽 소매를 찢어 호일로 섬세하게 감싸진 숨겨 놓은 봉투를 꺼냈는데 포장된 호일을 풀자 편지 한 통이 나왔다. 장칭은 량 박사에게 조심스럽게 그 편지를 보여주었다. 그것은 장칭궈가 덩샤오핑에게 보낸 비밀 편지였다. "존경하는 덩샤오핑 동지"라는 인사말로 시작된 편지는 량 박사가 내용을 읽기도 전에 동행한 정보 장교에게 압수되었다.

　장칭궈가 덩샤오핑을 "동지"라고 부른 이유에 대한 설명은 단 두 가지 뿐이다. 하나는 장칭궈가 공산당원이었을 가능성이다. 그러나 대만 비밀

경찰은 공산당과 조금이라도 관련이 있거나 공산당에 우호적인 의견을 가진 사람을 적극적으로 박해하고 있었기 때문에 그럴 가능성은 극히 희박했다. 공산당원이 되면 위험에 처할 수 있기 때문이다. 또 다른 설명은 덩샤오핑이 여전히 국민당 당원이었을 가능성이다. 어쨌든 저우언라이와 덩샤오핑은 제2차 세계대전 이전에 공산당과 국민당 모두에서 중요한 직책을 맡았었기 때문이다. 덩샤오핑은 자신의 국민당 신분을 공식적으로 부인한 적이 없기 때문에 엄밀히 말하면 그는 생을 마칠 때까지 민족주의자이자 공산주의자였다.

장칭궈가 덩샤오핑을 동지라고 불렀다고 해서 덩샤오핑이 반역자였다는 뜻은 아니다. 덩샤오핑이 대만과의 관계를 유지한 것은 잘못된 일이 아니었으나 문제는 타이밍이었다. 당시 장칭궈는 아직 대만의 총통이 아니었고 덩샤오핑은 아직 공산당 지도자가 아니었다. 량 박사는 장칭이 자신의 목숨을 지키기 위해 그 편지를 안전장치로 보관하고 있던 것인지 궁금했다. 그 편지에 덩의 경력을 끝낼 수 있는 치명적 비밀이 담겨 있다는 의미였다. 량 박사 생각에 한때 중국 전역을 통치했던 장칭의 생활 공간은 4제곱미터보다 작은 감방이었다. 량 박사로 하여금 덩샤오핑에게 의심을 품게 하고 충성하지 않게 만드는 것이 그녀의 마지막 연극일지도 몰랐다.

1977년 량 박사는 장칭의 졸이 되기를 거부했고 그 편지를 완전히 무시했다.

1994년 장쩌민이 자신을 피닉스 II 프로젝트에서 배제하자 량 박사는 더 이상 확신을 갖지 못했다. 량 박사는 장칭이 편지를 보여줬던 순간이 떠올랐다. 그는 그 편지를 계속 떠올렸고 뭔가 잘못되었다고 느꼈다. 그는 이제 확신할 수 없게 되었다.

량 박사는 평생 공산주의자였고 공산당에 대해 의문을 품어본 적이 없었다. 량 박사는 공산당원들에게 결함이 있다는 것을 알았지만, 중국과 중국 국민을 위한 최선의 길은 공산당이라고 생각했다. 량 박사는 어렸을 때 중국인들이 끊임없는 전쟁과 내전, 외세의 침략, 그리고 제2차 세계대전으로 인해 지옥 같은 환경에서 살아가는 것을 목격했다. 공산당이 정권을 잡은 후 중국인들은 모든 고통에서 즉시 해방되지는 않았지만 전반적인 상황은 개선되었다. 1994년, 중국인들은 마침내 더 나은 경제에 대한 희망을 보았고 현대화된 중국에서 평화로운 삶을 기대할 수 있게 되었다. 일부 사람들은 소련의 몰락으로 인해 공산당이 점차 정치 권력에서 물러날 것이라는 이전에는 상상할 수 없었던 희망을 공유하기도 했다. 많은 중국 지도자들이 이러한 생각을 가졌다.

인민대회당−중국 베이징(생성 AI)

량 박사는 매우 지적인 사람이었다. 그는 공산당이 영원히 권력을 유지할 것이라고 믿지 않았다. 량 박사에게 1994년 중국의 급속한 발전은 마오쩌둥이 대부분 옳았다는 것을 증명하는 것이었다. 대약진운동부터 문화혁명에 이르기까지 공산당이 집권한 초기에 중국인들이 치른 희생이 마침내 결실을 맺는 것처럼 보였기 때문이었다. 량 박사는 그때까지 공산당 지도자들이 언제 권좌에서 물러나는 것이 가장 좋을지 확신할 수 없었다. 하지만 1994년, 량 박사는 이제 중국 국민에게 공산당 지도자들의 퇴진 일정을 알려줄 때가 되었다고 생각했다.

중국이 끝없는 분쟁과 전쟁 속으로 되돌아가는 것을 보고 싶어 하는 중국인은 아무도 없었다. 공산당의 통치가 끝나는 것은 피할 수 없는 것처럼 보였고 가장 큰 문제는 "어떻게?"였다. 평화로운 정권 교체가 이루어질 것인가, 아니면 폭력적이고 잔인한 정권 교체가 이루어질 것인가? 또 다른 중요한 문제는 "공산당 이후에는 누가 통치할 것인가"였다. "지혜와 원칙의 정당일 것인가, 아니면 악당 집단일 것인가." 공산당의 통치를 끝내는 일정만큼 그 종말이 어떻게 올 것인지도 중요했다.

결국 량 박사는 그 모든 생각이 순진하고 낙천적이었다는 것을 깨달았다. 공산당 지도자들은 결코 권력을 포기하지 않을 것이다. 량 박사는 무력감을 느꼈고 중국과 중국인의 비극적인 미래를 막기 위해 그가 할 수 있는 일은 아무것도 없다고 생각했다.

1995년 9월의 어느 화창한 날, 피닉스 II프로젝트 기획에 참여했던 량 박사의 제자 두 명이 그를 인민해방군 총참모부 본부 근처 외곽에 있는 개인 식당으로 초대했다. 량 박사는 이미 인민해방군에서 은퇴했지만, 본부는 그의 공헌에 감사하는 의미에서 그가 누렸던 모든 특권을 유지하도록 허락했다. 학생들은 예정보다 한 시간 일찍 도착했다. 곧 레스토랑 직원들이 고급 차를 내오고 요리사들이 맛있는 애피타이저를 테이블에 가득 채웠다. 하지만 제자들의 얼굴에는 웃음기 없이 걱정스러운 표정이 가득했고 식당은 섬뜩할 정도로 조용했다. 제자들 모두 음식에 손을 대지 않고 조용히 차를 마셨다. 식당 직원과 요리사들은 뭔가 심상치 않은 일이 벌어지고 있다고 느꼈다.

량 박사는 정시에 도착했다. 그가 자리에 앉기도 전에 제자 중 한 명인 인민해방군 전략전사 부사령관이 "대만이 우리에게 알리지 않고 주요 반도체 회사를 설립했습니다"라고 말했다.

"그 회사가 정확히 무슨 일을 하는 회사인가?" 량 박사가 물었다.

"그래픽 프로세서를 설계합니다. 설립자는 이전에 LSI 로직에서 일했던 대만인입니다"라고 제자가 대답했다.

"그게 왜 중요한 건가? 그들은 원하는 어떤 회사라도 설립할 수 있지." 량 박사가 물었다.

"우선, 이 회사가 그래픽 처리 및 비디오 분석 반도체를 장악하게 될 것이고 우리 없이 비디오 표준을 만들면서 주도권을 잡을 것이기 때문입니다. 둘째, 이 회사는 청방의 핵심 멤버들과 긴밀한 관계를 맺고 있는 가족 기업이기 때문입니다"라고 제자가 대답했다.

부사령관은 엔비디아를 언급한 것이었다. 비디오 분석 분야는 '머신 러닝', '딥 러닝', 그리고 가장 최근에는 '인공지능(AI)'을 포함한 여러 최신 기술에 적용되었는데 AI 기반 비디오 분석은 머신 러닝의 한 형태이며 주요 목적은 사진이나 비디오 클립에서 사람이나 사물을 식별하는 것이다. 이는 주요 감시 도구의 핵심 기능이다. 보안을 보장하기 위한 합법적인 목적으로 사용될 수도 있지만, 정부의 악의적인 의도를 위해 사용될 수도 있다.

대만은 반도체 산업과 많은 IT 분야를 지배하고 있다. 이들 기업의 설립자나 CEO는 모두 가까운 가족 관계에 있으며, 본질적으로 반도체 산업을 긴밀하게 통제하는 신디케이트를 형성하고 있다. 예를 들어, 엔비디아의 CEO인 젠슨 황은 AMD CEO인 리사 수의 삼촌이고 TSMC 설립자 장중머우(영문명: Morris Chang)의 아내인 소피 창(Sophie Chang, 張淑芬)은 폭스콘 CEO 테리 궈의 사촌이다. 알리바바와 소프트뱅크의 주요 주주이자 알리바바를 설립한 조셉 차이는 브루클린 네츠의 소유주이기도 하며, 그의 할아버지는 청방의 초대 현대 지도자인 두웨성의 변호사였다. 조셉 차이의 아내는 클라라 우이며, 그녀의 가족은 젠슨 황의 가족과 리사 수의 가족을 포함하는 강력한 비즈니스 그룹의 일원이다. 이들은 한 세기가 넘는 기간 동안 대만 비즈니스의 상당 부분을 지배해 왔다. 화웨이 CEO 멍완저우의 할아버지는 두웨성이 훈련시킨 중국 공산당 최초의 스파이였다.

파나소닉 반도체, 화웨이, 소프트뱅크, 알리바바, TSMC, 엔비디아, AMD, 윈본드, 샤프, 폭스콘, SMIC(중국의 주요 반도체 제조업체), 자일링스 등 잘 알려진 기업들은 모두 서로 연관되어 있으며 외부인의 반도체 사업 진입을 막는 신디케이트로서 글로벌 IT 시장에서 큰 비중을 차지하고 있다. 이들의 야망은 이익을 얻을뿐만 아니라 세계 시장을 장악하는 것이다. 그들은 먼저 미국에 침투할 계획을 세웠다.

2020년 미국 대통령 선거에서 앤드류 양은 민주당 후보로 출마했다. 앤드류 양 후보의 아버지는 청방의 2세대 리더인 챠오팅뱌오의 아들인 아서 챠오 원본드 CEO가 소유한 회사의 부사장이었다.

2024년 대선에서 공화당 후보인 비벡 라마스와미는 2014년 생명공학 기업 로이반트를 설립한 인물로, 청방과 중국 공산당의 이해관계가 복잡하게 얽혀 있다. 2017년 소프트뱅크는 로이반트에 11억 달러를 투자했는데 얼마 지나지 않아 라마스와미는 중국 정부 소유의 투자 회사인 CITIC 그룹과 제휴하여 시노반트라는 회사를 설립했다. 2020년 공화당 하원 중국 공산당 선정위원회 위원장인 마이크 갤러거 하원의원은 CITIC 그룹을 "중국에서 가장 크고 중요한 당이 통제하는 금융 대기업 중 하나"라고 불렀다.

앞서 언급했듯이 조 바이든은 TSMC 설립자인 장중머우와 자신의 첫 상원의원 선거 캠프에서 일했던 그의 아내 소피 창과 친분이 두터운 사이이다. 조 바이든은 장중머우가 세상을 바꾸고 소피 창이 자신을 바꿨다고 말했다.

이 신디케이트가 막 형성되던 1996년, 량 박사의 제자들은 이미 특이한 현상을 발견했다. 인민해방군 정보전 총사령관은 "서양인들이 대만과 점점 더 긴밀하게 협력하고 있습니다"라고 우려를 표명하면서 "우리는 피닉스 II 프로젝트에서 단절되었습니다. 우리는 더 이상 그 상황을 알 수 없습니다"라고 말했다.

량 박사는 깜짝 놀라며 "중국이 피닉스 II 프로젝트에서 탈퇴한 건가?"라고 물었다.

"아니오"라는 대답이 돌아왔다. "엄밀히 말하면 중국은 여전히 프로젝트의 일부입니다. 하지만 소수의 공산당원만 남아 있습니다."

"우리 측에서는 누가 아직 프로젝트에 남아 있나?" 량 박사가 물었다.

"서방과 청방은 후진타오 이후 차기 공산당 지도자가 될 후보를 홍보하고 있습니다"라고 사령관이 대답했다. "그 후보를 지지하는 사람들만 아직 프로젝트에 참여하고 있습니다."

"그 후보가 누구인가?" 량 박사가 물었다.

"시진핑입니다"라는 즉각적인 대답에 량 박사는 충격을 받았다.

피닉스 프로젝트 II에 서방 지도자가 참여한다는 소식에 량 박사는 우려를 금치 못했다. 그가 피닉스 프로젝트 II를 계획할 당시 청방과 서방의 저명한 지도자들이 연합 전선을 형성하고 있는 것처럼 보였기 때문이었다. 량 박사는 매우 제한적으로 청방 조직원들과 접촉할 수 있었는데 비해 청방 조직들은 서방세계와 훨씬 가까운 대만과 홍콩에서 활동하는 데다가 영어를 잘하기 때문에 서방 기업과 커뮤니케이션을 활발하게 할 수 있었다. 대만과 홍콩에 거주하는 많은 중국인들이 서구 국가에서 큰 성공을 거두었기에 청방과 서방 지도자들이 파트너가 되는 것은 당연한 일이었다. 량 박사는 불안감을 느꼈다. 상황이 뭔가 앞뒤가 맞지 않았기 때문이었다. 량 박사는 서방 지도부를 신뢰하지 않았지만 청방은 더더욱 믿지 않았다. 전에는 그들이 어떤 음모를 꾸미고 있는지 예측할 수 없었지만 이제는 그들의 목표를 이해할 수 있었다.

청방은 중국을 지배한 후 세계를 지배하고 싶어 하는 것이다!

량 박사는 즉시 인민해방군에서 중요한 직책을 맡고 있는 믿을 만한 동료들에게 연락했고 그들은 자신들의 채널을 통해 시진핑과 그를 둘러싼 사람들을 조사하기 시작했다. 약 한 달 후, 량 박사의 제자가 폭로한 내용을 입증하는 정보가 돌아왔다. 량 박사와 동료들은 청방의 위협에 대응하기 위해 비밀 작전팀을 구성하기로 결정했다.

량 박사는 두 가지를 걱정했다. 량 박사는 청방의 영향력 아래 있는 공산당원이 얼마나 되는지, 그리고 장쩌민이 얼마나 많은 것을 알고 있는지 알아야 했다. 그는 공산당도 좋지 않지만 청방이 훨씬 더 나쁘다고 확신하고 있었다.

청방은 남미의 마약 카르텔과 크게 다르지 않은 마피아 스타일의 거대 기업이다. 가장 큰 차이점은 청방이 훨씬 더 정교하고, 강력하며, 잔인하고, 영향력이 크다는 것이다. 청방은 사람이나 국가에 대한 충성심이 없으며 노골적으로 통치할 의도도 없다. 종교를 믿지 않지만 많은 구성원이 신처럼 행동한다. 량 박사는 청방이 중국을 장악한다면 아무도 그들을 막지 못할 것이라는 것을 알고 있었다. 광활한 영토, 풍부한 자원, 복종하는 중국인, 그리고 전 세계에 숨어 있는 동맹국까지 더해지면 청방은 가장 강력한 조직이 될 것이었다.

청방은 공산당과는 다르다. 청방의 조직원들은 강력하고 무자비한 파괴자가 될 수 있다. 그들은 권력과 지배에 대한 욕망을 채우기 위해서라면 세상의 대부분을 잿더미로 만들 수 있다.

량 박사는 마침내 마오쩌둥이 어째서 그렇게 덩샤오핑이 공산당을 무너뜨릴까 봐 걱정했었는지 이해하게 되었다. 덩샤오핑은 매우 똑똑했지만 자신감이 지나쳤기 때문에 청방을 공산당의 통제하에 둘 수 있다고 생각했다. 덩샤오핑은 청방이 막강한 권력을 장악하도록 허용함으로써 중국에 재앙을 초래할 수 있는 판도라의 상자를 열었던 것이다. 청방은 공산당과 문명 세계 전체의 종말이 될 것이었다.

디아오위타이 국빈관, 중국 베이징에 있는 중국 정부 단지. 베이징

    량 박사는 자신에게도 책임이 있다고 느꼈다. 피닉스 II 프로젝트는 청방에게 훌륭한 플랫폼과 성공할 수 있는 계획을 제공했다. 량 박사는 청방을 막기 위해 할 수 있는 모든 일을 하기 위해 자신의 편이 될 수 있다고 생각되는 모든 사람에게 청방의 세력이 커지면 발생할 문제의 심각성에 대한 우려를 공유하기 시작했다. 량 박사는 쿠데타를 일으킬 준비가 되어 있었다. 놀랍게도 그는 지지자들을 많이 모을 수 있었고 한 달간의 세부적인 계획 끝에 디아유타이 국빈관에서 열린 비공개 행사에서 진짜 기회를 잡았다. 장쩌민이 그 행사에 참석할 예정이었던 것이다.

    공개되지 않은 날짜에 공개되지 않은 행사가 열렸고 공개되지 않은 수의 인민해방군 장군과 병사들이 쿠데타에 가담했다. 그들은 중국 공산당을 위해 목숨을 바칠 준비가 되어 있었다. 그들은 행사가 끝날 때까지 기다렸는데 장쩌민은 보좌관 및 경호원들과 함께 보안 건물에 홀로 있었다. 그들은 무기를 가져오지 않았지만 별다른 저항 없이 건물 안으로 들어갔고 연회장 밖에서 경호원들을 제압했다. 장쩌민이 있는 연회장 안으로 들어가자 내부 경호원들은 즉시 무기를 꺼내 들고 지도자를 포위했다.

장쩌민은 침착했다. 장쩌민과 경호원들은 쿠데타에 가담한 모든 이들을 알 수 있었다. 장쩌민은 경호원들에게 무기를 내려놓으라고 명령했다.

"무슨 일입니까? 무슨 일로 이렇게 갑작스럽게 찾아왔습니까?" 장쩌민은 아무 일도 없었다는 듯 차분하게 말했다.

량 박사는 청방 때문에 온 것이라고 설명했다. 량 박사는 한참을 이야기했고 장쩌민은 조용히 귀를 기울였다.

"밖에서 얼마나 많은 부대가 당신을 지원하고 있습니까?" 장쩌민이 물었다.

"내전을 일으키기에 충분합니다." 량 박사는 솔직하게 대답했다.

"오늘 밤 행복한 결론에 도달하지 못하면 많은 사람들이 죽게 되겠지요?" 장쩌민이 물었다.

"청방을 제거하지 않으면 더 많은 중국인이 고통받고 죽을 것입니다." 량 박사가 대답했다.

"당신은 순진합니다!. 그리고 청방에 대해 아무것도 모릅니다. 정치나 외교 문제를 이해하지 못합니다. 당신의 마음은 전형적인 군인처럼 완고합니다. 우리가 아직도 혁명 중이라고 생각하십니까? 아니오! 우리는 중국을 현대 국가로 발전시키고 있습니다. 당신은 어리석은 사람입니다!" 장쩌민은 목소리를 높여 항변했다.

"우리가 아무리 어리석어도 사실은 달라지지 않습니다. 시진핑이 후진타오의 뒤를 이을 지도자가 되는 겁니까? 시진핑의 배후에 청방이 있다는 걸 모르십니까?" 량 박사는 계속 말했다.

"네, 저는 시진핑을 후진타오의 뒤를 이을 차기 지도자로 결정했습니다. 청방이 그를 지지하는 것도 알고 있습니다. 하지만 시진핑은 좋은 집안 출신이고 공산당에 충성합니다. 청방은 당신이 생각하는 것만큼 강력하지 않습니다. 그들을 걱정할 필요 없습니다. 그 사람들은 그저 사업가들이고 돈을 좋아합니다. 그리고 시진핑 밑에서 더 많은 돈을 벌고 싶어합니다. 그것은 흔한 일입니다. 걱정하지 마십시오!" 장쩌민은 반박했다.

"저와 함께 여기 서 있는 장군들은 무지한 군인이 아닙니다. 우리나라 정보 전쟁의 리더들입니다. 이들은 많은 전투에서 싸웠고 승리했습니다. 공산당의 영웅입니다. 우리는 철저한 분석과 신뢰할 수 있는 여러 출처를 확인하지 않고는 결론에 도달하지 않습니다. 우리는 우리 자신을 위해 요구하는 게 아닙니다. 우리는 단지 위대한 조국을 위해 여기 모인 것입니다." 량 박사는 반박할 수 없는 답변을 내놓았다.

장쩌민은 량 박사의 주장을 받아들인 것 같았다. 어쩌면 쿠데타에 가담한 외부 군부대를 걱정했기 때문일 가능성이 컸다. 어쨌든 장쩌민은 쿠데타를 막기 위해 조건을 협상하는 데 동의했다.

그들은 다음과 같은 합의에 도달했다. 시진핑은 공산당을 전통적인 공산주의 가치를 추구하는 파벌과 서구 국가와 동등한 지위를 추구하는 현대 중국을 추구하는 파벌로 나누는 데 동의하는 대신 후진타오 이후 차기 공산당 지도자 후보로 남기로 했다. 양측은 8년간의 준비 기간에 합의하고 2004년에 중국 공산당을 공식적으로 분열시켰다. 시진핑은 2014년부터 시작된 인민 대표의 자유 선거를 대가로 2012년 이후에도 지도력을 유지했다. 2020년 이후 새로운 정당을 결성할 수 있는 권리를 얻는 대신 첫 선거에서는 두 개의 공산당 정파의 후보만 허용했다. 그러면 중국 단체들은 추가 승인 없이도 자유롭게 신당을 등록하고 선거에 참여할 수 있게 된다.

쿠데타 지도자들은 청방과 서방 지도자 그룹에 중국을 개방한 것에 대한 처벌로 덩샤오핑이 사후에 중국에 묻히지 않는 조건으로 청방을 건드리지 않기로 합의했다.

장쩌민, 후진타오, 시진핑이 약속을 지키도록 하기 위해 량 박사는 중국의 핵무기를 무력화할 수 있는 절차를 만들고 유지했다.

쿠데타는 공식적으로 아무런 파장을 일으키지 않고 조용히 끝났다. 1996년 말 쌀쌀한 겨울 밤에 쿠데타가 일어났다는 사실을 아는 중국인은 거의 없다. 쿠데타가 일어난 사실을 알았다는 이유로 가족들이 살해당할지도 모른다는 두려움 때문에 쿠데타에 가담한 사람 중 누구도 감히 쿠데타에 대해 말하지 않았기 때문이었다.

장쩌민은 단 한 가지를 제외하고는 모든 약속을 어겼다. 1997년 2월 19일에 사망한 덩샤오핑은 중국에 묻히지 않았다. 그의 유골은 바다에 뿌려졌다.

그 결과 량 박사의 추종자 중 한 명이 중국에 있는 CIA 요원에게 연락해 중국의 핵무기를 해제할 수 있는 절차를 알려주었다. 청방은 이 요원들이 랭글리에게 보고하기 전에 공산당 지도자들에게 이 사실을 알렸고, 공산당 지도자들은 즉시 이 CIA 요원들을 구금했다. 확인할 방법은 없지만 2023년 7월 윌리엄 J. 번스 CIA 국장은 2010년부터 2012년까지 중국이 30명이 넘는 CIA 요원을 체포하고 그중 한 명을 처형했다고 말했다. 언론 보도에 따르면 미국 정부는 이 사건을 "정보 재앙"으로 간주했다.

이 사건은 총 한 발 쏘지 않고 시도되었던 쿠데타로서 유례없는 일이었으나 알려지지도 않았으며 아무런 효과도 없었다. 지금까지 이 사건은 역사의 비밀스러운 부분으로 남아 있다.

제15장
세상의 모든 돈

홍콩 중심 상업 지구

1998년 8월 어느 화창한 날, 남아시아의 대부분의 여름날이 그렇듯 날씨는 덥고 습했다. 홍콩의 평범해 보이는 한 사무실 건물 안에는 북극처럼 추운 컴퓨터실이 있었다. IT 장비를 완벽하게 작동시키기 위해서는 보통 이런 환경이 필요했다. 이곳은 평범한 컴퓨터실이 아니었다. 컴퓨터 대신 주판으로 가득 찬 방 안에는 중국 전역에서 모인 주판을 가장 빨리 다루는 사람들과 최고의 암산 전문가들이 웅성거리고 있었다. 그들은 앞에 있는 대형 TV 화면에 눈을 고정한 채 지도자의 지시를 기다리고 있었다.

"준비하세요! 3분 후에 다음 숫자들이 나옵니다." 감독이 엄중하게 말했다.

"그 숫자들은 TV 화면의 오른쪽에서 왼쪽으로 이어진다는 것을 기억하세요." 금융 트레이더는 말했다. "모든 숫자는 한 번만 나타납니다. 몇 자리의 숫자가 나올지 모릅니다. 네 자리가 될 수도, 10자리일 수도 있습니다. 한 숫자는 1초 동안만 보여집니다."

모든 주판사들은 동시에 주판을 들어 모든 주판알을 0 위치로 초기화했다. 구슬이 떨어지는 소리가 동시에 실내에 울려 퍼졌다. 시간이 멈췄다. 모두가 숨을 멈추고 공기도 멈춘 듯했다. 방 안에는 적막감이 감돌았다.

이 응접실은 경마나 빙고 게임장이 아니었다. 이 고액 도박장에는 당시 사람들이 상상할 수 있는 것보다 훨씬 더 많은 일이 벌어지고 있었다. 그게 누구든지 알고 있는 것보다 훨씬 더 많은 일이 벌어지고 있었다.

1990년대 초부터 아시아 국가들은 급속한 경제 성장을 이루었다. 이는 저비용 노동력, 최저 규제 비용과 높은 이윤을 추구하는 기업 경영자들이 서양에서 동양으로 제조업을 이전한 데 따른 것이었다. 아시아 경제 정책 입안자들은 경제를 계속 성장시키기 위해 별다른 조치를 취하지 않고 안일하게 대처했다. 그들은 외환보유고의 규모를 무시했고 아시아 경제는 약탈적 금융 투기에 취약해졌다.

1997년 7월, 탐욕에 사로잡힌 억만장자 S가 이끄는 '국제 통화 절취단' 중 하나가 아시아 경제를 표적으로 삼았다. 그는 각국 통화의 환율을 하향 조작했고 때때로 매파처럼 행동하며 특정 통화를 단기간에 반복적으로 매수하고 매도하여 평가절하를 유도했다. 이들은 국내 통화 가치의 폭락으로 상상할 수 없을 정도의 막대한 이익을 얻었다. 태국, 인도네시아, 말레이시아, 싱가포르, 필리핀에 이르기까지 많은 국가 경제가 잇달아 무방비 상태로 노출되었고 동남아시아에는 쓰나미와 같은 금융 위기로 인해 지역 경제에 재앙이 닥쳤다. 1998년까지 몇 달 동안 위기는 계속되었고 동남아시아 전역으로 확산되어 한국과 일본의 금융 시장을 무너뜨렸다. 글로벌 금융 붕괴가 임박한 것처럼 보였다.

1997년 3월, 피닉스 II 프로젝트에 참여한 서방 지도자 그룹은 중국 정부에 홍콩이 이러한 '국제 통화 절취단'의 목표 중 하나라고 경고했다. 장쩌민은 당시 중국 총리였던 주룽지(1928~)에게 홍콩 통화를 보호하기 위한 대책팀을 구성하라고 명령했고 주룽지는 정보기관에 S와 그의 동료들에 대한 정보를 수집해 달라고 요청했다. 주룽지는 또한 대응책을 마련하기 위해 금융 전문가 그룹을 소집했다.

정보기관이 작성한 보고서 중 하나가 주룽지의 관심을 끌었는데 1990년대 초에 일어났던 일에 대한 보고서였다. 중국 인민은행의 IT 시스템 운영자는 IBM 메인프레임 중 하나에서 결함을 발견했는데 확인해 보니 알 수 없는 원인으로 인해 일일 외환 명세서에서 데이터 불일치가 발생하고 있었다. 그들은 문제가 있는 컴퓨터를 파악하고 네트워크에서 분리한 후 IBM에 서비스를 요청했다. 며칠을 기다렸지만 IBM 엔지니어는 도착하지도 않았고 이에 대한 답변도 들을 수 없었다. 그들은 다시 IBM에 전화하여 불만을 제기했다. 그러자 IBM의 답변에 IT 팀은 놀랄 수밖에 없었다. IBM은 "문제를 해결했습니다. 이제 문제가 발생한 메인프레임을 다시 온라인 상태로 전환할 수 있습니다"라고 했다.

시스템 운영자들은 충격을 받았다. 네트워크부터 분리되어 연결이 끊긴 상태에서도 IBM이 해당 메인프레임에 원격으로 접근할 수 있다는 사실을 깨달았기 때문이었다. 이는 중국 정부, 특히 정보기관에 큰 충격을 주었고 그들은 미국인이 만든 컴퓨터를 신뢰할 수 없다는 것을 깨달았다.

그 보고서를 검토한 후 주룽지는 단기적인 최선의 해결책으로 사람을 활용하기로 결정했다. 주룽지는 실시간으로 외환 거래와 환율 변화를 계산하는 컴퓨터를 대체하기 위해 중국에서 가장 빠른 주판 전문가들을 소집했다. 중국 정보 당국은 S그룹이 외환 거래에 사용되는 컴퓨터를 해킹할 수 있는 능력이 있다고 판단했다. 컴퓨터를 해킹함으로써 S그룹은 즉각적인 내부 정보를 입수하여 거래소에 걸었던 모든 내기에서 승리할 수 있었던 것이었다. 이 상황에서는 전통적인 주판을 사용하는 것이 S그룹 멤버들을 이길 수 있는 가장 안전한 방법이었다. 거래 데이터에 대한 접근 권한을 사전에 박탈했기 때문이었다. 오프라인에서 수동으로 거래 결과를 계산함으로써 S그룹은 더 이상 속일 방법이 없었다.

1999년 기자회견에 나선 빌 클린턴 대통령과 주룽지 중국 총리

1997년 4월, 중국은 주룽지의 명령에 따라 가장 유능한 주판 전문가들을 20개 팀으로 나누어 밤낮으로 외환 거래를 계산하도록 훈련시켰다. 이들은 세 팀을 동시에 운영하면서 동일한 거래 세트를 계산했다. 두 팀이 같은 결과를 계산하면 최종 숫자가 유효한 것으로 간주했다. 두 달이 지나자 세 팀은 항상 같은 결과를 도출해 냈고 불일치가 발생하는 경우는 거의 없었다. 주판 전문가들을 훈련시키는 것 외에도 중국은 해커들을 속이기 위해 가짜 외환 거래를 입력하도록 컴퓨터 운영자 그룹에 지시했다. 1997년 7월 아시아 금융 위기가 시작될 무렵 중국은 전쟁을 준비했다.

1997년 10월, S의 국제 통화 절취단 해커들은 홍콩의 주식 및 외환 시장을 노리고 홍콩을 타겟으로 삼았다. S그룹은 두 차례에 걸쳐 공격을 시작했지만 중국의 주판 팀은 모든 전투에서 승리했다. 해킹한 거래 데이터가 가짜라는 사실을 전혀 인지하지 못한 S그룹은 두 번 모두 실패했다. 이러한 실패는 S그룹이 재능 있는 금융 전문가가 아니라 해커들로 구성되어 있다는 사실을 증명한다. 이들은 아시아 금융위기 당시 아시아 외환 거래소를 관리하는 컴퓨터의 백도어를 해킹해 엄청난 돈을 벌었다. 중국에서 실패하기 전까지 이들은 공개되기 전에 어떤 거래가 일어날지 미리 알고 있었고, 거의 무적에 가깝게 베팅을 했다.

긴 삐 소리가 울렸다. 마지막 전투가 시작된 것이다. 곧이어 TV 화면에 오른쪽에서 왼쪽으로 빠르게 움직이는 다섯 줄의 숫자가 나타났다. 모든 주판 전문가들은 똑바로 앉아서 주판알 사이로 놀랍도록 빠르게 움직이는 손을 제외하고는 움직이지 않은 채 TV 화면을 응시했다. 구슬이 부딪히는 소리가 마치 급류와 같이 울렸고 그들은 결과를 얻자마자 오른팔을 들어 올렸다. 부기원들이 앞뒤로 뛰어다니며 최종 숫자를 집계해 바로 옆 전화실로 전달했고 그곳의 전화 교환원들은 그 숫자를 지휘 본부에 보고했다.

90분 후, TV 화면의 모든 숫자가 사라졌다. 마지막 전투가 끝난 것이다. 방은 섬 뜩할 정도로 조용해졌다. 15분 후 전화벨이 울렸고 디렉터가 전화를 받았다. 그의 얼굴에는 긴장감이 가득했다. 몇 초 후, 그는 전화를 끊고 방에 있는 모든 사람을 향 해 "우리가 이겼습니다!"라고 흥분된 목소리로 외쳤다.

환호성이 터져 나왔다. 10개월 만에 중국이 S그룹을 물리친 것이다.

중국은 1997년 아시아 금융 위기에서 S그룹에게 피해를 입지 않은 유 일한 국가였다. 중국에는 "라이벌은 직접 싸우고 나서야 가장 친한 친구가 된다(不打不相識)"는 속담이 있다. 운명이었을까, 아니면 숙명이었을까? 주룽 지와 S는 1997년 아시아 금융위기 이후 가장 친한 친구가 되었다.

2001년 9월 17일, 주룽지는 중국 공산당 지도부 본부가 있는 중난하이 에서 S를 만났다. 이 만남은 몇 시간 동안 진지하게 진행되었으며, 주룽지 는 중국의 경제 발전 계획이 직면한 구체적인 도전과 기회에 대해 언급했 다. S는 중국의 외환보유고에 초점을 맞춰 상세하고 광범위한 조언을 했고 주룽지는 S의 제안에 열렬히 호응했다. 그는 S의 권고에 따라 중국의 경제 및 외환 정책을 수정하겠다고 약속했다.

주룽지와 S는 마치 오랜만에 만난 형제처럼 신나게 대화를 나눴다. 서 로의 생각을 표현하고 상대방의 문장에 계속 답했다. 회의에 참석한 주룽 지의 보좌관 중 한 명은 S가 인류 역사상 가장 위대한 강도는 미국 달러를 모두 훔치는 것이라고 말했다고 전했다. 말 그대로 미국의 모든 달러를 미 국의 컴퓨터 시스템에서 중국과 S가 통제하는 정교한 시스템으로 옮기는 것이었다. 이 이야기는 가능성이 희박하고 터무니없는 것처럼 들리지만 S나 주룽지 모두 미치광이가 아니다. 그들은 사악하지만 매우 똑똑하고 재능이 있다. S는 주룽지에게 자세한 계획을 설명했는데 그것은 천재적인 발상으로 꽤 실현 가능해 보였다. 주룽지는 흥분했고 열정적으로 S의 계획을 긍정했다. 그들은 미국 달러와 경제의 흐름을 바꾸기로 결심했다. 그날 그들의 결정은 미국에 영향을 미쳤고 앞으로도 계속 영향을 미칠 것이다.

주룽지의 보좌관에 따르면 이 '최대 규모 강도'는 세 단계로 구성되었다. 첫째, 중국은 위안화와 미국 달러를 두 개의 통화 시스템으로 분리하여 중국 내에서는 위안화 통화 시스템을, 외국 거래소에서는 미국 달러 통화 시스템을 사용해야 한다. 두 시스템은 서로 연결되지 않고 완전히 독립적으로 만들어졌다.

외환보유고는 외화교환보유고라고도 하며, 한 국가의 중앙은행이 보유한 외화를 말한다. 외환보유고의 기능은 수입 대금 지불, 채권 발행, 환율 안정 유지이다. 외환보유고와 국내 통화를 분리하는 것은 전례가 없는 일이었다. 이러한 조치는 국내 자금이 넘치거나 외화가 부족할 경우 금융 불안을 야기할 수 있다.

이를 위해 중국은 우선 외환을 엄격하게 통제해야 했다.

중국은 대부분의 중국 화폐를 공산당이 관리하는 계좌에 보관하고 있다. 실제로 중국 전체 통화량의 90% 이상으로 추정되는 대부분의 중국 화폐는 국영 기업 및 단체가 보유하고 있다. 중국 국민은 그중 극히 일부만 보유하고 있다. 중국인은 중국 달러와 외화를 자유롭게 환전할 수 없다. 중국 시민은 외환을 환전하기 전에 반드시 정부의 승인을 받아야 하는데 신청 절차는 길고 복잡하기 때문에 승인을 받는 사람이 거의 없다. 중국은 자국 통화의 모든 외환을 통제한 후 대부분의 중국 화폐를 공산당이 통제하는 계좌에 보관해야 한다.

중국 통화와 외화 간의 연계를 끊는 목적은 중국의 외환보유고를 공산당 지도자들이 완전히 통제하는 사적 자금으로 만들기 위한 것이다. 이를 통해 그들은 외환보유고를 마치 자신의 은행 계좌처럼 사용하여 원하는 것을 구매할 수 있다. 무역 흑자는 중국 외환보유고의 주요 원천이다. 중국의 무역 흑자는 2019년 1,320억 달러, 2020년 3,550억 달러, 2021년 4,610억 달러, 2022년에는 무려 5,760억 달러에 달할 것으로 예상된다. 중국의 외환보유고는 중국 정부의 영원한 돈벌이 기계가 되었다. 중국이 무역 흑자를 유지하는 한 공산당 지도자들은 거의 무제한의 현금을 쓸 수 있다.

두 번째 단계는 중국의 외환보유고로 미국 채권을 매입하는 것이다. 이 채권 자금은 뉴욕, 싱가포르 및 S와 그의 친구들이 소유할 가능성이 있는 기타 금융 자본에 있는 금융 기관으로 흘러 들어간다. 그런 다음 해당 채권은 헤지펀드에 투자된 자금의 담보가 된다. 이 과정을 통해 중국은 외환보유고를 보유할 뿐만 아니라 기하급수적으로 가치가 상승할 가능성이 있는 헤지펀드를 소유하게 된다. 예를 들어, 외환 보유액이 10억 달러가 되면 중국은 100억 달러의 소비력을 갖게 될 수 있다. 2022년 12월 중국의 외환 보유액은 3조 달러를 넘어섰다. 이는 중국이 해외 자산을 구매할 수 있는 최소 30조 달러의 구매력을 확보했음을 의미한다. 이러한 구매력을 바탕으로 중국은 전 세계 주요 기업의 소유주이자 금융 시장의 가장 큰손이 되었다. 이를 통해 미국의 주요 기업, 언론 매체, 영화 산업이 모두 중국에 우호적인 이유를 쉽게 설명할 수 있다.

세 번째 단계는 미국의 재정 적자를 최대한 끌어올려 미국 연방준비제도가 미국 채권을 더 많이 발행하도록 압력을 가하는 것이다. 중국은 일본에 이어 두 번째로 큰 미국 채권 구매국이다. 1조 달러 규모의 미국 채권을 매입하면 헤지 펀드의 레버리지로 중국은 10조 달러의 소비력을 갖게 된다. 동일한 헤지펀드 레버리지를 통해 10조 달러의 미국 채권을 매입하면 중국은 100조 달러의 소비력을 갖게 되는 것이다. 미국 국가 부채는 2023년 9월에 3,300조 달러를 돌파했다. 2022년 미국 GDP는 25조 달러였다. 즉, 미국 국가 부채는 이미 2022년에 GDP를 초과한 것이다. 미국인 한 명당 부채의 몫은 약 10,000달러이고 유통되는 미국 달러의 총액은 약 2조 달러이다.

중국은 현재 유통되는 미국 달러의 약 절반에 해당하는 약 1조 달러의 채권을 보유하고 있다. 미국의 국가 부채가 높아질수록 중국이 보유하게 되는 미국 달러는 더 많아진다. 미국 정부의 재정 적자를 늘리는 것은 중국의 이익에 완벽하게 부합하며 동시에 워싱턴의 정치인들에게는 더 많은 지출을 통해 유권자들을 만족시킬 수 있는 좋은 기회가 된다. 이는 아무도 멈추고 싶어 하지 않는 관행인 것이다.

그러면 다음 단계는 무엇일까?

2002년에 일부 세계주의 단체, 청방, S그룹, 일부 헤지펀드 매니저, 주요 은행가, 공산당 지도자들이 피닉스 II 프로젝트에 참여했다. 이들의 공통된 목표는 미국을 무너뜨리고 세계를 탈문명화하여 궁극적으로 전 세계인의 행동을 조종하려는 것으로 보인다. 이 목표를 달성하기 위해서는 전 세계 화폐의 상당 부분을 통제해야 하는데 이를 위해서는 먼저 미국 달러에 대한 통제권을 확보한 후 다음 단계로 세계 통화를 디지털화해야 한다. 단일 디지털 화폐를 사용하면 세계 시장과 인구의 상당 부분을 통제할 수 있게 된다. 지배적인 디지털 화폐의 열쇠를 쥐고 있는 사람이 전 세계 화폐의 대부분을 통제하게 된다.

디지털 화폐란 무엇인가?

디지털 화폐는 주로 디지털 컴퓨터 시스템, 특히 인터넷에 저장되고 관리되는 모든 화폐 또는 화폐와 유사한 자산이다. 디지털 화폐의 핵심은 가치가 아니라 추적 가능한 거래 기록이다. 중국 공산당이 추진하고 많은 서방 금융 기관이 추진하는 현재의 디지털 화폐 시스템에서 디지털 달러에는 반드시 최근 세 번의 거래 기록이 포함되어야 한다. 모든 거래 기록에는 식별 번호, 승인 코드, 거래 시간, 총 거래 금액, 원래 소유자와 새 소유자의 ID, 거래 목적이 포함된다.

디지털 화폐에서 가장 복잡한 부분은 디지털 달러 또는 기타 법정 화폐의 마지막 세 개의 거래 기록을 생성하는 것이다. 예를 들어 한 가족이 공동 은행 계좌를 가지고 있는 경우 어머니와 아버지가 매월 같은 금액을 입금할 수 있다. 어느 날 어머니가 아들에게 아이스크림 콘을 사먹으라고 1달러를 주어서 아들이 아이스크림을 산다면 디지털 달러 데이터에는 새 소유자(아이스크림 가게), 원래 소유자(아들), 과거 원래 소유자(어머니와 아버지, 둘 다 이 디지털 달러에 50%씩 기여했으므로)가 기록되어야 한다.

놀랍지 않은가?

돈의 의미가 달라졌다. 디지털 화폐 시스템은 돈을 사용하는 모든 사람을 감시할 수 있는 정교한 감시 시스템이 될 수 있다. 누가 어떻게 돈을 사용할 수 있는지 규제한다. 세계주의자, 청방, 은행가, 중국 공산주의자들은 디지털 화폐를 통해 모든 사람을 통제하려고 한다.

하지만 여기에는 변수와 불확실성이 존재한다.

특정 세계주의 그룹은 은행가들로부터 재정적 영향력을 가져오려 한다. 공산당 지도자들은 세계주의자들의 금융 권력을 장악하고 싶어한다. 청방은 공산당원을 교체하려고 한다. 이것이 영화라면 멋진 스릴러가 되겠지만 불행히도 우리는 단순한 관객이 아니라 그들의 타겟이다. 누가 이기든 우리는 의도된 희생양이 될 것이다.

아직 이런 황당한 일을 막을 수 있는 시간이 남아 있다. 세계의 운명은 시민들 손에 달려 있으며, 그들이 원한다면 스스로의 운명을 결정할 수 있다. 세계주의자, 청방, 은행가, 공산당은 모두 심각한 결점과 약점을 가지고 있다. 그들은 막을 수 없는 존재가 아니다.

체코 대통령(1993~2003년 재임)을 역임했던 바츨라프 하벨(1936~2011년)은 1978년 10월에 쓴 책 《힘없는 자의 힘》에서 전체주의 이후의 체제를 "영향력, 억압, 공포, 자기 검열의 미로"로 묘사하며 "그 안의 모든 사람을 침묵하게 만들고, 억압하고, 강자의 바람직하지 않은 편견으로 낙인찍어 삼키는 미망인"이라고 말했다.

세상은 깨어나 이 믿기 힘든 이야기에 귀를 기울이고 다시 이야기해야 한다! 더 많은 사람들이 청방, 특정 세계주의 및 은행 그룹, 공산당 지도자들의 진실을 알고, 그들의 배경을 알고, 그들이 무엇을 음모하고 있는지 깨닫고, 그들의 속임수에 익숙해질수록 이들이 세상을 지배할 가능성은 줄어든다.

과거와 현재 진행 중인 위협에 대한 위와 같은 세부 사항을 알면 세계는 이러한 위협을 반복하지 않을 수 있다.

세상에는 권력, 돈, 통제력만 있는 것이 아니다. 훨씬 더 많은 것이 있다. 어둠은 올 수 있지만 믿음과 사랑, 존엄성으로 우리는 승리할 것이다.

날개 부러진 독수리

상하이의 황무강과 서쪽 금융지구

서문

　1999년 상하이의 어느 여름 늦은 오후 해가 질 무렵이었다. 바람은 고요했고 공기는 평소처럼 덥고 습했다. 강변에는 3층 높이의 콘크리트 건물이 중국에서 가장 넓은 양쯔강을 바라보며 서 있다. 건물 주위는 정원에 둘러싸여 있고 강 반대편은 스모그 장막에 가려져 있다. 짙은 인공 연무 속 강 건너편 도시는 바닷가에 펼쳐진 안개 낀 신기루처럼 보였다.

　입구에는 '상하이 연구소'라는 큼지막한 한자가 적혀 있는 건물 꼭대기층에 장몐형이 짙은 담배 연기로 가득 찬 방의 낡고 너덜너덜한 소파에 앉아 있었다. 소파 옆에는 썼다 지우기를 반복해 파란색과 빨간색 점들로 얼룩진 화이트보드가 놓여 있다. 지칠 줄 모르는 중국 공산당의 최고 지도자이자 총서기였던 장쩌민의 아들 장몐형 앞에 세계 최대 소프트웨어 회사인 마이크로코드의 창업자 윌리엄 포터는 마치 잘못을 저질러 벌을 받는 아이처럼 작은 플라스틱 의자에 초조하게 앉아 있었다. 포터는 불안할 때마다 바지를 위아래로 손으로 계속 문지르기를 반복했다.

"중국은 마이크로코드에 대해 매우 불만이 많습니다." 장몐형이 화를 내며 소리쳤다. "마이크로코드가 13억 인구를 가진 국가를 상대로 싸울 수 있다고 생각합니까?"

포터는 "도어즈 운영체제의 코드를 철저하게 비밀로 유지하는 것이 우리의 사업 관행입니다"라고 떨리는 목소리로 설명했다.

"그래야만 도어즈 운영체제 기반 제품의 품질을 사용자에게 보장할 수 있습니다. 이는 미국 소프트웨어 업계의 일반적인 관행이며 다른 모든 국가에서도 허용되는 사항입니다."

"중국은 중국입니다! 전화 한 통이면 30분 안에 중국에서 도어즈 프로그램을 금지시킬 수 있습니다. 그러면 당신의 제품은 여기서 영원히 금지될 겁니다." 장몐형은 소리쳤다.

마이크로코드 아시아 디렉터인 투 박사는 중국어로 "사실 좋은 소식을 전하러 왔습니다"라고 끼어들었다. "미국인은 멍청합니다. 포터 씨를 용서해 주세요." 투 박사는 허락을 기다리는 듯한 표정으로 포터를 바라보며 말을 이어갔다. 포터가 고개를 끄덕이자 투 박사는 포터의 서류 가방에서 수백 장의 두꺼운 서류철과 광디스크 하나를 꺼냈다. 1999년 당시에는 광디스크가 매우 드물었다.

"이게 도어즈 운영체제 소스코드입니까?" 장몐형은 이제 그의 말투에서 분노의 기색을 완전히 거두고 물었다.

"그것보다 이게 훨씬 낫습니다." 투 박사가 미소를 지으며 대답했다.

장은 투 박사로부터 서류철을 건네받아 재빨리 첫 장을 넘겼고 깜짝 놀라 말했다. "왜 의학 서류를 잔뜩 가져온 겁니까? 나는 의사가 아니고 의학이 뭔지도 모릅니다!"

"이건 바이러스에 관한 것입니다"라고 투 박사가 대답했다.

"무슨 소리하는 겁니까? 컴퓨터 바이러스에 관한 의학 보고서라는 겁니까?"

"바이러스입니다." 투 박사는 장에게 몸을 기울이며 속삭였다. "진짜 바이러스예요."

"제 정신이요? 말도 안 되는 소리 할 시간 없습니다. 난 바쁩니다." 장몐형은 방을 나가려고 돌아섰다.

"잠깐만요! 내 말 좀 들어봐요!" 투 박사는 장몐형을 막아섰다. "이 바이러스는 모든 사람을 당신의 명령을 따르는 로봇, 하인으로 만들 것입니다"라고 설명했다.

"나는 의학 학위는 없지만 바이러스는 그렇게 할 수 없다는 것 정도는 알고 있습니다!" 장몐형이 소리쳤다.

"그렇지 않습니다." 투 박사는 계속했다.

"이 바이러스는 모든 사람이 주사를 맞고 유전자 치료를 받게 만들 수 있습니다. 유전자 치료로 사람들을 복종하게 만들면 당신이 원하는 대로 무엇이든 할 수 있습니다."

주요사건

문화대혁명 당시의 공개비판

1. 문화대혁명

　공산당의 지배권을 강화하고자 했던 마오쩌둥이 일으킨 문화대혁명(공식명칭: 무산계급문화대혁명)은 1966년에 시작하여 1976년까지 10년간 벌어졌던 중국의 사회정치적 격변이었다. 마오쩌둥(毛澤東)은 대약진 운동이 실패하자 정치적 반대파를 제거하여 자신의 정치권력을 강화하고자 했으며, 중국의 대혁명 열망을 되찾고자 했다. 1966년 5월 16일에 그렇게 문화대혁명은 시작되었다. 마오쩌둥은 지식인들과 상류층을 탄압하였으며, 류샤오치(劉少奇) 총서기를 비롯한 수천 명의 당 지도자들을 하옥했다.

천만 명에 달하는 급진적 성향의 청년들, 고등학생들과 대학생들이 마오쩌둥의 혁명을 지지하며, 중국공산당의 지원을 받아 민병대인 홍위병이라는 조직을 결성했다. 녹색 외투에 붉은색 완장을 차고 마오쩌둥의 명언이 적힌 붉은색 수첩을 항상 들고 다니는 홍위병들은 중국의 반체제적 혁명적 청년층의 상징이 되었다. 홍위병들은 중국 전역으로 행군하며 구사상, 구문화, 구풍속, 구관습의 "4구(舊)" 타파 운동을 펼쳤고 지식인들과 전통적, 반혁명적 사상을 가진 것으로 간주되는 사람들에게 폭력을 가하고 박해했다. 간접적 행위까지 포함하면, 이러한 결과로 사망한 사람의 수는 약 2천만 명에 달했으며, 피해자는 1억 명에 이르렀다. 홍위병들은 학교를 폐쇄하고 교사와 같은 지식인들에게 폭력을 가했으며 종교 및 문화유산을 철저히 파괴했다. 어리숙하고 무지했던 십 대들은 불만을 품었고 세뇌되어 선동되었다. 그들에게 가족애, 우정, 인정은 산산조각난 채 돌이킬 수 없는 것처럼 보였다.

문화대혁명 당시의 사회토론

마오쩌둥의 아내 장칭(江靑)은 중국공산당 지도자들 4명이 결성한 '4인방'을 대표하는 인물이다. 이들은 서구에서 온 음악, 문학, 영화, 연극을 금지함으로써 중국의 예술계를 정화하고자 했는데 점차 중국의 주요 문화계 인사들과 지식인들에 대한 장기적인 박해로 발전했다. 장칭의 권력과 영향력은 1966년에 절정에 달했다.

1968년 6월 후난성 문화혁명위원회 창립 회의

　　마오쩌둥이 신뢰하는 사람들은 몇 명뿐이었는데, 그 중 하나였던 장칭은 문화대혁명 제1부부장이 되어 중국 문화계 광범위한 범위에 영향력을 행사했다. 혁명기간 동안 홍위병들이 서로 갈등을 빚으면서 도시는 혼란에 빠졌다. '마오쩌둥의 명언'에 대한 해석이 조금씩 달라지면서 서로를 죽이기까지 했다. 1967년에는 중국 전역의 질서를 회복하기 위해 파견되었던 인민해방군과의 무력충돌로 인하여 많은 사람이 사망했다. 문화대혁명은 1976년 9월 9일 마오쩌둥이 사망 후 몇 년 뒤부터 약화되기 시작했고, 4인방이 체포되면서 완전히 종식되었다. 문화대혁명 기간 동안 대규모 폭동을 선동한 혐의로 기소된 4인방은 가장 많은 비난을 받았다. 현재 중국에서는 마오쩌둥의 명예를 지키기 위해 문화대혁명을 공개적으로 언급하는 것이 금지되어 있다. 많은 홍위병 출신들이 여전히 중국의 정계와 재계에서 활동하고 있으며, 폭력에 대한 그들의 믿음은 계속하여 확산되고 있다.

2. 톈안먼 광장 학살

톈안먼 사태는 1989년 중국에서 정치적 자유와 민주정부를 요구하며 학생들이 주도했던 시위이다. 1989년 4월 당의 전(前) 총서기 후야오방(胡耀邦)이 사망하자 민주화를 요구하는 시위대가 베이징 중심가를 지나 톈안먼 광장으로 행진했다. 중국에 민주적 개혁을 도입하기 위해 노력했던 후야오방 주석을 추모하기 위해 톈안먼 광장에 모인 학생들은 민주정부와 개방을 요구했다. 시위는 격렬해졌고 다른 도시들과 대학교들로 확산되었다. 5월 13일에는 톈안먼 광장에서 수백 명의 학생 시위대가 공산당 지도자들과의 대화를 요구하며 단식 농성을 벌였다. 5월 중순에는 인플레이션, 임금, 주택문제 등에 불만을 품은 수천 명의 노동자들과 직장인들이 톈안먼 광장의 학생들과 합류하면서 시위 참가자가 수만 명으로 늘었다.

1989년7월 미국 외교부 내에서 촬영한 베이징의 중국 탱크

5월 말, 시위 참가자는 100만 명을 넘어섰다. 정치 당국 내에서 시위대에 대한 태도가 양분화되었다. 중국공산당 총서기 자오쯔양은 시위대에 대한 지지와 학생들의 대화요구 수용을 통해 개혁을 시작해야 한다고 촉구했다. 반면에 리펑 총리는 시위대의 목적이 중국공산당의 전복이라며 정부는 시위대에 굴복할 수 없다고 주장했다. 5월 20일 계엄령이 선포되었으며, 군대가 베이징 주변에 배치되었다. 하지만 시위대와 베이징 시민들이 앞길을 막아서면서 군대는 광장에 도달할 수 없었다. 6월 2일, 중국공산당 중앙정치국 상무위원회는 군사력을 행사하기로 결정했다. 6월 3일과 4일 밤에 톈안먼 광장으로 향하던 탱크와 무장한 군대들이 길을 막아서는 시민들에게 발포하면서 진압했다. 수천 명의 사상자들 대부분이 민간인이었다. 무력 진압 직후에 중국 당국은 시위 참가자들을 찾기 시작

했다. 정확히 밝혀지지는 않았지만 구금, 고문, 투옥, 심지어 사형을 당한 시위 참가자가 수천 명일 것으로 추정된다.

일부 시위대는 중국을 탈출했다. 이들은 국제범죄조직인 스네이크헤드 (Snakehead)를 통해 홍콩을 경유하여 미국, 캐나다, 유럽, 호주, 대만, 일본 등으로 밀입국했다. 중국 삼합회(三合會)가 활동하는 영역 중 마약 밀매와 밀수, 인신매매, 카지노 및 나이트클럽 운영 등 자금의 원천은 스네이크헤드였다. 리펑 총리와 장쩌민 주석의 중국공산당은 톈안먼 사태가 중국의 국제적 이미지에 미치는 영향을 최소화하기 위해 노력했다. 해당 사태에 대해 여러 나라들에서 상반된 반응을 보였다. 유럽, 북미, 남미, 호주, 일부 동아시아에서는 비판이 제기되었으며, 반면에 북한, 쿠바, 체코슬로바키아, 동독은 중국 정부를 지지하고 시위대를 비난했다. 중국에 대한 투자는 일시적으로 감소했지만, 1992년 덩샤오핑이 개혁 가속화를 촉구하면서 되살아났다. 되살아난 중국에 대한 투자의 뒤에는 수많은 묘책들이 있었다고 전해진다.

3. 라파예트 스캔들

대만의 프리깃(호위함) 스캔들 또는 라파예트 스캔들은 1989년 대만이 프랑스 군함을 구입하면서 대만, 프랑스, 중국, 3국 간의 부정부패와 증인 암살 등이 관련된 대규모 국방비리 사건으로 군부, 정계, 재계, 검은 조직이 얽혀 있었다. 원래 대만(중화민국: Republic of China)은 미국에서 설계한 군함 16척을 한국으로부터 구매할 계획이었지만, 당시 중화민국군 참모총장이었던 하우보춘(郝柏村)과 프랑스가 라파예트급 군함 6척을 대신 구매하도록 강요했다. 프랑스는 당초 대만에 넘겨주기로 했던 설계도를 중국으로 넘겼고 라파예트급 함정 6척에 탑재된 모든 무기를 중국에 넘겼다. 결국 대만은 프랑스로부터 텅 빈 함정들만 받게 되었다. 대만은 함정에 무기를 재장착하기 위해 무기 구입을 위한 예산을 책정했다. 계약 당시 부풀려진 비용은 세 나라에 분배되었다. 해당 사건과 관련하여 프랑스 국적을 포함한 14명이 의문의 죽음을 맞이했다.

2002년7월1일 툴롱항으로 귀환하는 에어로네이벌 그룹의 마지막 함선에 경례하는 라파예트 호위함

인칭펑(尹清楓)은 프리깃함 건조를 점검하기 위해 프랑스 조선업체 네이벌 그룹(Naval Group)을 답사했던 대만측 방문단의 일원으로 대만해군 무기 획득실의 책임자였다. 그는 11월부터 함정의 결함에 대한 정보수집을 시작했지만, 다른 계약들과 관련된 비리혐의로 익명의 고발을 당했다. 12월에 인칭펑은 스스로를 변론하기 위해 프리깃함 관련 거래 내용을 문서화하려고 했다.

인친펑은 대만의 주요 관계자들을 만나고 돌아온 다음 날인 12월 9일, 실종되었다가 시신으로 발견되었다. 인칭펑은 라파예트 계약에서 뇌물을 받은 동료들에 대한 내부 고발을 계획하고 있던 것으로 추정되고 있다. 사건 이후 대만 정부는 앤드류 왕(Andrew Wang), 프랑스 무기제조업체인 탈레스(Thales, 사건 당시는 Thomson-CSF)의 대리인, 대만 해군의 요원이 거액의 뇌물을 받은 것으로 드러났다고 발표했다. 탈레스는 스위스 법원에 앤드류 왕과 그의 가족 명의의 64개 계좌를 동결하고, 대만에 넘겨줄 것을 요구하는 소송을 제기했다. 하지만 대만 마잉주(馬英九) 총통은 해당 사건이 공개될 것을 우려하여 공개금지를 명령했다.

일본 리딩후이협회 아이치현 지부의 앤디 찬(Andy Chan)의 사설 'Lafayette Incident (22)'에 "대만이 프랑스로부터 구입한 군함의 무기를 중국에 넘긴 군인은 사형 대상이지만 청방(靑幇)의 통제 아래에 있는 해군에서는 아무도 진실을 말하지 않는다. 민간 부문에서는 군과 정부가 죽련방(竹聯幇)을 두려워하여 사건을 조사하고 협력할 수 없다. 국가를 배신하는 행위는 대만 군부와 정계뿐만 아니라 중국 정계에서도 적대시되기 때문에 대만의 스캔들은 해결될 수 없다. 독재 정권에서 정의는 존재할 수 없다"라고 썼다. 테즈카야마 대학교 명예교수 이하라 요시노스케는 2020년 5월 28일자 기사에서 "해당 사건을 폭로한 주미 대만인 앤디 찬에 따르면 대만 해군은 본토의 비밀 조직인 청방의 영향력 아래에 있으며, 의문의 죽음들은 청방의 방식이다. 의문의 죽음들은 여전히 미스터리로 남아 있으며 아무도 처벌을 받지 않았다"라고 말했다.

2000년의 대선에서 승리를 거머쥔 천수이볜은 2002년 중화민국 정부의 최고 감찰기관인 감찰원에 해당 사건의 조사를 의뢰했다. 최종 보고서에 따르면 수수료 명목으로 돈이 지급되었고 하우보춘 전 총리가 해당 거래를 주도한 것으로 밝혀졌다. 2014년 대만 대법원은 이 거래와 관련된 사람들 중 단 한 명에게만 유죄 판결을 내렸다. 궈리헝(郭力恒) 상교가 앤드류 왕으로부터 뇌물을 받은 혐의로 징역 15년형을 선고받았다. 이 스캔들과 관련된 다른 해군의 고위급 장교 6명은 비리 혐의로 기소는 되었지만 무죄 판결을 받았다.

주요인물

제1장: 차이메리카

1. 이토 조이치(伊藤穣一, 1966~)

이토 조이치는 일본 교토현 교토시 출생으로 벤처 캐피털리스트이자 사업가이다. 인터넷 및 기술 사업에 집중하는 기업가로 높이 평가받고 있으며, 미국방부 네트워크에 비즈니스 툴을 제공하는 PSINET Japan, 디지털 개러지(Kakaku.com, Tabelog, Infoseek을 운영), 포털 사이트 외에도 게시물, 영상, 음악, 츠타야(TSUTAYA)와 같은 서점 등을 포함한 컨텐츠를 운영하는 컬처 컨비니언스 클럽, 스타벅스 재팬 등을 설립했다. 또한 로손, 소니, 모넥스 그룹 등 유수의 기업에서 이사를 역임했으며, 치바

공업대학 총장, MIT 미디어랩 소장, 미디어 예술과학 대학 특임교수, 하버드 로스쿨 객원교수를 역임했다.

이토 조이치는 어릴 때부터 재능을 인정받아 기술, 사회 문제에 대한 심도 깊은 교육을 받았다. 그는 터프츠 대학교와 시카고 대학교를 중퇴하고 1985년 커넥티드 에듀케이션즈 파이오니어 프로그램 오프라인 과정의 1급 멤버가 되었다. 뉴욕의 사립 연구 대학인 더 뉴스쿨에서 학점을 취득했다. 그 후 시카고의 나이트클럽과 바에서 DJ로 일을 시작했고, 일본 롯폰기에서 나이트클럽 'XY릴랙스'를 운영하게 되었다. 일본과 미국을 오가며 다양한 IT기업의 창업에 참여했고, 엔젤 투자자로서 트위터를 비롯한 여러 기업의 창업을 지원했다. 이토 조이치는 버락 오바마 전 미국 대통령과 친분이 있기도 해서 2016년에는 두 사람이 인공지능(AI) 기술의 미래와 윤리에 대해 토론하기도 했다.

이토 조이치가 소장으로서 몸담았던 MIT 미디어랩은 여러 학문분야 간의 융합 연구를 수행하며 큰 호평을 받았다. MIT 미디어랩의 연구를 바탕으로 온디맨드 가라오케 시스템과 구글 거리뷰를 실용화했다. MIT 미디어랩은 외부 민간자금의 지원을 받았는데 후원자 중에는 제프리 엡스타인(Jeffrey Epstein*)도 있었다. 이토 조이치는 엡스타인이 체포된 지 두 달 후 미디어랩 소장과 MIT 교수직에서 사임했다. 자신과 MIT 미디어랩이 엡스타인으로부터 개인적인 연구비를 지원받고 있었으며, 2013년에 서로 알게 된 후 개인적 교류가 있었다는 것이 사임의 이유였다. 사실 MIT미디어랩은 처음에 엡스타인의 자금 지원을 승인하지 않았다. 〈뉴요커〉에 따르면 이토 조이치가 엡스타인의 기부금을 익명으로 처리하려고 시도한 내용의 이메일을 주고받았다는 사실이 보도된 후 총 85만 달러의 기부금을 받앉다고 했다.

　이토 조이치는 MIT미디어랩에서 사임한 후 현재 보스턴에 거주 중이며, 다양한 분야에서 활발한 활동을 이어가고 있다. 2002년 세계경제포럼(WEF)의 "내일을 위한 글로벌 리더(舊 영 글로벌 리더즈)"의 멤버로서 활동했다.

　* 제프리 엡스타인(Jeffrey Epstein): 미국의 사업가이자 투자자. 미성년인 여성들을 성폭행한 혐의 등으로 체포되어 유죄판결을 받았다. 영국 왕실뿐만 아니라 정계와 재계에서 영향력 있는 사람들과 폭넓은 네트워크를 유지했었다. 그는 10대 여성들에게 매춘을 강요한 혐의를 받았다. 수감 중이던 뉴욕의 한 교도소에서 자살한 것으로 알려졌지만, 사망 원인에 대해 의문을 제기하는 사람들도 있다. 2011년 무렵, 제프리 앱스타인은 빌 게이츠에게 JP 모건과 함께 수천만 달러 규모의 자선기금을 설립할 계획에 대해 제안했으나 계획대로 잘되지 않았다. 2017년 앱스타인이 빌 게이츠에게 요구에 응하지 않으면 당시 스무 살이었던 러시아 출신 브릿지게임 선수와의 불륜 사실을 폭로하겠다고 협박했었다는 보도가 나왔다.

2. 에릭 위안(Eric Yuan, 1970~)

　에릭 위안은 중국 산둥성에서 태어나, 1997년 미국에서 시민권을 취득했다. 줌(Zoom) 비디오 커뮤니케이션을 설립했고 2020년 기준, 그의 순자산은 미화 70억 달러로 포브스 선정 세계 부자 순위 293위에 올랐다. 대학생 시절 화상통화 소프트웨어에 관심을 가지게 되었고, 미국으로 이주한 후 스탠포드 대학교 경영대학에 입학했다. 엔지니어로서의 역량을 키우기 위해서 일본에서 4개월을 보냈다. 일본에 있는 동안 일본을 찾은 빌 게이츠의 강연을 듣고 영감을 받아, 실리콘 밸리로 가기로 결심했다. 시스

코 시스템즈에서 엔지니어링 부서 부책임자를 맡았는데, 스마트폰에서 쉽게 사용할 수 있는 새로운 화상회의 시스템에 대해 제안했지만 거절당했고, 회사를 나와 줌 비디오 커뮤니케이션즈를 설립했다. 잘 알려지지 않았던 줌은 2020년 코로나 19 팬데믹으로 다수의 국가들에서 봉쇄령을 내리면서 뛰어난 독점 데이터 압축기술을 바탕으로 빠른 성장을 이루었다.

2020년 뉴욕 타임즈, 악시오스, BBC의 보도에 따르면 줌은 1989년 톈안먼 광장 학살에 관한 회의를 개최하기 위해 화상회의 서비스를 사용한 미국의 인권단체 계정들을 일시정지시켰다. 줌은 중국의 "현지법"에 따른 대응이었다고 주장했지만 인권단체의 간사들은 줌이 검열을 자행했다고 비난했다. 워싱턴 포스트에 따르면 미국 연방검찰은 줌이 중국 정부와 협력하여 사용자를 감시하고 특정 화상통화에 대한 억압을 했다는 혐의로 줌에 대한 수사에 착수했다고 밝혔다. 일론 머스크의 스페이스X와 미항공우주국(NASA)은 줌에 대한 사용을 금지했다. 하지만 일본 디지털 대신인 고노 타로(河野太郎*)는 일본 정부가 줌 사용을 제한한 것에 대해 분노했다.

줌은 원격근무를 장려하는 기관들의 요구를 충족하기 위해 사업을 발전시켜 나갔다. 하지만 2023년 유출된 에릭 위안의 내부회의 녹음파일에 의해 그가 화상회의의 한계성에 대해 알고 있었다는 사실이 밝혀졌다. 그는 화상회의가 신뢰와 혁신을 제한한다고 말했다. 이는 "사무실의 몰입도 있는 협업을 집에서 가능하게 한다"는 회사의 목표와 모순되는 것이었다. 현재는 새로운 화상회의 컨셉의 Zoom 2.0을 개발 중이며, 사람들이 오감을 이용해 원거리에서도 소통할 수 있는 도구를 개발하고자 하는 계획을 밝혔다.

　* 고노 타로(河野太郎): 일본의 정치인이며 디지털 대신 겸 내각부 명담당 대신(디지털 개혁)이다. 세계경제포럼(WEF) 연례회의 정기적으로 참석하여 일본의 코로나19 백신, 디지털ID(마이넘버카드), 재생에너지를 홍보하고, 곤충을 단백질 공급원으로 이용하는 기업들을 지원하고 있다. 2021년 담당 부처의 '에너지 기본계획'을 수립할 때 초안에 포함된 재생에너지 홍보를 경시하는 문구를 본 고노 타로는 관료들에게 "재생에너지는 무슨 일이 있어도 최우선 과제입니다!", "정신 차리세요!"라고 화를 내기도 했다. 2024년 3월 25일자 JB 프레스에 따르면, 고노 타로가 감독하는 재생에너지 위원회의 자료에서 중국 기업의 도장이 발견되었고 이로 인해 중국이 일본의 에너지 정책을 잠식해 국가안보를 위협할 수 있다는 우려가 제기되었다.

　일본 현지에서 고노 타로는 시진핑의 "일대일로(一帶一路) 정책"에 비판적인 것으로 알려져 있다. 하지만 2018년 중국공산당 기관지인 인민일보는 아베 신조(安倍晋三) 총리와 고노 타로를 포함한 일본 정치인들이 '일대일로' 구상 계획에 긍정적이라고 보도했다.

제2장: 항상 승리하기

3. 이극용(李克用, 862~902)

이극용(李克用)은 돌궐계 사타족(沙陀族) 출신의 중국 군벌의 군사지도자이자 정치가였다. 15세에 군에 입대하여 승마와 활에 능했던 이극용은 황제가 임명하는 절도사(節度使)로서 군을 지휘했다. 황소의 난(당 시대 반란)이 발생하자 황제는 이극용에게 반군을 토벌하라는 명을 내렸다.

이극용은 반란군을 배신한 주온(朱晃, 훗날 주전충)과 함께 반란군을 토벌하고 당나라의 수도였던 장안성을 탈환했다. 황소의 난 이후 당 왕조는 몰락했으며, 황제는 허수아비로 전락했다. 그후 이세민과 주원장과 같은 강력한 인물들이 패권을 다투는 시대가 되었다. 이극용은 53세의 나이로 세상을 떠나기 전까지 최대 정적이었던 주온과 수년간 전쟁을 치렀다. 이극용은 죽기 직전 아들 이존욱에게 주온을 무찌르라고 명했다. 이존욱은 주온이 세운 후량을 멸망시키고 당을 다시 일으키기 위해 싸운 영웅으로서 "당의 무제"로 추앙받게 된다.

4. 마쓰다이라 타다요시(松平忠吉, 1580~1607)

아즈치 모모야마 시대부터 에도 시대까지 살았던 일본의 무장이자 다이묘. 마쓰다이라 타다요시는 도조 마쓰다이라 가문의 4대 당주이자 오와리국 키요스번의 영주였다. 도쿠가와 이에야스(德川家康)의 넷째 아들로 태

어났고 아명은 후쿠마츠마루(福松丸)였으나, 마쓰다이라 이에타다(松平家忠, 1555~1600)에게 양자로 입적됐다. 마쓰다이라 가문에 들어간 후에도 아버지인 도쿠가와 이에야스와 교류했다. 성인이 된 후 마쓰다이라 가문의 수장인 오시 가문의 2대 번주가 되었다. 에도 막부의 두 번째 쇼군이었던 도쿠가와 히데타다(德川秀忠)의 동복동생이자, 도쿠가와 사천왕 중 한 사람인 이이 나오마사(井伊直政)의 딸과 결혼했다. 1604년 병에 걸렸으며 1607년 아버지였던 도쿠가와 이에야스, 형인 히데타다를 만나고 며칠 뒤 28세의 나이로 사망했다.

5. 도쿠가와 이에야스(德川家康, 1543~1616)

일본 에도 막부의 초대 쇼군. 격동의 전국시대를 종식시키고 현재 도쿄 위치에 에도 막부를 세웠다. 오다 노부나가(織田信長)와 그의 후계자였던 오다 노부타다(織田信忠)가 혼노지의 변에서 아케치 미츠히데(明智光秀)에게 패한 후 도쿠가와 이에야스는 도요토미 히데요시(豊臣秀吉)의 가신이 되어 도요토미 가의 정권 하에 가장 큰 영지를 확보했다. 도요토미 히데요시 사후, 세

이이 타이쇼군(征夷大將軍)이 되어 에도에서 막부를 열었다.

"뻐꾸기가 울지 않으면 뻐꾸기가 울 때까지 기다린다"라는 말로 알려질 정도로 인내심을 가지고 때를 기다리는 성격으로 유명했다. 반면 오다 노부나가는 "뻐꾸기가 울지 않으면 죽여라.", 도요토미 히데요시는 "뻐꾸기가 울지 않으면 울게 하라"라는 말로 표현된다.

도쿠가와 이에야스는 에도 시대 내내 숭배의 대상이 됐으며 사후에는 '도쇼다이곤겐(東照大權現)'으로 불릴 정도로 신격화되었다.

6. 마쓰다이라 이에타다(松平家忠, 1555~1600)

일본 전국시대부터 아즈치 모모야마 시대까지의 무장이자 다이묘. 후카미조 마쓰다이라 가문의 3대 당주인 마쓰다이라 코레타다의 장남으로 태어나 마쓰다이라 가문의 4대 당주이자 도쿠가와 가문의 가신이 되었다. 후카미조 마쓰다이라 가문은 도쿠가와 이에야스를 섬겼으며, 도쿠가와 이에야스가 간토 지방으로 간 후 현재의 사이타마현에 있는 오시조(忍城)에 거점을 두었다.

도쿠가와 이에야스의 넷째 아들 마쓰다이라 타다요시를 입양하여 그가 성주가 된 후에는 현재 치바현에 있는 카미다이조(現 카토리시 사쿠라이)를 본거지로 삼았다. 훗날 도쿠가와 이에야스의 명령에 따라 마쓰다이라 이에타다는 이시다 미츠나리(石田三成)의 서부군의 공격으로부터 현재의 교토현에 있는 후시미조(伏見城)를 지켰다. 그는 세키가하라 전투의 시작이라 할 수 있는 이 전투에서 46세의 나이로 전사했다.

7. 청방(靑幇, The Green Gang)

황금영

청방의 뿌리는 복잡하지만, 18세기 초 양곡 수송을 맡았던 선박 노동자들이 조직했을 것으로 추정되고 있다. 19세기에 소금 밀수무역으로 부를 축적한 청방은 20세기 초, 현대에 와서 아편 무역의 관문이었던 상하이를 중심으로 활동하기 시작했다. 현 푸젠성 푸저우시에 있는 소림사의 비밀 결사조직에서 비롯한 것으로 알려져 있으며, 상인과 기업가들이 조직에 합류하면서 세력이 커졌다.

청방은 봉건적인 조직으로 당시 존재했던 다른 조직들보다 훨씬 더 비밀스러웠다. 주요 자금원은 아편, 도박, 나이트클럽 운영, 매춘, 금주법 시행기간 동안의 주류 밀매 등이었다. 한때는 중국 전역에서 이러한 거래들을 독점하기도 했다. 현대 청방에서 가장 유명한 수장은 두웨성(杜月笙)으로 상하이 전 지역에 영향력이 미쳤다. 조직의 지도자들은 "프랑스 조계지(제2차 세계대전 전에 중국 내에서 외국인의 거주지로 개방된 지역)"를 확보하고 국제 정착지를 거점으로 삼았기 때문에 원하는 것은 무엇이든 할 수 있었다. 지나인(支那人: 중국 국적을 가진 한인, 몽골인, 타키인, 티베트인, 만주인을 지칭하는 용어) 거리의 경찰서장과 프랑스 조계지와 공동조계지의 경찰관들은 청방의 일원들이었다.

국민당, 공산당, 상하이에서 영향력을 행사하던 즈리파(直隷派)의 군벌들이 청방에 접근해 왔다. 이들은 청방을 군이나 정부에 해로운 조직으로 보지 않았고 정보기관, 부당한 노동계약, 노동자들의 분규 진압에 이용했다. 청방 조직원들은 잔혹한 나머지 1927년 백색 테러에서는 젊은 여성이 강간당한 후 자신의 창자에 묶인 채 시체로 발견되었고 남성들은 청방의 전통 방식대로 거세를 당한 뒤에 살해당했다.

두웨성

두웨성과 국민당의 장제스는 서로 협력의 관계에 있었다. 1911년의 신해혁명 전후로 장제스는 청방의 일원이 되어 두웨성과 의형제를 맺었다. 하지만 청방은 공산당도 도왔다. 예를 들어, 국공내전 당시 공산당이 석탄 조달에 어려움을 겪고 있을 때, 청방은 석탄을 밀가루와 교환할 것을 제안했다. 저우언라이(周恩來) 역시 두웨성에게 협력 관계를 제안했다. 만주 관동군과 청방은 사토미 하지메(里見甫)를 통해서도 관계를 맺었다. 사토미 하지메는 청방 소속의 밀매상과 함께 아편을 밀매했다. 또한 관동군과 협력하여 장제스의 주된 자금원이었던 톈진의 아편시장을 장악했다. 위의 사실에서 이익을 최우선시하는 청방의 기회주의를 엿볼 수 있다.

국공내전 후 두웨성은 홍콩으로 달아났고 많은 청방 조직원들은 대만으로 갔다. 국민당 역시 대만으로 건너갔는데 이후 청방은 대만을 장악하고 경제, 정치, 기업들에 영향력을 행사하기 위한 거대한 네트워크를 구축했다. 대만은 여전히 청방의 보이지 않는 통제하에 있다. 예를 들어, 런스어(仁社)는 청방에서 뿌리를 둔 비밀 조직으로 대만의 주요 기업들, 정치인들, 언론들을 막후에서 지배하고 있는 것으로 알려져 있다. 대만의 마츠시타 고노스케로 불리는 왕용칭(王永慶)이 자오팅전(趙廷鎭)의 도움을 받아 설립한 포르모사 플라스틱 그룹은 화학 및 반도체 분야에서 세계적인 대기업으로 성장했지만, 경영은 런스어의 지원에 의존하고 있다. 자오팅전은 런스어의 인맥을 이용하여 뇌물을 받고 공사들과 사업을 진행하는 것으로 유명했다. 왕용칭은 폭스콘의 테리 궈(Terry Gou, 주요인물 15 참조)와 가까운 사이이고 장남 왕원양(王文洋)은 장쩌민(江澤民, 주요인물 16 참조)의 아들 장몐헝(江綿恒)과 함께 합작하여 훙리반도체를 설립했으며 둘째 딸인 왕쉐훙(王雪紅)은 대만에 본사를 둔 스마트폰, 모바일 기기 제조업체인 HTC 코퍼레이션의 창립자이다. 왕세홍은 2010년에 세계경제포럼(WEF)에서 연설했고 그 해 중국에서 열린 강연에서 "HTC는 중국인이 만든 브랜드"라며 "중국인을 위해 세계적인 국제 브랜드로 만들자"라고 말했다.

마잉주 전 대만 총통 역시 런스어의 일원일 것이라는 보도가 있었지만, 마잉주는 이를 부인했다. 마잉주 전 총통의 지명자, 참모진, 고속공로, 공항, 항만, 고속철도, 도시철도 등의 기관장 등이 런스어의 일원으로 활동했다. 런스어는 대만 정부의 최전선에 있으며 린팅셩(林廷生), 천우슝(陳武雄), 리궈딩(李國鼎), 쉬쉬둥(徐旭東) 등의 대기업 CEO들과 정치인들이 활동하고 있는 것으로 알려져 있다. 대만의 행정원장과 총통 역시 모두 런스어의 꼭두각시로 묘사되기도 한다.

왕용칭의 둘째 딸인 왕쉐훙은 대만 TVBS 주식 대부분을 매수했고 대만의 미디어를 지배하고 있다. 남아시아에는 대만, 홍콩을 비롯한 기타 주요 지역을 연결하는 "황금삼합회"라는 매우 유용한 비밀 조직 네트워크가 있다. 예를 들면 1997년에 홍콩의 한 마약 조직이 캐나다 경찰에 잡힐뻔하자 다른 조직들은 대만으로 도주했다. 홍콩과 대만의 비밀 조직들은 종종 실리적 관계로 인해 지원을 받아왔다.

상하이에서 유명배우들과 함께인 두웨성(오른쪽에서 두 번째)

제너럴 포스너는 저서《범죄의 군주: 중국의 비밀조직-신 마피아(1988)》에서 CIA의 동남아시아 마약 생산 지원으로 인해 동남아시아에 중국이 비밀 조직이 결성되었다고 했다. 베트남의 마약 거래에 CIA가 개입한 덕분에 중국의 조직들은 아편을 산속의 생산지에서 소비자가 있는 도시로 직접 운반하는 조직을 세우고, 헤로인 사업을 확장할 수 있었다. 미얀마에서는 국민당 세력이 CIA의 지원으로 세계 최대의 마약 조직으로 성장하여 황금삼합회의 아편 생산량의 5배에 달하는 헤로인을 생산했다. 라오스에서는 CIA가 마약 사업을 통해 우파 정부를 세우고 아편 생산량을 8배까지 늘였다. 태국에서는 CIA와 당국 정부가 연계하여 중국 조직들과 함께 마약 사업을 운영했다. 쿠데타로 정부가 무너진 후 중국 조직들은 마약 사업을 독점했다.

중국의 비밀 조직들은 전 세계 지하 세계에 뿌리를 내리고 있다. 외국 아편상들의 유통업자로 활동하던 중국 조직들은 점차 막강한 힘을 가지게 되면서 정부에 버금갈 정도로 영향력이 크며, 긴밀한 관계를 형성하고 있다. 《용의 계보: 중국의 비밀 결사(ドラゴンの系譜 中国の祕密結社. 1989)》의 저자 운노 히로시(海野弘)는 "중국의 비밀 조직은 수백 년을 넘어 수천 년의 역사를 가지고 있으며, 그 전통은 수면 아래 깊은 곳에서 움직이고 있다. 중국의 비밀 결사 조직은 용에 비유되며, 수심 깊은 곳에서나 용의 머리를 볼 수 있다. 그리고 마침내, 웅장하고 끝이 없는 용의 꼬리가 반대편에서 튀어나온다. 뉴욕에서 머리를 들어 올린 용은 홍콩에서 중국 본토 깊숙한 곳까지 꼬리를 뻗어나간다"라고 설명했다.

두웨성이 국민당, 공산당, 일본군, 해외의 유력인사들 사이를 오간 것은 청방이 일찍부터 바이든 대통령(주요인물 53. "모리스 창" 참조)을 지지하면서, 반대편에서는 도널드 트럼프(주요인물 61. "조셉 차이" 참조)에게 미국에 대한 대규모 투자를 약속하며 트럼프와 관련된 인물들에게 자금을 제공했다는 사실에서도 알 수 있다.

8. 쑹칭링(宋慶齡, 1893~1981)

쑹칭링은 중국 장쑤성에서 출신으로, 중화민국 임시 주석이었던 쑨원(주요인물 9 참조)과 결혼했다. 쑹칭링은 중화인민공화국 부주석을 역임했으며 사망 직전 '중화인민공화국 명예 주석'으로 추대되었고 1948년에는 국민당에서도 명예 주석으로 선출되었다.

쑹칭링은 언니인 쑹아이링, 장제스의 아내인 여동생 쑹메이링과 함께 쑹 가문의 세 자매 중 한 명으로 남동생은 사업가이자 은행가로 중화민국

행정원 원장을 역임한 쑹쯔원(*)이다. 쑹칭링은 14살에 미국으로 가서 공부했고 귀국 후 아버지 쑹자수의 지원을 받아 쑨원의 영어 비서로 일했다. 쑹칭링은 일본 도쿄에서 쑨원과 결혼하여 정치 활동을 지원했는데 1926년 1월, 국민당 중앙집행위원회 위원으로 선출되었다. 그러나 쑹칭링은 1927년 공산당이 국민당으로부터 추방된 후 국민당이 쑨원 사후에 그의 유산을 배신했다고 비난하며 모스크바로 떠났다. 귀국 후 장쉐량(張学良)과 함께 일본에 맞서 싸우기 위해 국민당과 중국 공산당의 협력을 주장하며 제2차 연합전선을 구축했다. 마오쩌둥의 문화대혁명 기간 동안 쑹칭링은 '문화개혁 보호대상자 명단'의 최우선 순위 인물로 보호받았고 직접적인 핍박은 없었다.

  * 쑹쯔원(T.V. Soong) : 중국의 사업가, 은행가, 정치가이자 장제스의 난징 국민정부 행정원 원장. 하버드 대학교 졸업 후 뉴욕 국제 은행에서 근무했다. 쑹쯔원은 중국의 로비에 영향력 있는 인물 중 한 명으로 다른 쑹씨 일가의 일원들과 마찬가지로 암흑가와 연관이 있었고, 페르시아 아편을 수입한 후 청방에 운송과 가공을 맡겼다. 1931년에는 무역 분쟁으로 인해 청방 조직원의 총에 피격을 당한 적이 있다. 아편과 모르핀은 청방의 주요 자금원이었기 때문에 다툼이 생기면 협력 관계에 있는 사람도 암살될 수 있었다.

좌측부터 니키타 흐루쇼프, 마오쩌둥, 호치민, 쑹칭링

9. 쑨원(孫文, 1866~1925)

쑨원은 중화민국 초대 임시 주석이자 국민당 총리를 역임했다. 쑨원은 중화민국에서 "국부(國父)"로 존경받고 있으며, 최근 중국 본토에서 "혁명의 선구자", "민족의 아버지"로 불리며 재평가되고 있다. 일본에서 사용한 가명은 '나카야마 키코리(中山樵)'이며 중국에서는 '손중산(孫中山)'으로도 알려져 있다.

삼합회(三合會)가 주도한 것으로 알려진 태평천국운동의 여파가 아직 남아 있는 곳에서 자란 쑨원은 청나라에 대해 강한 반감이 있었는데 하와이에 있는 영국 선교사 학교에서 공부하며 기독교와 의학에 관심을 가지게 되었다. 중국으로 돌아온 후에는 삼합회의 한 지부에 가입해 지도자인 정지량(鄭子良)과 회원인 허치(何啓) 박사와 친분을 쌓았고 중국 최초의 혁명 조직인 흥중회(興中會)라는 비밀 조직에 가입했다. 삼합회의 회원이었던 쑹 자매(주요 인물 14. '쑹 자매' 참조)의 아버지인 쑹자수와 깊은 우정을 쌓았는데 쑨원과 쑹자수는 중국 남부 출신에 유럽식 교육을 받았고, 기독교 신자였으며, 야망이 컸고 영어에 능통하다는 점에서 공통점이 많았다. 쑹자수는 쑨원을 삼합회의 고위 조직원들에게 소개해 주고 쑨원의 정보원으로 활동하기도 했다. 쑨원은 이 비밀 결사를 추가로 모집하거나 훈련할 필요가 없는 '완성된 혁명 단체'로 여겼다.

쑨원의 혁명 활동을 가장 열성적으로 지지하며 큰 영향을 미친 인물 중 범아시아주의자(*2)였던 미야자키 도텐(*3)은 1899년 비밀 결사 회원을 끌어들여 쑨원의 '흥중회(興中會)'를 강화하기 위해 충화당(忠和党)을 조직했다. 흥중회(興中會), 삼합회(三合會)(*1), 가로회(哥老會)를 합쳐 흥한회(興漢會)라고 불렀으며 삼합회, 청방, 백방(白幫)이 연합한 중국 화흥회(華興會)를 결성하기도 했다. 1905년 미야자키 도텐은 일본에서 정치 혁명 조직인 중국동맹회(中国同盟会)를 조직했다.

이러한 사건들을 볼 때 쑨원의 신해혁명은 폭력 조직들에 의해 수행되었고, 쑨원은 그들의 지원 덕분에 영웅이 되었다고 할 수 있다. 청 왕조가 무너진 후 비밀 결사대는 국민당 정부가 고용한 암살 등의 임무를 수행하는 범죄 집단으로 변질되었다. 미야자키 도텐을 통해 쑨원을 만난 우치다 료헤이(內田良平)는 흑룡회(黑龍会)(*4)를 조직하고 그를 지원했다.

1911년, 쑨원은 신해혁명을 일으켜 청 왕조를 무너뜨리고 중화민국을 건국했다. 1924년 첫 전인대(전국대표인민대회)에서 국민당 정부 주석으로 선출되었다. 국민당은 중국 남부, 특히 광저우를 중심으로 농민, 지식인, 학생은 물론 홍콩, 군부, 그리고 삼합회의 지지를 받으며 영향력을 발휘했으나 쑨원은 중국 통일에 실패하였고, 1925년에 사망했다.

*1 삼합회(三合会): It is also called Hongmen Gang(洪門). 홍문(洪門)이라고도 불리는, 중국의 비밀 결사 조직. 정치적 성격을 띤 범죄 조직으로, 중국 역사에서 정치적 방해 행위를 저지르기보다는 정부의 의사결정 과정에 깊이 관여한 것으로 알려져 있다. 중국에서의 조직은 역사와 전설에 뿌리를 두고 있기 때문에 삼합회의 약탈, 살인, 강도, 아편 밀매 등은 종종 권리로 여겨졌다. 대만은 반청 세력과 무법자들의 피난처 역할을 했으며 삼합회는 대만에서도 점차 세력을 확장했다. 1721년 대만에서 일어난 주일귀(朱一貴) 반란과 1786년에 일어난 임상문(林爽文) 반란은 삼합회와 관련된 것으로 알려졌다. 1800년대 이후 삼합회는 아편 무역을 통해 수익을 창출하기 시작했으며, 영국의 아편상인 자딘 매시선(Jardine Matheson)을 비롯한 상인들과 거래하며 부를 축적했다.

일본에서 자딘 매시선 앤 코(Jardine Matheson & Co.)의 요코하마 지사장을 지낸 요시다 겐조(일본 제45~51대 총리인 요시다 시게루의 양아버지)는 이 회사와 깊은 관계를 맺고 있었다. 요시다 시게루(吉田茂)는 기시 노부스케(岸信介) 아베 신조(安倍晋三.), 아소 타로(麻生太郎)와 서로 친인척 관계이다.

1848년 캘리포니아에서 골드러시가 일어났을 때, 중국의 비밀 조직은 미국의 차이나타운에도 뿌리를 내렸다. 전 MI6 정보 담당관인 존 콜먼(John Coleman)은 1875년 샌프란시스코에서 활동하던 중국 조직이 아편 상인들과 손잡고 '아편 공급 동맹'을 결성해 12만 9천 명의 미국인을 아편에 중독시켰다고 말했다. 《드래곤 신디케이트: 삼합회의 글로벌 현상(1999)》

쑨원(1916년 상하이)

의 저자 마틴 부스(Martin Booth)는 중국인이 전 세계에서 가장 많이 해외에 거주하고 있으며 거주지마다 커뮤니티를 형성한다고 했다. 이러한 커뮤니티에서는 삼합회가 예외 없이 세력을 확장해 왔다. 2,000년 이상 지속된 중국인의 해외 이주 역사가 인정받지 못하는 이유는 대부분의 서구권 정부, 군대, 기록 보관소의 역사보다 길기 때문이다. 삼합회는 여진(만주족)의 청나라를 전복하고 한족의 왕조를 재건하려 했는데 태평천국 운동의 목적도 비슷했다. 당시 삼합회는 청나라 배후에 서유럽 세력이 있다는 것을 감지하고, 서양인에 대한 적대감을 키웠다. 이후 삼합회의 대부분의 비밀 조직은 두웨성(주요 인물 28 참조)에 의해 청방으로 통합되었다.

*2 범아시아주의(대아시아주의라고도 함): 원래 일본에서 발전한 이념으로, 서구 열강을 배제하고 아시아의 연대를 강화하기 위해 아시아 혁명 세력을 지원하는 것을 목표로 했다. 범아시아주의자들은 청나라를 전복하기 위해 결성된 쑨원의 중국동맹회(中国同盟会)를 지지했다. 이들은 일본과 가까운 지역에 근대적 동맹국을 세워 외세를 아시아에서 몰아낼 수 있을 것이라고 기대했으나, 목표를 이루지는 못했다.

만주청년동맹(満州青年同盟)이 조직되었고, 고노에 후미마로(近衞文麿) 총리와 연계를 맺었다. 고노에 후미마로는 동아시아의 새로운 질서에 협력하라는 '대동아신질서성명(大東亜新秩序声明)'을 발표하며 장제스 정부에 과제를 분담할 것을 요구했는데 이 선언은 "대동아공영권(大東亞共榮圈)"이라는 형태로 구체화 되었다. 만주국은 범아시아주의에서 비롯된 이 개념에 따라 설립되었다. 만주국 건국을 계획한 이시와라 간지(石原莞爾)는 "일본과는 무관한 유토피아 국가인 제2의 미합중국 같은 국가를 아시아에 세우는 것"을 목표로 삼았다. 범아시아주의는 전후 미국이 점령하는 동안에는 언급되지 않았지만, 기시 노부스케와 같은 보수 정치인들의 마음속에는 남아 있었다. 중국의 비밀조직과 일본의 관계는 범아시아주의자들을 중심으로 형성되었고, 여기에 비밀 조직이 더해졌다. 이러한 관계는 만주 관동군과 전후 일본의 자민당(自民黨)에 의해 계승되어 더욱 다양하고 복잡한 네트워크를 이루게 되었다.

구마모토현에서는 범아시아주의와 민족주의를 내세운 이념 단체인 '동광회(東光会)'가 제5고등학교(第五高等學校)에 설립되어 민주주의 확산에 반대하는 활동을 펼쳤다. 이 학교 출신인 오카와 슈메이(大川周明, 주요 인물 31 '기시 노부스케' *1 참조)와 기타 잇키(北一輝) 등이 동강회에 큰 영향을 끼쳤다. 동광회는 "만주국 건국의 기원"이라고 불렸으며 이 학교 출신으로는 61~63대 일본 총리인 사토 에이사쿠(佐藤栄作, 기시 노부스케의 친동생), 58~60대 총리인 이케다 하야토(池田勇人), 그리고 전 구마모토현 지사인 호시코 토시오(星子敏雄)가 있다. 호시코 토시오는 동광회의 핵심 창립자이자 만주국 경찰청장을 지냈고 그의 아내 아마카스 타마(甘粕璋)는 만주로 아편을 밀반입한 아마카스 마사히코(甘粕正彦)의 여동생이다.

아마카스 마사히코가 아편을 통해 구축한 장제스와의 신뢰 관계는 기시 노부스케의 일본 내 '대만 로비'의 토대가 되었다. 전쟁 후 소련에서 귀환한 호시코 토오시는 기시 노부스케로부터 자민당 규슈 지역 발전 특별

위원회 사무국장으로 임명되어 자민당의 지원을 받으며 정치가의 길을 걷게 되었다. 호시코 토시오의 추천으로 평생 친구인 가바시마 마스타는 만주에서 경찰관으로 일하게 되었다. 가바시마 마스타는 대만의 거대 반도체 기업 TSMC가 일본 구마모토로 이전할 당시 구마모토현 지사였던 가바시마 이쿠오(蒲島郁夫)의 아버지이다. 가바시마 이쿠오는 '아시아와의 연결(アジアとつながる)'을 추진하는 구마모토현일중협회(熊本県日中協会)의 명예회장을 맡고 있다.

고노에 후미마로 전 일본 총리는 범아시아주의의 이름으로 진주만 공격에 깊이 관여했다. 역사학자 하야시 치카츠는 가자미 아키라(風見章)와 같은 마르크스주의자들뿐만 아니라 록펠러 가문을 포함한 자본가들도 전쟁을 지원하기 위해 막후에서 활동했다고 밝혔다. 천황과 도조 히데키(東条英機)는 미국과의 전쟁을 꺼려했으나 고노에 후미마로는 일본을 전쟁에 참전시켰다.

록펠러 재단은 장제스의 국민당 정권에 재정적 지원을 제공했다. 이를 통해 쑹 가문, 장제스, 록펠러 가문, 그리고 일본 간의 복잡한 관계를 엿볼 수 있다.

*3 미야자키 도텐(宮崎滔天): 평생 쑨원을 지지한 범아시아주의자. 자신을 '일본인'이 아니라 '세계인'으로 여긴 미야자키 도텐은 중국을 아시아 문화의 중심지로 생각했으며 중국에서 시작하는 세계 혁명을 주장했다. 이는 현재 중국(중국 공산당)의 세계주의와 유사한 사상이라 볼 수 있다.

미야자키 도텐과 히라야마 슈(平山周)는 쑨원이 일본에서 자유롭게 활동할 수 있도록 이누카이 쓰요시(犬養毅) 등 영향력 있는 일본 정치인들에게 소개했다. 미야자키 도텐은 쑨원과 매우 가까운 사이여서 구마모토현 아라오시에 있는 집에 쑨원을 머물게 하기도 했다. 미야자키 도텐은 "아시아가 서구 열강의 침략을 물리치기 위해서는 중국이 강한 나라로 거듭나야 한다"라고 굳게 믿었다.

미야자키 도텐과 히라야마 슈는 1897년, 이누카이 쓰요시에게 일본 외무성의 특사로서 중국의 비밀 결사 조직을 조사해 달라고 요청했다. 히라야마 슈의 저서《중국혁명당과 비밀결사(志那革命党及祕密結社)》에는 비밀 조직의 의식과 관습 등이 자세히 기록되어 있어 그가 비밀 조직의 범죄적 성격을 몰랐을 가능성은 거의 없어 보인다.

*4 흑룡회(黑龍会): 범아시아주의를 주창하는 일본 우익 정치단체인 겐요샤(玄洋社)의 해외 공작 조직. 흑룡회의 본부가 있던 도쿄 아카사카의 우치다 료헤이(内田良平) 자택에서 중국동맹회(中国同盟会) 결성을 위한 준비 회의가 열렸다.

10. 쑹메이링(宋美齡, 1898~2003)

중국 상하이 출신으로, 장제스의 아내이다. 쑹메이링은 푸런대학(輔仁大學) 이사장을 역임하고, 중국국민당 중앙위원회 위원 및 중국 항공위원회 사무총장을 지냈다. 쑹씨 가문의 세 자매 중 한 명으로, 언니 쑹칭링은 쑨원의 아내이고, 오빠 쑹쯔원(주요 인물 8 쑹칭링* 참조)은 중화민국의 행정원 원장이자 유명 사업가이다. 9세에 언니 쑹아이링과 함께 미국에서 유학해 영어를 유창하게 구사할 수 있었다.

중일전쟁 당시, 쑹메이링은 장제스의 '통역관'으로 중화민국 대사관의 조셉 스틸웰(Joseph Stilwell) 장군 및 미 육군 항공대의 클레어 리 슈노(Claire Lee Chennault) 대령과 함께 미국의 군사적 지원을 요청하는 협상 테이블에 참석했다. 쑹메이링은 통역관으로 협상의 성공에 중요한 기여를 했으며, 이는 후에 그녀가 협상가로서 두각을 나타내는 기반이 되었다. 고집이 있고 자신감이 넘치며, 권력에 대한 열망이 강한 인물로 평가받는 쑹메이링은 미국 프리메이슨과 밀접한 관련이 있는 '오더 오브 더 이스턴 스타(Order of the Eastern Star)'의 회원이었다고도 전해진다.

장제스와 쑹메이링

장제스는 쑹메이링을 보고 첫눈에 반했고 그녀는 중화민국의 영부인이 되었다. 제2차 세계대전 중에 쑹메이링은 대변인으로 활동하며, 유창한 영어 실력을 활용해 곤경에 빠진 중국의 상황과 일본의 악마적인 잔혹성을 알리는 정치적 메시지를 전했다. 난징(NBS, CBS)에서 방송된 그녀의 발언은 미국 전역에 라디오로 송출되었으며, 다음 날 〈뉴욕타임스〉에도 실려 일본에 대한 감정이 급격히 악화되는 데 영향을 미쳤다. 1943년, 쑹메이링은 할리우드 보울에서 검은색에 금색으로 장식된 새틴 치파오를 입고 연설했고, 이후 뉴욕, 보스턴, 시카고, 로스앤젤레스, 샌프란시스코를 순회하며 일본 군국주의에 맞서 싸우는 민주주의의 상징으로서 이미지를 구축했다. 1948년, 쑹메이링은 장제스와 함께 미국으로 건너가 트루먼 미국 대통령에게 국민당에 대한 지지를 호소했다. 1949년, 대만에서 중화민국 임시정부가 수립되자 초대 총통의 부인으로서 중요한 역할을 수행했다.

아버지 쑹자수는 쑹(宋) 가문에 양자로 입양되어, 후에 개신교 감리교회의 선교사가 되었다. 그러나 쑹자수는 선교 활동을 포기하고 금융 및 사업 대기업인 절강재벌(浙江財閥)을 설립하며 백만장자가 되었다. 그는 삼합회(三合會)의 회원으로, 삼합회의 증서, 지부 명칭, 공식 기관지를 인쇄했으며 청나라를 전복시킨 혁명가 쑨원(孫文)의 열렬한 지지자이자 중요한 정보원으로 활동하기도 했다.

쑹메이링은 두 언니와 함께 "쑹 가문 세 자매"로 전 세계적으로 알려지게 되었다. 쑹 가문은 범죄 조직과 깊은 연관이 있었다.

11. 장제스(蔣介石, 1887~1975)

저장성(浙江省) 닝보시(寧波府) 펑화현(奉化県) 출신으로 중화민국 국민정부의 3대, 5대 주석이자, 중화민국(Republic of China)의 초대 총통, 중국국민당 총재를 역임했다.

소금상이었던 장제스의 아버지는 양쯔강 주변에 있는 비밀 조직인 청방과 관련이 있었다. 어린 시절 아버지를 여의고 정서적으로 불안정해 사소한 일에도 화를 내는 등 자라면서 어려움을 겪었다. 특이한 두상 때문

에 친구들로부터 자주 놀림을 받았고, 훗날 미국 정보기관에서 그에게 'Peanut(땅콩)'이라는 코드네임을 붙이기도 했다.

18세에 일본으로 건너간 장제스는 쑨원과 미야자키 도텐(주요인물 27 "마오쩌둥" 참조)이 결성한 비밀 결사인 중국동맹회(中國同盟會) 무장 혁명 운동의 중심 인물인 천치메이(陳其美)(*1)를 만나 우정을 쌓았다. 장제스는 일본에서 사관생도로 복무하며 보병, 기병, 포병 연대에 배치되어 훈련을 받았다. 23세 때, 쑨원을 만났는데 쑨원은 장제스의 특별함을 알아보았다. 통일을 통해 쑨원의 뒤를 이어 중화민국의 최고 지도자가 되었지만, 사실 그의 성공 뒤에는 청방이 있었다. 제2차 세계대전에서 장제스는 중국의 연맹군을 이끌었지만 전후의 국공내전에서 마오쩌둥의 중국공산당에 패배하고 대만으로 넘어가 타이베이를 임시 수도로 정하고 중화민국 정부를 대만으로 이전했다.

장제스는 청방과 깊은 관계를 맺고 있었으며, 1911년 신해혁명 이후에는 청방의 일원이 되었다. 특히 두웨성과 결탁하여 마약을 밀수하고 청방 조직원들을 통해 간첩 활동과 암살을 저질렀다. 청방이 매춘업을 하던 메종 블루(Maison Blue)에서 두웨성과 친분을 쌓았고, 함께 상하이의 주식시장과 상품거래소를 설립해 내부자 거래로 큰 돈을 벌었다. 1920년 무렵에는 중국 정부의 범죄적 성격과 비밀 조직의 차이를 구분하는 것이 불가능해

겼을 정도였다. 국가 재정은 범죄를 통해 얻은 이익에 의존했으며 청방의
관례는 정부의 정책과 비슷해지고 있었다.

대만에 방문한 베트남 대통령 응오 딘 디엠(우측)과 악수를 나누는 장제스

  1924년 국민당과 공산당 간의 제1차 연합전선이 만들어지자 장제스는
중화민국 군사관학교인 황푸군관학교(*2)의 교장으로 임명되었다. 당시 정
치국 부국장은 공산당의 저우언라이(周恩來, 주요인물 34 참조)였다. 1927년 상
하이에서 쿠데타가 발생했으며, 황진롱(黃金米)이 두웨성과 협력하여 대부
분 청방 조직원들로 구성된 "공산주의 진흥회"를 통해 암살자 수백 명을
모아 중화전국총공회를 공격했다. 장제스는 절강재벌(浙江財閥)과 청방의
지원으로 쑨원의 후계자로서 국민정부 주석이 되었다. 국민정부의 후계자
가 되기 위해서는 두웨성의 암묵적 지지가 필수일 정도로 청방의 세력은

막강했다. 1930년 상하이에서 발간된 상하이 마이니치 신문(上海每日新聞)에서는 장제스와 청방의 밀접한 관계를 보도했다. 장제스가 상하이에 들렀을 때 청방의 세 우두머리인 두웨성, 황진룽, 장샤오린(張嘯林)을 연회에 초대했다. 장샤오린은 청 왕조의 총독(清鄉督弁)이었다.

장제스는 쑹메이링과 상하이 시내의 쑨원의 옛 저택에서 만났고, 첫 번째 부인과 이혼하고 많은 내연녀들을 정리한 뒤에야 그녀의 부모로부터 결혼을 허락받을 수 있었다. 1929년 상하이의 한 감리교회에서 세례를 받고 기독교인이 된 장제스는 결혼으로 쑨원의 처남이 되어 절강재벌(浙江財閥)의 지원을 받을 수 있게 되었다. 쑹메이링은 평생 동안 장쉐량의 반대 세력과 중국 공산당 군부 사이에서 연합전선을 구축하고 반일 정서에 호소함으로써 장제스의 정치적 결정에 큰 영향을 미쳤다.

장제스는 1957년에 기시 노부스케가 일본 총리가 되어 동남아시아 순방의 마지막 방문지로 대만을 방문한 이후로도 그를 지속적으로 만나 신뢰관계를 유지했던 것으로 알려져 있다. 장제스는 만주에서 기시 노부스케와 교류가 있었고, 아편 밀매 수익의 일부를 아마카스 마사히코를 통해 국민당에 제공했다. 이 자금은 국민혁명군 제8로군(八路軍)과 일본군과의 전투에 사용되었다.

*1 천치메이(陳其美): 천궈푸(陳果夫)와 천리푸(陳果夫) 형제의 삼촌으로 장제스의 스승이자 쑨원의 가장 열정적인 주변 인물이었다. 천치메이는 황진룽(黃金米)이 이끄는 극악무도한 홍방(紅幇)의 일원이었으며, 훗날 청방에 통합되었다. 쑨원, 미야자키 도텐과 함께 중국동맹회(中国同盟会)를 설립했다. 1911년 신해혁명 기간 동안 '시지우지(四九仔)'의 일반 대원 3천 명으로 구성된 쑨원의 공화군 부대인 83여단을 이끌었으며, 쑨원으로부터 군장교

로 임명되었다. 천치메이는 범법자였고 국민당 중앙위원회의 위원장이기도 했다. 1916년 위안스카이(袁世凱)의 비밀경찰에 의해 살해당했다.

*2 황푸군관학교(Republic of China Military Academy, 黃埔軍官學校): 중화민국의 군사관학교로, 장제스가 쑨원 정부로부터 황푸군관학교 준비위원장으로 임명된 뒤 천치메이의 조카인 천궈푸는 청방의 시지우지와 홍군(紅棍) 소속의 사관후보생 약 7천 명을 모았다. 다른 친척과 혈연공동체들도 참여했는데 모두가 장제스의 개인 참모가 되었으며, 교장은 장제스가 정치부의 부장은 저우언라이(周恩來)가 맡았다.

12. 쑹아이링(宋藹齡, 1889~1973)

중국 상하이 출신으로 "쑹 가문의 세 자매" 중 한 사람, 국민정부의 재무장관을 지낸 쿵샹시(孔祥熙, H. H. Kung으로 알려짐, 주요인물 13 참조)의 아내.

쑹 가문의 세 자매 중 첫째로 여동생은 쑨원의 아내인 쑹칭링, 장제스의 아내 쑹메이링이고 남동생은 중화민국 행정원 원장을을 지낸 쑹쯔원(주요인물 8 "쑹칭링" 참조)이다. 14세에 미국으로 유학해 조지아주에 있는 웨슬리안 대학교에 입학했다. 1905년에는 삼촌과 함께 백악관에서 열린 시어도어 루스벨트 대통령의 파티에 참석했다. 중국으로 돌아온 후 아버지 쑹자수의 지원을 받던 쑨원의 비서가 되었다. 쑨원이 일본으로 건너가자 아버지와 함께 일본으로 따라가 그를 계속 보필했다. 그 후, 일본 요코하마에서 쿵 샹시와 혼인했다. 쑹아이링은 청방의 우두머리인 두웨성과 친분을 쌓았는데, 프랑스 조계지에 있는 감리교회에서 돌아오는 길에 그와 자주 만났다. 쑹아이링과 쿵샹시의 결혼을 통해 청방은 은행가들과 해외 사업 조직들과 연결점을 갖게 되었다. 쿵씨 가문의 영향력 아래 있던 은행업계가 청방과 연결되었기 때문이다. 쑹 가문과 쿵 가문의 정치적 동맹으로 청방은 중국 경제를 거의 완벽하게 장악했다. 중일전쟁이 발발하자 여동생인 쑹칭링, 쑹메이링과 함께 항일활동에 참여했다. 제2차 세계대전의 종전 이후, 1947년 미국으로 이주했으며 1973년 뉴욕의 한 병원에서 암으로 사망했다.

13. 쿵샹시(孔祥熙, 1881~1967)

중국 산시성 출신으로 중화민국의 자본가. 장제스의 국민정부에서 재무장관과 상무장관을 역임했다. 아내는 쑹아이링으로, 쑹가와 결탁하여 이른바 쿵-쑹 그룹을 결성했고 부패한 정부의 상징으로 비유되었다.

24살에 유학을 위해 미국으로 건너가 오하이오주에서 오벌린대학을 졸업하고 예일대학교에서는 광물학을 전공했다. 쿵샹시는 산시성에서 영국 회사 셸(구 Royal Dutch Shell plc)의 독점권을 인수하여 석유 사업으로 큰돈을 벌었다. 중화재일기독교청년회(中華留日キリスト教青年会)의 총서기였

던 쿵샹시는 일본으로 건너가 쑨원의 중국동맹회의 모금 활동과 문서 처리를 도왔는데 이때 쑹아이링을 만나 부부의 연을 맺었다. 1933년 중국으로 돌아온 후 중앙은행 총재, 재무장관, 중화민국 행정원 부원장 등을 역임했고 1936년 시안 사건이 발발하자 중화민국으로 파견되었다. 독일에서 아돌프 히틀러를 만난 적이 있다. 제2차 세계대전 후 쿵샹시는 쑹아이링과 함께 미국으로 이주했는데, 대만에 짧은 기간 머물기도 했다. 1967년 뉴욕에서 병사했다.

14. 쑹씨 자매들

쑹아이링(宋靄齡), 쑹칭링(宋慶齡), 쑹메이링(宋美齡)은 하이난(海南)의 원창시(文昌市) 출생으로, 아버지는 미국에서 교육받고 자라 은행업과 인쇄업으로 큰돈을 번 감리교 신자인 쑹자수(宋嘉澍, 영문명: Charlie Soong)이고 어머니는 명왕조의 수학자이자 예수회로 개종한 서광계(徐光啓)의 후손인 예계진(倪桂珍)이다. 자매들은 미국에서 기독교인으로 자랐으며 조지아에 있는 웨슬리안대학교에서 교육을 받았다. 쑹메이링 역시 메사추세츠의 웰슬리대학을 졸업했다. 자매들은 중국 역사에서 가장 중요한 정치가, 영향력 있는 인물들과 결혼했으며, 남편들에게 큰 영향을 주며 중국의 역사를 바꿔나갔다. 이들에게는 세 명의 남자 형제가 있었는데, 이 중 한 명은 유력한 금융가, 한 명은 저명한 정치가

였다. 이들 역시 중국 정부의 고위 관료자리를 역임했다.

쑹 자매들은 각각 돈, 중국, 권력을 사랑한 여성들로 유명했다. 장녀인 쑹아이링은 청방의 두목인 두웨성과 친분이 있었으며, 남편인 쿵샹시의 은행업과 청방의 연결점이 되어주었다. 그녀는 미국에서 대규모 비즈니스 신디케이트를 설립했다. 중국을 사랑한 둘째 쑹칭링은 쑨원의 비서로 있다가 그와 결혼했다. 권력을 사랑한 셋째 쑹메이링은 장제스의 부인이 되어 전 세계에서 선전 활동을 펼쳤다.

스털링 시그레이브(Sterling Seagrave)는 1985년 저서 《송씨 왕조(The Soong Dynasty)》에서 쑹 가문과 장제스, 청방 사이의 어두운 이면의 연결점을 폭로했다.

15. 궈타이밍(郭台銘, Terry Gou, 1950~)

타이페이의 반차오(現 신페이 반차오구) 출신으로 외성인(1945년 제2차 세계대전 말 일본의 항복과 1949년 중국 내전의 종식 사이에 중국의 본토에서 대만으로 이주한 대만인) 2세대이다. 폭스콘의 설립자이자 CEO 인 대만 기업가로 2007년과 2008년 포브스에서 선정한 세계에서 가장 부유한 사람의 한 사람으로 이름을 올렸다.

1974년 대만에서 홍하이(鴻海)정밀공업사를 설립하여 플라스틱 제품 제조 및 가공을 시작했다. 회사명 홍하이(큰갈매기 홍鴻, 바다 해海)는 "갈매기는 천 리를 날고, 모든 강물은 바다로 흘러간다(鴻飛千里, 海納百川)"라는 중국의 고사성어의 약자에서 따왔다. 이는 "세상의 모든 것을 삼킨다"는 뜻으로 해석할 수 있다. 홍하이는 Apple, HP, IBM과 사업적 관계를 맺고 있다. 홍하이 정밀공업사(폭스콘: FOXCONN)는 중국 정부로부터 보조금을 받아, 시설 내 중국 공산당 지부를 두고 있으며, 공산당원과 관련된 3만 명 이상을 고용해 대만에서는 문제 기업으로 여겨져 왔다. 저팬 비즈니스 프레스(Japan Business Press)는 궈타이밍을 진정한 '중화사상'을 대표하는 인물, 시진핑 주석의 절친한 친구이자 시진핑 정부의 'Made in China 2025' 전략 성공의 열쇠를 쥐고 있는 핵심 인물로 묘사했다. 시진핑 주석의 캐치 프레이즈인 '중국몽(中国梦)'에 대해 궈타이밍은 "중국인의 후손으로서 피가 끓는다"라고 말했다.

2014년 대만에서 홍콩에 대한 중국 정부의 진압을 규탄하는 해바라기 학생운동이 일어났을 때, 궈타이밍은 "민주주의가 밥을 주는 게 아니다. 민주주의는 경제력에 달려 있다. 모든 경쟁력, 발전, 활동에는 비용이 발생한다. (시위와 같은 것으로 인한) 보이지 않는 비용이 얼마나 많은 국가의 자원을 소비하는가? 민주주의는 GDP에 도움이 되지 않는다. 공공질서를 유지하기 위해 국가의 주요 인적 자원, 정부의 에너지, 경찰력을 낭비하고 있다"라며 비판했다.

2016년, 홍하이가 일본의 전자기업 샤프(Sharp)를 인수하려 했을 때, 일본 산업혁신기구(현 INCJ)는 샤프가 인수되는 것을 막기 위해 샤프를 구제하려 했지만, 미국연방거래위원회(FTC)의 방해로 무산되었다. 일본의 보수적인 기업들이 샤프의 핵심 디스플레이 IGZO 기술이 홍하이를 통해 중국에서 사용될 수 있다고 우려했지만, 대만의 미디어 비즈니스 넥스트

(Business Next: 數位時代)에 따르면 샤프 인수를 위한 입찰의 이면에는 오랜 기간 대만에 로비를 벌여온 아베 신조 전 총리가 홍하이의 샤프 인수 성공에 큰 역할을 했다고 한다.

2020년 중화민국(대만) 총통 선거 출마를 선언했지만 한궈위(韓国瑜) 후보에게 패배하여 포기했다. 대선에서 국민당 후보로 지명되지 못한 것에 불만을 품은 궈타이밍은 국민당을 격렬하게 비판하고 다른 곳의 지지를 얻기 위해 당을 떠났다가 2024년 대선에서 국민당으로 돌아와서 대선 후보가 되겠다고 한 것에 대해 비난을 받았다. 2019년 미국을 방문했을 때는 도널드 트럼프 대통령을 만나는 등 파격적 대우를 받았다. 궈타이밍은 향후 미국에 300억 달러 규모의 대규모 투자를 발표했는데, 손 마사요시(孫正義, 손정의)가 중개하기로 했던 이 대규모 프로젝트는 이후 취소되었다. 마윈(*1. 주요인물 61 Joseph C. Tsai 참조)은 트럼프의 측근이자 사위인 재러드 쿠슈너를 통해 손 마사요시와 트럼프를 연결해 주었다.

궈타이밍은 마잉주 전 대만 총통과 친분이 있었는데, 2013년 마잉주의 딸인 마웨이중(馬唯中)이 결혼할 때 인터뷰에서 "딸의 결혼 소식을 듣지 못한 것에 대해 마잉주에게 항의하고 싶다"라고 말했다. 대만 플라스틱 그룹의 창업자인 왕융칭(주요인물 7 청방 참고)을 깊이 존경하여 가까운 사이가 되었고 TSMC의 설립자 모리스 창(주요인물 53 모리스 창 참조)의 아내인 소피 창(Sophie Chang)의 친척이다. 칭화대학교 경제관리학원 고문위원(*)이다.

* 칭화대학 경제관리학원 고문위원(清華大学経済管理学院顧問委員): 칭화대학교 경제관리학원 고문위원회는 2000년 10월 칭화대학교 창립 학장인 주룽지(주요인물 63 참조)가 설립한 기관으로, 세계적인 다국적 기업 회장, 사장, 국제적으로 권위 있는 학자들로 구성되어 있으며, 중국 공산당 직속 기관

인 칭화대학교와 전 세계적인 국내외 기업과의 유대 강화를 목표로 한다. 이 단체의 CEO는 Apple의 CEO인 팀 쿡(Tim Cook)이며, 명예 회원은 조지 W. 부시 행정부의 재무부 장관이자 골드만삭스의 회장 겸 CEO인 헨리 폴슨 주니어이다. 또한 마크 저커버그(전 페이스북의 전신인 메타 플랫폼의 회장 겸 CTO), 사티아 나델라(마이크로소프트의 CEO), 일론 머스크(전 트위터의 전신인 스페이스X, 테슬라, 액스 코퍼레이션의 회장 겸 CTO), 손 마사요시(소프트뱅크 그룹의 회장 겸 대표, 모리 요시로 내각의 IT전략위원회 위원) 등이 이 단체에 소속되어 있다.

소니의 전 최고경영자이자 일본경제단체연합회(日本経済団体連合会) 부회장이자 모리 요시로 내각의 IT전략위원회 위원장이었던 이데이 노부유키(出井伸之)가 회원으로 활동한 적이 있으며 그는 2022년에 사망했다.

16. 시진핑(習近平, 1953~)

중국 베이징(北京)에서 태어난 시진핑(習近平)은 중화인민공화국의 최고 지도자이다. 또한 중국 공산당 중앙위원회 총서기이며, 중국 중앙군사위원회 주석이자, 중국 국가주석이다.

시진핑이 12세 때 문화대혁명이 일어났고, 그 후로 전통적인 학교 교육을 받을 수 없었다. 시진핑의 아버지는 "당 8대 원로(八老)"로 꼽힐 정도인 중국 공산당 1세대 혁명 지도자였지만, 문화대혁명이 시작되자 잔혹하게 박해받았다. 혁명 기간 동안 시진핑은 홍위병에 의해 네 차례 투옥되었다.

1974년에 중국공산당에 입당했고 중학교 1학년 이후 제대로 된 교육을 받지 못했으나, "공농병학원(工農兵學員)"이라 불리는 추천 입학 제도를 통해 칭화대학(清華大學)에 입학하였다. 화학공학과에서 유기합성을 공부했고 대학 졸업 후 시진핑은 국무원과 중앙군사위원회에서 부총리 겸 중앙군사위원회 상임위원인 겅뱌오(耿飚)의 비서관으로 일했다. 1985년 허베이성(河北省) 공산당 공식 대표로 허베이성의 '자매 주'인 미국 아이오와주를 방문했고, 그곳에서 당시 주지사이자 이후 주중 대사를 역임한 테리 브랜스태드(Terry Branstad)와 친분을 맺은 후 거의 40년에 걸쳐 연락을 유지한 것으로 알려져 있다. 테리 브랜스태드는 도널드 트럼프를 지지했고 2017년 트럼프 행정부에서 주중 대사로 취임했으며 아들 에릭 브랜스태드(Eric Branstad)는 아이오와주에서 트럼프를 위한 선거 운동을 벌였다.

1998년부터 2002년까지 시진핑은 칭화대학교 인문사회과학대학원에서 공부한 후 논문을 썼으나 여러 해외 언론은 대필 의혹을 제기했다.

2000년에 시진핑은 푸젠성(福建省) 성장(省長)으로 재직했고, 이후 저장성(浙江省) 성장, 2002년 저장성 당서기, 저장성 군구 초대 서기, 난징 군구 초대 서기, 그리고 저장성 국방동원위원회 주임을 역임했다. 2007년에는 상하이시 당위원회 서기가 됐으며, 제17기 중앙위원회 제1차 전체회의에서 당 중앙비서처 서기와 중앙당교 교장에 임명되는 이례적인 "2계급 특별 승진"을 통해 당 중앙정치국에 합류했다. 2008년에는 제11기 전국인민대표대회 제1차 회의에서 국가 부주석으로 선출되었고 2010년 당 중앙군사위원회 부주석이 되어 사실상 최고 지도자로 인정받았다. 2012년 시진핑은 당의 최고 직책인 중앙위원회 총서기와 군대를 통제하는 당 중앙군사위원회 주석으로 선출되었다.

마잉주(馬英九) 전 대만 총통은 시진핑이 총서기에 취임하자 강렬한 축하 메시지를 보냈다.

시진핑은 "신시대 중국 특색 사회주의 사상(시진핑 사상)"을 명시하면서 시진핑-리커창 체제를 출범시켰는데, 권력은 시진핑에게 집중되었다. 2017년 기준 국유기업의 90%, 민영기업의 50%, 외국 기업의 70%에 당 조직이 설립되었고 많은 기업들이 시진핑에 의해 통제되었다. 당의 강령에는 "일대일로(一帶一路)", "중국몽(中国梦)", "인류운명공동체(人类命运共同体)", "4개전면(四个全面)", 그리고 "4개의식(四个意识)"이 포함되었으며, 슬로건으로 사용되었다.

"중국몽"은 "중화민족의 위대한 부흥"을 의미하며, 2049년 중국 건국 100주년에 세계 초강대국이 되는 것을 목표로 한다. 폭스콘(Foxconn)의 궈타이밍(郭台銘, 주요인물 15 참조)은 이에 찬사와 지지를 표명하였다. '인류운명공동체'로 묘사되는 중국의 외교는 국제 관계에서 상호 의존성과 공동 이익, 지속 가능한 발전, 글로벌 거버넌스 등 다양한 관점을 포함하며, 세계경제포럼(WEF)의 정책과도 방향성이 맞닿아 있다. 시진핑 주석은 중국이 "사회주의 현대화 강국" 또는 "전체주의 강국"으로서 미국을 능가하는 것을 목표로 한다고 말했다.

클라우스 슈밥(Klaus Schwab)은 2017년 세계경제포럼(WEF)에서 했던 시진핑 주석의 연설을 칭찬했고 이후 인터뷰에서 "중국은 많은 국가의 롤모델이 될 것"이라며 시진핑 주석에 대해 칭찬을 아끼지 않았다.

시진핑은 신디케이트를 통해 바이든(Biden) 가족과 연결되어 있다는 의혹을 받고 있으며 바이든의 아들 헌터 바이든(Hunter Biden)의 노트북 내용이 공개된 뒤 더욱 논란이 되었다. 미국 플로리다주 제19선거구 하원의원 바이런 도널즈(Byron Donalds)에 따르면, 바이든 가족은 명목상의 회사(shell corporation)를 통해 CEFC(CEFC China Energy) 관계자들과 헌터 바이든 사이의 협력 및 계약에 관한 이메일을 교환했다고 한다.

2009년 시진핑이 일본을 방문했을 때, 신해혁명 당시 일본으로 망명한 쑨원(孫文)에게 주거와 생활비를 제공한 범아시아주의자 야스카와 게이이치로(安川敬一郎)가 설립한 야스카와전기(安川電機)의 산업용 로봇 회사를 방문했다. 시진핑은 쑨원과 정치단체 "겐요샤(玄洋社)*"의 일원이었던 야스카와에게 감사를 표했다. 야스카와전기는 중국 홍치(紅旗) 자동차용 로봇을 생산하고 현재는 반도체 로봇을 생산하고 있다. 일본의 TSMC 유치 과정에서 야스카와전기 특별고문 츠다 준지(津田純嗣)는 후쿠오카현 반도체 및 디지털 산업 진흥 협의회 회장에 임명되어 산·학·관 협력을 촉진하게 되었다. 이 조직은 대만과 일본 간 협력을 지원하며, 기존 산업의 기술적 잠재력을 활용하여 새로운 산업을 창출하는 것을 목표로 한다.

시진핑 정권하에서 신장(新疆) 위구르 지역에 대한 심각한 탄압과 감시가 이뤄졌다. 휴먼라이츠워치(Human Rights Watch)에 따르면, 2017년 8월 10일 신화(新華) 웨이보 페이지에서 중국 종교담당 관리자인 마이수무장

마이무얼(Maisumujiang Maimuer)은 "그들의 혈통을 끊고, 뿌리를 끊고, 연고를 끊고, 기원을 끊어라. '두 얼굴의 사람들'의 뿌리를 완전히 삽으로 파내어 파헤치고, 이 두 얼굴의 사람들과 끝까지 싸우겠다고 맹세하라"라고 말했다. 이를 통해 시진핑의 "중화민족의 위대한 부흥"은 "한(漢)민족에 의한 세계 지배"와 "타민족에 대한 억압"으로도 해석될 여지가 있다.

　*겐요샤(玄洋社): 일본의 비밀 조직인 흑룡회(黑龍会)(주요인물 9 '쑨원' (*4) 참조)의 해외 작전 조직.

제3장: 흔적도 없이

17. 인민해방군(PLA: People's Liberation Army)

인민해방군 장교들(1959년)

　중국인민해방군(PLA: People's Liberation Army)은 중화인민공화국의 중국

공산당의 지휘하에 있는 당의 군대로 육군, 해군, 로켓군, 전략지원부대, 합동보안군으로 구성되어 있다. 홍군으로 시작하여 팔로군, 신사군 등이 창설되었는데 이후 제2차 세계대전 후 포로로 잡힌 일본군과 정비사들이 만주에 남겨진 일본군용기를 수리하고 병사들을 훈련시켜 인민해방군의 정규 부대가 되었다. 인민해방군이 처음 보유했던 탱크도 일본군으로부터 뺏은 것이었다. 이후 마오쩌둥의 중국 공산당이 인민해방군을 재편하고 양성했다.

마오쩌둥은 "정부는 총구에서 태어난다"라고 말했으며, 중국에서는 당과 국가 그리고 군이 삼위일체를 이뤘다. 정규군인 인민해방군 외에도 민병대와 인민무장경찰부대 또한 중국의 군대에 포함된다.

군은 매우 비밀스러운 조직으로 국방백서, 인원, 장비 수, 조직 구조 등이 공개되지 않는다. 투명하지 않은 국방 예산은 여러 나라로부터 비난을 받아왔다. 2013년 4월, 중국국무원은 육군 85만 명, 해군 23만 5천 명, 공군 39만 8천 명이라는 내용의 '중국 국방백서'를 발표했다. 영국 국제전략문제연구소가 발표한 〈2013년 밀리터리 밸런스〉에 따르면 2012년 11월 기준 중국인민해방군의 병력은 현역 228만 5천 명, 예비군 51만 명으로 추산하는데 이는 세계 최대 규모의 상비군이다. 또한 준군사조직인 인민무장경찰부대(PAP: People's Armed Police)는 약 66만 명으로 추산된다.

최근 몇 년 동안 인민해방군의 군무장, 군체계, 전투방식은 극적으로 현대화되었고 새로운 장비들 역시 현대화되었다. 새로운 장비의 숫자는 일본과 한국을 능가하는 것으로 알려져 있다.

중화인민공화국의 법 제93조 1항은 '국가 중앙군사위원회가 국가의 군대를 지휘한다'라고 명시하고 있으며, 법 전문에는 중국 공산당이 국가를 지도한다고 명시돼 있다. 이를 근거로 중국 공산당이 군을 통제하고 있으며, 인민해방군은 사실상 중국 공산당과 시진핑의 사병이나 다름없다.

1998년에 금지되기 전까지 인민해방군은 기업을 적극적으로 관리했으며, 오늘날까지도 기업, 공장, 학교, 오락시설, 농장, 출판사 등을 포함한 중국의 모든 산업이 공산당과 밀접하게 연결되어 있다. 미국은 중국의 군산복합체(military-industrial complex)와 연관된 59개 기업에 대한 미국인의 투자를 금지했지만, 일본에는 중국 군산복합체에 대한 투자를 금지하는 제도가 없다. 이런 이유로 일본 투자자들은 상장 주식을 매입함으로써 자국 안보를 위협하는 중국의 군사력 증강에 연루되는 셈이다.

18. 멍완저우(孟晚舟, 1972~)

중국 쓰촨성 출신, 현재 화웨이(*1)의 부회장겸 CFO이다. 멍완저우의 아버지는 화웨이의 창립자이자 CEO인 런정페이(Ren Zhengfei, 任正非 주요인물 19 참조)로, 인민해방군(PLA)에서 첩보 활동을 했던 것으로 알려져있다. 외할아버지는 군에서 일급기밀임무를 수행했던 멍둥보(孟东波, 주요인물 35 참조)로 멍완저우는 16세 때부터 어머니의 성 '멍(孟)'을 쓰기 시작했다. 2017년 포브스가 선정한 중국 최고의 여성 기업인 8위에 올랐으며, 재산이 32억 달러(2018년 기준)에 달하는 것으로 알려져 있다.

대학을 졸업하고 멍완저우는 중국은행에서 1년간 근무한 후에 화웨이에 비서로 입사했으며 화중과기대학교에서 회계학을 공부했다. 2001년 캐나다 영주권을 취득했지만 2009년에 포기했고 2011년 이후 홍콩 영주권을 취득했다. 2018년 화웨이의 회계 부서로 복귀했는데, 이미 2011년에 화웨이 경영진은 멍완저우를 CFO로 언급했다. 런정페이는 이를 부인하지만 멍완저우가 원래 화웨이의 후계자로 거론됐던 것으로 추정할 수 있다.

멍완저우는 이란에 대한 경제 제재를 위반하고 불법적으로 금융기관을 이용한 혐의로 2018년 미국연방정부의 요청에 따라 캐나다에서 체포되었다. 홍콩기업인 스카이컴(Skycom)을 이용해 이란의 통신사와 거래하고 미국의 여러 금융기관에 허위진술을 한 혐의를 받은 멍완저우는 결백을 주장했지만, 여권을 돌려주고 GPS 장치를 통해 24시간 감시를 받는 조건으로 미국 법무부와 형량 협상을 수락했고 중국 정부가 마련해 준 전세기를 타고 중국으로 돌아갔다. 멍완저우에게는 "붉은 공주"라는 별명이 있다. 쥐스탱 트뤼도 캐나다 총리(*2)는 멍완저우의 체포에 캐나다의 개입을 부인했다.

미국의 보스턴에서 공부한 멍완저우의 아들은 미국을 자주 방문했었지만 미 당국의 수사를 우려해 2017년부터는 미국행을 꺼리고 있는 것으로 알려져 있다. 2019년 캐나다 검찰 문서에 따르면 멍완저우는 지난 11년 동안 중국 여권 4개, 홍콩 여권 3개를 발급했던 것으로 밝혀졌다. 홍콩 일간지 밍파오(明報)에 따르면 멍완저우는 관용여권(국회의원, 공무원들이 공무를 이유로 발급받는 여권)도 소지하고 있었다고 한다. 멍완저우의 변호인단은 결혼 전 성으로 돼 있거나, 유효기간의 만료로 여러 개의 여권을 소지하고 있을 뿐이며, 일부 국가에서는 자산이 여권에 연계되어 있기 때문에 어떤 종류의 여권을 요청할지 몰라 여권을 보관하고 있었다고 주장했다.

*1 화웨이(Huawei): 중국 광둥성에 본사를 둔 통신장비 제조업체. 2020년부터 미국 내무부 산업안보국의 제재를 받고 있다. CEO인 런정페이는 중국 정부가 화웨이에 타국가에서의 첩보 활동은 요구하지 않았다고 말했다. 하지만 2019년 1월 폴란드 당국은 화웨이를 첩보에 대한 혐의로 고발하고 현지 화웨이 임원과 폴란드인 직원을 체포했다. 화웨이의 중국 국적의 임원은 이전에 중국 영사관에서 근무한 적이 있으며, 폴란드 국적 직원은 중국 정보기관에서 보안전문임원으로 근무했고, 체포되기 전에는 폴란드 통신회사에서 근무했었으며 바르샤바 군사기술대학에서 광섬유 통신 네트워크를 통한 침입감시 시스템 개발을 공부했다. 조젯 모스바허(Georgette Mosbacher) 폴란드 주재 미국 대사는 로이터 통신에 "최근 폴란드 내에서 발생한 사건이 증명하듯 화웨이와 같은 중국기업의 장비를 사용하는 것에 대한 위험은 매우 현실적"이라고 말했다. 미국 당국의 제재를 받고 있음에도 불구하고 화웨이의 매출은 계속 늘어나고 있다. 화웨이는 첨단기술이 들어간 반도체 조달의 어려움으로 2021년 매출이 전년 대비 28.6% 감소했지만, 2022년에는 약 9%대로 회복되었다. 대만의 반도체 회사 TSMC의 류더인(劉德音) 회장이 "당사는 미국의 제재와 상관없이 화웨이에 대한 반도체 공급을 계속할 것이며, 미국 상무부는 법에 대한 위반을 조사하기 위해 TSMC에 인력을 파견할 예정이었지만 TSMC는 주의 깊게 움직여 미국이 위반 사항을 알아채지 못하게 했다. 전 세계 반도체 시장 점유율 70%를 차지하는 TSMC의 지원으로 화웨이는 안정적인 운영을 하고 있다"라고 말했다고 중국 MSN 뉴스 네트워크는 보도했다.

*2 쥐스탱 트뤼도(Justin Trudeau): 캐나다의 정치인으로 2013년부터 캐나다 자유당 총수, 2015년부터 29대 캐나다 총리를 역임하고 있다. 신종코로나바이러스 필수 예방접종을 반대하는 시위대에 대해 캐나다 사회의 "비주류 소수"라는 의견은 바뀌지 않았다고 말했다. 트뤼도 정부는 2016년부터 임종의료지원(MAiD: Medical Assistance in Dying)을 시행하고 있다. 안락사의 범위를 정신건강질환자까지 확대하는 법안이 통과되면서 안락사 사례가 급증하여 2016년 약 1,000명이었던 사망자 수가 2020년에는 7,600명으로 늘어났다. 이는 캐나다 전체 사망자 수의 약 3%에 달하는 수치로 연간 1만 명 이상이다. 캐나다 정부는 대상을 어린이까지로 확대할 계획이라 밝혔으며, 이에 대해 미국의 인기 쇼 진행자인 터커 칼슨(Tucker Carlson)은 "캐나다 정부는 일부 소수만이 아닌, 5만 명이 넘는 캐나다인들을 죽이고 있다. 5만 명을 죽이는 학살 조직이다. 무슨 말이 더 필요한가. 다음 달로 예상되는 캐나다인을 조직적으로 죽이는 MAiD 프로그램을 확대하는 계획을 지금 검토 중인 것으로 알려졌다. 그 중 상당수는 불치병이 아니라 단지 우울한 사람들인데 이는 캐나다가 그들을 우울하게 만들었기 때문이다. 캐나다 정부는 대상을 어린이들까지로 확대할 것이다"라며 캐나다 정부를 비판했다.

세계경제포럼(WEF)의 클라우스 슈밥(주요인물 59 참조)은 2017년 WEF의 젊은 글로벌 리더로 쥐스탱 트뤼도 총리를 선정하며 "트뤼도 캐나다 총리와 아르헨티나의 대통령 같은 젊은 세대가 자랑스럽다"라고 말했다.

19. 런정페이(任正非, 1944~)

중국 구이저우 출신으로 화웨이의 CEO이자 멍완저우(주요인물 18 참조)

부회장의 아버지. 2018년 포브스 선정 중국 최고 부자 순위에서 83위에 올랐다.

런정페이는 1988년 인민해방군(PLA) 출신의 동료들 6명과 함께 화웨이를 설립했다. 화웨이를 설립하기 전인 1978년까지는 인민해방군에 몸담고 있었으며, 1983년까지 약 10년 동안 엔지니어로서 통신 네트워크 구축 업계에 있었던 것으로 알려져 있다. 그러나 2018년 12월 9일 일본 산케이 신문에 따르면 런정페이는 군에서 훈련 및 첩보 활동을 벌였다고 했다. 산케이 신문은 2018년 12월부터 매일 화웨이에 대한 보도를 해왔지만, 런정페이의 첩보 활동에 대한 기사가 포함된 9일자의 보도는 삭제되었다. 해당 기사의 인용문은 뉴욕에 본사를 둔 중국어 미디어인 신당인전시대(新唐人電視台)의 2018년 12월 14일자 온라인 뉴스에서 확인할 수 있다.

중국의 대기업 창업자 중 상당수가 인민해방군 출신이다. 레노버(Lenovo: 联想), 하이얼(Haier: 海尔), 화룬(Huarun: 华润), 반크어(Vanke: 万科), 화위안(Huayuan, 华远), 광샤(Guangxia: 广厦), 커롱(Kelong: 科龙), 샨샨(Shanshan: 杉杉), 자이지송(ZJS Express: 宅急送) 등의 기업이 그 대표적인 예로 모두 군 출신이다.

제4장: 어느 대만 해군 장교의 죽음

20. 인칭펑(尹清楓, 1946~1993)

중국 간쑤성 출신으로 중국 산둥성으로 이주한 후 대만 가오슝으로 갔다. 중화민국(대만) 사람으로, 1942년 제2차 중국국공내전(1946~1950년) 기간에 해군기술대학(現 중국인민해방군국방과기대학에 통합) 기계공학과에 입학하

여 1957년에 졸업했다. 1949년 국민당의 패배로 해군기술대학의 학생들과 교사들은 해군 쿤룬선(崑崙船)에 탑승하여 대만으로 피난했고 학교는 대만의 가오슝으로 이전하여 중화민국 해군군관학교(中華民國海 軍軍官學校)가 되었는데 교장은 장제스였다.

해군본부 무기획득실의 상교였던 인친펑은 근무 중 둔중한 물체로 목을 타격당하고 바다에 추락해 사망한 것으로 발표되었다. 그러나 그의 사망 원인에 대해서 의문이 끊임없이 제기되고 있다.

1993년 대만과 프랑스가 라파예트급 호위함 구매 계약을 체결한 후 인칭펑은 해군사무국으로 직위가 변동되었고 같은 해 12월에 사망했다. 인친펑의 시신은 대만 이란현 둥가오 기차역 근처의 우옌 암초 외곽의 400~500m 지점에서 발견되었다. 당국은 처음에는 자살로 결론 내리고 제대로 조사하지 않았으나 인칭펑의 가족들의 항의와 언론의 관심이 높아지자 본격적으로 조사가 시작되었고, 대만 정부의 무기 구매와 관련된 문제점들이 드러났다. 대만 사회에서는 부패 스캔들의 주범이 입막음을 위해 인칭펑을 살해한 것으로 보고 있다. 그의 죽음은 대만의 미해결의문사 사건의 대명사가 되었다.

* 라파예트 스캔들(Lafayette Scandal): 라파예트 스캔들(또는 대만 프리깃함 스캔들)은 1989년 대만, 프랑스, 중국이 대만의 군함 구매 과정에서 부패, 증인 살해, 반역 행위 등이 관련된 대형 스캔들로 군인, 정치인, 돈, 불법 조

직 등이 연루되어 있다. 원래 대만은 미국에서 설계한 군함 16척을 한국에서 구매할 계획이었지만, 군 참모총장 하오보춘과 프랑스는 라파예트함 6척을 구매하게 만들었다. 프랑스는 대만에 제공해야 할 설계도는 중국으로 넘겼고, 대만은 탑재된 모든 무기는 중국에 넘어간 빈 라파예트함 6척을 가져갔다. 그런 다음 대만은 함정에 무기를 재장착하기 위해 무기 구매예산을 다시 책정했고 늘어난 자금은 세 나라가 나누어 가졌다.

해당 사건과 관련하여 프랑스 국적자를 포함한 최소 14명이 사망했으며 의심되는 정황이 있는 것으로 알려졌다.

사건 이후 대만 정부는 프랑스 무기제조사인 탈레스(Thales, 사건 당시는 Thomson)의 전직 중개인이자 대만 해군의 요원이었던 왕촨푸(汪傳浦)가 거액의 리베이트를 받았다고 밝혔다. 이들은 스위스 법원에 왕촨푸와 가족 소유의 64개 은행 계좌를 동결하고 대만으로 인도해 달라는 소송을 제기했다. 당시 마잉주 대만 총통은 사건 관련 자료가 공개될 것을 우려하여 공개금지를 명령했다.

일본 리덩후이 친우회 아이치현지부(日本李登輝友の会 愛知県支部), 앤디 청의 사설 〈라파예트 사건(22)〉에 따르면 "프랑스에서 구입한 군함의 무기를 중국 측에 넘긴 군인의 반역 행위는 충분히 사형에 처해질 수 있는 일이지만 대만 해군은 청방의 통제하에 있는 것이나 다름없기 때문에 진실을 말할 수 있는 사람이 없다. 따라서 정부는 군과 협조하기 어렵고, 민간은 죽련방(주요인물 25 리우일량, 26 첸칠리, 49 장샤오우 참조)에 대한 두려움 때문에 조사할 수 없다. 누군가 반역죄를 저지른다면 대만 군인과 정치인뿐만 아니라 중국의 정치인들까지 적으로 돌릴 수 있다. 따라서 대만의 스캔들은 해결될 수 없다. 독재국가에서는 정의가 승리할 수 없다"라고 했다. 일본의 공익법인 재단인 국가기초문제연구소(国家基本問題研究所)의 2020년 5월 28일자 기사에서 이치하라 키치노스케 데즈카야마대 명예교수는 "해당 사건을 조사한 재미 대만인 앤디 청에 따르면 대만 해군은 본토의 비밀 결사조직인 청방의 일원이며, 의문사 피해자 시신을 처리하는 방식도 청방의 방식으로 이뤄졌다고 했다. 그들이 연루된 의문사 사건은 아직 미해결 상태이며, 그들 중 누구도 처벌을 받지 않았다"라고 말했다.

21. 리덩후이(李登輝, 1923~2020)

최초의 대만 출신 총통, 농업학자, 선교사. 중화민국의 제 8·9대 총통(1988~2000)과 제7대 국민당 당대표(1988~2000)를 역임했다.

부계인 리씨 가문은 푸젠성 용딩에서 대만으로 이주한 하카족 혈통으로 조부가 아편 판매권을 가지고 있었기 때문에 경제적으로 어려움을 겪지 않았다. 모계쪽은 민난족 출신이다. 리덩후이가 공립학교에 입학했을 때, 아버지는 이와사토 마사오(岩里政男)라는 일본식 이름을 지어주었다. 고등학교 시절 역사 교사였던 시오미 카오루(塩見薫)의 가르침으로 마르크스주의 유물론적 역사관의 영향을 받았다. 국립대만대학교 농학부 농업경제학과에서 농업부기를 공부하고 마르크스, 가와카미 하지메 등의 사회주의 관련 서적을 접하게 되었다. 1944년 학생 신분으로 전쟁에 참전하여 징병검사에서 제1을종(第 一乙種)으로 현역 판정을 받아 오사카사단 소속으로 일본군에 입대했다. 리덩후이는 일본어를 유창하게 구사했으며, 일본을 방문하면 주요 인물들과 일본어로 의사소통을 했다.

리덩후이(우측)와 그의 형 리덩친(李登欽, 좌측)

리덩후이는 "Mr. Democracy"로 불릴 정도로 대만의 민주화 전환을 완성한 공로를 인정받았다. 그때까지 중화민국이 내세우던 "공산당을 몰아내고 본토를 되찾자(反攻大陸)"라는 대(對)대륙 정책을 폐기하고 중화민국(대만)과 중국 양안 관계를 서로 다른 두 개의 동등한 정치 실체로 규정하는 '두 국가론'을 제안하면서 중화인민공화국이 중화민국을 지배하고 있었다는 사실을 인정한 꼴이 되었다. 전 세계에서 동맹국을 확보하기 위한 야심찬 외교 정책을 이끌었다는 평가를 받는 리덩후이 전 총통은 일본과의 우호 관계를 유지하기 위해 노력했으며, 특히 일본의 대만 로비를 주도한 기시 노부스케의 손자인 아베 신조(주요인물 46 참조) 전 일본 총리와 친밀한 관계를 맺었다. 하지만 그의 실제 속내는 일본을 이용하려는 것이었으며, 일본과 미국 사이의 안보 강화를 위한 미-일 안보 가이드라인 개정 당시 "본 가이드라인에 따라 일본 주변 지역에서 긴급 상황이 발생하는 경우 일본은 미군에 병참 및 기타 지원을 제공할 것"이라고 말했다. 새로운 가이드라인은 대만에 대한 일본과 미국의 방위 정책으로 간주될 수 있다. 아베 신조 전 일본 총리는 "대만의 비상사태는 곧 일본의 비상사태"라고 했는데 대만의 안보에 일본을 참여시키려는 리덩후이의 목표가 반영된 것일 수 있다.

22. 하오보춘(郝柏村, 1919~2020)

중국 장쑤성 출신으로 중화민국(대만)의 군인이자 정치인. 중화민국의 참모총장, 국방부장, 군에서 퇴역한 후에는 행정원 원장직을 역임했다.

1935년에 육군사관학교에 입학하여 1938년에 졸업했다. 난징 포병학교에 배속되어 1940년 훈련을 마쳤고 꾸준히 계급이 올라 1955년 국방부 참모본부 작전참모차장실 소속 장교가 되었다. 1958년 진먼 포격전에서 활약한 공로를 인정받아 운휘훈장(雲麾勳章)과 호자영예기(虎字榮譽旗)를 받았으며 진먼 방어사령부 사령관으로 임명되었다. 1977년에는 부참모총장, 육군 총사령관이 되었고 1981년 장칭궈 총독이 대만군 참모총장으로 임명하면서 최정점에 올랐으며, 이례적으로 긴 8년 동안 재임했다. 1989년 행정원장으로 지명되자 각계에서 반대 목소리가 나왔고, 시위가 시작되었으나 결국 국민당이 다수당이었던 입법원에서 실시된 투표에서 하오보춘이 행정원장으로 선출되었다.

1984년부터 대만은 거의 매년 한 번씩 중국의 위협에 맞서기 위한 대규모 군사 훈련인 '한광훈련'을 실시해 왔는데, 하오보춘이 이 훈련을 만들었다. 2014년 CCTV와의 인터뷰에서 중화인민공화국의 국가를 제창하는 모습이 BBC와 대만의 민시, 산리 라이브 뉴스로 보도되며 논란이 일었는데 리덩후이는 아들 하우룽빈에게 자신의 "조국에 대한 감정"을 베이징에 표현하고 싶었다고 말했다.

하오보춘은 중화민국 참모총장 시절인 1989년 라파예트 스캔들의 중심에 있었다. 원래 대만은 한국에서 미국 설계의 군함 16척을 구매할 계획이었지만, 하오보춘은 프랑스와 결탁하여 라파예트함 6척 구매로 강제 변경했다. 라파예트 스캔들을 외에도 미라지 전투기 계약에도 관여했다. 라파예트 스캔들을 조사했던 재미 대만인 앤디 청은 "해당 사건(미라지 전투기 구매 계약)을 조사하면 하오보춘 외에도 다른 정치인들이 많이 나올 것이다. 그래서 대만 정부가 해당 사건을 숨기려고 하는 것"이라고 했다. 하오보춘은 2020년 타이페이 삼군총의원(三軍總醫院)에서 100세의 나이로 사망했다.

23. 천수이볜(陳水扁, 1950~)

대만 타이난현(現 타이난시) 출신으로 중화민국의 정치가이자 10대, 11대 총통.

가난한 가정에서 자랐기 때문에 가난에서 벗어나고자 열심히 공부했다. 국립대만대학 상학부에 입학했고, 황신지에(黃信介)의 연설에 감명을 받아 정치에 관심을 갖게 되어 법학부에 입학했다. 전국 변호사 시험에서 최고 점수로 합격하여 최연소 변호사가 되었다. 1979년 12월, 세계인권의 날을 맞아 메이리다오지 후원으로 가오슝시에서 열린 시위의 주최자인 황신지에를 변호했으며 이를 계기로 반국민당 운동에 참여하게 되었다.

1981년 "완전한 언론의 자유!"라는 슬로건을 내걸고 타이페이 시의회에 당선되었다. 1985년 타이난현장 선거에 출마했지만 패했다. 선거 기간 동안 아내인 우슈전(吳淑珍)이 교통사고를 당했는데 정치적 음모일 수 있다는 의혹이 제기되었다.

천수이볜은 호라이지마잡지사건(蓬萊島雜誌事件)으로 유죄 판결을 받아 징역을 살았는데 그동안 우슈전은 입법위원으로 선출되었다. 천수이볜은 출소 후 그녀의 정책 비서로 일했고 그 후 입법위원에 선출되어 민진당 사무총장이 되었다. 1994년에는 타이페이 시장에 당선되었는데 1998년 선거에서 국민당 마잉주 후보에게 패하면서 시장직에서 내려오게 되었다.

천수이볜은 2000년 총통 선거에 출마했고 당선되어 대만 총통이 된 5번째 인물이 되었다. 천수이볜의 주요 정책은 영국노동당 개혁을 모델로 한 중도 좌파운동인 '신중도노선(新中間路線)'이었다. 총통에 취임한 천수이볜의 리더십 아래 정치계는 어려움에 직면했다. 원자력발전소 건설 문제를 놓고 국민당의 탕페이(唐飛)와 충돌했으며, 국민당과 민진당은 그의 퇴진 결의안을 제안했다. 2008년 총통 선거는 천수이볜 총통이 부총통 후보로 지명한 뤼슈렌(呂秀蓮)이 피격당하는 등 혼란한 시기 속에 치러졌는데 천수이볜이 총통에 당선되었다. 총격 사건의 범인으로 지목된 한 남성이 십여 일 후 익사한 채 발견되었으며 사건의 진실은 베일에 싸여 있다.

천수이볜은 2006년 대만을 방문한 일화의원간담회(日華議員懇談会*) 의원이 만난 자리에서 북한의 지하 핵실험을 강력히 규탄하면서 대만이 일본, 미국과의 군사 교류를 강화하고 양국과 준군사 동맹을 구축해야 한다고 강조했다. 이는 대만의 안보에 일본을 참여시키려는 리덩후이(주요인물 21 참조)의 대일 로비의 연장선상에 있었다.

천수이볜은 2008년 자금세탁 혐의로 체포되었는데 마잉주 전 총통의 정치적 탄압 때문이라고 주장했고 기자회견에서 리덩후이 전 총통이 자신보다 훨씬 더 많은 정치후원금을 받았으니 불공평하다고 반박했다. 대만에서는 CTBC 은행의 제프리 구 주니어(辜仲諒, 영문명: Jeffrey Koo Jr.)가 뇌물수수로 얻은 30억 엔(당시 환율로 약 2,700만 달러)을 일본에 있는 김메이링(주요인물 46 아베 신조의 *참조)의 계좌로 송금하는 데 관여했다고 인정하는 보도가 있었다. 제프리 구 주니어의 아버지인 제프리 구 시니어(辜濂松, 영문명: Jeffrey Koo Sr.)는 국민당의 국민당의 수석 고문이었으며, 그의 증조부는 1992년 대만 대표단의 일원이었던 구천푸(辜振甫)였다.

친후이주(秦慧珠) 전 입법위원장은 천수이볜 전 총통이 장쩌민(江綿恒, 주요인물 60 참조)의 아들인 장몐헝(江綿恒)과 포모사 플라스틱 그룹의 설립자인 왕융칭(王永慶)의 장남인 왕원양(王文洋)의 재정적 지원을 받았다고 지적한

적이 있다.(주요인물 7 청방 참조)

    * 일화의원간담회(日華議員懇談会): 일본-대만 간의 관계 강화를 위해 노력하는 초당파적 의원 연합이다. 주로 아베 신조 전 총리의 자민당 소속 의원들로 구성되어 있다.

제5장: 시작

24. 사토미 하지메(里見甫,1896~1965)

일본 아키타현 출신. 언론인이자 사업가로서 일본 미쓰이 물산 및 관동군(일본 제국주의시대 당시)과 결탁하여 아편을 밀매한 인물이다.

후쿠오카 현립 중학교 슈유칸(修猷館)에 재학중이던 시절, 학교에서 유도수업을 참관하던 쑨원(주요인물 9 참조)과 알게 되었고 크게 감명을 받아 '대동아공영권(大東亞共榮圈)'을 건설하고자 하는 열망을 품게 되었다.

졸업 후에는 인맥을 통해 상하이의 동아동문서원대학(東亞同文書院大學)에 들어갔다. 중국인으로 변장해서 다른 일본인들은 접근하기조차 위험했던 상하이 푸저우의 아편굴에서 여성들을 탐닉하는 삶을 살았으며 이때 사용했던 리밍(李鳴)이라는 중국식 이름을 그 후에도 사용했다. 중국어에 능통했던 사토미 하지메는 톈진의 케이신니치니치신문(京津日日新聞)과 베이징신문(北京新聞)의 기자가 되었고 기자 시절 장제스와 왕자오밍(汪兆銘), 만주국 군벌이었던 장쭤린(張作霖), 청방의 성원이(盛文頤) 등 중국 정부의 인사들과 교류했다. 그 중에서도 특히 장제스와 특히 친밀한 관계를 맺고 있었으며, 쑨원의 초상화가 새겨진 한정판 은제 담배 케이스를 선물받았는데 이 담배 케이스를 아껴서, 전쟁이 끝난 이후에도 계속 가지고 다녔다.

사토미 하지메는 관동군 참모장교들이었던 이타가키 세이시로(板垣征四郎), 이시와라 간지(石原莞爾, 주요인물 9 '쑨원'에서 *2 참조)와 친분을 쌓게 되었다. 묵덴(현 선양) 특수기관의 장이었던 도이하라 겐지(土肥原賢二) 육군대장의 지휘 아래 아마카스 마사히코와 함께 아편 무역을 군자금 조달의 원천으로 삼기 시작했다. 상하이에서 아편 무역을 관리하기 위해 사토미기관(里見機關)이라고 하는 회사를 만들었고, 관동군의 아편 밀수 작전을 맡았다. 사토미 하지메는 청방의 셩원이와 함께 밀수 경로를 통제하고 청방의 정보수집 능력을 활용해 처음에는 톈진 아편 시장을 독점했지만 기시 노부스케(주요인물 31 참조)의 지시에 따라 중국 전역으로 세력을 확장했다. 페르시아와 몽골 아편 매매로 관동군은 막대한 돈을 벌어들였다. 수익금은 일본의 꼭두각시나 다름이 없는 정부 수장 왕징웨이에게도 분배되긴 했지만, 기시 노부스케는 장제스에게도 몰래 돈을 전달했다. 이 활동을 통해 청방의 두웨성(주요인물 28 참조), 셩원이, 사사카와 료이치(주요인물 30 참조), 고다마 요시오(주요인물 30 '사사카와 료이치' 중 *2 참조), 기시 노부스케 등은 '만주국 라인'을 형성했다.

사토미 하지메는 선전 활동의 일환으로 만주에서 국립 신문사를 설립했다. 또한 '만주국통신사(満洲国通信社)'라는 이름으로 신문연합사(新聞聯合社)와 전통(電通)의 통신 네트워크를 통합한 국가 정책 회사를 설립하고 초대 이사이자 주필 자리에 앉았다. 로이터와 통신 제휴계약을 체결하여 만주국 통신사의 위상을 국제적으로 높였다. 이후 관동군의 지시로 톈진의 중국 신문사 '용바오(庸報)'의 사장이 되었다.

종전 후에는 A급 전범이 되어 스가모 형무소에 수감되었다가, 극동 국제 군사재판소에서 증언한 후 석방되었다. 논픽션 작가 사이토 미쓰히로

(斎藤充功)는 그의 석방 이유에 대해 "사토미 하지메를 기소하고 중국의 아편 유통 상황에 대해 조사하면 장제스 정부가 아편 밀매에 관여한 사실이 드러날 수밖에 없다. 승전국이나 다름없었던 국민당 정부는 마오쩌둥이 이끄는 중국공산당과 내전을 벌이고 있고 당시 미국은 국민당을 지지하고 있었기 때문에 더 이상의 수사를 피했을 것이다"라고 말했다. 사토미 하지메는 출소 후 전문 무역회사를 설립해 아시아 국가들을 대상으로 공적개발원조(ODA) 관련 사업을 벌였는데 중국의 주요 인사들과 계속 인맥을 유지했으며, 종전 후에도 중국 전통의상을 즐겨 입은 것으로 알려져 있다.

1942년 총선에 출마한 기시 노부스케의 선거 자금을 전적으로 관리했다.

1965년, 70세의 나이에 심장마비로 사망했다. 그의 사망 소식에 중국 저우언라이(주요인물 34 참조)와 대만의 장제스가 애도의 메시지를 보냈고 사토미가의 가족 묘지의 비문은 기시 노부스케가 썼다.

25. 헨리 리우(Henry Liu, 1932~1984)

대만계 미국인 작가로 필명은 '장난(ChiangNan, 江南)'이다. 대만의 두 번째 총통이었던 장징궈의 전기를 무단으로 출판했다. 그 결과 1984년 로스앤젤레스 자택의 차고에서 대만 최대 갱단인 죽련방에서 파견한 암살범에 의해 살해당했다.

미국 정부는 암살범과 대만 당국 간의 전화 통화 녹음테이프를 입수했지만 죽련방의 두목인 천치리는 미국으로 인도되지 않았다. 대만에서 천치리는 대만 비밀요원들의 우두머리인 둥구이선(董桂森. *1)의 지시를 받았다고 자백했고, 두 사람은 종신형을 선고받았다. 천치리는 감옥에서 복역 중일 때에도 조직원들에게 지시를 내릴 정도로 영향력이 있었던 것으로 알려져 있다. 미국 정부는 대만의 대응에 대해 강경한 입장을 취했고, 무기 제공을 중단하겠다며 대만 정부를 압박했다.

1970년대 이후 미국 내의 중국 비밀 조직들은 크게 성장했고, 샌프란시스코의 와칭(Wah Ching, 華青)의 두목인 빈센트 주(Vincent Jew)와 같은 젊고 과격한 두목들이 등장했다. 홍콩 배우 성룡은 해당 조직에 합류하라는 협박을 받았다고 밝혔는데 와칭이 홍콩의 14K파(*2)와 같으니 가입하라고 말했다고 한다.

*1 둥구이선(Tung Kuei-sen, 董桂森): 대만 죽련방의 고위 간부였으며, 대만 정부 보안기관의 장이었으나, 헨리 리우가 살해된 후 해외로 도주하였다. 뉴욕에서 헤로인 거래에 연루되어 20년 형을 선고받아 미국 연방 교도소에서 사형당했다.

*2 14K파: 홍콩에 기반을 둔 삼합회(三合會)의 범죄조직으로 국민정부 당시 장제스의 지원을 받았다. 1956년 대만에서 열린 조직들의 간부 회의에 참가하여 삼합회의 통합을 논의했다. 대만의 갱단과 "홍콩-대만 커넥션"을 형성하고 강력한 관계를 구축했다.

26. 천치리(Chen Chi-li, 陳啓禮, 1943~2007)

중국 쓰촨성에서 출생으로 7살 때 대만으로 이주했다. 대만의 지하세계의 일원이자 죽련방의 창립 리더(두목)였다. 1956년 죽련방의 전신인 '중화방(中和幇)'에 들어갔다. 중화방이 내부 분열을 겪자, 천치리는 죽련방을 결성하여 그 우두머리가 되었다.

1984년, 죽련방의 부두목인 우둔(Wu Dun, 吳敦), 조직의 간부인 둥구이선(董桂森, 주요인물 25 '헨리 리우'의 *1 참조)과 함께 미국의 샌프란시스코에서 장난

(江南)이라는 필명으로 활동하던 작가 헨리 리우를 암살했다. FBI는 즉시 수사에 착수하여 대만에 세 사람에 대한 신병인도를 요청했다. 세 사람은 대만에서 재판을 받았으며, 천치리는 종신형을 선고받아 2007년 홍콩의 한 병원에서 췌장암으로 사망할 때까지 복역했다.

27. 마오쩌둥(Mao Zedong, 毛澤東, 1893~1976)

중국 후난성 출신으로 중화인민공화국의 최고 지도자이자 정치가, 사상가. 중국 공산당(中國共産黨)의 창립 멤버 중 한 명이며 초대 중앙위원회 서기장을 역임했다.

마오쩌둥은 부유한 농부의 아들로 태어나 1911년 신해혁명(辛亥革命)의 영향을 받았다. 24세 때 쑨원(孫文)을 지지한 일본 혁명사상가 미야자키 도텐(주요 인물 9 '쑨원'의 *3 참조)의 강연을 듣고, 신문화운동(新文化運動)의 영향을 받아 신민학회(新民學會)를 창설했다. 마오쩌둥은 상하이에서 공산주의 이론에 관한 책을 연구하며 시간을 보냈는데, 마르크스-레닌주의(Marxism-Leninism)를 신봉하며 중국공산당 창립 멤버가 된다. 마오쩌둥은 내전 후 장제스(蔣介石)가 이끄는 중화민국 정부를 대만으로 추방하고, 1949년 중화인민공화국 건국을 선포한다.

마오쩌둥은 사회주의를 '미래의 목표'로 삼고 소련과의 관계를 강화하여 원조를 끌어냈다. 1957년, 마오쩌둥은 공산당 독재에 비판적인 민주주의자와 지식인을 '우익'으로 몰아 박해했으나, 약 55만 명 중 99%가 억울한 누명을 쓴 것으로 추정된다. 이후 중국 공산당을 비판하는 것은 사실상 불가능해졌고, 마오쩌둥에 대한 숭배는 절대화되었다. 1958년, 마오쩌둥의 대약진정책(大躍進政策)이 시작되었다. 대약진정책은 농작물과 철강 제품의 생산량을 늘리기 위한 것이었으나, 몇 년 만에 약 2천만 명에서 5천 5백만 명이 기아로 사망하는 대실패로 끝이 난다. 마오쩌둥은 히틀러(Adolf Hitler), 스탈린(Joseph Stalin)과 함께 세계 최악의 3대 대량 학살자 중 한 명으로 비판받는다. 이후 린뱌오(Lin Biao, 林彪)가 마오쩌둥 어록(Little Red Book: 毛主席语录)을 출간하며 마오쩌둥의 권위와 사상은 신격화되고 확대되어 갔다.

문화대혁명(文化大革命) 기간에 홍위병(紅衛兵)은 중앙 지도부, 교사 및 기타 '지식인', 그리고 중국 국민당과 조금이라도 관련이 있는 사람들을 대상으로 대량 학살을 자행했다. 마오쩌둥은 고등 교육이나 대학 교육을 받은 지식인들을 의심했는데 총 희생자 수는 수백만 명에서 수천만 명에 이르는 것으로 추정된다. 마오쩌둥 정부는 전체주의 정권으로 묘사된다.

가장 최근에 마오쩌둥이 전 세계적으로 주목받은 건 1972년 베이징에서 닉슨 미국 대통령과의 회담이었다. 마오쩌둥은 많은 비판을 받았으나, 사후에도 전 세계 공산주의 운동에 막대한 영향을 미쳤으며 지금까지도 이데올로기적 지도자로 존경받고 추앙되며 기억되고 있다.

마오쩌둥은 국민당에 맞서 싸운 중국 공산당의 지도자로 널리 알려져 있으나, 실제로는 국민당과의 협력과 갈등을 반복하며 중국 공산당의 권력을 강화했다. 중일전쟁 기간 동안 그는 항일 전선에서 활동하고 싸웠으며, 국민당 군대와 함께 장제스의 부인 쑹메이링(주요인물 10 참조)의 활동을 통해 미국과 영국으로부터 원조를 받아 일본군에 대항했다. 공산당 국공 내전 기간에는 두웨성(주요인물 28 참조)의 제안을 수락해 석탄을 국수 가루

로 교환했으며, 저우언라이(주요인물 34 참조)를 통해 공산당과 녹색당 간의
거래와 협력을 조율하기도 했다.

28. 두웨성(Du Yuesheng, 杜月笙, 1888~1951)

결혼식에 참석한두웨성(우측)과 그의 아내 멍샤오둥

두웨성은 상하이 프랑스 조계지인
푸둥 가오창의 가난한 집안에서 태
어나 어린 나이에 부모를 잃었으며
이후 삼촌이 그를 거두어 키웠다.

두웨성은 중국의 비밀 결사인 청
방(青幫)의 3대 리더 중 가장 강력한
인물로 아편 밀매에 관여한 모든 중
국 비밀결사를 통합하고 상하이 삼

합회(三合會)를 청방에 편입시켰다. 여기에는 쑨원과 쑹자수가 소속되어 있
던 삼화회(Sanhekai, 三和会)도 포함되었는데 이러한 통합을 통해 두웨성은
국민당과 긴밀한 관계를 맺게 되었다.

두웨성은 1920~1930년대 상하이 암흑가의 세 거물 중 한 명으로, 황
진룽(Huang Jinrong, 黃金榮)과 장샤오린(Xiaolin Zhang, 張嘯林)과 함께 활동했다.
두웨성은 프랑스 조계지에 기반을 두고 프랑스 영사와도 연관을 맺었고
프랑스 조계지 당국과 협력하여 아편 밀매를 했으며 도박장과 사창가도
운영했다. 프랑스 조계지는 이러한 사업들로 막대한 이익을 얻었다. '중국
의 마약왕'으로 불렸던 두웨성은 장제스가 이끄는 국민당 정부와 협력하
여 아편 거래를 진행했다. 청방은 쑹 가문이 수입한 페르시아산 아편을 가
공했다. 1932년 상하이 사변 이후 상하이에서 아편 단속이 엄격해지자 헤

로인 밀매를 시작한 두웨성은 상하이 푸둥 해안에 모르핀 및 헤로인 정제소를 세웠고, 장제스 정부 및 프랑스 마르세유를 기반으로 한 범죄 조직인 코르시카 마피아(Union Corse)와 협력했다. 이 시기에 형성된 청방의 마르세유-뉴욕 헤로인 공급망은 오늘날까지 이어지고 있다고 한다. 그들은 협박, 위협, 뇌물을 통해 외국 무역 중개인을 장악했고 외국 기업들에 상당한 숨은 영향력을 행사했다. 예를 들어, 홍콩상하이은행(HSBC) 본사에 고용된 현지인 종업원은 중국인과 외국인의 신용 정보를 두웨성에게 전달하는 역할을 맡았다.

두웨성은 상하이 대학살의 핵심 가담자였고 국민당 편에 서서 중국 공산당을 공격했다. 두웨성은 국민당이 더 큰 권력과 가능성을 가졌다고 판단했다. 또한 그들은 아편 거래에 비교적 관대했다. 장제스는 이런 공로로 두웨성에게 육해공군 총사령부 고문, 군사위원회 소장 고문, 행정원 고문 등의 직함을 수여했다. 두웨성은 때때로 장제스로부터 정보와 암살 지시를 받았고 이런 일들을 수행할 때는 국민당 군인이 아닌 암흑가의 보스이자 실력자로서 행동했다. 두웨성의 스파이 네트워크는 어떤 정보기관보다도 뛰어났다고 한다. 두웨성은 의도적으로 우편물 배달을 지연시키거나 심지어 개봉하기도 했다. 장제스와 두웨성은 서로를 이용하는 관계였는데 장제스는 두웨성의 영향력을 활용했고, 두웨성은 장제스의 후원으로 자신의 이권을 확대했다. 또한 장제스는 청방의 전통에 따라 매월 두웨성에게 상납하는 것을 잊지 않았다.

두웨성은 표면적으로는 국민당 편이었지만, 공산당과도 관계를 맺고 있었으며 자신의 이익이 될 것이라고 판단할 때마다 일본군이나 공산당과 거래하고 정보를 제공했다. 두웨성은 장제스가 이끄는 국민당 편의 민족주의자였지만, 순전히 이념에 의해서만 움직인 것이 아니라 매우 현실주의적인 성향을 가지고 있었다. 국민당, 공산당, 일본군 사이에서 능숙하게 전환했던 두웨성의 행보에 대해서는 수주청(Xu Zhucheng, 徐铸成)의 '두웨성 정전(杜月笙正伝, 1982)'에 서술되어 있다.

한편, 두웨성은 자선 사업에 열정적이었던 것으로 알려져 있는데 이는 중국에서 암흑가 인물들이 전면에 나설 때 종종 자선가의 모습으로 포장하여 영향력을 확대하는 전형적인 방식이었다. 또한 중휘은행(Zhonghui Bank, 中匯銀行)을 설립하여 대중에게 공적인 모습을 부각했지만, 실질적으로 이면에서는 조직의 두목으로 활동했다. 두웨성이 은행가로서 성공한데는 쑹아이링이 쿵샹시(주요인물 13 참조)와 결혼하여 쑹 가문이 중국의 은행업을 장악하게 된 것이 영향을 주었다. 찰리 쑹을 통해 두웨성은 많은 영향력 있는 서양 사업가들과 상류층을 만났다.

국민당군이 중국 내전에서 공산당에게 패배하자, 두웨성은 홍콩으로 도망쳤다.

29. 김일성(1912~1994)

평양 서쪽의 만경대에서 태어나 조선민주주의인민공화국을 창립하고 초대 지도자가 된 북한의 정치인, 군 장교, 독재자. 김일성은 사망할 때까지 권력을 유지했으며, 사망 후에 영구적인 국가 원수로 선언되었다.

김일성은 1919년 3·1 운동 이후에 남만주로 이주해 만주 헤이청(黑城)의 한 소학교에 다녔다. 1926년, 만주에서 한국독립정의운동단체가 운영하는 화성의숙(樺成義塾)에 입학했으나 얼마 지나지 않아 중퇴했고 중국 지린성 지린시에 있는 중국인 중학교인 유위엔중학교(육문중학교, 毓文中学校)에 입

학했다. 이 학교에서 그는 중국 공산주의자인 상웨(Shang Yue, 尚鉞) 선생의 영향을 많이 받았고 본격적으로 마르크스-레닌주의를 접하게 되었다. 김일성은 1930년대 초 공산주의 청년 및 학생 운동과 중국 공산당에 가입했고, 공산당이 주도하는 항일 조직인 동북인민혁명군에서 만주 지역의 부대 지휘관으로 활동했다. 1936년, 김일성은 재편된 동북항일연합군의 일원이 되었는데 그의 부대는 일본의 공격으로 전멸했다. 그는 살아남은 상관들을 남겨두고 1940년 소련으로 도망쳤고 소련에서 잠시 수감되었으나 석방되어 소련 극동 전선 소속 제88분리 소총 여단으로 전출되었다.

제2차 세계대전에서 일본이 항복한 후, 소련은 38선 이북의 한반도를 점령했다. 소련 당국의 지원으로 김일성은 권력을 장악하고 한반도 북부에 조선민주주의인민공화국을 수립했다. 김일성은 스탈린식 정치 방식을 사용하여 정치적 라이벌들을 차례로 물리쳤다. 1960년대 후반, 동북항일연합군 출신으로 구성된 북한의 만주파는 김일성 세력에 편입되어 북한에 독재 정권이 공고해졌다. 김일성의 지도력 아래 북한에서는 중앙 계획 경제를 기반으로 한 전체주의 사회주의 독재가 완성되었다.

아베 전 일본 총리가 암살된 후(주요인물 46 참조), 북한과 깊은 관계를 맺고 있던 기시 가문과 통일교의 관계가 밝혀졌다.

통일교 창시자인 문선명은 1991년 김일성과 의형제 관계를 맺고, 북한의 다양한 프로젝트에 투자했다. 문선명은 자동차 제조 산업에 거액을 투자한 것으로 알려졌는데, 북한은 이를 미사일 부품 공장으로 개조했다는 의혹이 있다. 통일교와 기시 가문의 관계는 아베 신조의 외할아버지 기시 노부스케(주요인물 31 참조)가 반공 정치 단체인 국제공산주의승리연맹(IFVOC)의 설립을 지원하면서 시작되었으며, 사사카와 료이치(주요인물 30 참조)가 명예회장으로 활동하고 있다.

반공주의를 표방하는 기시 가문과 공산주의 북한은 비밀리에 연결되어 있다는 의혹이 있다.

30. 사사카와 료이치(Sasakawa Ryoichi, 笹川良一, 1899~1995)

일본 오사카(大阪府) 미시마군(三島郡) 도요카와(豊川) 마을의 오노하라[(小野原, 현 미노오시(箕面市) 오노하라(小野原)] 출생. 일본의 정치가, 우익운동가, 자선가. 제2차 세계대전 발발 전에는 국수대중당 총재이자 중의원 의원을 지냈다. 1968년 국제공산주의승리연맹(IFVOC: the International Federation for Victory Over Communism)의 명예회장직에 있다가 사임했다. 전일본카레제조업협회의 특별고문, 후쿠오카 공과대학 이사장을 역임했다.

전후인 1962년 사사카와 재단(이후 닛폰재단, The Nippon Foundation으로 명칭 변경)을 설립하고 이사장이 되었다. 이 재단은 국제이해와 국제협력을 촉진하는 것을 목표로 "세계는 한 가족, 인류는 모두 형제(世界は一家、人類みな兄弟)"라는 정신을 구현하고자 한다. 그의 아들 사사카와 요헤이(笹川陽平)는 자신의 블로그에서 "세계는 한 가족이고 인류는 모두 형제다"라는 말은 세계경제포럼(World Economic Forum, WEF)의 "아무도 뒤쳐지지 않게"와 동의어라고 말했다. 사사카와 재단은 총 자산이 3,000억 엔에 육박하는 것으로 알려졌는데 이는 일본 최대 규모이다. 사사카와 가문은 일본 모터보트 경주 및 재단과 관련된 많은 조직을 통제하고 있으며 보트 경주에서 얻은 수익은 사회공헌에 사용하도록 되어 있는데 자신이 회장으로 있는 단체에 기부한 것으로 보인다. 그는 정치적 기부를 통해 자신의 영향력을 유지하는 방식에 대해 비판 받아 왔다.

사사카와 료이치는 '만주국 라인(Manchurian Connections)' 중 한 명으로, 만주국의 마지막 황제인 푸이(Puyi)와의 성공적 만남을 통해 명성을 얻었다. 장제스, 문선명(*1)과 함께 국제공산주의승리연맹(IFVOC) 설립 등에서 활동하면서 일본에서 유명한 반공주의자가 되었고 고다마 요시오(児玉誉士夫, *2)까지도 휘하에 두는 등 '거물 우익'으로 불렸다. 사사카와 료이치는 1974년 타임지와의 인터뷰에서 자신을 세계에서 가장 부유한 파시스트라고 묘사했다. 통일교 전 미국 간부였던 앨런 우드는 2002년 일본 TBS 뉴스 디그(NEWS DIG)와의 인터뷰에서 1970년대 IFVOC의 후원으로 열린 세계반공연맹(WACL) 회의에 대해 "사사카와 료이치는 계속 가슴을 두드리며, 놀랍게도 '나는 문선명 총재의 개'라고 증언했다. 일본 최고의 권력자가 문 총재의 아래에 있었다. 그 당시 우리가 세계를 정복할 수 있을 거라고 생각했던 것이 기억난다"라고 말했다. 2024년 6월 22일, JB 프레스는 이 행사에 사사카와 가문, 기시 가문 외에도 다수의 자민당 의원들이 꽃을 보냈다고 보도했다. 1974년 일본 도쿄에서 기시 노부스케가 명예 집행위원장을 맡아 개최되었던 희망의 날 연회에서, 후쿠다 타케오 외무상은 "아시아에 위대한 지도자가 등장했다. 그의 이름은 문선명이다"라고 연설했다. 후쿠다 타케오 외무상의 해당 발언은 이후 일본 국회에서 추궁당했다.

사사카와 료이치는 제2차 세계대전 종전 후에 A급 전범으로서 스가모 형무소에 수감되었다가 나중에는 석방되었다. 미국 국립문서보관소의 "CIA 인명 파일-2차 석방" 목록에 기록되어 있다.

*1 문선명은 통일교의 창시자이다.

*2 고다마 요시오(児玉誉士夫)는 일본의 우익 정치인이자 이나가와카이(The (Inagawa-kai, 稲川会))의 전신인 긴세이카이(錦政会)의 고문이었다. 이와사키 다이스케의 저서 《고이즈미 준이치로의 어두운 면(2006)》에 따르면 이나가와카이는 고이즈미 준이치로 전 일본 총리와 고이즈미 신지로 현 중의원 의원을 배출한 고이즈미 가문과 깊은 관련이 있는 것으로 알려져 있다.

사사카와 료이치의 소개로 고다마 요시오는 야마모토 이소로쿠(Isoroku Yamamoto, 山本 五十六)가 본부장으로 있던 일본 해군성 항공본부에 초대받았다. 고다마 요시오는 '만주국 라인'의 일원이었으며 제2차 세계대전 중 군물자의 조달을 담당했다. 종전 후, 군수품을 판매하여 큰 부를 거머쥐었으며, 유명 정치인들에게 정치자금을 제공했다. 그는 '일본 정계와 재계의 거물'이자 '해결사'라고 불렸다.

제2차 세계대전의 종전 후, A급 전범으로 스가모 감옥에 수감되었다가 나중에 석방되었다. 고다마 요시오는 자신 스스로를 CIA 요원이라고 하였으며, 미국 국립문서보관소의 "CIA 인명 파일-2차 석방" 목록에 기록되어 있다.

31. 기시 노부스케(岸信介, Nobusuke Kishi, 1896~1987)

일본 야마구치현 출신의 일본관료이자 정치가. 1957년부터 1960년까지 제56대, 57대 일본 내각총리대신을 역임했다. 동생인 사토 에이사쿠(佐藤榮作)는 제61대, 62대, 63대 총리를 역임했으며, 외손자인 아베 신조(安倍晋三)는 제90대, 96대, 97대, 98대 총리를 역임했다. 일본방위대신이었던 기시 노부오(岸信夫)도 손자이며, 만주철도의 간부이자 외무대신을 역임했던 마쓰오카 요스케(松岡洋右)는 삼촌이다.

도쿄제국대학 법학부에 입학한 후 사회주의에 대해 관심을 가지게 된 기시 노부스케는 카를 마르크스(Karl Marx)의 저서 《자본(Das Kapital)》과 마르크스와 프리드리히 엥겔스(Friedrich Engels) 사이의 서신을 읽었다. 하지만 기타 잇키(北一輝), 오카와 슈메이(大川周明, *1)의 민족주의/대아시아주의에 더 큰 매력을 느꼈고 오카와 슈메이의 사상은 기시 노부스케의 만주국 관여에 큰 영향을 미쳤다. 대아시아주의는 제국주의와 함께 우익단체들의 지지를 받으며 대동아공영권 구상으로 이어졌다. 기시 노부스케는 학생 시절부터 마르크스 사회주의를 통합한 국가 통제 이론을 구상했다.

만주국 정부의 산업부 차관으로 임명되어 '만주 산업개발 5개년 계획'을 도입하였고 강력하게 경제를 계획하고 통제했다. 기시 노부스케는 "경제는 사상이 아니라 숫자에 달려 있다"라고 말했다. 그는 이념이나 전통문화보다는 산업을 중심으로 한 국가 이념과 대국 이데올로기를 발전시켰으며, 사회 발전의 원동력을 물질적 재화와 실천을 추구한 유물론의 산물로 보았다.

기시 노부스케가 이끌던 관동군은 만주와 중국 전역에서 아편 무역을 통해 자금을 조달했는데 '아편왕'으로 불렸던 사토미 하지메와 아마카스 마사히코(甘粕正彦), 청방을 통해 아편을 유통했다. 사토미 하지메는 청방의 성문이(Sheng Wenyi, 盛文頤)와, 아마카스 마사히코는 두웨성의 손님으로 '사토'라는 공산당원을 통해 청방과 접점이 있었고 이들 모두가 긴밀한 관계를 맺고 있었다. 제2차 세계대전 후, 총선 당시 기시 노부스케의 선거자금을 전폭적으로 지원한 사람은 사토미 하지메(里見甫)였다.

기시 노부스케는 만주에 많은 회사들을 설립했지만, 그가 만든 독점법에서 가장 중요한 제품은 아편이었다. 아편 중 일부는 영국 선박을 통해 만주로 들여왔다. 만주국에서 그의 부하였던 나가세 사토시(Nagase Satoshi, 長瀨聰)는 영국의 재벌가인 사순(Sassoon)으로 부터 "기시 노부스케를 초청하고 싶으니 연락을 달라"라는 전화를 받았다. 사순 가문의 총수는 인도에 기반을 두고 있던 유대인 '아편왕'으로, 홍콩상하이은행(HSBC)을 설립했다.

미쓰이 물산의 상하이 지사 전 직원에 따르면, 기시 노부스케는 만주국 시절부터 장제스와 인연이 있었으며, 아마카스 마사히코는 아편을 통해 얻은 수익의 일부를 국민당(KMT) 측에 군자금으로 제공했다고 한다. 장제스는 그 자금으로 중국공산당이 지휘하던 8로군과 일본군을 상대로 싸웠다.

기시 노부스케는 1945년에 전쟁이 끝난 후, 고향인 야마구치시(山口市)로 돌아갔지만 일본을 점령한 연합군에 의해 A급 전범으로 체포되어 도쿄의 스가모 형무소에 수감되었다. 이후 극동국제군사재판소에서 기소하지 않기로 결정되어 석방된 후 CIA 요원이 되었다. 기시 노부스케가 아편밀매 혐의로 재판을 받지 않은 이유는 영국이 깊이 개입했던 것이 드러날 것을 미국에서 우려했기 때문이라고 한다. 기시 노부스케는 석방 후 미국에 협력하기 시작했는데, 그가 대아시아주의자이면서도 현실주의자였음을 알 수 있다. CIA는 기시 노부스케의 영향력 강화를 위해 1950년대부터 1960대 내내 일본 자민당에 수백만 달러를 지원했다. 기시 노부스케는 대만의 장제스와 긴밀한 관계를 유지했으며 당시 사치품이나 다름이 없었던 바나나 무역을 통해서 상당한 이익을 챙겼다. 우쓰노미야 도쿠마(宇都宮德馬)의 비서를 지낸 야마타니 류지(山谷隆治)는 "1950년대에 기시 노부스케의 '바노콘(바나나バナナ, 김のり, 곤약コンニャク에서 따온 말) 양보'라는 용어가 유행했다"라고 말했다. 기시 노부스케는 일본 내의 '대만 로비' 1세대라고 할 수 있는데 장제스는 그를 통해 일본에 대한 엄청난 캠페인을 계획했다. '쇼와의 요괴(昭和の妖怪)'라는 별명이 붙은 기시 노부스케는, 누구와도 쉽게 대화하는 반면에 사고방식이 복잡하고, 사상과 행동이 다면적이었다.

　　그의 외손자인 아베 신조(주요인물 46 참조)는 "할아버지는 애초에 전후 민주주의자가 아니었다. 때때로 메이지 시대를 이끈 군관들과 자신을 비교했고 그러면서 자신감과 자부심을 가졌다. 자신만이 일을 해낼 수 있고, 자신만이 이해할 수 있으며, 자신이 하면 실수가 없을 것이라고 말하곤 했다. 자신은 소위 말하는 전후 민주주의를 인정하지 않았기 때문에 그런 사람들로부터 비판을 받아도 아무런 심적인 괴로움 같은 것을 느끼지 않았다"라고 그에 대해 말했다. 기시 노부스케는 전후의 민주주의 일본에서 총리가 되었지만 봉건 메이지 시대를 이상으로 생각했고, 군국주의자였으며 평생을 대아시아주의자로 남아 있었다. 전쟁 중 기시 노부스케가 도조 내각의 상공대신이었을 때, 일본 전역에 통제 경제가 시행됐다. 대부분의 생필품과 식료품은 정부의 통제 하에 통장으로 배급되는 방식이었다. 기시 노부스케는 국가 통제 이론을 믿었으며, 만주국에서 독점법을 통해 거의 모든 물자를 통제했다. 그가 국민의 생명과 행복보다는 자신의 야망을 우선시했다는 것을 알 수 있다. 만주국은 기시 노부스케가 계획한 시나리오대로 운영되었고 주저없이 "만주국은 나의 작품이다"라고 말할을 정도였다. 스가모에 수감되어 있는 동안 미군에 의해 자존심이 상한 기시 노부스케는 사적인 감정으로 반미 감정을 드러냈다. 석방 후 공개적으로 표현한 적은 없었지만, 마음속 깊이 반미주의자였다.

아편 밀매를 하는 사람들은 서로의 비밀을 공유하면서 가까워지게 되는데, 만주 내에서 아편을 밀매하면서 접점을 가지게 된 사람들도 예외는 아니었다. 오늘날에도 그들은 '만주국 라인'이라는 이름으로 후손들에게까지 이어지는 뿌리 깊은 인맥을 활용해 정계와 재계에 관여하고 있다.

기시 노부스케는 또한 나카소네 야스히로(中曾根康弘)와 함께 도덕적 재무장 운동(MRA: Moral Re-Armament, *2)의 일원이 되었으며, 헨리 키신저(Henry Kissinger)를 비롯한 외교관계협의회(CFR)의 저명한 인사들을 만났다.

*1 오카와 슈메이(大川周明): 일본의 대동아주의자이자 사회주의자. 제2차 세계대전 후 그는 민간인으로서는 유일하게 A급 전범으로 분류되었는데 도쿄 재판에서 정신 이상을 이유로 석방되었다. 전 아사히 신문의 기자였으며 군사 평론가인 나카노 고로(中野五郎)의 저서《君は第二次世界大戦

を知っているか(당신은 제2차 세계대전을 아는가?)》에 따르면 기시 노부스케는 대담하게도 재판을 피하기 위해 꾀병을 부렸다고 말했다고 한다. 미국 국립문서보관소의 "CIA 인명 파일-2차 석방" 목록에 기록되어 있다.

　*2 도덕적재무장운동(MRA: Moral Re-Armament): 1921년 프랭크 북맨(Frank Buchman) 박사가 이끄는 옥스포드 그룹(Oxford Group: 기독교 단체) 운동의 산물로 설립되었다. 국제적으로 정신적, 도덕적 개변성을 옹호하는 운동이었다. 원래는 공개적으로 자신의 죄(주로 성적인 부분)를 고백하고 회개하자는 종교 운동이었으나 제2차 세계대전 중 프랭크 북맨은 MRA를 종교 문제에서 사회 운동으로 이끌었다. 초기에 프랭크 북맨은 "히틀러 같은 사람에게 감사한다. 신이 통치하는 파시스트 독재 정권을 지지한다"라고 말했다. 하지만 미국 내 여론의 반발로 인해 MRA는 국제적인 '반공주의' 및 '반민주주의' 종파가 되었다. 프랭크 북맨은 저서 《Remaking the World(세계 재구성, 1949)》에서 '영감 민주주의(Inspired Democracy)'라는 민주주의의 이념을 설명하며, MRA가 세계를 통합할 영감 민주주의의 길이라고 주장했다. 당시 프랑스 외무장관 로베르 슈만(Robert Schuman)은 "경제 분야에서는 마샬 플랜(Marshall Plan, 주요인물 51 '조지 캐틀렛 마샬' 참조)을, 그리고 정치-군사 분야에서는 북대서양 조약을, 그 위에는 이 책이 정신생활의 기초가 될 것"이라고 말했다. 즉 MRA는 신자유주의와 나토의 활동을 장려했다. 세계의 많은 파시스트들과 글로벌 금융가들이 막대한 자금을 지원하기 시작했다. 프랭크 북맨이 나치인 하인리히 힘러(Heinrich Himmler)와 루돌프 헤스(Rudolf Hess)와 특별한 관계를 유지했다는 사실이 영국 의회에서 밝혀졌다. 미국 기독교 성공회 계열 신문사인 더 위트니스(The Witness)에서는 "아름다운 종교적 수사 뒤에 숨어 세계 최대 재단인 듀퐁(Du Pont)

의 축복을 받아야 하는 이유는 무엇인가?"라고 물었다.

MRA의 일본 본부는 데이비드 록펠러가 설립한 삼극위원회(Trilateral Commission) 사무국이 있는 일본 국제교류센터에 있다. 많은 일본 회원들이 "더 이상 일본인이라는 생각이 전혀 들지 않는다. 전쟁이 끝난 후 그런 기분을 느껴본 적이 없다"라고 말했다.

천리푸(陈立夫)는 국민당 장제스의 암살단 일원인 C.C.의 일원으로 MRA를 열렬히 지지했다. 천리푸의 삼촌은 홍방(훗날 청방에 흡수)의 일원이었던 천치메이(陈启明) (주요인물 11 '장제스'의 *1 참조)였다. 1995년 3월 30일 오사카 교육대학교 (Osaka Kyoiku University, 大阪教育大学)의 기쿠치 가즈타카(菊池和高)가 타이베이 자택에서 천리푸를 인터뷰했을 때 그는 "쑨원이 일본에서 '대아시아문화(대아시아주의)'에 대해 연설했는데, 나의 생각과 본질적으로 같다. 우리 문화는 '패권 문화'가 아니라 '왕조 문화'이다. 우리는 우리의 문화로 전세계를 이끌어 가겠다"라고 말했다.

32. 마쓰시타 고노스케(Matsushita Konosuke, 松下幸之助, 1894~1989)

일본의 사업가, 발명가, 작가이자 파나소닉(Panasonic)을 설립한 선도적 기업가. '경영의 신'으로 불리며 전세계의 찬사를 받았다.

도덕 교육과 출판을 위해 PHP 연구소를 설립했고 말년에는 사재를 털어 마쓰시타 세이케이슈쿠(松下政経塾: 마츠시타 정치경제연구소)를 설립하여 정치인 양성에

힘썼다. 이곳에서 국회의원, 지사, 지방의원, 행정관료, 교수, 언론인 등 각 계각층의 많은 일본 지도자들이 배출됐다.

1918년에는 마쓰시타 전기 가전 제조소(現 파나소닉 홀딩스)를 설립했다. 발명품인 자전거용 배터리 램프 같은 제품들이 인기 있었고 무역부서를 설립하여 배선 부속품, 전등, 건전지 등을 수출했다. 제2차 세계대전 중에는 일본 정부의 군수물자 제조 명령에 따라 마쓰시타 조선소를 설립했고 250톤급 목선을 비롯해 전쟁이 끝날 때까지 56척의 선박을 건조했다. 마쓰시타 비행기 회사도 설립해 전쟁 중에 훈련용 목제 폭격기 7대(明星: 묘조)를 시제품으로 제작했지만, 실제 전투에 투입되지는 못했다. 마쓰시타 전기는 전후 지주회사 청산 정책으로 마쓰시타를 공직에서 퇴출시켰다.

중국과의 깊은 인연으로 2018년 베이징에 마쓰시타 기념관(松下記念館)이 문을 열었다. 덩샤오핑((Deng Xiaoping, 鄧小平, 주요인물 41 참조)이 일본을 방문했을 때 마쓰시타 고노스케는 그를 초대해 마쓰시타 전기 공장을 방문하게 했고 덩샤오핑에게 중국을 위해 할 수 있는 모든 일을 하겠다고 약속했다. 인민대회당(人民大会堂)에서 덩샤오핑과 두 차례 만나면서 둘의 관계는 더욱 돈독해졌다. 마쓰시타 고노스케는 일본과 중국의 황금기인 21세기에 일본이 국제적인 관점에서 중국의 현대화를 위해 노력해야 한다는 말로 많은 사람들의 지지를 받았다. 덩샤오핑은 마쓰시타 고노스케의 공장이 톈진에 확장된 후 현금 흐름과 수요 창출의 메커니즘을 배우기 위해 여러 차례 공장을 방문했다. 2018년 베이징에서 열린 중국 개혁개방 40주년 기념식에서 시진핑 주석은 마쓰시타 고노스케를 포함한 10명의 외국공로자에게 중국개혁우호훈장(中国改革友誼勳章)을 수여했으며, 제68~69대 일본총리였던 오히라 마사요시(大平正芳), 리콴유(Lee Kuan Yew, 李光耀) 전

싱가포르 총리가 함께 상을 받았다.

33. 후지모리 알베르토(Fujimori Alberto, 1938~2024)

페루의 수도 리마 출신으로 교수이자 정치인. 제54대 페루 대통령(1990~2000)을 역임했다. 1934년 후지모리 알베르토의 부모는 일본 구마모토에서 페루로 이민을 갔다. 1997년 7월호 정치 뉴스 잡지인 〈카레타스(Caretas)〉에서는 후지모리가 실제로는 일본에서 태어났지만 페루에서 태어난 것으로 출생증명서를 위조했다고 폭로했다. 이것이 사실이라면 후지모리 알베르토가 페루 대통령으로 취임한 것은 페루 헌법을 위반한 것이 된다. 선거 기간 동안 '엘 치노(el Chino: 중국인)'라는 별명을 얻은 후지모리는 선거에 승리한 후 중국인 빅터 조이(Victor Joy Way)를 총리로 임명했고, 페루 대통령으로서 최초로 중국을 방문했다. 후지모리 알베르토는 적극적 외교를 통해 일본으로부터 차관을 받는 데 성공했다.

후지모리 정부는 국가정보국장이었던 블라디미로 몬테시노스(Vladimiro Montesinos)의 통제하에 있었다. 군인 출신인 블라디미로 몬테시노스는 간첩 및 반역죄로 기소되어 현재 불법 무기 수출 등 여러 범죄 혐의로 복역 중에 있다. 2000년에는 야당 의원에게 현금 뇌물을 주는 동영상이 유출되기도 했었다. 후지모리 알베르토는 헌법 체계를 일시적으로 정지시키고 헌법상의 제한을 없앤 후 세 번이나 대통령에 당선된 독재자로 묘사되기도 한다. 후지모리의 철권 통치에 전 세계가 분노했고 그는 2000년에 대통령직에서 물러나 일본으로 망명했다.

일본에 망명해 있는 동안 후지모리는 일본재단(*The Nippon Foundation) 회장인 소네 아야코(Sone Ayako, 曾根 彩子)의 집에 머물렀다. 일본재단은 후지모리 집권기간 동안 페루에서 다양한 사업을 확장했다. 사사카와 료이치(주요인물 30 참조)의 아들인 사사카와 요헤이는 후지모리 알베르토의 오랜 지지자로, 감옥에 있는 후지모리를 자주 면회했다고 한다.

* 일본재단(The Nippon Foundation): 사사카와 료이치가 설립한 공익 재단 법인으로 현재 이사장은 그의 아들인 사사카와 요헤이가 맡고 있다.

34. 저우언라이(Zhou Enlai, 周恩来, 1898~1976)

문화대혁명 기간 동안 저우언라이는 마오쩌둥을 지지했다. 일반적으로 홍위병의 과도한 행위들을 진압하려 노력했다고 알려져 있지만 실제로는 많은 불의, 거짓, 잔인한 행위를 저질렀다. 저우언라이는 자신의 양딸인 쑨웨이쓰(Sun Weizhi, 孙维世), 동생인 저우언셔우(周恩寿)를 체포하라고 명령했다. 그는 충성 맹세를 해놓고는 홍위병 대장이었던 청위안공(Cheng Yuangong, 城元功)을 배신했는데 이는 목숨을 보전하기 위해 장칭(Jiang Qing, 江青, 주요인물 39 참조)에게 아첨하려는 목적이었다. 저우언라이는 5월 16일 반혁명운동을 탄압하여 수백만 명을 박해하고 십만 명에 달하는 사람들을 사형장으로 보냈다. 또한 문화대혁명 파벌들을 비판하고, 혁명세력의 신분세습을 비판한 〈출신론(出身論)〉을 발표한 위

러커(遇罗克, Yu Luoke)의 처형을 명했다.

중국-소련 국경 분쟁이 발생하자 당시 중국 총리였던 저우언라이는 일본 및 미국과의 외교관계를 정상화하기 위해 노력했다. 당시 일본 총리였던 사토 에이사쿠(기시 노부스케의 동생)는 중국과의 외교 정상화를 희망했고 저우언라이에게 베이징 방문 희망을 바라는 친서를 보내려 비밀 특사를 홍콩으로 파견했다. 다나카 카쿠에이(田中角米)와의 여러 차례에 걸친 협상을 통해 마침내 국교 정상화가 이루어졌다. 일본 언론은 "일본인은 우리 중국인과 같은 제국주의의 피해자", "우리가 일본에 배상을 요구하면 일본의 피해자들에게 그 대가를 치르게 하는 것"이라는 저우언라이의 발언을 높이 평가했다. 하지만 현재 공개된 외교문서에 따르면 저우언라이는 헨리 키신저 미국 국무장관(주요인물 58 참조)에게 일본의 부상은 미국과 중국 모두에 위협이 될 것이라고 말했다. 헨리 키신저는 저우언라이의 뛰어난 유연성, 인내심, 지성을 칭찬했다. 반면 티베트의 달라이 라마는 그를 매우 교활하고 부드러운 위선자라고 평가했다.

저우언라이는 절친한 친구였던 김일성과 자주 식사를 하며 중국-인도 관계와 국경 상황에 대해 논의했다.

문화대혁명 기간 동안 저우언라이는 마오쩌둥을 따라다니며 매일 홍위병들에게 지시했다. 덩샤오핑(주요인물 41 참조)이 복권된 후 저우언라이는 덩샤오핑에 협력하여 혁명의 혼란을 수그러뜨리기 위해 노력했으며 1972년 암이 발병한 후에도 자신의 임무를 계속해서 수행했다. 1974년 저우언라이는 일본 창가학회(소카갓카이, Sōka Gakkai, 創価学会)의 수장 이케다 다이사쿠(池田大作, Ikeda Daisaku, 주요인물 59 '클라우스 슈밥(Klaus Schwab)'의 *참조)와 기자회견을 열었다. 그는 컨퍼런스에서 오랫동안 이케다 다이사쿠를 만나고 싶었으며, 우정을 소중히 하고 싶다고 말했고, 이케다 다이사쿠는 반드시 중-일간 우호 관계를 더욱 돈독하게 해야 한다고 말했다. 소카대학(創価大学, Soka University)은 일본 정부의 후원으로 중국 유학생을 최초로 유치했다. 이 프로그램에 따라 최초로 일본으로 간 중국인 유학생 6명은 모두 중국 지도자들의 통역사가 되었다. 2023년 이케다 다이사쿠의 사망 후 시진핑은 기시다 후미오(*) 일본 총리에게 중-일 우호에 대한 이케다 다이사쿠의 헌신을 칭찬하고 함께 중일 관계를 올바른 궤도에 올리고 건전하고 안정적인 발전을 도모하고 싶다는 의지를 담은 전보를 보냈다.

저우언라이는 1976년 사망했다. 화장 후 유골은 유언에 따라 비행기에서 뿌려졌다. 4인방(주요인물 39 '장칭' 참조)으로부터 자신의 유골을 보호하기 위해서 그런 것이라 말이 나왔다. 국민당 장제스의 부인인 쑹메이링(주요인물 10 참조)이 그의 장례식에 참석했다.

* 기시다 후미오(Kishida Fumio, 岸田文雄) : 일본의 100대~101대 총리를 역임했으며 세계경제포럼(WEF)의 고정 참가자이다. 기시다 후미오는 아베노믹스(아베 신조의 이름을 딴 일본의 경제 정책)가 거시 경제와 시장에서 이룬 성과를 이어받아 녹색 전환(GX: Green transformation)과 디지털 전환(DX: Digital transformation) 등 일본 경제 사회를 과감하게 개혁하겠다고 말했다. 또한 일본 경제의 결함을 극복하기 위해 국민의 투자가 집중되는 시스템을 설계하고 '대전환' 이후의 미래를 구상하자고 호소했다. 기시다 후미오는 '만주파 라인'과 인연이 있었고 사카와 요헤이의 별장에서 아베 신조, 모리 요시로(森 喜朗, Mori Yoshirō), 아소 다로(麻生 太郎, Aso Tarō), 고이즈미 준이치로(小泉 純一郎, Koizumi Jun'ichirō)와 함께 식사하는 사진이 인터넷에 공개되기도 했다. 사사카와 요헤이는 사사카와 료이치(주요인물 30 참조)의 아들이자 일

본재단의 수장이다. 사사카와 요헤이의 일본재단은 2022년 구글로부터 300만 달러를 모금하여 '디지털 트랜스포메이션 펀드(Digital Transformation Funds)'로 디지털 전환(DX) 역량을 갖춘 NPO(비영리 단체)를 지원했고 '누구도 뒤처지지 않는 디지털 사회를 향한 사회분야에서의 디지털 전환 고찰' 심포지엄을 개최했다.

35. 멍둥보(孟東波, Meng Dongbo, 1919~2001)

중국 장쑤성 출신으로 중화인민공화국의 정치가이다.

1938년 중국공산당에 입당하였으며, 동부군사행정위원회 부서기, 광공업성 기반시설국 국장, 쓰촨성 광공업산업성 국장, 국가경제위원회 위원장, 두구시 공산당위원회 서기, 제6기 쓰촨성 인민대표대회 상임위원회 부원원장, 쓰촨성 인민위원회 부지사를 역임했다.

저우언라이(주요인물 34 참조)의 비서였던 양차오(Yang Chao, 楊超)는 멍둥보와 친분이 있는 가까운 사이였다. 그는 오랫동안 인민해방군(주요인물 17 참고)에서 복무했지만 구체적 공식 직무와 임무는 비밀로 유지되어 공개되지 않았다.

멍둥보는 화웨이의 CFO이자 부회장인 멍완저우(Meng Wanzhou, 孟晚舟, 주요인물 18 참조)의 외할아버지이다. 뉴욕에 본사가 있는 중국 매체인 NTD(New Tang Dynasty Television: 新唐人電視台)는 일본 언론 매체인 후지TV의 방송을 보도했는데 멍둥보가 비밀리에 인민해방군에 공헌했고, 화웨이를 설립한 것이 그의 수수께끼 같은 배경과 관련이 있다는 내용이었다. 멍둥보와 렌정페이(任正非, Ren Zhengfei, 주요인물 19 참조)가 중국 공산당과의 인맥, 인민해방군의 지원 덕분에 화웨이를 빠르게 성장시킬 수 있었다는 지적도 나왔다. 이러한 발전은 군부의 지원이 없이는 불가능한 것이었다. 명완저우가 체포되자 중국 공산당은 군사기밀 유출을 우려하여 석방을 위한 조치를 취한 것으로 알려져 있다.

36. 무아마르 카다피(Muammar Gaddafi, 1942~2011)

리비아 시르테 출신. 군인이자 정치가, 대리비아 아랍 사회주의 인민 자마하리야(리비아 아랍 공화국)의 지도자(사실상 통치자).

그의 부모는 리비아의 사막 지역 유목부족민인 베두인족이었으며 무슬림 사관학교에서 초등교육을 받았다. 무아마르 카다피는 가말 압델 나세르(Gamal Abdel Nasser)의 이집트 혁명에 깊은 감명을 받아 아랍 국가를 통일하고 서구, 특히 기독교 세계에 대항하기 위해 자유 장교 운동을 시작했다. 무아마르 카다피는 27세의 젊은 나이에 동료 장교들과 함께 리비아의 수도 트리폴리에서 무혈 쿠데타 '리비아 혁명'을 일으켜 정권을 잡는 데 성공했다.

서방과 유엔을 향해 서슴없이 입장을 표명하자 미국은 그에게 위험한 독재자라는 뜻으로 '사막의 미친개'라고 별명을 붙였다. 무아마르 카다피는 마오쩌둥의 〈모주석어록(毛主席语录, 주요인물 27 '마오쩌둥' 참고)〉을 참고하여 '제3국제이론'을 발전시키기 위해 녹색서를 저술했다. 이슬람 사회주의의 초록색은 중국 공산주의를 상징하는 붉은색과 대조적이다. '여러 단계의 인민회의 수립을 통한 대중민주주의 달성'을 통해 사회주의 국가를 건설하겠다던 무아마르 카다피의 슬로건 아래 정부와 의회는 폐지되었다. 그는 리비아의 풍부한 석유 자원을 강력한 외교적 도구로 활용했고 석유로부터 나오는 풍족한 수익을 국민과 나누며 절대적인 카리스마로 인기를 얻었다. 하지만 족벌주의를 통해서 중앙집권적 독재 체제를 구축했고 친족들을 주요직에 등용해 사회적 격차와 불평등을 악화시켰다. 또한 언론의 자유와 외국 문화를 금지했다. 리비아의 서부 지역인 미스라타의 정부 관리인 아흐마드 아부알리(Ahmed Abuali)는 인터뷰를 통해 "리비아는 카다피 일가가 모든 것을 독점했으며, 다른 사람들은 모두 가난하다"고 말했다.

소문에 따르면 '카다피 걸스(Gaddafi Girls)'로 알려진 리비아인 여고생들이 카다피의 건강을 관리하고 있다고 했다. 하지만 일본 언론인 마쓰모토 진이치(松本仁一)는 "카다피 건강을 돌보던 금발 우크라이나 여성이 리비아를 떠났다"라고 밝혔다. 뉴스위크는 "카다피가 고용한 여성 간호사들은 모두 우크라이나 사람이었다"라고 보도했다.

2011년 리비아로 확산된 민주화 운동 '아랍의 봄'으로 인해 반체제 인사들은 사회적 격차와 불평등에 반대하는 시위를 벌였다. 리비아 정부가 경찰을 동원하여 시위를 진압하기 시작했고, 카다피는 "중국 정부와 국민은 명확한 결론에 도달했다"라며 톈안먼 광장 학살 사건이 통치체제를 폭동으로부터 성공적으로 보호한 사례라고 말했다. 중국 국영기업 3곳은 카다피 정부에 이동식 대공 방어 시스템을 포함하여 대량의 무기를 제공할 계획이었다. 그러나 카다피 정권은 북대서양조약기구(NATO)의 군사 개입으로 무너졌고 구금되었다가 반체제 인사들에 의해 재판 없이 사살되었다. 정권의 붕괴로 리비아는 동과 서로 갈리면서 치안이 급속히 악화되었고 200만 명에 달하는 사람들이 리비아를 탈출해 난민이 되었다.

37. 사담 후세인(Saddam Hussein, 1937~2006)

이라크 알 아우자 출신. 수니파 정치인이자 대통령, 총리, 이라크혁명위원회 의장, 아랍 사회주의 바트당 사무총장, 이라크군 총사령관 등의 직책을 역임했다.

그의 부모는 농부였다. 사담 후세인은 1957년 서구 자본주의와 시온주의에 맞서 사회주의 국가를 건설하기 위해 창설된 아랍 사회주의 부흥당에 입당했으며 무혈 쿠데타에 동참해 바트당의 아흐마드 하산 알바르크(Ahmed Hassan al-Bakr) 정권을 수립했다. 후세인은 교묘한 계략을 통해 정치적 반대자들을 차례로 숙청했다. 그는 당뇨병을 앓고 있던 바르크 대통령의 퇴임을 강요해 결국 권력을 장악했고 대통령에 취임하여 '이라크 민족주의'를 슬로건으로 의회를 재가동했다. 후세인은 사담 메디컬 시티(바그다드 메디컬 시티)와 사담 국제공항(바그다드 국제공항)을 건설하였으며, 쿠르드 자치 정부를 승인했다. 이라크의 국민들은 '공포정치' 아래서 '이라크의 아버지'인 후세인의 초상화를 집에 걸고, 비밀경찰들의 삼엄한 감시 속에 살아야 했다. 정치적인 '반역자'로 분류된 사람들은 체포되어 처형되었고, 후세인에 반대하는 세력은 모두 숙청되었다. 친척이나 같은 마을 출신의 사람들을 정계와 정보기관의 주요 직책에 임명하는 후세인의 불균형하고 불공정한 인사 정책에 많은 사람이 불만을 품었다.

강한 반미주의 국가인 이슬람 공화국은 1979년 이란 혁명 이후에 설립되었다. 걸프만 아랍 국가들의 지도자가 되고 영토를 확장하기 위해 사담 후세인은 이란을 공습하여 이란-이라크 전쟁을 일으켰다. 걸프만 아랍 국가들과 석유 이해관계가 있는 서방의 국가들, 소련과 중국 등 사회주의 국가들은 이란의 혁명 확산을 우려하여 이라크를 지원했고 전쟁 기간 동안 막대한 원조와 무기를 제공한 덕분에 1988년 이라크는 세계 네 번째로 큰 군사 국가가 되었다. 그 후 화학무기를 사용하여 이라크에 거주하는 쿠르드족과 시아파 소수 부족들을 공격했다.

사담 후세인은 쿠웨이트를 침공하여 합병하겠다고 선언했다. 그리고 이스라엘이 팔레스타인에서 철수하면 이라크도 쿠웨이트에서 철수하겠다는 '팔레스타인 링키지론'을 제안했다. 1991년 미국의 조지 허버트 워커 부시(George Herbert Walker Bush, 주요인물 38 '마누엘 노리에가' 참조) 대통령이 이끄는 다국적군이 쿠웨이트 해방을 위해 이라크로 파병되어 걸프전이 시작됐다. 2001년 9월 11일 미국 본토에서 벌어진 911 테러 이후, 조지 W. 부시 대통령은 이라크가 대량살상무기를 보유하고 있다고 비난하며 2차 이라크 침공을 단행했다. 2006년 사담 후세인은 반인도적 범죄혐의로 체포되었으며 처형당했다.

38. 마누엘 노리에가(Manuel Noriega, 1934~2017)

파나마 시티 출생으로 파나마 공화국의 군인, 정치인, 독재자.

파나마 대학교를 졸업하고 페루로 유학을 갔다가 파나마로 돌아온 후 방위군에 입대하여 서반구 안보협력 연구소(Western Hemisphere Institute for Security Cooperation, *1)에서 훈련받았다. 1950년대부터 CIA와 협력했던 것으로 알려져 있다. 부시 대통령(*2)이 CIA 국장이었을 때, 마누엘 노리에가는 전 세계의 파나마 대사관을 통해서 얻은 정보에 대한 대가로 매년 수십

만 달러를 챙겼다. 1983년 파나마 최고 사령관이 된 후 마누엘 노리에가는 콜롬비아 마약 카르텔인 카르텔 데 메데인(Cártel de Medellín)과 손을 잡았고 파나마에서 미국으로 향하는 코카인 밀수 경로를 독점하여 "마약을 운반하는 독재자"로 불렸다. 리비아의 카다피 정권, 쿠바의 카스트로 정권 등 반미 국가의 국민들에게 미국 비자와 여권을 사고 팔기 위해 불법적 경로를 이용했다. 1989년 대통령 선거에 출마했을 때는 패배가 확실해 보였지만, 선거 무효를 선언하고 사병을 동원해 반체제 인사들을 탄압했다. 부시 대통령은 마누엘 노리에가의 불법 마약 유통, 파나마 주둔 미군 살해, 위법한 선거 등을 이유로 내세우며 파나마를 침공했다.

마누엘 노리에가는 마약 밀수 혐의로 40년 징역형(이후 30년으로 감형)을 선고받고 플로리다주 마이애미의 감옥에 수감되었다. 감옥에서 모범적으로 생활한 덕분에 2007년에 석방되었다. 미국은 마누엘 노리에가를 프랑스에 인도했고, 프랑스 법원은 마약 관련 자금세탁 혐의로 7년 징역형을 선고했다. 파나마에서는 정치적 라이벌이었던 휴고 스파다포라(Hugo Spadafora)를 살해한 혐의로 20년 형을 선고받았다.

마누엘 노리에가는 일본 창가학회 소속 이케다 다이사쿠(池田大作, 주요인물 59 '클라우스 슈밥'의 * 참고)와 친분이 있었는데 두 사람의 우정을 상징하기 위해 파나마의 미라도르(Mirador)에는 이케다 전망대, 일본에는 노리에가 정원을 만들었다. 마누엘 노리에가의 몰락 후에 창가학회는 노리에가 정원을 철거했다. 이케다 다이사쿠는 저우언라이와도 우호적인 관계였다(인물 34 참조).

마누엘 노리에가는 뇌종양 수술 후 두 달 반 후 83세의 나이로 사망했다.

*1 서반구 안보협력 연구소(Western Hemisphere Institute for Security Cooperation): 친미 게릴라 요원들에게 전투 및 심문 등 필요한 기술을 교육하는 미 육군(미국 육군 SOA) 산하기관으로, 파나마의 미국 남부 사령부 본부를 중심으로 친미 게릴라 요원들을 양성하며 중남미 국가의 친미 군사 정권과 독재 정권, 반미 좌파 정권의 전복을 지원하고 있다. "암살자 학교"라고 불리기도 한다.

*2 조지 허버트 워커 부시(George Herbert Walker Bush) : 예일대학교 출신으로 제11대 CIA 국장직을 역임한 제41대 미국 대통령. 그가 CIA에서 맡은 임무 중 하나는 공산권의 화석 연료 자원에 대한 정보를 제공하는 것이었다. 이후 CIA 국장이 되었고, 그 강한 인연은 평생 이어졌다. 대통령이 된 조지 W. 부시는 불법 마약 거래를 근절하기 위해 '마약 운반 독재자' 마누엘 노리에가에 맞서 싸웠던 것으로 알려졌다. 그러나 콜롬비아에서 마이애미, '황금삼합회'(주요인물 7 '청방' 참고)에서 샌프란시스코의 금문교, 홍콩에서 뉴욕, 보고타에서 프랑크푸르트에 이르는 전 세계적인 마약 밀수에 CIA가 관여했다는 의혹이 제기되었다. 마누엘 노리에가가 CIA의 지원을 받는 마약 카르텔과 은행에 호의적 태도를 보이지 않자 부시 대통령이 그를 강제로 퇴임시켰다고 믿는 사람들도 있다.

뉴욕시립대학교의 츠루미 요시히로(霍見芳浩) 교수에 따르면, 마누엘 노리에가는 체포된 후 창가학회 회장인 이케다 다이사쿠가 파나마에서 창가학회의 자금을 운영하며 마약 밀매 자금을 제공했다고 증언했다. 2020년, 외교문서 공개 시스템을 통해 부시 대통령이 덩샤오핑에게 보낸 비밀

서한이 공개되었다. 해당 서한은 톈안먼 사태 직후 1989년에 발송된 것으로, "친애하는 우방 덩샤오핑 위원장님, 파리 G-7 공동성명에서 중국에서 일어났던 사건을 언급했습니다. 저는 미국과 일본은 공동성명에서 다소 선동적인 표현을 삭제했습니다. 여러분은 위기를 겪었습니다. 이제 저와 함께 미래를 바라봐 주시기 바랍니다. 그 미래는 극적인 변화의 시기입니다. 어둠의 시기가 오게 된다면, 촛불을 켜도록 노력합시다." 부시 대통령의 가족은 예일대학교의 비밀 모임인 '스컬 앤 본즈(Skull and Bones)'에 소속되어 있다. NBC의 인기 MC였던 팀 러서트(Tim Russert)는 방송에서 조지 부시 주니어에게 이 모임에 대해 질문한 직후 의문의 심장마비로 사망했다. '스컬 앤 본즈'는 1832년 윌리엄 헌팅턴 러셀(William Huntington Russell)과 사무엘 러셀(Samuel Russell)이 공동으로 창립했다. 이들은 상하이를 거점으로 아편무역을 하는 중국 최대의 중미 무역회사인 러셀 컴퍼니(Russell & Company)를 설립했다. 프랭클린 루스벨트 대통령의 외할아버지인 워렌 델라노 주니어(Warren Delano, Jr.)는 러셀 컴퍼니에서 일하며 홍방(훗날 청방에 병합)과 아편밀수 거래에 적극적으로 참여했다.

※ 3 기시다 후미오(岸田 文雄, Kishida Fumio): 일본의 제100대 및 101대 총리이자 세계경제포럼(WEF)의 정회원이다. 기시다 후미오는 국제 시장에서 아베노믹스가 이룬 성과를 바탕으로, 일본 경제와 사회를 대대적으로 개혁할 의지가 있다고 밝혔다. 특히, 녹색 전환(GX)과 디지털 전환(DX)을 추진하며, 일본 경제의 구조적 문제를 극복하고 투자를 집중시키는 시스템을 설계했다.

사사카와 요헤이는 사사카와 료이치의 아들이자 일본재단(Nippon Foundation)의 수장으로, 만주와 연관이 있다. 그가 아베 신조, 모리 요시로,

아소 다로, 고이즈미 준이치로와 함께 식사하는 사진이 있다.

2022년, 사사카와가 이끄는 일본재단은 구글로부터 300만 달러의 기금을 조성해 '디지털 전환 펀드(Digital Transformation Funds)'를 설립했으며, NPO들이 디지털 전환 역량을 갖출 수 있도록 지원했다. 또한, '디지털 사회에서 누구도 소외되지 않기 위한 사회 분야의 디지털 전환을 고민하다'라는 주제로 심포지엄을 개최했다.

제6장: 문화대혁명의 재현

39. 장칭(江靑, Jiang Qing, 1914~1991)

중국 산둥성 출신으로 중국 공산당 주석 마오쩌둥의 네 번째 부인이다. 장칭은 중국 공산주의 혁명가이자 배우, 문화대혁명에 기여한 인물이었으며 '마담 마오'로 알려져 있다. 장칭은 이름을 자주 바꾸었는데, 예명은 란핑(藍蘋)이었다. 당시 주요 여배우였던 위산(兪珊)의 형제인 위치웨이(黃敬)와 동거하였다. 장칭은 지하 활동에 참여한 위치웨이를 따라 1933년 중국공산당에 입당했다. 장칭은 입센의 〈인형의 집〉 중국 공연에서 노라 역을 맡아 각광받기 시작했다. 장칭은 패션계에서 '블루 애플'이라는 찬사를 받으며 명성을 얻었고 수많은 남성과 로맨틱한 관계를 맺었다.

제2차 상하이 전투(중화민국군과 일본군 간의 군사 충돌) 직후, 상하이에서 중국공산당의 근거지인 옌안으로 이주하며 이름을 장칭으로 바꾸었다. 마오쩌둥을 만난 후, 장칭은 그와 불륜 관계에 빠졌다. 당시 유부남이었던 마오쩌둥은 결국 이혼 후 장칭과 결혼했다. 마오쩌둥은 불륜 스캔들을 우려한 저우언라이 등 간부들에게 장칭을 정치 무대에 끌어들이지 않겠다고 약속했다. 장칭은 중화인민공화국 건국 후 1960년대에 영부인으로서 정치 무대에 등장했는데 당시 쑨원의 미망인이었던 쑹칭링(주요인물 8 참조)과 라이벌 관계에 있었다고 전해진다.

1940년대 연안에서 마오와 함께한 장칭

1973년, 문화대혁명의 종말을 맞이하며 장칭은 중화인민공화국 부총리이자 중국공산당 정치국 상무위원인 장춘차오(張春橋), 중국공산당 중앙위원회 정치국 상무위원 야오원위안(姚文元), 중국공산당 부주석 왕훙원(王洪文)과 함께 '4인방'으로서 권력을 확대했다. 4인방은 능력주의, 잉여 상품의 사적 거래를 허용하는 모든 정책에 반대했고, 정치적 반대자들을 무자비하게 탄압하고 추방했다. 또한 부총리 덩샤오핑(주요인물 41 참조)이 톈안먼 사태의 책임이 있다는 이유로 그를 몰락시켰다.

마오쩌둥 사후, 장칭은 4인방의 일원으로 체포되어 사형 선고를 받았다. 법정에서 장칭은 '정치 재판'을 끈질기게 비판하고 비웃었으며, 여러 차례 퇴정 명령을 받았다. 사형이 종신형으로 감형되었으나, 베이징의 한 병원에서 목을 매 자살했다. 로스 테릴(Ross Terrill)의 《마담 마오: 백골의 악마(1984년 출판)》에 따르면 낡은 신문의 한 구석에 "주석(마오쩌둥), 당신의 제자이자 투사가 당신을 만나러 간다!"라는 메시지를 남겼다고 한다.

국민당이 대만으로 이주한 후, 장칭의 개인 비서이자 마오쩌둥의 비밀 비서였던 션즈위에(沈之岳)는 장제스(주요인물 48 참조)가 신임하는 보좌관이 되었다. 션즈위에는 장제스가 법무부 수사국장으로 취임할 때 초대 국장으로 임명되었으며, 이후 부국장으로 승진했다. 사실 션즈위에는 다이리(戴笠)의 지시로 국민당 조직과 중국공산당 중앙 핵심부에 침투하여 마오쩌둥과 함께 활동한 국민당 스파이로 알려져 있다. 다이리는 황푸군관학교(주요인물 11 '장제스'의 *2 참조)를 졸업했으며, 장제스의 암살 및 첩보 활동을 위한 조직인 의사회(藍衣社. 영문명은 BSS: Blue Shirt Society)를 대표하는 인물이다. 장제스가 사망할 때까지 션즈위에는 국민당 정부가 가장 의지하던 비밀 경호 체계의 베테랑으로 평가되었다. 1990년부터 1993년까지 말년에 40년간 본토를 떠나 있던 션즈위에는 암 치료를 위해 본토를 방문하였고, 중국공산당 고위층으로부터 귀빈 대접을 받으며 덩샤오핑을 영접했다.

40. 화궈펑(華國鋒, Hua Guofeng, 1921~2008)

후난성(湖南省) 자오청(交城) 출신. 마오쩌둥 사후, 중화인민공화국 총리직을 맡았으며, 중국공산당 중앙위원회 주석과 중국공산당 중앙군사위원회 주석 및 총리직을 역임했다.

화궈펑은 중일전쟁 기간 동안 항일 운동에 참여했고, 1938년 중국공산당에 입당했다. 화궈펑은 대약진 운동을 지지하는 글로 마오쩌둥의 환심을 산 후 마오쩌둥을 위해 충실히 일했다. 화궈펑이 논문에서 언급한 마오쩌둥 정책의 모범 사례는 자원의 특수 집중을 통한 성공 사례에 불과하여 일반화할 수 없는 것으로 평가된다. 마오쩌둥은 화궈펑을 신뢰하여 부총리로 임명했고, 저우언라이 사후 총리 대행직을 맡겼다.

1976년 마오쩌둥 사후, 화궈펑은 쿠데타를 일으켜 4인방을 체포함으로써 문화대혁명을 사실상 종식시켰는데 이는 덩샤오핑이 주도한 것이라는 평가가 있다. 톈안먼 사태의 학살 주동자로 불명예를 안았던 덩샤오핑은 중화인민공화국 부주석, 중국공산당 중앙군사위원회 부주석, 인민해방군 부총리 겸 참모총장으로 복권되었으나, 결국 덩샤오핑은 화궈펑에게 사임을 강요했다. 덩샤오핑은 화궈펑이 아닌 자신이 실질적인 지도자임을 증명하기 위해 세계에 주도권을 과시하려 했고 중국-베트남 전쟁을 일으켰다.

화궈펑은 2002년 11월까지 중국공산당 중앙위원회에서 활동했으며, 2004년에 완전히 물러난 것으로 보였으나 2007년 제17차 당 대회에 참석한 것으로 미루어 볼 때 당내 지위를 완전히 상실하지는 않은 것으로 판단된다. 화궈펑은 2008년 질병으로 사망했다.

41. 덩샤오핑(鄧小平, Deng Xiaoping, 1904~1997)

쓰촨성(四川省) 광안(廣安) 출신의 중화인민공화국의 정치가이다. 덩샤오핑은 중화인민공화국의 최고 지도자로 활동했으며, 1978년부터 1989년까지 중국공산당의 최고 지도자 역할을 수행했다.

덩샤오핑은 부유한 지주 집안에서 자랐으며, 1926년 소련으로 건너가 모스크바의 쑨원대학(孫文大學)에서 공산주의를 배웠다. 덩샤오핑은 당시 중국공산주의 청년동맹에 소속한 장제스의 아들이자 중화민국 제2대 총통인 장징궈(蔣經國, 주요인물 48 참조)와 매우 가까운 사이였다.

훗날 덩샤오핑은 "우리는 마르크스주의-레닌주의의 본질, 즉 현실에 적용할 수 있는 부분을 배워야 한다"라고 주장했다. 덩샤오핑은 공산주의자라기보다는 현실주의자였다.

중국으로 돌아온 후, 덩샤오핑은 정치위원으로서 게릴라 활동에 나섰으나, 마오쩌둥에 의해 여러 차례 몰락의 위기를 겪었다. 1946년 국공내전에서 국민당에 대항하는 정치위원으로 참여하여 성공을 거두었고, 1957년 민주주의자와 지식인을 대상으로 한 반우파 운동이 시작될 때 총서기직을 맡았다. 마오쩌둥의 대약진운동 실패 이후 마오쩌둥과 덩샤오핑 사이에 긴장이 고조되었으며, 덩샤오핑은 경제 재건에 나서며 친자본주의 정책을 시도했다. 마오쩌둥은 덩샤오핑의 정책을 혁명을 부정하는 것으로 간주하여 덩샤오핑의 지위를 박탈했으나, 그의 당원 자격은 유지되었고, 저우언라이의 노력으로 복권되었다. 덩샤오핑은 암 투병 중이던 저우언라이를 지원하며 경제 재건에 착수하였다.

1974년, 덩샤오핑은 중국 대표단 단장으로 유엔 총회에서 연설했으며, 현대 뉴욕의 발전된 모습에 큰 감명을 받아 일본으로부터 기술 수입을 추진했다.

저우언라이 사후, 덩샤오핑은 톈안먼 사태의 주동자로 다시 한번 불명예를 안게 되었으나, 4인방 체포 후 공식적으로 간부직에 복귀했다. 덩샤오핑은 문화대혁명에 반대하고 사회주의 시장 경제로의 중국 경제 개혁을 추진했으며, 공식 직책은 없었으나 실질적으로 중국의 최고 지도자 역할을 수행했다.

덩샤오핑은 일본 방문 시 신칸센 등 일본의 혁신 기술을 시찰하며 기계 제조업의 가치를 인정하고, 닛산 자동차 공장을 방문할 때 "로봇은 임금에 대해 불평하지 않고 파업할 염려도 없다"라고 말했다. 덩샤오핑은 일중 국교 정상화 이후 사사카와 료이치(주요인물 30 참조)와 친분을 쌓았으며, 마쓰시타 고노스케(주요인물 32 참조)와 '신사협정'을 체결하여 일본 전자 산업이 중국 전자 산업을 지원하도록 했다. 마쓰시타 고노스케는 "무엇이든 돕겠다"라고 말하며 중국에 대대적인 지원을 시작했다. 덩샤오핑은 기시 노부스케(주요인물 31 참조)의 특사 야쓰기 가즈오(矢次一夫)를 만나 기시 노부스케에게 자신과 장징궈 간의 중재를 요청했으나, 여전히 반일 입장을 견지하며 야스쿠니 신사를 참배한 일본 관리들을 비판했다. 또한, 일본군에 의한 난징 대학살 희생자 추모관을 건립했다.

1979년, 덩샤오핑은 지미 카터 미국 대통령을 만나 미중 외교 수립에 기여했는데, 미국의 혁신 산업 시찰 후 중국 산업 발전과 경제 개혁을 결심했다. 중국과 소련 간의 관계가 악화되자, 덩샤오핑은 로널드 레이건 미국 대통령과 친분을 쌓으며 미중 군사 협력을 모색했다.

덩샤오핑은 폴 포트(Pol Pot)와 같은 반베트남 지도자들을 지원해 민주 캄푸체아 수립에 기여했으나 결국 캄보디아 내전 발발로 이어졌으며, 폴 포트 정권 하에서 캄보디아 인구의 3분의 1이 학살당한 것으로 알려졌다.

덩샤오핑은 모스크바 쑨원대학 동문인 대만 총통 장징궈(蔣經國, 주요인물 48 참조)에게 '일국양제'를 제안하고, 홍콩 반환을 위한 중영 공동선언에 서명했다. 당시 홍콩의 삼합회(주요인물 9 '쑨원'의 *1 참조)는 엄격한 규제를 받지 않았으며, 홍콩을 통한 대만과 중국 간 간접 무역은 사실상 계속 개방되어 있었다.

1989년, 덩샤오핑은 대만에서 '경영의 신'으로 불리는 포모사 플라스틱 그룹(FPG) 회장 왕융칭(王永慶, 주요인물 7 '청방'에서 언급)과 함께 거대한 하이창 프로젝트(海滄計畫)를 추진하려 했으나, 대만의 '3불 정책'(三通政策: 不接觸-접촉하지 않는다, 不談判-대화하지 않는다, 不妥協-타협하지 않는다)으로 인해 진행하지 못했다. 왕융칭은 청방에 뿌리를 둔 런스어(仁社)의 자오팅전(趙廷鎭)의 지원을 받아 FPG를 설립했다.

같은 해인 1989년, 톈안먼 사태가 발생하여 항의하는 학생들이 군사력에 의해 폭력적으로 진압됐다. 영국의 비밀문서에 따르면 덩샤오핑은 "200명이 죽어야 중국이 20년 동안 안정될 것이다"라고 말했다고 전해진다. 톈안먼 사태 이후 덩샤오핑은 모든 직책에서 물러났으나, 여전히 중국 정치에 강한 영향력을 행사하였다.

덩샤오핑은 1997년 파킨슨병과 폐감염으로 사망했다. 마오쩌둥과는 달리 국가장례를 치르지 않았으며, 시민들은 그의 죽음에 크게 반응하지 않았다. 선전의 한 거대한 덩샤오핑 초상화에는 "백 년 동안 기본 노선을 한결같이 지켜야 한다(堅持党的基本路線一百年不動搖)"라는 글귀가 새겨져 있다.

42. 홍위병(The Red Guard)

1966년부터 1968년까지 활동했던 홍위병 대부분은 폭력을 통해 '자본주의 노선추종자'를 전복하고자 했던 학생들이었다. 원래 홍위병은 칭화대학교(清華大學) 부속 중학교 학생들로 구성됐는데, 전국으로 확산되면서 3천만에서 4천만 명에 이르렀다. 홍위병으로 인해 100만 명 이상(천만 명으로 보는 이들도 있다)의 실종자와 사망자가 발생한 것으로 알려졌는데 부유층과 지식인뿐 아니라 국가 건설에 기여한 정치인들까지도 탄압의 대상이었다.

마오쩌둥은 대약진운동의 실패로 약화된 자신의 권력을 안정시키기 위하여 대문화혁명을 구상했다. 마오쩌둥은 인민을 두 집단으로 나누었는데, 하나는 '흑오류(지주, 부농, 반혁명가, 악영향자, 우익 및 그 후손)'계층이고, 다른 하나는 '홍오류(빈곤층 및 중하위 농민, 노동자, 혁명군인, 혁명 간부, 혁명 순교자 및 그 후손)'계층이다. 이러한 이분법은 흑오류에 대한 증오를 더욱 심화시켰고, 흑오류는 홍위병에 가입할 자격이 없었다.

홍위병들은 마오쩌둥을 숭배하며, 소위 홍바오슈(红宝书, 붉은 보물 책)이라고 불리는 〈모주석어록(毛主席语录)〉을 지침으로 당 간부와 예술가 등 전통적 권위자들에게 '자기비판'을 강요했다. 자본주의 노선 추종자와 반혁명 세력, 특히 덩샤오핑과 같은 인물들이 거슬리는 대상이었다. 홍위병들은 서구 문화재뿐 아니라 중국 고유의 문화재도 파괴했는데, 불교와 도교의 종교 지도자들과 사원, 교사, 문학·예술의 권위, 부르주아 관습, 전통 언어

등도 공격의 대상이 됐다. 아이들이 부모를 신고하는 일도 있었으며, 이러한 신고와 배신으로 많은 이들이 잔인하게 살해됐다.

1966년 9월 15일 천안문 광장에서 마오쩌둥을 만나려고 기다리는 홍위병들

홍위병은 사람들을 창문 밖으로 내던지거나, 구타했고, 무기고에서 탈취한 무기로 살해했다. 집에서 토지 매매 계약서가 발견되면 가족 전체가 구타당하고, 강제로 그 재산을 넘겨야 했다. 심지어 식인 행위도 일어났는데, 학자 정위(鄭義)가 1980년대 후반에 식인 사례를 면밀히 조사한 후 몰래 미국에 보낸 문서 중에 일부 공개된 내용에 따르면 최소 137명이 식인으로 희생됐으며 수천 명이 식인 행위를 즐긴 것으로 드러났다. 텍사스 공

대 역사학 교수 키 레이 총(Key Ray Chong)은 많은 중국 장교들이 이러한 식인 사례를 알고 있었으나 막지 않았다고 주장했다. 이는 1970년 폴 포트의 킬링필드와 다를 바 없는 잔혹한 사건이었다.

홍위병들은 마오쩌둥의 〈모주석어록〉에 대한 해석의 차이에서 비롯된 내부 갈등으로 인해 통제력을 상실했다. 그러자 마오쩌둥은 정치적 가치를 잃은 홍위병을 새로 설립한 개혁 인민해방군에 의해 해산했다.

홍위병은 '조반유리(造反有理, 반란은 정당하다)'라는 혁명가는 언제나 정당하다는 의미의 슬로건을 고수했다. 이 슬로건은 전후 선진국의 번영에 소외감을 느낀 젊은이들과 미국의 베트남 전쟁 개입에 반대하는 이들을 끌어모았다.

제7장: 파벌과 분파들

43. 진 이세황제 영호해(秦 二世皇帝 嬴胡亥, BC 230~207)

진나라 시황제 영정의 막내아들로 태어나 두 번째 황제가 되었다. 영정에게는 약 20명의 아들이 있었지만 그 중에서 영호해를 많이 아꼈다.

하지만 진시황은 장남 부소(扶蘇)에게 국장을 주관하도록 유언에 명시했는데, 이는 실질적으로는 후계자 지명이나 다름이 없었다. 부소가 황위에 오르게 되면 영호해는 설 자리가 없어질 것이라는 내관 조고(趙高)의 말에 영호해는 조고의 음모에 함께하게 되었다. 조고와 승상이었던 이사(李斯)는 영호해를 황위 계승자로 옹립하는 데 성공했다. 그런 다음 진시황의 유서를 조작하여 부소의 여러 범죄를 적어 넣고 가신이었던 맹천 장군과 함께 자결하라고 명했다. 얼마 후 부소는 자살했고, 맹천은 편지의 진위를 의심

했지만 결국 독을 먹고 자살했다.

부소와 맹천이 죽은 후, 조고는 새로 황제로 즉위한 영호해의 신임을 얻어 법과 규정을 만드는 일을 담당하는 재상이 되었다. 영호해는 조고의 조언에 따라 대신들과 여러 제후들을 숙청했다. 조고는 "폐하께서는 젊으시고 즉위한 지 얼마 되지 않았으므로 실수를 하면 신하들에게 흠이 드러날 것입니다. 폐하를 나타내는 짐(朕)은 '징표'라는 뜻이니 실제 목소리가 신하들에게 들리지 않도록 하십시오"라고 설득했고, 영호해는 조고를 통해서만 대신들과 소통하기 시작했다.

승상이었던 이사는 영호해에게 극도로 탐욕스럽고, 윤리 의식이 부족하며, 자신의 이익만 생각하는 조고에 대해 경고했다. 하지만 영호해는 이사의 말을 귀담아 듣지 않고 조고에게 전했으며, 결국 조고는 거짓 누명을 씌워 이사와 그의 일가를 모두 처형해 버렸다.

반진 연합군이 진나라를 위협하자 조고는 황제에 대한 쿠데타를 계획하기 시작했다. 조고는 자신의 편이 될 신하를 결정하기 위해 사슴을 보고 '말'이라고 부른 뒤 이에 동조하는 신하는 남기고 사슴이라고 주장하거나 침묵하는 사람은 나중에 붙잡아 죽였다. 황실에서 영호해의 모든 측근을 제거한 조고는 마침내 황제마저 시해하고 모든 권력을 장악했다.

44. 조고(Zhao Gao, 趙高, ?~BC 207)

중국 진나라의 내관이자 정치인.

부지런하고 법률을 다 외울 정도로 능력이 뛰어나 진시황의 측근에서 보좌했다. 시황제의 막내 아들이었던 영호해(진 이세황제)가 즉위하자 조고는 더 큰 권력을 손에 넣었다. 시황제가 급사하자마자 승상이었던 이사(李斯)를 포섭하여 황제의 유언을 위조했고 사악한 음모가 성공하여 영호해가 황위에 올랐으며 시황제의 진짜 후계자였던 장남 부소는 절망에 빠져 자살했다

조고는 스스로 중앙 고문직인 9경의의 하나였던 낭중령에 오른 것이나 다름 없는데, 이세황제에게 정치 전면에 직접 나서지 않도록 설득해, 권력을 완전히 장악하면서 사실상의 통치자가 되었다.

전국의 반진 세력들이 중국 전역으로 확산되자, 진의 붕괴는 더 이상 피할 길이 없었다. 조고는 더 이상 황제에게 상황을 숨길 수 없다고 판단하여 쿠데타를 일으키기로 결심하고, 황제를 시해했다. 조고는 자신에게 충성하는 사람들을 고르기 위해 신하들을 모아 놓고 사슴 한 마리를 보여주며, 사슴이 아닌 말이라고 했는데 조고의 말에 반대하는 사람들은 모두 숙청당했다. '지록위마(指鹿爲馬: 사슴을 말이라고 부른다)'라는 사자성어가 여기서 유래했고 일본어 'ばか(馬鹿: 멍청이)'는 '지록위마'에서 유래했다고 알려져 있다.

조고는 죽은 이세황제에게서 옥새를 빼앗아 황제에 오르고자 했지만 측근과 다른 신하들은 그를 지지하지 않았고 그의 황위 등극을 막았다. 조

고는 패공 유방(劉邦)에게 접촉해 황위에 오르려고 했으나 거절당했고 자영 (子嬰, 부소의 아들 혹은 영호해의 형으로 기록됨) 공자를 내세워 새 황제로 옹립하려 고 했다. 자영은 조고를 죽이고 진나라를 재건하려고 했지만 한고조(漢高祖) 유방이 천하를 제패하고 황위에 올라 한나라가 시작되면서 진나라는 멸망 했다.

제8장: 힘을 숨기고 길을 감추어라

45. 머레이 맥클레호스 경(Sir Murray MacLehose, 1917~2000)

비요크의 맥클레호스 남작인 크로포드 머레이 맥클레호스는 영국의 식 민지 시절의 홍콩 제25대 총독을 역임했다. 중국의 광동식 이름은 막레이 호우(麥理浩)이다.

1971년부터 1982년까지 무려 10년간 홍콩 총독을 역임했으며 문화대 혁명 이후 정치적으로 불안정했던 홍콩을 안정시키기 위해 노력했다. 맥 클레호스가 처음 취임했을 당시 홍콩에는 부정부패가 만연했으며 소방, 응급 의료, 의료서비스 등 뇌물 없이는 이용할 수 있는 것이 없었다. 홍콩 경찰을 두고 '돈만 있으면 누구나 살 수 있는 최고의 권력'이라고 빈정댈 정도로 뇌물 수수가 만연했다.

부패 혐의를 받고 있던 경찰 간부 피터 고드버(Peter Fitzroy Godber)는 가 택 수색을 통해 불법 카지노, 매춘업자, 마약 밀매업자로부터 뇌물을 받았 다는 증거가 담긴 문서를 압수당했지만 싱가포르 항공을 통해 영국으로 도주했다.

1974년 홍콩의 염정공서(廉政公署, 영문명: ICAC, 경찰과는 분리된 독립된 반부패

조사기관)에서 경찰에 대해 조사를 시작하자 많은 경찰들이 갑작스레 은퇴하거나 대만으로 도피하기 시작했다. 대만은 홍콩과 범죄인 인도조약이 체결되어 있지 않았다. 1977년, 수천 명에 달하는 경찰들과 그들의 가족들이 ICAC에 반대하는 시위를 일으켜 많은 사람이 부상당하자 맥클레호스는 이미 기소 중이거나 국제수배 중인 용의자 외에는 더 기소하지 않기로 결정했다. 대만으로 도주하여 남은 여생을 보낸 경찰관 중에는 홍콩 유명 배우인 정쯔웨이(曾志偉, 영문명: Eric Tsang)의 아버지도 있었다.

1972년, 닉슨 미국 대통령과 당시 중국 주석이었던 마오쩌둥의 선언으로 미중 간의 외교관계가 정상화되었다. 홍콩의 배후지 신계에 대한 할양조약은 1997년에 만료될 예정이었다. 맥클레호스는 중국과의 회담을 위해 베이징을 방문한 최초의 홍콩 총독이었다.

46. 아베 신조(Shinzo Abe, 安倍晋三, 1954~2022)

도쿄 출신의 일본의 정치인이다. 제90대, 96대, 97대, 98대 총리, 제72대 관방장관, 제21대 및 25대 자민당 총재, 그리고 제10대 세이와 정치연구회(淸和政策硏究会) 파벌 대표를 역임했다.

아베 신조의 외할아버지 기시 노부스케(紀石信輔, 주요인물 31 참고)는 제56대 및 57대 총리를 역임했고, 외삼촌 사토 에이사쿠(佐藤榮作)는 제61대, 62대, 63대 총리를 지냈다. 아베 신조의 부인, 아베 아키에(安倍晃惠)는 일본의 주요 제과 제조업체인 모리나가사의 회장의 딸이다.

아버지 아베 신타로(安倍晋太郎)가 외무상에 임명되었을 때, 아베 신조는 외무상 비서관으로 근무했고 이후 아베 신조는 모리 요시로와 고이즈미 준이치로 내각에서 관방 부장관을 역임한 후, 자민당 사무총장에 취임하며 고이즈미 내각에서 관방장관으로 입각했다. 아베 신조는 총 8년 8개월 동안 총리직을 수행하여 역대 최장 재임 기록을 세웠으며, '아베노믹스'라는 경제 성장 전략과 헌법 개혁을 추진하면서 일본의 군사력 강화와 역내 포괄적경제동반자협정(RCEP) 진전에 힘썼다.

아베 신조는 할아버지 기시 노부스케에 대한 깊은 존경심을 자주 표명했다. 아베 신조가 제안한 RCEP는 기시 노부스케가 내놓은 '동아시아 공동번영 구상'의 발전된 버전으로, RCEP는 중국 중심의 경제 협력을, '동아시아 공동번영 구상'은 일본을 중심으로 한 아시아 공존과 상호 번영을 도모했다는 차이가 있다. 아베 신조는 할아버지의 정치 DNA를 계승하고자 헌법 개정을 추진했는데, 내각이 제출한 초안은 전후 민주주의를 거부했던 할아버지의 사상을 답습한 듯한 일본 민주주의를 부정하는 봉건주의적 모델이었으며 국민의 기본적 인권을 최고법에서 삭제한 점에서 더욱 문제가 되었다.

아베 측근이자 2012년 자민당 개헌 초안 작성자 중 한 명인 이소자키 요스케(磯崎陽輔)는 "인권은 유럽에서 시민혁명을 통해 획득한 것으로, 이는 신이 부여한 자연권이다. 우리 헌법도 이를 따르고 있다. 그러나 이 신은 일본의 신이 아니다. 왜 일본 헌법에 기독교 신이 부여한 천부인권 이론이 존재하는가? (우리 초안에서는) 이 모든 내용은 완전히 삭제되었으며, 97개 조항(*1)이 모두 잘려나갔다"라고 말했다.

2012년 5월 10일 도쿄에서 개최된 '창생 일본(創生「日本」)'에서, 아베 신

조가 회장이었던 당시, 고이즈미 내각에서 관방 부장관 및 모리 내각에서 법무부 차관을 역임한 나가세 지넨(長勢甚遠)은 "전후 체제에서 탈피하려는 아베 총리의 구상이 인상적이었다"라며 "개헌안은 여전히 국민 주권, 기본적 인권, 평화주의를 유지하고 있다. 이 세 가지 원칙은 맥아더가 일본에 강요한 전후 체제와 정확히 일치한다. 이 원칙들을 제거하지 않으면 진정한 독립 헌법은 실현될 수 없다"라고 개헌 초안을 비판했다. 나가세는 고이즈미 내각에서 관방장관이던 아베 신조를 보좌했으며, 아베 신조 지지회(安倍晋三さんを支える会)의 핵심 멤버로 활동했다.

아베 전 일본총리는 헌법을 미국에 대한 복종의 상징으로 간주하며 "전후 체제를 없애자"라는 슬로건을 내걸었다. 미국을 따르라는 외교적 권고와는 달리, 아베 신조의 말 한마디 한마디에는 뚜렷한 반미 감정이 배어 있었고 그의 행보에는 분명한 반미 정서가 담겨 있었다.

아베 가문은 할아버지 시절부터 '대만 로비' 역할을 수행해 왔으며, 아베 신조는 어릴 적부터 대만 출신의 킨비레이(*2)와 친분을 유지해 왔다. 대만에는 '아베의 대만 친구 협회'도 존재하며, 정치 잡지 〈세이카이(政界)〉 1997년호에 따르면, 아베 신조는 정치 초년생 시절 미일 안보 조약에 대한 대만 국민당의 요구를 수용한 바 있다고 인정했다. 2015년 대만 언론은 아베 신조가 리덩후이 전 총통(주요인물 21 참조)과 비밀리에 만나 저녁 식사를 했다는 기사를 보도했다. 그는 폭스콘의 샤프 인수에도 큰 기여를 한 것으로 알려졌다. 또한 "대만의 위기는 일본의 위기이며, 미일 동맹의 위기"라며 중국에 맞서 싸울 의지를 표명했고, 중국이 군사적 조치를 취할 경우 "경제력과 군사력을 강화하여 결의를 보여줄 것"이라고 밝힘으로써 일본의 군사력 증강을 암시했다.

외할아버지인 기시 노부스케가 구축한 '만주 커넥션'은 여전히 일본 내에서 영향력을 행사하고 있으며, 사사카와 요헤이가 기시다 후미오, 모리 요시로, 아소 타로, 고이즈미 준이치로, 그리고 아베 신조와 함께 식사하는 사진에서 그들의 지속적인 인연을 알 수 있다. 사사카와 요헤이는 사사카와 료이치의 아들로, 일본재단의 대표로 활동하고 있다(주요인물 30 '사사카와 료이치' 및 33 '알베르토 후지모리'의 (*) 참조).

2022년, 아베 전 일본총리는 나라시에서 열린 참의원 선거를 위한 거리 연설 도중, 통일교 신도의 아들이 쏜 총에 맞아 병원에서 사망했으며, 일본 부도칸에서 국가장례가 치러졌다.

*1 일본 헌법 제97조: "이 헌법이 일본 국민에게 보장하는 기본적 인권은 자유를 획득하기 위한 인류의 오랜 노력의 결과이다. 이는 현재와 미래의 시민에게 부여된 영구적이며 양도할 수 없는 권리이다."

*2 킨비레이(금미령, 金美齡, きんびれい): 킨비레이는 대만 출신의 일본인 분석가, 언론인, 정치운동가로서, 대만 총통부에서 민주당 정부의 국가정책 고문으로 활동했으며, 오랜 기간 대만 독립 운동에 참여했다. 킨비레이는 와세다대학교 문학예술과학대학원에서 일부 학점을 이수한 후 자퇴하고, 세계연합 포모사(WUFI)에 가입하면서 반체제 정치인으로서 대만 정부의 블랙리스트에 오르게 되었다. 이후 사실상 일본에서 망명 생활을 했으며, 리덩후이가 중화민국 초대 총통으로 취임한 후 블랙리스트에서 삭제되었다. 2009년에는 일본 국적을 취득했고, 2012년 자민당 총재 선거 시 '아베 신조 총리의 재임을 요구하는 시민 모임(安倍晋三総理大臣を求める民間人有志の会)'을 설립했다. 킨비레이는 이후 매년 100만 엔 이상을 아베 신조의 정치자금 관리 단체인 신와카이(晋和会)에 기부했으며, 일본-대만 살롱을

자주 주재하여 아베 측 인사들과 금융·정치계 애널리스트들을 초청했다. 《대만 로비(1998, 혼자와 지로 공저)》에서는 자유민주당 청년부가 신임 관리들을 대상으로 대만 방문을 주선하는 등, "대만 로비"를 통한 재정 지원이 일본 자민당 의원들의 주요 자금 조달 방식임을 지적했다. 2014년 8월에는, NHK 프로듀서였던 킨비레이의 처남이 시민을 가장해 신와회에 기부한 혐의로 정치자금관리법 위반으로 기소됐다.

47. 하토야마 유키오(Hatoyama Yukio, 鳩山由紀夫, 1947~)

일본 도쿄 출신의 정치가이자 산업공학 학자이다. 하토야마 유키오는 제93대 일본 총리, 제2대 및 제7대 민주당 총재, 동아시아공동체연구소 이사장, 총합회 회장, 아시아인프라투자은행(AIIB) 국제자문위원 및 센슈대학교 부교수를 역임했다.

하토야마 유키오는 재무성 장관이었던 하토야마 이이치로(鳩山威一郎)의 장남으로 도쿄대학교 도시공학과를 졸업한 후 해외로 유학하여 스탠퍼드대학교에서 박사 학위를 받았다. 1986년 중의원 의원으로 당선되었으며, "과학적 지식에 기초한 정치"를 슬로건으로 내세워 정치에서 과학적 의사결정이 필수적이라는 신념을 드러냈다. 이후 동생 하토야마 구니오와 함께 사키가케 신당(新党さきがけ)과 민주당(民主党)을 창당했다.

하토야마 유키오는 1996년에 정계에서 은퇴하고 동아시아 공동체 구상을 실현하기 위하여 동아시아공동체연구소를 설립하고 이사장에 취임했다. 2013년에는 우정을 뜻하는 한자 "友"의 의미를 이름에 담아 형제애 정신을 전파하고자, 자신의 이름에서 "由紀夫"를 "友紀夫"('유키오'와 같은 발음)로 변경했다.

교토대학 명예교수이자 역사학자인 마쓰오 다카요시(松尾高吉)는 교토 경찰 내부 문서를 조사하여, 하토야마 유키오의 조부인 하토야마 이이치로(鳩山威一郎)가 사사카와 료이치(인물 30 (*2) 참조)의 심복인 고다마 요시오의 자금 지원을 받아 일본 사회민주당(日本社会党)을 창당했음을 밝혔다. 하토야마 이이치로는 프랭크 뷰크먼이 일본에 체류하는 동안 자주 그를 집으로 초대하여 조언을 구했으며, 전후 일본에 기여한 공로로 그에게 훈장을 수여했다. 프랭크 뷰크먼은 도덕적 재무장(MRA: 주요인물 31 *2 참조)의 제안자이다.

제10장: 총통 죽이기

48. 장징궈(蔣經國, Chiang Ching-kuo, 1910~1988)

장징궈(蔣經國)는 중국 저장성에서 태어난 중화민국의 정치가이다. 중화민국 제3대 주석, 중국 국민당 중앙위원회 주석, 중화민국 총리 및 중화민국 국방부 장관을 역임했다.

장징궈는 장제스와 첫 번째 부인 마오푸메이(毛福梅) 사이에서 태어난 장남이다. 장징궈가 중국에서 태어났을 때, 장제스는 일본에서 군사 학습을 위해 일본 제국군에서 근무하고 있었다. 장제스는 아내와 아들에 대한 사랑이 크지 않았고 장징궈가 17세 때 마오푸메이와 이혼했다. 그러나 장제스는 장징궈의 교육에는 열의를 보였고, 중국 전통 가치에 부합하는 교육

을 시켰다. 장제스 가족이 상하이로 이주한 후, 장징궈는 대혁명에 깊은 인상을 받아 시위에 참여했으며 레온 트로츠키(Leon Trotsky)가 설명한 공산주의에 매료되어 모스크바의 쑨원대학교에서 공부했다. 같은 저장성에서 태어난 동급생 덩샤오핑(주요인물 41 참조)도 함께 공부했다. 1927년, 장제스는 쿠데타를 일으켜 "반혁명 죄인"이 되었고 그 즉시 모스크바 쑨원대학교에서 국민당 학생들의 위치는 위태로워졌다. 장징궈는 반 장제스 구호로 "장제스 퇴진!"을 선언했으며, 이 구호는 전 세계에 방송됐다. 그러나 장징궈가 동료들과 함께 장제스의 지시와 재정 지원을 받아 반혁명 조직인 장쑤-저장협회를 결성했다는 의혹이 제기되었다.

소련에서 생활하는 동안, 장징궈는 중국공산당, 공산당 인터내셔널 및 GPU(국가정치국)의 음모에 둘러싸였다. 장징궈는 이때의 경험에서 이후 비밀경찰 조직을 구축하는 데 필요한 노하우를 얻었다. 장징궈는 모스크바 인근의 가난한 마을, 알타이 우랄의 황금산맥, 그리고 스베르들롭스크주의 중공업 공장에서 일했고 인생의 동반자인 러시아인 장팡량(蔣方良)을 만나 1935년에 결혼했다.

1936년 시안 사변이 일어나자 장징궈는 중국으로 돌아가야 했는데, 12년 만에 처음으로 중국에 방문한 것이었다. 1939년 일본군의 공격으로 어머니를 잃었고 이듬해, 장징궈는 "피로써 피를 씻는다(以血洗血)"는 글귀가 새겨진 비석을 세웠다. 일본에 맞서 싸우겠다는 다짐을 담은 것이었다. 1944년, 장징궈는 충칭에 있는 국민당 청년단 3원칙 참모대학의 교육 서기로 취임했는데 민족주의, 대중주권, 그리고 투표권, 해임권, 대중 주권 발동 및 부의 재분배의 4대 민주의 지지를 인민 3대 원칙으로 인용했다. 중국 내전에서 중국국민당이 중국공산당에게 격파당한 후, 국민당은 대만으로 탈출했다. 장징궈는 대만 비밀경찰의 책임자가 되어 정보 보고를 통제했다. 대만에서 백색 테러가 발생하자, 장징궈는 비밀경찰을 이용하여 언론의 자유를 철저히 억압하고 사상을 검열했고 많은 사람이 억울하게 누명을 썼다. 대만 국민당 정부는 집회, 결사, 언론의 자유를 규제하고 새로운 정당 결성과 언론사 설립을 금지하는 계엄령을 선포함으로써 가짜 민주주의를 구현했다.

　1975년 장제스의 사망 직후, 장징궈는 국민당 주석의 자리에 올랐다. 평탄치 않았던 삶을 통해 그는 아버지 주변을 배회하던 청방을 면밀히 관찰했기에 누구도 믿지 않았으며, 측근은 소련 시절 동창생으로 한정되었다. 1987년 리덩후이의 대륙 정책으로 본토인과 대만인이 본토를 자유롭게 여행할 수 있게 되었다.

　장징궈는 1980년대에 심각한 당뇨병을 앓았으며, 1988년 77세의 나이로 병원에서 사망했다.

49. 장샤오우(蔣孝武, Chiang Hsiao-wu, 1945~1991)

　중국 충칭 출신으로 행정원 산하기관인 재향군인회 고문 및 중국 국민당 중앙정치위원회 특별위원의 직책을 역임했다.

　장샤오우는 장팡량(蔣方良, 본명: Фаина Ипатьевна Вахрева, 파이나 이파티예브나 바흐레바)과 장징궈의 차남이다. 1949년에 가족과 함께 대만으로 이주했다. 항상 싸울 준비가 되어 있을 정도로 거칠었던 장샤오우를 할아버지 장제스는 중화민국 육군사관학교에 전학시켰다. 결국 그는 통제하기 어려운 폭력성 때문에 독일로 강제로 유학을 가야 했는데 그곳에서 스위스 출신 중국인인 왕장시(汪長詩)를 만나고 6개월 만에 아이가 생겼다. 왕장시의 아버지인 중국 장쑤성 출신의 왕타이쾅(王德觀)은 중국 통신망 구축에 큰 공헌을 했고 제전기통신연합 및 국제주파수등록위원회의 고위 관리로 재직했다. 장샤오우와 왕장시는 1975년에 이혼했다.

장칭궈 가족 사진. 왼쪽 뒤에 장샤오우가 서 있다

1984년, 대만계 미국인 작가 헨리 리우(필명은 장난(江南, Jiāngnán, 주요인물 25 '헨리 리우' 참조)는 장징궈가 죽련방(竹聯幫)에 의해 살해된 과정을 폭로했다. 이와 관련해 장샤오우가 사건의 주모자로 보도되자, 장징궈는 후계자로 아들을 지명하지 않기로 결정했다. 죽련방의 두목 장안러(張安樂, *참조)는 장샤오우가 사건의 주모자라고 비난했지만, 후에 단순한 추측에 불과하다고 주장했다.

＊ 장안러(張安樂): 대만 조직 죽련방의 총책이자, 중국통일촉진당(中華統一促進黨)이라는 대만 정당의 창립자이다. 죽련방은 일본 오키나와의 지정조직폭력단체인 쿄쿠류카이(旭琉會)와 밀접한 관련이 있다.

한편, 쿄쿠류카이의 한 간부가 일본 갱단 카쇼잔(華松山)의 우두머리였다는 보도가 나왔는데, 카쇼잔은 삼합회(三合會, 주요인물 9 '쑨원'의 *1 참조)에 소속된 중국 폭력 조직 홍먼(洪門)의 하부 조직이다. 대만, 중국, 한국 등지의 홍먼 조직원들은 오키나와에서 열린 카쇼잔 취임식에 모였으며, 새 지도자가 대만의 장안러를 방문했다. 2023년 7월호 오키나와 타임즈에 따르면, 대만 검찰은 중국 공산당과 홍먼, 카쇼잔, 죽련방 등 폭력 조직과의 관계를 조사 중인 것으로 알려졌다.

50. 후야오방(胡耀邦, Hu Yaobang, 1915~1989)

중국 후난성 출신으로 중화인민공화국 정치가. 중국공산당 중앙위원회의 3대 주석과 제1대 총서기를 역임했다. 그의 죽음은 제2의 톈안먼 사태의 촉발 원인이 되었다.

후야오방은 1933년 중국공산당에 입당했다. 자본주의 노선을 추구하는 인물로 평가받는 후야오방은 1967년 마오쩌둥이 문화대혁명을 일으켰을 때 비판과 모욕을 받았다. 하향운동(下鄕運動)의 정책에 따라 후야오방과 화궈펑(주요인물 40 참조)은 후난공산당으로 전출되어 각각 감독관과 부하로 일했다. 혁명 말기에 후야오방은 덩샤오핑의 부하로 복귀하여, 덩샤오핑이 추진한 군대, 지방 중국공산당 및 산업, 농업, 상업, 문화, 기술을 포함한 행정 조직의 발전과 재건 정책을 적극 추진했다. 또한 후야오방은 엘리트 그룹을 선발하고 지원했다. 화궈펑은 "마오쩌둥 주석이 내린 정책 결정은 무엇이든 굳건히 옹호하고, 마오쩌둥 주석의 지시는 시종 변함없이 따라야한다"는 의지를 담은 '两个凡是(량거판시)'를 지지했다. 후야오방은 화궈펑에 반대하는 동시에 자본주의 노선을 걷던 덩샤오핑의 편에 섰다.

후야오방(왼쪽)과 그의 아내 리자오

1982년 9월 제12차 중국공산당 전국대표대회에서 총서기로 취임한 후야오방은 사회주의 시장을 향한 중국 경제 개혁을 지지했다. 후야오방은 당 대회에서 55세 미만의 젊은 엘리트들을 선발하고 지원했으며, 최종적으로 장쩌민(江澤民, 주요인물 60 참조), 리펑(李鵬), 후진타오(胡錦濤, 주요인물 62 참조)를 포함한 112명이 젊은 간부로 선발되었다.

1983년 일-중 정상회담에서 후야오방은 나카소네 야스히로 총리(中曾根康弘, 주요인물 31 '기시 노부스케'에서 참조)와 형제처럼 지낸다고 밝히며 21세기 일-중 우호위원회를 설립했다. 1986년, 나카소네 야스히로는 후야오방에게 매년 500명의 중국 청년을 받아들이겠다고 약속했다. 후야오방은 중국 공산당 최전선에서 원로들을 철수시키겠다는 계획을 나카소네 야스히로에게 밝혔는데 후야오방이 이 계획을 지지한 것이 은퇴의 원인이었을 수 있다. 1986년 열린 제13기 중앙위원회 6차 전원회의에서는 8명의 원로들이 후야오방을 비판했다.

1989년 중국공산당 정치국 회의에서 연설한 직후, 후야오방은 심장마비를 겪었는데 일주일 후 사망했다. 후야오방을 애도하고 민주주의를 요구하는 학생들의 시위는 격화되어 제2의 톈안먼 사태로 발전했다.

51. 조지 캐틀렛 마셜(George Catlett Marshall, 1880~1959)

미국 펜실베이니아 출신의 군인이자 정치가. 제2차 세계대전 중 미 육군 참모총장과 국무장관, 국방장관을 역임했고 서유럽 재건 계획인 마셜 플랜을 제창한 지도자였다(주요인물 31 '기시 노부스케'의 *2 참조). 프리메이슨의 회원으로 알려졌다.

마셜은 1947년 하버드 대학교 졸업식 연설에서 마셜 플랜을 처음 공개했다. 이 연설에서 미국은 유럽에 재건을 위한 대규모 지원을 제공할 준비가 되었다고 발표했다. 전후 복구를 위한 미국의 재정 지원에 대한 대가로 유럽은 미국의 글로벌 기업들에게 거대한 유럽 시장을 개방했다. 유럽 국가들은 자유무역과 외환 자유화를 수용하고, 미국과의 교역에서 관세를 낮춰야 했는데, 이를 신자유주의라고 부르기도 한다. 유럽경제협력기구(OEEC, 현 OECD)는 마셜 플랜의 원조 수혜로 창설됐다. 원래 반공주의적 의도에서 시작된 마셜 플랜은 미국의 가장 성공적인 외교 정책이었으며, 마셜은 노벨평화상을 수상했다.

제2차 세계대전 중, 미국의 대일전쟁 계획 추진에 적극적으로 참여한 공로로 프랭클린 루스벨트 대통령은 그를 참모총장으로 임명했다. 제2차 세계대전 중 미국의 캠페인은 매우 성공적이어서 1943년 타임지에서 뽑은 '올해의 인물'로 선정됐다. 전쟁 말기에 그는 일본 본토 침공의 필요성을 강조했다.

1945년, 트루먼 대통령은 조지 마셜을 주중 대사로 임명하고 특별하게 전적인 권한을 부여했다. 조지 마셜은 중국공산당과 국민당 간의 화해를 통해 연립 정부를 수립하고 양당을 국민정부의 군대로 통합하고자 노력했다. 1946년 조지 마셜은 국민당의 장췬(張群), 공산당의 저우언라이(周恩來)와의 3자 회담에서 휴전 협정을 체결하고 현재의 베이징인 베이핑에 군사조처집행부(軍事調處執行部)를 설치했다. 중화민국 주석인 장제스를 육해공군의 최고사령관으로 결정했으나 장제스가 내전을 일으키면서 조지 마셜은 본국으로 소환되었다.

52. 드와이트 D. 아이젠하워(Dwight D. Eisenhower, 1890~1969)

미국 텍사스 출신의 군인이자 정치가. 제34대 미국 대통령, 연합군 최고

사령관, 미 육군 참모총장, 나토 최고 사령관 등을 역임했다. 해군사관학교에 지원했지만 부유하지 않았던 집안 형편으로 입학하지 못했고, 뉴욕 웨스트포인트에 있는 미 육군사관학교에 합격했다. 대통령으로서 두 번의 임기를 보낸 8년을 제외한 대부분의 생은 군인으로서 보냈다.

1941년 일본군의 진주만 공습 이후 WPD(War Plans Division) 부참모장으로 임명됐고, 참모총장 조지 마셜(주요인물 51 참조)이 작전부를 신설하면서 아이젠하워는 참모차장이 됐다. 마셜은 영국을 폭격전략기지이자, 해군함정 배치기지, 대규모 상륙작전의 기지로 삼아 유럽 서북부에서의 작전 계획을 지휘했다. 노르망디 상륙작전의 성공으로 1944년 참모총장으로 승진했고 1945년 말까지 유럽 전선에서 450만 명 규모의 연합군 원정군의 최고사령관으로 근무했다.

1950년에는 나토(NATO)의 초대 최고사령관이 됐으며 냉전이 한창이던 시기에 대통령으로 선출되어 리처드 닉슨(Richard Nixon)을 부통령으로, 존 포스터 덜레스(John Foster Dulles)를 국무장관으로 임명했다. 중국과 소련 같은 공산주의와의 전쟁을 최우선 과제로 삼았던 마셜의 '대량보복 핵전략'과 민간인 대량 살상을 초래할 수 있는 대량의 핵무기를 배치하는 '벼랑 끝 전술' 정책은 전 세계에 핵전쟁에 대한 공포를 불러일으켰다. 존 포스터 덜레스는 미일안전보장조약의 아버지라고도 불린다. 아이젠하워 대통령의 심리전 고문이자 특별 보좌관을 역임한 찰스 더글러스 잭슨(Charles

Douglas Jackson)은 데이비드 록펠러(주요인물 56 참조)와 함께 빌더버그 회담을 설립했다.

1957년 미국을 방문한 기시 노부스케(주요인물 31 참조)와 골프를 치며 친분을 쌓은 아이젠하워는 "대통령이 되면 싫어하는 사람과도 식탁에 앉아야 하지만, 골프는 좋아하는 사람과만 칠 수 있다"고 말했다.

아이젠하워는 1960년 대만 타이베이를 방문했을 때, 공산주의 세력에 대항하기 위한 공동성명을 강조했고 쑹메이링(주요인물 10 참조)과 장제스는 그를 극진히 영접했다.

*빌더버그 회의: 1954년부터 1년에 한 번씩 열리는 비공개 회의. 전 세계적으로 영향력 있는 인물, 기업 및 기관의 대표 130~150명이 모여 중요한 글로벌 이슈와 정치, 경제, 사회 및 기타 주제의 미래에 대해 논의하고 토론한다. 초청받은 사람만 참석할 수 있는 빌더버그 회의는 전 세계의 미래에 미치는 영향력으로 인해 '그림자 세계 정부'라고도 불리며 대서양 공동체를 형성하고 유럽과 미국 간의 협력을 통해 세계의 중요한 문제를 해결하기 위해 정치인, 고위급 공무원, 다국적 기업의 임원, 은행, 재단, 유럽 왕실 및 귀족들이 모인다. 창립자 중 한 사람인 데이비드 록펠러는 삼극위원회와 CFR(미국 외교관계협회)와도 관련이 있으며, 해당 단체들을 구성하는 회원들은 상당수가 일치한다. 빌더버그 회의에서 일본의 가입을 거절한 뒤, 1973년 삼극위원회가 설립되었다.

53. 장중머우(張忠謀, Morris Chang, 1931~)

중국 저장성 출신의 대만 기업가. 세계 최초이자 최대 규모의 반도체 파운드리인 TSMC를 설립하고 전 회장 겸 CEO를 역임했다. 대만 반도체 업

계의 창시자로 '대만 반도체 산업의 대부'로 불린다.

　중일전쟁과 국공내전을 피해 가족들과 함께 여러 차례 피난을 다녔다. 하버드 대학교에 입학해서 공부했지만, 매사추세츠 공과대학(MIT)으로 편입해 기계공학 학사 및 석사 학위를 받았다. 텍사스 인스트루먼트의 엔지니어링 부서에서 매니저로 근무했으며, 글로벌 반도체 사업을 총괄하는 그룹 부사장으로 승진했다. SMIC의 창업자인 장루징(張汝京, Richard Chang)이 당시 그의 부하 직원이었다.

　장중머우는 제너럴 인스트루먼트 코퍼레이션의 사장 겸 CEO로 취임했다. 중화민국의 정치가인 순윤쉬안(孫雲璿)은 장중머우 회장을 초청하여 대만 산업기술연구소(ITRI) 회장 겸 사장으로 임명했으며 이후 장중머우는 TSMC를 설립했다. 당시 차이잉원 총통의 특사 자격으로 아시아태평양경제협력체(APEC) 경제 지도자 회의에 6차례나 참석했다.

　궈타이밍(Terry Gou, 주요인물 15 참조)은 아내인 소피 장(Sophie Chang)의 친척이다. 궈타이밍은 아이폰과 기타 컴퓨터 제품을 제조하는 폭스콘의 설립자로 알려져 있으며, 일본의 기업 샤프를 인수했다. 소피 장은 조 바이든 미국 대통령이 델라웨어주에서 미국 상원의원에 당선되던 당시에 중국계 커뮤니티의 주요 지지자로 활동했다.

　장중머우는 시진핑 주석과 우호적인 관계에 있다. 2022년 대만 대표로 APEC 경제 지도자 회의에 참석했을 때, 라운지에서 시진핑 주석과 긴밀한 대화를 나눴는데 시진핑 주석의 제20차 중국공산당 전국대표대회에서의 성공을 축하한 것으로 알려졌다. 두 사람은 4년 전 파푸아뉴기니에서 만났을 때의 이야기를 나누며 즐거운 시간을 보냈다. 시진핑 주석은 장중머우의 고관절 수술에 대해 걱정하면서도, "안색이 꽤 좋아 보인다"라고 말하기도 했다. 대만 총통부는 장중머우에게 시진핑 주석을 만나 인사하라고 지시한 것으로 알려졌다.

장중머우는 중국 본토 출신으로 50대가 되어서야 대만으로 이주했다. 대만의 쑨원수안은 대만의 첨단 기술 산업을 이끌기 위해 장중머우에게 관리직을 맡겼다. 장중머우는 대만의 반도체 산업에 대한 일본 경제산업성의 지원에서 큰 가능성을 발견했다. 중국을 떠날 때 장중머우는 중국에서 고난을 피해 도망치던 젊은 시절의 꿈을 떠올리며 '중국몽(中国の夢)'이라고 불리는 '새로운 중국'을 만들기를 원했고 대만을 통해 중국의 발전에 기여하기로 결심했다. 중국 언론에 따르면 장중머우는 대만으로 가기 전에 "나는 중국인이다!"라고 세 번이나 외쳤다고 한다. 장중머우가 생각했던 중국몽은 시진핑 주석이 내세운 중국몽(中国梦) 슬로건과 매우 유사했다.

미국은 화웨이에 중국을 위해 스파이 행위를 한 혐의로 제재를 가했다. 그러나 중국 언론은 류더인(劉德音, 영문명: Mark Liu) TSMC 회장이 TSMC가 화웨이의 파트너로 계속 남을 것이라고 말했다고 보도했다. 또한 류더인 회장은 미국 규정 준수를 잘 지켜왔기 때문에, 미국 상무부가 TSMC의 위반 사항을 발견하지 못했다고 말했다. 화웨이는 TSMC의 지원 덕분에 안정적으로 운영되고 있다.

제11장: 두번째 물결

54. 탱크맨

 톈안먼 시위 진압 후 장안거리를 통해서 톈안먼 광장으로 진입하는 탱
크 행렬 앞에 서 있던 무명의 시위자. 톈안먼 사태는 자본주의 로드맨이자
전 중국공산당 주석이었던 후야오방(주요인물 50 참조)의 사망 이후 민주화와
자유화를 요구하던 학생들이 일으킨 시위이다. 학생들은 약 한 달 반 동안
베이징의 광장을 점거하고 시위를 벌였다. 톈안먼 시위 진압으로 약 1만
명이 사망한 것으로 추정되며, 중국 당국은 공식적으로 319명이 사망했다
고 발표했다. 탱크맨은 시위를 진압하려는 59식 전차들이 진입하는 길목
에 서서 비닐봉지 두 개를 들고 서 있었다. 전차 부대는 그를 피해 주변으
로 우회하려 했지만 탱크맨은 탱크 부대 앞을 계속 막아섰고 시민들이 걱
정하는 사이 파란색 옷을 입은 두 사람이 그를 끌어내어 군중 속으로 사라
졌다. 그제서야 전차들을 계속해서 길을 따라 광장으로 갈 수 있었다.

탱크맨은 CNN, BBC 등 해외 언론을 통해 방송되어 전 세계 시청자들에게 깊은 인상을 남겼다. 많은 기자들이 찍은 그의 사진이 여러 신문에 게재되면서 탱크맨은 중국 민주화의 상징으로 유명해졌고 서구에서도 잘 알려져 있다. 하지만 일반적인 중국의 젊은 층은 당국의 엄격한 검열로 인해 그에 대해 알지 못한다.

탱크맨의 정체를 아는 사람은 아무도 없는데 중국 전문가들이나 시위의 지도자였던 위구르족 출신의 우얼카이시 뒤라이티조차도 그의 정체를 모른다. 1990년 기자회견에서 미국 언론인 바바라 월터스는 장쩌민(주요인물 60 참조)에게 탱크맨이 어디 있는지 물었다. 장쩌민은 "그가 죽었다고 생각하지 않습니다…."라고 말을 흐렸다. 2000년 CNN과의 인터뷰에서 장쩌민은 전차로 그를 치고 가지 않았던 인민해방군을 인도적이었다며 칭찬했다.

현장에서 사건을 취재한 NHK 기자 가토 하루노부는 미스터리한 사건의 성격으로 인해 중국공산당이 '탱크맨'을 만들어 연출했을 가능성이 있다고 주장했다. 가토 하루노부는 군 당국의 엄격한 감시를 받고 있는 상황에서 누군가 광장에 진입하는 것 자체가 어려운 데다가 3분 이상 탱크의 진격을 막았다는 것도 부자연스럽다고 했다. 또한 군인들이 탱크맨을 체포하지 않고 그냥 내버려 둔 것과 중국공산당이 삼엄한 경비에도 불구하고 탱크맨이 탈출했다고 발표한 것도 이상하다는 것이다. 탱크맨은 가토 하루노부나 다른 외신 기자들이 머물고 있던 호텔에서 사진을 찍기에 이상적인 위치에 서 있었는데 몇몇 소식통은 탱크맨이 시위를 평화적으로 처리한 것처럼 보이게 하기 위해 중국공산당의 선전을 위해 만들어졌다고 주장했다.

제12장: 새로운 세계

55. 크리스토퍼 콜럼버스(Christopher Colombus, 1451~1506)

 대항해시대의 탐험가이자 항해사, 정복자, 노예 상인. 이탈리아 제노바에서 출신으로 종종 "아메리카 신대륙"의 발견자로 묘사된다. 유럽과 아시아 사이의 거리가 대서양을 건너 가면 더 짧다는 지구 구형론을 믿었던 콜럼버스는 마르코 폴로의 여행기 《동방견문록(東方見聞錄)》에 묘사된 신화 속 황금의 땅, 지팡구를 서쪽에서 발견할 수 있을 것이라고 확신했다. 카스티야의 여왕 이사벨라 1세의 지원을 받아 1492년 서쪽 항로를 통해 아시아와 인도가 있을 것으로 예상한 대서양을 향해 출항했다. 콜럼버스는 네 번의 항해 동안 쿠바, 아이티, 자메이카, 도미니카 및 기타 중앙아메리카 지역에 도착하여 탐험했다. 산타마리아호를 타고 중앙아메리카 해안을 발견했을 때 콜럼버스는 그곳이 인도의 일부라고 믿었고 신대륙의 전체의 범위를 알지 못한 채 죽었다.

56. 데이비드 록펠러(David Rockefeller, 1915~2017)

뉴욕 맨해튼 출신의 은행가이자 기업가, 자선가. 데이비드 록펠러는 록펠러 가문의 3대 수장으로 체이스 맨해튼 코퍼레이션(Chase Manhattan

Corporation)의 CEO 겸 회장을 역임했다.

할아버지였던 존 록펠러(주요인물 57 참조)는 스탠더드 오일 컴퍼니(Standard Oil Company)의 창립자이며 "석유왕"으로 불렸다. 아버지는 존 록펠러 주니어이다.

데이비드 록펠러는 하버드 대학교를 졸업했고, 뉴욕 시장 비서실장으로 일했다. 체이스 내셔널 은행(Chase National Bank, 現 JP모건 체이스 은행)에서 근무하며 CEO가 되었다. 데이비드 록펠러는 은행 사업을 해외로 확장하여 전 세계의 다양한 파트너와 관계를 구축했는데 냉전 시대 소련에 미국 은행 최초로 지점을 설립하는 등 외교에도 적극적으로 나섰다. 또한 중국을 방문하여 중국에 통신 은행을 설립하기도 했다. 1973년에는 삼극위원회를 설립했으며, 1954년부터 빌더버그 회의에 참여했다. 문화대혁명 직후 저우언라이 총리(주요인물 34 참조)를 만났고, 덩샤오핑(주요인물 41 참조)을 초청하기도 했다. 데이비드 록펠러는 CITIC 그룹 주식회사(구 중국국제신탁투자공사)의 설립에 관여하여 외국 자본 도입에 열심이었던 룽이런(榮毅仁)과 긴밀한 관계를 구축했는데 결과적으로 그의 민간 외교가 중미 외교 정상화의 시발점이 되었다.

록펠러 회고록 2권에 따르면 그는 "어떤 사람들은 우리가 미국의 최선의 이익에 반하는 비밀 결사체의 일원이며, 나와 내 가족을 '국제주의자'로 규정하고 전 세계의 다른 사람들과 함께 보다 통합된 글로벌 정치 및 경제 구조, 즉 하나의 세계를 건설하기 위해 음모를 꾸미고 있다고 믿는다. 만약 그것이 혐의라면 나는 유죄를 인정하고, 오히려 이를 자랑스럽게 생각할 것이다"라고 말했다. 또한 "21세기에는 고립주의자가 설 자리가 없다. 우리 모두는 국제주의자가 되어야 한다"라고 말했다.

2017년, 101세의 나이로 자택에서 수면 중 울혈성 심부전으로 사망했다.

57. 존 D. 록펠러(John D. Rockefeller, 18391~937)

존 데이비슨 록펠러(John Davison Rockefeller)는 미국 뉴욕 출신의 기업가이자 자선가이다. "석유의 왕"으로 불렸다.

1870년 스탠다드 오일 컴퍼니를 설립한 존 D. 록펠러는 전성기 시절 미국 석유의 90%를 장악하며 막대한 부를 쌓았는데 라이벌 석유 회사를 인수하여 경영과 효율성을 개선하고 석유 운송 비용을 절감한 덕분이었다. 또한 라이벌 회사를 분열시키고, 비밀 계약을 맺었으며, 투자금과 라이벌 회사 인수를 위한 자금을 모았다. 하지만 독점을 규제하는 주법에 따라 결국 회사는 엑손(Exxon), 모빌(Mobil), 셰브론(Chevron)으로 분할되었다. 회사가 정점에 달했을 때 존 D. 록펠러의 자산은 9억 달러를 넘어섰는데 이는 당시 미국 경제의 1.5% 이상을 차지하는 것이었다.

존 D. 록펠러는 1897년 은퇴하고 현대 자선활동의 역할을 정의하는 자선단체를 설립했다. 그가 설립한 의학, 교육, 과학 연구 재단은 사상충증과 황열병 퇴치를 도왔다. 1901년에 설립한 록펠러 대학교는 석유로 만든 의약품을 개발했고 록펠러 의학연구소로 알려져 있다. 존 D. 록펠러는 자연요법, '천연' 또는 '대체' 의약품에 반대했다.

생전에 가족, 특히 아들 존 D. 록펠러 주니어(데이비드 록펠러의 아버지)에게 엄청난 유산을 증여했다.

58. 헨리 키신저(Henry Kissinger, 1923~2023)

헨리 알프레드 키신저(Henry Alfred Kissinger)는 독일 출신의 미국 정치인이다. 닉슨 행정부 때와 포드 행정부에서 국가안보보좌관과 국무장관을 역임했다.

나치 정부의 유대인 박해를 피해 미국으로 이민 가서 미국 시민권을 취득했다. 하버드 대학교에서 국제정치학 박사 학위를 받은 후 교수로 재직했다.

닉슨 행정부 때, 정계에 입문하여 냉전 시대 소련과의 데탕트를 추진했다. 헨리 키신저는 당시 적국이었던 중화인민공화국과 비밀리에 협상하여 닉슨 행정부가 중미 외교를 수립하는 데 도움을 주었고 닉슨 대통령의 중국 방문과 미중 외교관계 정상화에 기여했다. 헨리 키신저는 국제적으로 미국 달러와 금의 교환을 일방적으로 폐지한 '닉슨 쇼크'를 지지했고 미국 달러로 석유에 대한 국제 가격을 책정하게 만든 '페트로 달러'의 아버지이다. 그는 매년 빌더버그 회의에 참석했다.

헨리 키신저는 데이비드 록펠러에게 중국에서 사업을 확장할 것을 조언했다. 또한 미국 국무부나 해당 장관에게 알리지 않고 프랑스, 루마니아, 파키스탄의 군 장교 및 CIA 지부장들과의 인맥을 이용해 비밀리에 베이징을 방문했고 비밀 대사로 중국을 계속 방문하여 저우언라이 총리(주요인물 34 참조)를 만났다. 이 회의 기록에 따르면 헨리 키신저는 중국과 소련 국경을 따라 소련군의 무장 사실을 중국에 알리고 미국이 소유한 상세한 자료와 지도를 전달했다고 한다. 중국에 대한 호의를 보여주기 위해서 지도자들에게 비밀 정보를 제공한 것이다.

2016년 헨리 키신저는 시진핑 주석이 베이징에서 열린 만찬에 초대했을 때 당시 당선된 트럼프 대통령의 행정부가 취했던 중국에 적대적인 외교 정책에 대한 기밀 데이터를 공개했다. 헨리 키신저는 미국이 유사시 대만의 군사 방어에 개입할 준비가 되어 있다는 조 바이든 미국 대통령의 말에, 미국이 이 정책의 일환으로 대만을 중국과의 협상에 참여시켜서는 안 된다고 말했다.

국가 안보 연구 각서 200: 전 세계 인구 증가가 미국 안보와 해외 이익에 미치는 영향(NSSM200), 일명 키신저 보고서는 개발도상국 인구의 폭발적 증가로 인한 미국의 국가 안보 우려를 설명하고, 정부가 해당 국가들에 인구 통제를 위한 의료 지원을 제공할 것을 권고했다.

헨리 키신저는 "BOR"라는 코드네임을 가진 러시아 스파이로 의심받기도 했다.

그는 2023년 11월 29일 코네티컷에 있는 자택에서 사망했다. 사인은 발표되지 않았다.

59. 클라우스 슈밥(Klaus Schwab, 1938~)

클라우스 마르틴 슈밥(Klaus Martin Schwab)은 독일 출신의 스위스 경제학자, 산업가, 자선가이다. 세계경제포럼(WEF)의 의장이자 창립자로 활동했으며, 헨리 키신저(주요인물 58 참조)의 제자였다.

하버드 대학교의 존 F. 케네디 행정대학원에서 행정학 석사 학위를 받은 클라우스 슈밥은 헨리 키신저의 지도를 받았으며, 헨리 키신저에게 가

장 큰 영향을 받았다고 말했다.

1971년 클라우드 슈밥은 로마 클럽(*)을 모델로 한 WEF(구 유럽경영포럼)를 설립했다. 인구 통제를 정당화하는 보고서 〈성장의 한계〉로 유명한 WEF는 헨리 키신저가 이끄는 하버드 대학교의 프로그램에서 유래한 것으로 알려져 있으며, CIA의 자금 지원을 받고 있다. 본부는 스위스 제네바에 있고 뉴욕, 샌프란시스코, 베이징, 도쿄에 사무실이 있다.

1988년 아내 힐데 슈밥(Hilde Schwab)과 함께 사회적기업가정신을 위한 슈밥재단을 설립했다. 이 재단은 전 세계의 사회적 기업가를 발굴하고, 평가 및 홍보하는 데 전념하고 있으며, 현재 350개 이상의 네트워크를 지원하고 있다. 2004년 클라우스 슈밥은 40세 이하의 인력 개발을 위해 차세대 글로벌 지도자 포럼을 설립했는데 쥐스탱 트뤼도 캐나다 대통령(주요인물 18 '명완저우' 참조), 엠마누엘 마크롱 프랑스 대통령, 알렉산더 드 크루 벨기에 총리, 알렉산더 스텁 핀란드 대통령, 메타 플랫폼(구 페이스북)의 마크 저커버그 등이 참여했다. 빌&멜린다 게이츠 재단의 전 중국 이사 리이눠궈(李一诺)도 포럼 회원으로 활동했다. 그녀는 일본의 결혼제도를 부정하는 페미니스트 우에노 치즈코(上野千鶴子)와 접촉하던 중이었다. 리이눠는 2018년 중국 싱크탱크인 중국 세계화센터에서 선정한 '중국 개혁개방 40년 귀환자 40인' 중 한 명으로 선정되었다. 차세대 글로벌 지도자 포럼에는 세계 각국의 정치인과 유명 인사는 물론 벨기에, 덴마크, 노르웨이, 일본 등의 왕실도 소속되어 있다.

슈밥은 CGTN과의 인터뷰에서 "중국은 다른 나라들의 롤모델"이라며 중국의 통치 체제를 이상적이라고 평가했다. 슈밥은 또한 2017년 WEF에서 시진핑 주석의 연설을 칭찬하고, 2018년에는 베이징 인민대회당을 방문해 전년도 시진핑 주석의 연설을 칭찬했다. 시진핑 주석은 중국 개혁과 개방에 공헌한 외국인으로 슈밥에게 메달을 수여했다.

클라우드 슈밥의 아버지 오이겐 빌헬름 슈밥(Eugen Wilhelm Schwab)은 나치 정부와 협력한 에셔 비스 & 시(Escher Wyss & Cie) 공장을 관리하고 선박과 산업 기계를 제조했다.

* 로마 클럽: 아우렐리오 페체이(Aurelio Peccei)와 알렉산더 킹(Alexander King)이 공동으로 창립했다. 아우렐리오 페체이는 메인프레임을 개발하고 생산한 올리베티(Olivetti)의 회장이었다. 아우렐리오 페체이는 인구는 기하급수적으로 증가하는데 비해 식량과 자원 공급은 산술적으로 증가한다고 생각했고 이러한 위기를 피하기 위해 전 세계인이 방법을 모색해야 한다고 경고했다. 생산부 차관급 과학 고문을 역임한 스코틀랜드 출신 과학자 알렉산더 킹도 아우렐리오의 의견에 동의했다. 로마 클럽 본부는 스위스 빈터투어에 있다. 정회원 수는 약 100명, 준회원과 관련 조직의 대표 수는 약 20명 정도이며 저명한 회원도 40명 정도이다. 1972년 로마 클럽에서 발표한 《성장의 한계(The Limits to Growth)》는 인구를 통제하고 줄이기 위한 정책을 지지한다. 이 책의 공동 저자 중 한 사람인 데니스 L. 미도스(Dennis L. Meadows)는 전 뉴햄프셔 대학교 정책 및 사회과학연구소 소장으로, 2017년 위 러브 어스(We Love Earth)와의 인터뷰에서 "지구는 사람들이 자유와 물질 소비를 얼마나 원하는지에 따라 10억 명에서 많아야 20억 명 정도를 감당할 수 있다"라고 말했다. 또한 "더 많은 자유와 더 많은 소비

를 원한다면 인구를 줄여야 한다. 반대로 인구를 더 늘릴 수도 있는데 아주 강력한 독재가 가능하다면 80억 또는 90억 명을 감당할 수도 있다. 하지만 우리는 자유를 원하고, 높은 생활 수준(그는 '기준'이라고 말했을 것이다)을 누리고 싶기 때문에 우리는 인구를 10억 명 수준으로 유지해야 한다. 현재 인구는 70억 명에 도달했으니, 다시 줄여야 한다"라고 말했다.

그러나 《성장의 한계》가 출간되기 50년 전인 1920년대 베이징대학교 총장이었던 마인추(馬寅初)가 이미 중국의 인구 증가에 대해 우려했다는 점에 주목할 필요가 있다. 게다가 마인추는 그 책이 출간되기 약 17년 전인 1955년 제1차 전국인민대표대회 2차 회의에서 대중적 인구 통제의 필요성을 말했다. 1956년 제2차 5개년 계획에서 저우언라이는 인구 통제를 위한 조직을 배치할 것을 제안했는데 마오쩌둥도 저우언라이의 의견에 동의했다. 마인추는 계획 경제인 중국 사회주의 경제는 인구 계획도 포함해야 한다고 주장하며 계획 출생 프로그램인 '인구신론'을 발표했으며 1957년 열린 제1차 전국인민대표대회 4차 회의에서 이러한 계획 경제를 수립하고자 했다. 마인추는 토마스 로버트 맬서스(Thomas Robert Malthus)의 저서 《인구론(An Essay on the Principle of Population)》의 영향을 받은 것으로 보인다.

저우언라이와 친분이 있었던 이케다 다이사쿠도 로마 클럽 소속의 저명 회원이었다. 창가학회의 공식 웹사이트에는 클럽 명예회장인 리카르도 디에즈 호흘라이트너(Ricardo Diez Hochleitner)의 인터뷰 영상이 게시되어 있다. 인터뷰에서 리카르도 호흘라이트너는 이케다 다이사쿠에게 그의 '인간혁명(人間革命)'에 깊이 감명을 받았다며 자신이 가장 존경하는 초대 회장 아우렐리오 페체이가 로마 클럽에서 인간혁명 이론을 발표했을 때가 떠올랐다고 말했다. 또한 인간혁명을 기반으로 하는 개인과 집단은 누구나 이런 이상을 실현할 수 있으며, 국적과 문화가 달라도 그들의 바람은 실현될 것이라고 말했다. 리카르도 호흘라이트너는 인류의 노력으로 가장 긍정적인 혁명을 이끌어낼 수 있다고 믿었으며 여러 면에서 로마 클럽과 공감대를 형성하고 있는 이케다 다이사쿠가 로마 클럽에 이상적인 인물이라고 말했다. 그의 발언들은 이케다 다이사쿠가 로마 클럽에 지속적인 영향을 미쳤음을 보여준다.

제13장: 불사조의 귀환

60. 장쩌민(Jiang Zemin, 1926~2022)

중국 장쑤성 출신의 중화인민공화국의 정치인. 제3대 중국공산당 총서기, 제4대 중국공산당 중앙군사위원회 주석, 제5대 중화인민공화국 주석, 그리고 제2대 중앙군사위원회 위원장을 역임했다.

상하이교통대학을 졸업한 후, 엔지니어로 일했다. 이후 제1기계공업부 산하 상하이 전기기기연구소 부소장, 우한 열공학기계연구소 소장, 상하이 공산당 서기 등을 역임했다. 문화대혁명 기간 동안 홍위병들은 장쩌민을 '자본주의적 길잡이'로 지목해 표적으로 삼았지만, 다행히 혁명열사의 아들로서 심각한 탄압을 받지는 않았다.

텐안먼 사태(6·4 사건) 이후 자오쯔양(趙紫陽)이 당 총서기 및 중국공산당 정치국 상무위원회 위원직에서 내려온 후 덩샤오핑은 장쩌민을 그 자리로 승진시켰다.

중국의 최고 지도자들은 중국공산당 총서기, 국가주석, 중앙군사위원회 위원장이라는 세 가지 직책을 겸임해 왔다. 장쩌민이 집권하기 전만 해도 권력이 한 사람에게만 집중되지 않았다. 그러나 1993년 장쩌민이 중화인민공화국 주석으로 취임한 이후 중앙집권적인 행정권을 장악하고 있다. 장쩌민은 덩샤오핑의 후계자로서 중국 경제 개혁을 따라, 중국공산당의 노선을 유지하면서 사회주의 시장 경제를 도입했다. 장쩌민의 정책은 사실상 중국을 자본주의화한 것이나 다름없었다. 장쩌민은 중국이 세계화된 세계 경제에 적응할 수 있도록 외화를 도입하고 수출을 강화하여 중국을 '세계의 공장'으로 자리 잡게 만들었다. 중국은 엄청난 발전을 통해 1989년부터 2024년까지 연간 GDP 성장률이 평균 10%에 육박했다. 장쩌민은 자크 시라크 프랑스 대통령과 협력하여 핵실험을 지지했다. 하지만 전 세계 많은 사람들로부터 파룬궁(法輪功)에 대한 가혹한 탄압과 국내 장기 적출을 방조했다는 이유로 비난받았다. 장쩌민은 마르크스-레닌주의, 마오쩌둥 사상, 덩샤오핑 이론을 지지했으며, 2004년 헌법 개정 과정에서 '3대표(三个代表)론'을 내세워 자신을 마오쩌둥, 덩샤오핑과 나란히 같은 급으로 격상하려고 했다.

전 대만 총통 천수이볜(주요인물 23 참조)은 장쩌민이 대만이 라파예트급 프리깃함(주요인물 20 '인칭펑'의 * 참조)을 구매할 당시 프랑스 군수산업과 당시 대만 국민당 정부로부터 부정하게 돈을 받았다고 주장하며 장쩌민의 부패한 본성을 지적했다.

장쩌민은 백혈병과 다발성 장기 부전으로 인해 2022년 상하이의 화동 의원에서 사망했다.

제14장: 쿠데타 시도

61. 차이충신(蔡崇信, 영문명: Joseph C. Tsai, 1964~)

대만 타이베이 출신의 뉴욕 변호사이자 기업가. 그의 조상은 중국 저장성 출신으로 그는 중화민국(대만)과 캐나다의 이중 국적을 가지고 있으며, 홍콩의 영주권자이기도 하다. 할아버지는 청방의 우두머리인 두웨성(주요인물 28 참조)의 변호사였던 사이먼 차이리우청 (Simon, 蔡六乘)이고 아버지 차이중쩡(蔡中曾, 영문명: Paul C. Tsai)은 예일대 로스쿨에서 법학박사 학위를 취득한 후, 대만 법조계에서 중요한 인물로 활동했다. 차이충신은 알리바바 그룹의 공동 창립자이자 회장이며, 미국 NBA의 브루클린 네츠와 롱아일랜드 네츠를 포함한 여러 스포츠 팀의 소유주이고 자산은 약 81억 달러에 달하는 것으로 알려져 있다.

차이충신은 13세에 유학을 위해 미국으로 건너가 예일대학교에서 경제학과 동아시아학 학사 학위를 취득하고, 예일대 로스쿨에서 법학박사 학위를 받았다. 뉴욕에 본사를 둔 법무법인 설리번 앤 크롬웰에서 변호사로 근무했고 이후 바이아웃 투자회사 로즈클리프의 법률자문 변호사로 활동했다.

마윈(*1)을 만난 차이충신은 그의 카리스마와 사업 아이디어에서 투자에 대한 정보를 얻었고 알리바바 그룹의 CFO가 되어 회사를 재정비했다. 알리바바 그룹은 1999년 3월 마윈의 자택 아파트 겸 사무실에서 시작되었다. 얼마 후 마윈은 차이충신을 만났고, 그해 9월 알리바바 그룹을 공식적인 법인 회사로 등록했는데 한 달 만에 홍콩의 골드만삭스와 스웨덴의 한 투자회사로부터 5억 달러의 투자를 유치하는 데 성공했다. 손정의(孫正義, 일본명: 손 마사요시)는 단 5분 만에 알리바바에 2천만 달러를 투자하기로 결정했다. 손정의의 과감한 투자 덕분에 알리바바는 글로벌 IT 기업으로 성장할 수 있었다.

손정의와 알리바바 그룹 사이에 가짜 주식 문제가 발생하며 논란이 일었는데 소프트뱅크가 25%의 지분을 보유한 저장성 소재의 알리바바 그룹 홀딩스(AGH)와의 관계에 대한 의혹이 제기되었다. 블룸버그에 따르면 아메리칸 피델리티 인베스트먼트(American Fidelity Investments)는 알리바바와 같은 중국 주식에 대한 투자와 관련하여 'VIE'(*2)의 위험성에 대해 경고했다. 소프트뱅크가 보유한 알리바바 주식 총 1조 8,510억 엔(2020년 4월 기준)에 달하는 자산 덕분에 파산과 재정 위기를 모면할 수 있었지만, 해당 주식의 실체가 불분명한 것으로 밝혀졌다. 차이충신이 보유한 알리바바 지분은 그의 전체 자산의 약 25%(약 21억 달러)를 차지하며, 그중 8%(약 2억 6,300만 달러)를 매각할 계획이라는 보도가 나왔다.

차이충신은 현재 홍콩에 설립한 투자 회사 블루풀 캐피탈(Blue Pool Capital)을 통해 주식, 벤처 캐피탈 투자, 스포츠 관련 사업을 운영하고 있으며 아티팩트 랩스(Artifact Labs)와 에이버 블록체인 익스체인지(Aver Blockchain Exchange)와 같은 웹3 기업을 포함한 암호화 자산에도 적극적으로 투자하고 있다.

2016년 차이충신은 예일대 로스쿨에 3천만 달러를 기부했고 학교 측은 차이나 센터 이름을 "폴 차이 차이나 센터"로 변경하였다. 폴 차이 차이나 센터는 중국의 사법 개혁 촉진, 미중관계 개선, 미국 내의 중국에 대한 이해를 높이는 데 전념하고 있으며 중국의 대학, 정부, 시민 사회와 협력하여 사법, 행정, 규제 개혁을 포함한 분야의 다양한 프로젝트와 비영리 단체에도 협력하고 있다.

차이충신의 아내 클라라 우 차이(Clara Wu Tsai)는 대만의 5대 그룹 중 하나인 신콩그룹(新光集團)의 우(吳)씨 가문 출신이다. 신콩그룹의 창립자 우훠스(吳火獅)는 장제스의 손자인 장샤오원(蔣孝文)의 몇 안 되는 친구 중 한 사람이다. 우훠스의 넷째 아들 우덩셩(吳東昇, 영문명: Eric Wu)은 "리덩후이의 제자"라고 불린다. 장남인 우덩진(吳東進, 영문명: Eugene Wu)의 딸 신시아 우(Cynthia Wu)는 세계경제포럼(WEF)의 차세대 글로벌 지도자 멤버로 활동하고 있다. 신시아 우는 영국 보수당과 통합당의 부대표를 지냈던 피터 릴리(Peter Lilley)의 정치 보좌관으로 활동하며 대마초 합법화를 주장했다. 클라라 우 차이는 미국 여자프로농구(WNBA) 팀 뉴욕 리버티의 공동 구단주이기도 하다. 클라라 우 차이는 2023년 LGBTQ+ 운동을 홍보하고 여성 스포츠의 사회 정의를 호소하기 위해 다큐멘터리 영화 〈Unfinished Business〉를 제작했다.

2023년 5월 12일 "굿모닝 아메리카"와의 인터뷰에서 클라라 우는 이 영화가 1990년대 성소수자 문제를 다룬 수잔 조이 윅스(Susan Joy Wicks), 블랙 라이프 매터(BLM), 그리고 부당하게 구금된 트랜스젠더 여성 농구 선수 브리트니 예벳 그리너(Brittney Yevette Griner) 등의 문제에 맞서는 데 초점을 맞췄다고 말했다. 뉴욕 리버티의 공식 웹사이트에 따르면, 이 팀은 일년 내내 성소수자 회원들을 환대하고 공간을 제공하며, 미국의 모든 프라이드 퍼레이드에 참여하고 있다.

*1 마윈(馬雲. 영문명: Jack Ma): 중국 저장성 출신으로 알리바바 그룹과 앤트 그룹의 전 CEO이자 회장이며, 소프트뱅크 그룹의 전 이사. 마윈은 1998년부터 1999년까지 중국 인터넷 전자상거래 시장을 발전시킨 CIECC(China International Electronic Commerce Centre: 중국국제전자상거래센터)에 소속되어 있었다. CIECC는 중국 정부의 집행 기관인 상무부(구 대외무역경제합작부) 산하의 조직이다. 마윈은 퇴임 후, 홍콩에 알리바바를 설립했고 2015년부터 2022년까지 저장성 상공인 연합회 회장직을 역임했으며 2007년에는 소프트뱅크의 이사로 선임되었다. 마윈은 손정의, 차이충신과 친분 관계를 유지하고 있다. 도널드 트럼프 미국 대통령의 측근인 재러드 코리 쿠슈너(Jared Corey Kushner)의 형제가 관리하는 부동산 투자 회사를 재정적으로 지원했으며, 이를 계기로 도널드 트럼프와도 밀접한 관계를 맺고 있다. 또한 마윈은 손정의와 트럼프의 만남을 주선한 것으로 알려졌으며, 손정의는 미국 기업에 500억 달러를 투자할 계획을 발표했다. 이후 마윈은 트럼프 타워에서 트럼프와 회동하기도 했다. 마윈은 2020년 이후 정치 무대에 모습을 드러내지 않았지만 차이충신과는 매일(2021년 기준) 연락하며 지내고 있는 것으로 알려져 있다. 현재 도쿄에 거주하며 칭화대학교 경제경영대학원 중국자문위원회(주요인물 15 '궈타이밍'의 * 참조)에 소속되어 있다. 마윈의 발언 "가짜는 진짜를 능가한다", "톈안먼 사태에 대한 덩샤오핑의 조치는 완벽하지 않았지만, 당시 최선이었다", "빅데이터와 AI를 활용하면 소련 붕괴 이후에도 새로운 거대한 사회주의 국가를 건설할 수 있

다" 등은 논란을 일으켰다.

*2 VIE (Variable Interest Entity: 가변이익실체): 중국 기업들이 중국 정부의 규제를 회피해 미국 등 해외 증권거래소에 주식을 상장할 수 있도록 만든 구조를 의미한다. 이 기업들은 자본 관계와 상관없이 계약을 통해 다른 회사를 지배할 수 있다. 일반적으로 영국 케이맨 제도에 페이퍼 컴퍼니를 설립하고 상장하는 형태로 운영된다.

62. 후진타오(Hu Jintao 胡錦濤, 1942~)

중국 장쑤성 출신으로 차분하고 진지한 성격으로 알려져 있다. 차를 파는 가난한 가정에서 태어난 후진타오는 일곱 살 때 어머니가 세상을 떠났으며, 두 여동생과 함께 할머니의 손에 길러졌다. 후진타오는 일반적으로 친일 성향의 인물로 평가되지만, 정치경제학자 하마다 카즈유키(浜田和幸)는 후진타오가 어린 시절부터 아버지에게 "너희 어머니가 일찍 돌아가신 것은 일본군의 잘못이었다", "너희들의 운명을 망친 것은 일본군이다"라는 말을 들으며 자랐다고 말했다.

1959년 칭화대학교 수력공학과에 입학했고 1964년에 중국공산당에 입당했다. 칭화대학교에서 문화대혁명이 발발하자, 대학은 혼란에 빠졌고 당시 수력공학과 정치 지도 교수로 활동하던 후진타오 역시 비판의 대상이 되었지만, 학생 및 교직원들과 친밀한 관계를 맺고 있었기 때문에 폭력적인 탄압은 피할 수 있었다.

덩샤오핑은 차세대 지도자 양성을 목표로 한 프로그램을 시행하며 후진타오를 설계 관리 책임자로 발탁했다. 처음에는 농민들을 대상으로 사회주의 교육을 위한 선전 활동을 펼쳤지만, 직접 농민들의 삶을 목격한 후에는 이론적 개념만을 홍보하기보다는 생산성 회복을 우선시하는 덩샤오핑의 실용주의 정책을 따르기 시작했다.

1981년 간쑤성 당위원회는 덩샤오핑의 딸 덩난(鄧楠), 후야오방(주요인물 50 참조)의 아들 후더핑(胡德平)과 후진타오에게 중앙당학교 고위 공산당 간부가 되기 위한 훈련을 받도록 결정했다. 이 시기에 덩샤오핑은 딸로부터 후진타오에 대한 긍정적인 인상을 받게 되었고, 후야오방과도 친분을 쌓았다.

1992년 장쩌민의 후계자 선정을 위한 논의가 시작되었을 때, 후진타오는 당 중앙정치국 상무위원으로 선출되었다. 1998년에는 국가 부주석으로 취임했으며, 일본을 방문했을 때 천황과 만났다. 2002년 당 총서기로 선출되었고, 이듬해 제6대 주석이 되었다. 후진타오는 소득 격차를 해소하고 안정적인 경제 성장을 달성하기 위해 노력하여 수출 중심의 대량 생산 사회에서 내수 중심의 대량 소비 사회로 전환하는 것을 목표로 삼았다. 당시 중국의 GDP(국내총생산)는 세계 2위로 올라섰으며, 2008년 글로벌 금융 위기 이후 세계에서 가장 빠르게 경제를 회복한 국가였다. 그러나 그의 정책은 재정 운영에 혼란이 있어 버블 경제를 초래했다는 비판을 받기도 한다.

장쩌민의 상하이파(江澤民派系)와 후진타오의 중국공산주의청년단(中國共

產主義青年團)은 서로 대립하고 있었는데 상하이파의 지지를 받은 시진핑이 차기 당 총서기로 임명되었다. 후진타오는 대만의 마잉주와 92공통인식이 양안 간 협상의 토대가 될 것이라는 데 뜻을 같이했다. 2008년 일본을 방문하여 소카가쿠아이의 이케다 다이사쿠를 만났고, 일본과 중국의 우호 관계에 기여한 공로에 대해 감사의 마음을 표했다.

2009년, 대만과 중국은 양국 간 경제 통합을 목표로 해협양안경제협력 기본협정(ECFA)을 체결했으며 양측의 우호 관계는 지속적으로 발전해 나갔다.

후진타오는 2012년 시진핑에게 모든 직책을 넘겨준 후, 주목할 만한 정치 활동을 하지 않았다. 2022년, 중국공산당 제20차 전국대표대회 폐막식을 앞두고 후진타오는 대회장을 떠나라는 요청을 받았는데, 이를 둘러싸고 다양한 추측이 나오고 있다.

제15장: 세상의 모든 돈

63. 주룽지(Zhu Rongji 朱镕基, 1928~)

중국 후난성 출신의 중화인민공화국의 정치인이다. 제5대 국무원 총리, 중국인민은행 총재, 제14기 및 제15기 당 중앙정치국 상무위원, 칭화대학교 경제관리학원 초대 원장, 제7대 및 제8대 국무원 부총리를 역임했다.

주룽지는 1947년 칭화대학교 전기제조학과에 입학했고 1949년 10월, 중국공산당에 입당했다. 1958년, 국가계획위원회 부주임으로 임명되었으나 마오쩌둥의 대약진운동을 비판했다가 축출됐다. 덩샤오핑이 집권하고, 복권되었지만 문화대혁명 기간에 다시 축출당했고 1970년 석방되어

57간부학교에서 노동 개조를 받았다. 1978년 덩샤오핑이 화궈펑(주요인물 40 참조)으로부터 권력을 넘겨 받고 사실상 최고 지도자가 되면서 주룽지는 당적을 회복했고 그 후 승진을 거듭하여 모교인 칭화대학교의 경제관리학원 초대 원장 겸 교수로 취임했다. 1987년에는 당시 상하이시 당 서기 겸 시장이었던 장쩌민(주요인물 60 참조)을 보좌했으며, 이듬해에는 그의 뒤를 이어 상하이 시장으로 취임했다.

주룽지 총리(왼쪽)와 블라디미르 푸틴, 2001년 촬영

　　1989년 제2차 톈안먼 사태가 발발하자, 당 총서기 후보 자격으로 베이징에 있던 장쩌민을 대신해 상하이 사태의 수습을 책임졌다. 주룽지는 무력을 사용하지 않고 평화적인 해결을 이뤄냈으며, 상하이시 당위원회 서기로 승진했다. 덩샤오핑으로부터 높은 평가를 받아 국무원 부총리로 임명되어 경제 정책을 총괄하게 되었다. 주룽지는 경제 성장을 유지하기 위해 외

국 자본의 도입을 장려하고, 막대한 양의 건전한 국채를 발행했다. 동시에 지방에서 급증하는 부실채권을 통제하고 청산하기 시작했으며, 지방정부와 국영기업에 부적절한 투자를 못하도록 강력히 제재했다. 또한 중국인민은행(*)의 은행장을 해임하고 직접 은행장 직책을 맡아 과도한 채권 발행을 축소하고 무담보 은행 대출을 철회하는 등 은행 개혁을 실시했다.

1997년부터 1998년까지 아시아 외환위기가 발생하면서 태국, 필리핀, 인도네시아, 말레이시아, 한국, 일본 등의 통화는 크게 하락했지만, 홍콩과 중국의 통화는 미국 달러 대비 환율을 유지했다. 이는 주룽지의 정치적 확신이 작용했기 때문이라는 분석이 있다. 위기 속에서도 위안화 평가절하를 거듭 부인했고, 당시 클린턴 미국 대통령의 중국 방문에서도 이러한 정책이 재확인되었다. 그러나 정치적 조치로만 설명하기는 어려운 이 사건의 진실은 여전히 미스터리로 남아 있다. 아시아 외환위기에 대한 이론 중 하나는 조지 소로스(George Soros)를 비롯한 서방 투기 세력들이 아시아 국가들의 통화 약세로 가치가 떨어질 것이라고 예측하면서 발생했다는 것이다. 그들은 대규모의 자금을 투입하여 막대한 차익을 거두었다. 1998년 주룽지는 2000년까지 세 가지 주요 개혁, 즉 국영기업 개혁, 금융 개혁, 정부 조직 개혁을 제안했다. 개방 정책을 더욱 가속화하고 외국 자본을 유치하며, 외부 압력마저도 효과적으로 활용하기 위해서였다. 주룽지는 국유기업의 개혁 과정에서 많은 사람이 일자리를 잃었다는 비판을 받았다. 그의 업적은 2001년 중국이 세계무역기구(WTO) 회원국이 되는 데 중요한 역할을 했다.

주룽지는 2002년에 정계에서 은퇴했으며, 칭화대학교 경제관리학원(주요인물 15 '궈타이밍'의 * 참조) 자문위원회 명예이사장직을 역임했다.

* 중국인민은행: 중화인민공화국 인민은행법에 따라 설립된 은행이다. 2014년 달러 결제에 대한 의존도를 낮추고, 유통 비용을 절감하고, 통화 공급을 관리하며, 소비자 행동 모니터링을 강화 등을 목표로 하기 위해 중앙은행 디지털 화폐(CBDC)를 개발하기 시작한 세계 최초의 중앙은행이다. 중국은 주요 국가들 중 최초로 CBDC를 대중화한 국가이다. 중국인민은행 부총재를 역임한 리보(李波)는 2021년 국제통화기금(IMF) 부총재로 임명되었다. 리보는 2022년 IMF 연례 회의에서 "CBDC는 법정 통화로서의 지위를 통해 금융 포용성을 향상시키는 데 도움이 될 수 있다. CBDC는 중앙은행의 채무이며, 중앙은행의 채무는 각국에서 법정 통화로 인정된다. 이는 CBDC를 사용하는 모든 사람에게 가치를 창출할 수 있음을 의미한다. CBDC는 우리가 프로그래밍 가능성이라고 부르는 것을 통해 금융 포용성을 향상시킬 수 있다. 즉, 정부 기관과 민간 부문이 복지 지급, 소비 쿠폰, 푸드 스탬프와 같은 정책적 기능에 대한 스마트 계약을 생성할 수 있다. 예를 들어 CBDC를 프로그래밍하면 이러한 자금을 어떤 부류의 사람들이 보유할지, 식품 구매와 같은 특정 용도로만 자금을 활용하게 할지 정확하게 타겟팅할 수 있다. 이러한 잠재적 프로그래밍 가능성은 정부의 지원이 필요한 사람들에게 혜택을 정확하게 제공하는 데 도움이 될 수 있으며, 이를 통해 금융 포용성도 향상시킬 수 있다"라고 말했다.

Bibliography

Books of Event:

1. 《紅衛兵世代が今の中国を動かしている〈暴力信仰〉なお高級幹部の子弟は責任問われず横
の連携で次々出世》
《홍위병 세대가 지금의 중국을 움직이고 있다-'폭력 신앙' 여전, 고위 간부 자녀들은 책임을
묻지 않고 연계로 승진》
The Sankei Shimbun, Jun 20, 2016
【検証.文革半世紀 第2部(1)】紅衛兵世代が今の中国を動かしている〈暴力信仰〉なお 高級
幹部の子弟は責任問われず横の連携で次々出世(1/2ページ)-産経ニュース(sankei.com)

2. 《文化大革命の〈悪〉、元紅衛兵らが告白》
《문화대혁명의 '악', 전 홍위병들의 고백》
AFP BBNews, Aug 12, 2013
https://www.afpbb.com/articles/-/2961640

3. 《文化大革命の名において2000万人もの人が虐殺されたVol.362 [2022年11月号] 》
《문화대혁명의 이름으로 2천만 명이 학살당하다-Vol.362 [2022년 11월호]》
Apple Town, Nov, 2011
【公式】AppleTown | 月刊誌アップルタウン(apa-appletown.com)

4. 《〈天安門〉学生の亡命支え 事件後香港活動家ら奔走〈蛇頭〉と密航協力 隠れ家用意 民主化求
め〈闘い続ける〉》
《'톈안먼' 학생들의 망명을 지원한 홍콩 활동가들-사건 이후 밀항 협력과 은신처 제공, 민주
화를 위한 끊임없는 투쟁》
Nishi-nippon Shinbun, Jun 03,2019
〈天安門〉学生の亡命支え 事件後香港活動家ら奔走〈蛇頭〉と密航協力 隠れ家用意 民主化求め
〈闘い続ける〉| 【西日本新聞me】(nishinippon.co.jp)

5. 《香港でデモ隊を攻撃した白シャツ集団〈三合会〉とは何者か》
《홍콩에서 시위대를 공격한 '흰 셔츠 집단'-그들은 누구인가, '삼합회'의 정체》
News Post Seven, Sep 14, 2019
香港でデモ隊を攻撃した白シャツ集団〈三合会〉とは何者か | NEWSポストセブン
(news-postseven.com)

6. 《【論説】ラファイエット事件 アンディ.チャン》日本李登輝友の会 愛知県支部
《[논설] 라파예트 사건-앤디 장》-일본 리덩후이 우호회 아이치현 지부
【論説】ラファイエット事件(22)|日本李登輝友の会 愛知県支部(ritouki-aichi.com)

7. 《【第684回.特別版】米国の台湾向け武器売却の問題点 帝塚山大学名誉教授 伊原吉之助》公益

財団法人 国家基本問題研究所

《[제684회 특별판] 미국의 대만 무기 판매의 문제점-데즈카야마 대학 명예교수 이하라 요시노스케》-공익재단법인 국가기본문제연구소

【第684回.特別版】米国の台湾向け武器売却の問題点 « 今週の直言 « 公益財団法人 国家基本問題研究所(jinf.jp)

Books of People:

8. 習近平政権の権力構造 1人が14億人を統べる理由

   《시진핑 정권의 권력 구조-한 사람이 14억 인구를 통제하는 이유》

   Author: 桃井 裕理(著), 日本経済新聞社データビジュアルセンター(著)

   Publisher: *Nikkei BP*(2023/8/3), https://amzn.asia/d/6WkJbId

9. 裏切りと陰謀の中国共産党建党100年祕史 習近平 父を破滅させた鄧小平への復讐

   《배신과 음모의 중국 공산당 창당 100년의 비사-아버지를 파멸시킨 덩샤오핑에 대한 시진핑의 복수》

   Author: 遠藤 誉(著)

   Publisher: *Business-sha, Inc.*(2021/3/22), https://amzn.asia/d/9tuBSo3

10. 習近平が狙う〈米一極から多極化へ〉台湾有事を創り出すのはCIAだ！

    《시진핑이 노리는 '미국 일극 체제에서 다극화로'-대만 유사 사태를 만들어내는 것은 CIA다!》

    Author: 遠藤 誉(著)

    Publisher: *Business-sha, Inc.*(2023/7/3), https://amzn.asia/d/2IrD34X

11. 習近平の中国-百年の夢と現実(岩波新書)

    《시진핑의 중국-백년의 꿈과 현실(이와나미 신서)》

    Author: 林 望(著)

    Publisher: IWANAMI SHOTEN(2017/5/20), https://amzn.asia/d/h77WLg3

12. チャイナ.エコノミー第2版: 異形の超大国と世界へのインパクト--そのファクトとロジック

    《차이나 이코노미 제2판: 이형의 초대국과 세계에 미치는 영향-그 팩트와 논리》

    Author: アーサー.R.クローバー(著), 東方 雅美(翻訳), 吉崎 達彦(解説)

    Publisher: Hakuto-Shobo Publishing Company(2023/6/19),https://amzn.asia/d/evisCfh

13. 習近平の軍事戦略:〈強軍の夢〉は実現するか

    《시진핑의 군사 전략: '강군의 꿈'은 실현될 수 있는가》

    Author: 浅野 亮(著), 土屋 貴裕(著)

    Publisher: Fuyoshobo Publishing Company(2023/4/22), https://amzn.asia/d/5ycxqyc

14. 派閥の中国政治-毛沢東から習近平まで-

《파벌의 중국 정치-마오쩌둥에서 시진핑까지》

Author: 李 昊-(著)

Publisher: The University of Nagoya Press(2023/8/22), https://amzn.asia/d/1qJ8s9P

15. 独裁の中国現代史 毛沢東から習近平まで(文春新書 1206)

《독재의 중국 현대사-마오쩌둥에서 시진핑까지(분슌 신서 1206)》

Author: 楊 海英(著)

Publisher: BUNGEISHUNJU(2019/2/20), https://amzn.asia/d/7MsJG6p

16. 毛沢東　革命と独裁の原点(単行本)

《마오쩌둥-혁명과 독재의 원점(단행본)》

Author: 興梠 一郎(著)

Publisher: CHUOKORON-SHINSHA(2023/12/7), https://amzn.asia/d/d8aXMtx

17. 毛沢東語録(平凡社ライブラリー)

《마오쩌둥 어록(헤이본샤 라이브러리)》

Author: 毛 沢東(著), 竹内 実(翻訳)

Publisher: HEIBONSHA Inc.(1995/12/11), https://amzn.asia/d/4Mpidez

18. 文庫 毛沢東の大飢饉: 史上最も悲惨で破壊的な人災 1958-1962(草思社文庫 デ 3-1)

《문고판 마오쩌둥의 대기근: 역사상 가장 참혹하고 파괴적인 인재 1958-1962(소시샤 문고)》

Author: フランク.ディケーター(著), 中川 治子(翻訳)

Publisher: Soshisha Publishing Co., Ltd.; 単行本版(2019/2/5), https://amzn.asia/d/c6ngCR8

19. 毛沢東祕録 上(産経NF文庫)

《마오쩌둥 비록 상(산케이 NF 문고)》

Author: 産経新聞〈毛沢東祕録〉取材班(著)

Publisher: Ushioshobokojinshinsha Co., Ltd(2020/12/23),

https://amzn.asia/d/doEoasR

20. 毛沢東祕録 下(産経NF文庫)

《마오쩌둥 비록 하(산케이 NF 문고)》

Author: 産経新聞〈毛沢東祕録〉取材班(著)

Publisher: Ushioshobokojinshinsha Co., Ltd(2021/1/25),

https://amzn.asia/d/g7KkVCX

21. 毛沢東の強国化戦略 1949-1976(慶応義塾大学東アジア研究所現代中国研究選書)

《마오쩌둥의 강국화 전략 1949-1976(게이오기주쿠 대학 동아시아연구소 현대 중국 연구 선서)》

Author: 山口 信治(著)

Publisher: Keio University Press(2021/10/20), https://amzn.asia/d/73Emezu

22. 毛沢東論―真理は天から降ってくる―
《마오쩌둥론-진리는 하늘에서 내린다》
Author: 中兼 和津次(著)
Publisher: The University of Nagoya Press(2021/5/10), https://amzn.asia/d/48Sj8eL

23. 新版 増補 共産主義の系譜(角川ソフィア文庫)
《신판 증보 공산주의의 계보(카도카와 소피아 문고)》
Author: 猪木 正道(著)
Publisher: KADOKAWA; 新増補版(2018/9/22), https://amzn.asia/d/5fcz5it

24. 人と思想 33 毛沢東
《인물과 사상 33 마오쩌둥》
Author: 宇野 重昭(著)
Publisher: Shimizu Shoin co., Ltd ; 新装版(2016/8/1), https://amzn.asia/d/crGKGHo

25. 抗日遊撃戦争論(中公文庫 モ 10-1)
《항일 유격전쟁론(주코 문고)》
Author: 毛沢東(著), 藤田 敬一(翻訳), 吉田 富夫(翻訳),
Publisher: CHUOKORON-SHINSHA ; 改版(2014/10/23), https://amzn.asia/d/6aEut8j

26. 蒋介石の戦時外交と戦後構想–1941-1971年
《장제스의 전시 외교와 전후 구상-1941-1971년》
Author: 段 瑞聡(著)
Publisher: Keio University Press(2021/3/20), https://amzn.asia/d/fnTK6wf

27. 蒋介石の〈国際的解決〉戦略:1937-1941: 〈蒋介石日記〉から見る日中戦争の深層
《장제스의 '국제적 해결' 전략 1937-1941: '장제스 일기'로 보는 중일 전쟁의 심층》
Author: 鹿 錫俊(著)
Publisher: Toho-shoten(2016/2/28), https://amzn.asia/d/dqsuF8Y

28. 台湾のアイデンティティ〈中国〉との相克の戦後史(文春新書 1434)
《대만의 정체성- '중국'과의 갈등의 전후사(분슌 신서 1434)》
Author: 家永 真幸(著)
Publisher: BUNGEISHUNJU LTD.(2023/11/17), https://amzn.asia/d/cj7MpFt

29. 台湾の歴史(講談社学術文庫)
《대만의 역사(고단샤 학술문고)》
Author: 若林 正丈(著)
Publisher: Kodansha Ltd.(2023/12/11), https://amzn.asia/d/2KM9N7u

30. 中国の〈よい戦争〉--甦る抗日戦争の記憶と新たなナショナリズム

《중국의 '좋은 전쟁'-되살아나는 항일전쟁의 기억과 새로운 민족주의》
Author: ラナ.ミッター(著), 関智英(監修), 濱野大道(翻訳)
Publisher: MISUZU Shobo, Ltd.(2022/7/21), https://amzn.asia/d/aMKyJBM

31. 中国の歴史11 巨龍の胎動 毛沢東vs.鄧小平(講談社学術文庫)
《중국의 역사 11-거대한 용의 태동, 마오쩌둥 vs 덩샤오핑(고단샤 학술문고)》
Author: 天児 慧(著)
Publisher: Kodansha Ltd. (2021/5/13), https://amzn.asia/d/43G7Q0G

32. 蔣介石の外交戦略と日中戦争
《장제스의 외교 전략과 중일 전쟁》
Author: 家近亮子(著)
Publisher: Iwanami Shoten, Publishers; オンデマンド版(2021/3/10), https://amzn.
asia/d/3s3Vn6p

33. 江青に妬まれた女―ファーストレディ王光美の人生
《장칭에게 질투받은 여자-퍼스트레이디 왕광메이의 인생》
Author: 譚 口美(著)
Publisher: NHK Publishing, Inc.(2006/5/1), https://amzn.asia/d/6hobOJo

34. マダム毛沢東 江青という生き方
《마담 마오쩌둥-장칭이라는 삶》
Author: アンチー.ミン著), 矢倉 尚子(翻訳)
Publisher: SHUEISHA Inc.(2005/11/25), https://amzn.asia/d/hSZoQQh

35. ドキュメント 中国文化大革命(下) 毛沢東と江青
《다큐멘터리 중국 문화대혁명(하) 마오쩌둥과 장칭》
Author: 厳 家其(著), 高 皋(著), リュウ グァンイン(翻訳)
出版社: PHP Institute, Inc.(1987/10/5), https://amzn.asia/d/ideF15y

36. 毛沢東夫人江青の真実
《마오쩌둥 부인 장칭의 진실》
Author: 楊 銀禄(著), 莫 邦富(翻訳)
Publisher: Kairyusha(2001/8/1), https://amzn.asia/d/22SoNCX

37. 現代中国の父鄧小平 上
《현대 중국의 아버지 덩샤오핑 상》
Author: エズラ F.ヴォーゲル(著), 益尾 知佐子(翻訳), 杉本 孝(翻訳)
Publisher: Nikkei BP Marketing,inc.(日本経済新聞出版; New版)
発売日: 2013/9/1, https://amzn.asia/d/fqRVpEl

38. 現代中国の父鄧小平 下
《현대 중국의 아버지 덩샤오핑 하》

Author: エズラ F.ヴォーゲル(著), 益尾 知佐子(翻訳), 杉本 孝(翻訳)

Publisher: Nikkei BP Marketing,inc.(日本経済新聞出版: New版)

発売日: 2013/9/1, https://amzn.asia/d/hmYOcyB

39. 鄧小平祕録 上(文春文庫 い 85-1)

《덩샤오핑 비록 상(분슌 문고)》

Author: 伊藤 正(著)

Publisher: Bungeishunju Ltd.

発売日: 2012/9/4, https://amzn.asia/d/7p36LIm

40. 鄧小平祕録 下(文春文庫 い 85-2)

《덩샤오핑 비록 하(분슌 문고)》

Author: 伊藤 正(著)

Publisher: Bungeishunju Ltd

発売日: 2012/9/4, https://amzn.asia/d/1VNXBPM

41. とう小平 政治的伝記(岩波現代文庫)

《덩샤오핑 정치적 전기(이와나미 현대문고)》

Author: ベンジャミン ヤン(著), 加藤 千洋(翻訳), 加藤 優子(翻訳)

Publisher: Iwanami Shoten, Publishers.

発売日: 2009/8/18, https://amzn.asia/d/4kVLr0g

42. 人民解放軍と中国政治-文化大革命から鄧小平へ-

《인민해방군과 중국 정치–문화대혁명에서 덩샤오핑으로》

Author: 林 載桓(著)

Publisher: The University of Nagoya Press

発売日: 2014/11/25, https://amzn.asia/d/cwIz5qv

43. 徳川家康(人物叢書 新装版)

《도쿠가와 이에야스(인물총서 신장판)》

Author: 藤井 讓治 Publisher: Yoshikawakobunkan(2020/1/21), https://amzn.asia/d/bF5nvvn

44. 図説 徳川家康と家臣団 平和の礎を築いた稀代の "天下人"

《도설 도쿠가와 이에야스와 가신단–평화의 기초를 쌓은 희대의 '천하인'》

Author: 小川 雄(著, 編集), 柴 裕之(著, 編集)

Publisher: Ebisukosho Publication(2022/10/31), https://amzn.asia/d/hSF6UWM

45. 家康家臣の戦と日常 松平家忠日記をよむ(角川ソフィア文庫)

《이에야스 가신의 전투와 일상-마쓰다이라 이에타다 일기를 읽다(각카와 소피아 문고)》

Author: 盛本 昌広(著)

Publisher: KADOKAWA(2022/10/24), https://amzn.asia/d/2ta4bqC

46. 松平家忠日記(角川選書 304)

《마쓰다이라 이에타다 일기(각카와 선서 304)》

Author: 盛本 昌広(著)

Publisher: Kadokawa Gakugei Shuppan Publishing Co., Ltd.(1999/3/24), https://amzn.asia/d/08xuk8K

47. 《龍の系譜》Dragon Lineage(2001)

マーティン.ブース 著　田中昌太郎 訳

《용의 계보》 Dragon Lineage(2001)

마틴 부스 저, 다나카 쇼타로 번역

48. 《満州裏史 甘粕正彦と岸信介が背負ったもの》The hidden history of Manchuria: The burden of Masahiko Amakasu and Nobusuke Kishi 太田尚樹 著

《만주의 뒷이야기: 아마카스 마사히코와 기시 노부스케가 짊어진 것》

49. 《ドラゴンの系譜] Dragon Lineage 海野弘 著

《용의 계보》

50. Warlords of Crime: Chinese Secret Societies-The New Mafia(1988) ジェラルド・ポスナー 著

범죄의 군벌: 중국 비밀 결사-뉴 마피아(1988) 제랄드 포스너 저

51. 《台湾ロビー 》Taiwan Lobby(1998)本澤次郎 著

《타이완 로비》 Taiwan Lobby(1998) 혼자와 지로 저

52. 《〈黒社会〉の巨頭杜月笙の総合的研究 A comprehensive study of 〈the underworld leader〉 Du Yuesheng(2022) 水町誠司 著

《"흑사회"의 거두 두웨성의 종합적 연구》 A comprehensive study of "the underworld leader" Du Yuesheng(2022) 미즈마치 세이지 저

53. 《満州国を背負った男 星子敏雄] Toshio Hoshiko, the man who carried the burden of Manchukuo(2016) 荒牧邦三 著

《만주국을 짊어진 남자 호시코 토시오》 Toshio Hoshiko, the man who carried the burden of Manchukuo(2016) 아라마키 쿠니조 저

54. 《近代中国の不死鳥 鄧小平》Deng Xiaoping: The Phoenix of Modern China(1995) リチャード.エバンス 著　朱建栄 監訳

《근대 중국의 불사조 덩샤오핑》 Deng Xiaoping: The Phoenix of Modern China(1995) 리처드 에반스 저, 주젠잉 감수

55. 《300人委員会》Committee of 300(1999) ジョン.コールマン 著 太田龍 監訳

《300인 위원회》 Committee of 300(1999) 존 콜먼 저, 오타 류 감수

56. 《阿片王一代》The opium king generation(2007) 千賀基史 著

《아편왕의 한 세대》 The opium king generation(2007) 센가 모토시 저

57. 《再武装するのはなにか MRAについて》*What is rearming? About MRA*(1951) 宮本百合子 著

《재무장하는 것은 무엇인가-MRA에 대하여》What is rearming? About MRA(1951) 미야모토 유리코 저

58. 《〈中国の喪失〉とマッカーシズム》*Loss of China and McCarthyism*(1987) 丸山鉱二 著

《"중국의 상실"과 매카시즘》Loss of China and McCarthyism(1987) 마루야마 코지 저

59. 《中国の経済学者 馬寅初(マー.インチュ 1882-1982) について] *About Chinese economist Ma Yinchu*(1882-1982) (2016)福光寛 著

《중국의 경제학자 마인추(1882-1982)에 대하여》About Chinese economist Ma Yinchu(1882-1982)(2016) 후쿠미츠 히로시 저

60. 《政治家蒋経国の原点ーソ連経験と贛南の実践ー》*The origins of the politician Chiang Ching-kuo: his experience in the Soviet Union and his practice in Gannan* (2015) 中村達雄 著

《정치가 장징궈의 원점-소련 경험과 간난에서의 실천》The origins of the politician Chiang Ching-kuo: his experience in the Soviet Union and his practice in Gannan(2015) 나카무라 타츠오 저

61. 《アフガニスタン再建の躓きの石 - 麻薬取引のグローバル化 》*Stumbling block to Afghanistan's reconstruction: Globalization of drug trafficking* (2005) 本山美彦 著

《아프가니스탄 재건의 걸림돌-마약 거래의 세계화》Stumbling block to Afghanistan's reconstruction: Globalization of drug trafficking(2005) 모토야마 요시히코 저

62. 《[論説]ラファイエット事件　アンディ.チャン【Editorial】The Lafayette Incident by Andy Chan日本李登輝友の会青森支部

《[논설] 라파예트 사건-앤디 챈》

63.《陳立夫氏へのインタビュー-三民主義青年団、〈C.C系〉の呼称、及び日本人への提言]

《천리푸 씨와의 인터뷰 – 삼민주의 청년단, "C.C계"의 호칭, 그리고 일본인에 대한 제언》大阪教育大学 菊池一隆 著

http://rinnkennryou.blog24.fc2.com/blog-entry-990.html

64. 《[第684回.特別版]米国の台湾向け武器売却の問題点 帝塚山大学名誉教授 伊原吉之助》公益財団法人 国家基本問題研究所

《[제684회·특별판] 미국의 대만 무기 판매 문제점-데즈카야마 대학 명예교수 이하라 요시노스케》

https://jinf.jp/weekly/archives/30601

65. 《Jeffrey Epstein reportedly wanted to "seed the human race with his DNA" as part of his fascination with transhumanism. Here's what that means.

《제프리 엡스타인은 자신의 DNA로 인류를 "씨앗" 삼아 인류를 번식시키고 싶어했다. 이는

초인류주의에 대한 그의 집착의 일부였다.》

Business Insider, Aug 1, 2019

https://www.businessinsider.com/jeffrey-epstein-transhumanist-what-that-means-2019-7

66. 《Jeffrey Epstein Hoped to Seed Human Race With His DNA》

《제프리 엡스타인, 자신의 DNA로 인류를 번식시키고자 했다》

The New York Times, July 31, 2019

https://www.nytimes.com/2019/07/31/business/jeffrey-epstein-eugenics.html

67. 《カダフィ.ガールズに出会ったI met the Gaddafi Girls.》松本仁一 著

《가다피 걸즈를 만나다》 마츠모토 진이치 저

日本記者クラブ, May, 2011

https://www.jnpc.or.jp/journal/interviews/22724

68. 《トランプ, 恫喝ツイッター恐怖政治の代償…米中軍事衝突の懸念, 企業がご機嫌取り合戦》

《트럼프의 협박 트위터 공포 정치의 대가… 미중 군사 충돌의 우려, 기업들이 비위를 맞추려 경쟁》

Business Journal, Jan 12, 2011

https://biz-journal.jp/journalism/post_17718.html

69. 《放弃百万年薪, 与马云白手起家, 如今一跃成为台湾首富》

《연봉 백만 달러를 포기하고 마윈과 맨손으로 시작하여 이제는 대만의 최고 부자가 된 사람》

雪球, June 23, 2023

https://xueqiu.com/7104051072/253894187

70. China Center Receives $30 Million Gift in Honor of Dr. Paul Tsai

차이나 센터, 폴 차이 박사 기념으로 3천만 달러 기부 받다

Yale Law School

https://law.yale.edu/yls-today/news/china-center-receives-30-million-gift-honor-dr-paul-tsai

71. 《TSMCフェニックス工場の設備搬入式典》

《TSMC 피닉스 공장 장비 반입식》

世界経済評論IMPACT, Dec 19, 2022

http://www.world-economic-review.jp/impact/article2786.html

72. 笹川陽平ブログ《《グーグルから日本財団へ》-300万ドルの寄付 [2022年12月20日]》

사사카와 요헤이 블로그 《"구글에서 일본재단으로"300만 달러의 기부 [2022년 12월 20일]》

https://blog.canpan.info/sasakawa/archive/8525

73. 笹川陽平ブログ《《笹川良一 生誕120年》-世界一家 人類皆兄弟- [2020年07月20日]》

사사카와 요헤이 블로그 《"사사카와 료이치 탄생 120주년"-세계는 하나, 인류는 모두 형

제-[2020년 7월 20일]》

https://blog.canpan.info/sasakawa/archive/7334

74.《【神祕青幫3】海軍檯面下的祕密 知情人士曝：將軍階級一半是青幫》

《【신비한 청방 3】 해군의 이면에 숨겨진 비밀-정보통이 밝히다: 장군의 절반은 청방 출신》

CTWANT, Nov 03, 2019

https://www.ctwant.com/amp/article/12789

75.《【編輯室報告】新仁社-鼎漢幫》

《【편집실 보고】 신인사-딩한방》

PC Home Online新聞, May 05, 2016

https://news.pchome.com.tw/magazine/report/po/new7/11707/14623776008256 6001001.htm

76.《仁社p1:(掌管台灣40年經濟大權, 神祕兄弟會仁社交通幫!) 年代向錢看 20140812 p1》

《인사 p1:(타이완의 40년 경제권을 장악한 신비한 형제회 인사 교통방!)》

https://youtu.be/db9GxtY0xm0?si=M2-aAWg80ERa4kDT

77.《【舊文重刊】仁社：彼此友愛，相互砥礪》

《【구문 재발행】 인사: 서로 사랑하고, 함께 연마하다》

雲程的雙魚鏡 Hoon Ting's View, Dec 04, 2014

https://hoonting.blogspot.com/2014/01/blog-post_19.html?m=1

78.《精選 要搞懂台灣政商勾結權貴治國為何此嚴重 就要先了解神祕黑幫"仁社"》

《타이완의 정치와 재계 결탁의 심각성을 이해하려면 신비한 검은 조직 "인사"를 이해해야 한다》

心靜自然涼, Jan 29, 2015

https://blog.udn.com/kalaok/20520010

79.《郭台銘無論如何不會〈出局〉》

《궈타이밍은 어떤 경우에도 "탈락하지 않는다"》

上報, May 05, 2023

https://www.upmedia.mg/news_info.php?Type=2&SerialNo=171912

80.《〈只要有華人血統的地方, 就有戴笠的情報特工！〉蔣介石最信任的特務--戴笠》

《〈중국 혈통이 있는 곳에는 언제나 다이리스의 정보 요원이 있다!" 장제스가 가장 신뢰한 첩보원 다이리스》

天下文化, May 24, 2021

https://bookzone.cwgv.com.tw/article/21453

81.《李政隆的新台灣史》

《리정룽의 새로운 타이완사》

Li Zhenglong's New History of Taiwan 李政隆 著
https://happydavid119.pixnet.net/blog/post/202021342

82. 《张忠谋与大陆关系 张忠谋: 我是名中国人》
《장중머우와 중국 대륙의 관계-장중머우: 나는 중국인이다》
MSN新闻网, June 23, 2019
http://www.msnnews.cn/news/djyw/201906/156124866171649.html

83. 《張忠謀年輕時沒待過台灣, 為何過來創台積電？他心中有〈中國夢〉, 台灣給他圓夢的機會》
《젊은 시절 대만에 머물지 않았던 장중머우는 왜 대만에 와서 TSMC를 창립했는가? 그는
중국의 꿈을 품었고 대만이 그 꿈을 실현할 기회를 주었다》
新新聞, Aug 23, 2023
https://www.storm.mg/lifestyle/4856621?page=1

84. 《《台湾は中国の一部》と言い切る郭台銘のヤバさ》
《"타이완은 중국의 일부"라고 단언하는 궈타이밍의 위험성》
JB Press, May 09, 2019
https://jbpress.ismedia.jp/articles/-/56322

85. 《酸馬英九 郭台銘: 他女兒結婚, 我連曉得都不曉得》
《마잉주를 비판하는 궈타이밍: 그의 딸의 결혼에 대해 나는 전혀 알지 못했다》
Yahoo!新聞, Mar 13, 2013
https://tw.news.yahoo.com/酸馬英九-郭台銘-他女兒結婚-我連曉得都不曉得-232837257.html

86. 《〈血筋を絶やし、ルーツを絶やせ〉国政府による ウイグル他テュルク系ムスリムを標
的にした 人道に対する罪》
《"혈통을 끊고, 뿌리를 끊어" 중국 정부의 위구르 및 튀르크계 무슬림을 겨냥한 인도에 대
한 범죄》
Human Rights Watch, Apr 19, 2021
https://www.hrw.org/ja/report/2021/04/20/378448

87. 《ポーランド当局、ファーウェイ幹部を逮捕 スパイ容疑》
《폴란드 당국, 화웨이 간부를 스파이 혐의로 체포》
産経新聞, Jan 11, 2011
https://www.sankei.com/article/20190111-GYV4NQBLPRPAHCH6VTD7HG66FU/

88. 《旭琉會組員、中国系結社へ リーダー就任で沖縄県警注視 日本拠点の〈華松山〉》
《아사히류카이 조직원, 중국계 결사에 가입-리더 취임으로 오키나와 현경의 주목을 받는
일본 기반의 "화송산"》
沖縄タイムズ, Jul18, 2023
https://www.okinawatimes.co.jp/articles/-/1188487

89. 《河野太郎が仕切る再エネ会議の資料に中国企業の刻印が…安全保障の根幹であるエネ

ルギー政策に紛れ込む中国の毒》

《코노 다로가 주재하는 재생 에너지 회의 자료에 중국 기업의 낙인이… 에너지 정책의 근간에 스며든 중국의 독》

JB Press, Mar 25, 2024

https://jbpress.ismedia.jp/articles/-/80122#google_vignette

90. 《【独自】安倍家と統一教会との"深い関係"を示す機密文書を発見 米大統領に〈文鮮明の釈放〉を嘆願していた岸信介》

《【단독】 아베 가문과 통일교의 "깊은 관계"를 보여주는 기밀 문서 발견-미국 대통령에게 "문선명의 석방"을 탄원했던 기시 노부스케》

Daily Shincho, Jul 20, 2022

https://www.dailyshincho.jp/article/2022/07201200/

91. 《〈池田会長がローマクラブの理想を体現〉リカルド.ディエス゠ホフライトネル博士 (ローマクラブ名誉会長)》

《"이케다 회장이 로마 클럽의 이상을 구현했다" 리카르도 디에스-호플라이트너 박사(로마 클럽 명예 회장)》

創価学会公式ホームページ, Dec 17, 2020

https://www.sokagakkai.jp/picks/1919986.html

92. 《手記と資料館〉完成に意欲を燃やすフジモリ元ペルー大統領》

《"회고록과 자료관" 완성에 열정을 쏟는 후지모리 전 페루 대통령》

日本財団ブログ

https://blog.canpan.info/nfkouhou/archive/1433

93. 《孟晚舟外祖父背景特殊 日媒揭其神祕身份》

《명완저우의 외조부의 특별한 배경-일본 언론이 밝힌 신비한 신분》

新唐人電視台, Dec 14, 2018

https://www.ntdtv.com/b5/2018/12/14/a102465905.html

94. 《〈ペンタゴン文書入手〉北朝鮮ミサイル開発を支える統一教会マネー4500億円》

《〈펜타곤 문서 입수〉 북한 미사일 개발을 지탱하는 통일교 자금 4,500억 엔》

Bunshun Online, Jan, 2023

https://bunshun.jp/articles/-/59192

References

제1장: 차이메리카

95. Unfavorable Views of China Reach Historic Highs in Many Countries
많은 국가에서 중국에 대한 부정적인 시각이 역사상 최고 수준에 도달
https://www.pewresearch.org/global/2020/10/06/unfavorable-views-of-china-reach-historic-highs-in-many-cuntries/
Pew Research Center's Global Attitudes Project, October 06, 2020

96. Compromising on Censorship? The Case for a Bilateral Agreement Over the Internet
검열에 대한 타협? 인터넷에 대한 양자 협정의 필요성
https://www.carnegiecouncil.org/media/article/compromising-on-censorship-the-case-for-a-bilateral-agreement-over-the-internet
Carnegie Council for Ethics in International Affairs, January 31, 2020

97. FROM INTERNET REFERRAL UNITS TO INTERNATIONAL AGREEMENTS: CENSORSHIP OF THE INTERNET BY THE UK AND EU
인터넷 추천 단위에서 국제 협정까지: 영국과 EU의 인터넷 검열
https://hrlr.law.columbia.edu/files/2018/07/BrianChangFromInternetRef.pdf
Columbia Human Rights Law Review, Brian Chang, July, 2018

98. WHO Adopts Pandemic Censorship Rules
WHO, 팬데믹 검열 규칙 채택
https://c-fam.org/friday_fax/who-adopts-pandemic-censorship-rules/
Center for family & human rights, Stefano Gennarini, J.D., June 06, 2024

99. May, R.(1953). *Man's Search for Himself.* Dell Publishing/Penguin Random House, New York, NY.
메이, R.(1952).《인간의 자아 탐구》. 델 출판사/펭귄 랜덤 하우스, 뉴욕, NY.
Joichi Ito （伊藤穣一）

100. 伊藤穣一の現在！エプスタイン事件でMIT辞任.経歴や学歴も総まとめ
이토 조이치의 현재! 엡스타인 사건을 MIT 사임·경력과 학력 총정리
Joichi Ito's current situation! Resignation from MIT due to the Epstein scandal, a complete summary of his career and academic history
https://celeby-media.net/I0002451
Celeby [セレビー] | 海外エンタメ情報まとめサイト

101.〈汗でベトベトだった〉セレブの醜悪な"少女性愛"が露顕したエプスタイン事件の破壊力《デジタル庁事務方トップ起用も見送りに》

〈땀으로 끈적끈적했다〉셀럽의 추악한 "소녀애호증"이 드러난 엡스타인 사건의 파괴력 《디지털청 간부 기용도 보류》

〈I was sticky with sweat〉-The destructive power of the Epstein case that exposed the disgusting "pedophilia" of celebrities《Digital Agency's appointment as top official postponed》

https://bunshun.jp/articles/-/48046

文春オンライン, August 21, 2021

102. 異能InoVation、の伊藤穣一さんが面白い

독특한 혁신가, 이토 조이치 씨가 흥미롭다

Joichi Ito from InoVation is interesting

https://itell-tao.com/gotohiromichi/study-english/innovation-joi-ito/

高校中退⇒豪州で医者, December 28, 2021

103. 少女との乱交, 不審な自殺とMITメディアラボ エプスタイン.マネーと伊藤穣一氏突然の辞任の背景: JBpress(ジェイビープレス)

소녀들과의 난교, 의문의 자살과 MIT 미디어랩: 엡스타인 자금과 이토 조이치 씨의 갑작스러운 사임 배경-JBpress(제이비프레스)

Orgy with a young girl, suspicious suicide and MIT Media Lab Epstein money and the background to Joichi Ito's sudden resignation: JBpress(JB Press)

https://jbpress.ismedia.jp/articles/-/57592

JBpress(日本ビジネスプレス, September 11, 2019

104. 人身売買容疑の大富豪との関係は...伊藤穣一氏がMITメディアラボの所長を辞任

신매매 혐의의 대부호와의 관계는… 이토 조이치 씨, MIT 미디어랩 소장 사임

Joichi Ito resigns as director of MIT Media Lab, despite connection to billionaire suspected of human trafficking

https://www.businessinsider.jp/post-198351

BUSINESS INSIDER JAPAN, October 04, 2021

105. MIT Media Lab director Joi Ito resigns after New Yorker exposé shows he quietly worked with Epstein to secure anonymous donations

MIT 미디어랩 소장 조이 이토, 뉴요커 폭로 기사로 엡스타인과 비밀리에 익명 기부금을 확보한 사실 드러나 사임

https://www.businessinsider.com/mit-media-lab-director-joi-ito-resigns-new-yorker-epstein-2019-9

Business Insider, September 08, 2019

106. 【伊藤穰一】学歴経歴のプロフィールと現在は?

【이토 조이치】 학력·경력 프로필과 현재는?

【Joichi Ito 】What is his academic background and current situation?

https://lanikainahele.com/?p=21311

Spread Box! August 05, 2021

107. 導師と、目的と、心を満たすもの

스승과 목적, 그리고 마음을 채우는 것

Gurus, Purposes, and Satisfaction

https://joi.ito.com/jp/archives/2014/09/25/005558.html

Joi Ito's Web-日本語, September 25, 2014

Eric Yuan

108. A Biography of Eric Yuan, Founder and CEO of Zoom.

Zoom 창업자이자 CEO인 에릭 위안의 전기

https://medium.com/@brett.stone/a-biography-of-eric-yuan-founder-and-ceo-of-zoom-deec5b42c723

Medium, March 29, 2020

109. Zoom CEO Eric Yuan on trusting your gut, learning from failure, and leaving behind an enduring legacy

Zoom CEO 에릭 위안이 말하는 직감을 믿는 법, 실패로부터 배우기, 그리고 지속적인 유산 남기기

https://www.bvp.com/atlas/zoom-ceo-eric-yuan-on-trusting-your-gut-learning-from-failure-and-leaving-behind-an-enduring-legacy

Bessemer Venture Partners, October 22, 2023

110. The History of Eric Yuan's Zoom

에릭 위안의 Zoom 역사

https://www.m.io/blog/eric-yuan-zoom

111. Connect Google Chat, Microsoft Teams, Slack, Webex, and Zoom Team Chat: Eric Yuan & family

구글 Chat, 마이크로소프트 Teams, Slack, Webex, Zoom 팀 채팅을 연결하다: 에릭 위안과 가족

https://www.forbes.com/profile/eric-yuan/?sh=720e0c7261bf

Forbes

112. Zoom

https://www.britannica.com/technology/Zoom-software#ref1307107

Encyclopedia Britannica, April 07, 2024

113. American Dreamers: Zoom Founder Eric Yuan On Making His Mark In Silicon Valley
아메리칸 드리머: Zoom 창업자 에릭 위안이 실리콘밸리에서 자신의 흔적을 남기다
https://www.forbes.com/sites/joannechen/2022/07/11/american-dreamers-zoom-founder-eric-yuan-on-making-his-mark-in-silicon-valley/?sh=31d07f011f5b
Forbes, July 12, 2022

114. How Chinese billionaire, Eric Yuan created Zoom
중국 억만장자 에릭 위안이 Zoom을 만든 방법
https://nairametrics.com/2021/06/01/how-chinese-billionaire-eric-yuan-created-zoom/
Nairametrics, June 01, 2021

115. Eric Yuan Wiki[Zoom CEO], Age, Wife, Kids, Net Worth, Family, Biography
에릭 위안 위키[Zoom CEO], 나이, 아내, 자녀, 순자산, 가족, 전기
https://www.walikali.com/eric-yuan/
WaliKali, April 19, 2022

116. Eric Yuan, a tech boss riding a geopolitical storm
에릭 위안, 지정학적 폭풍을 헤쳐가는 테크 보스
https://www.ft.com/content/34055e16-a70a-11ea-92e2-cbd9b7e28ee6
Financial Times, June 05, 2020

117. Zoom's crackdown on Chinese dissidents shows the price tech companies pay to operate in authoritarian countries
Zoom의 중국 반체제 인사 단속, 권위주의 국가에서 운영하기 위해 테크 기업이 치르는 대가를 보여주다
https://www.businessinsider.com/zoom-china-crackdown-tech-firms-work-authoritarian-states-2020-6
Business Insider, June 13, 2020

118. Zoom CEO: 'I Really Messed Up' on Security as Coronavirus Drove Video Tool's Appeal-WSJ
Zoom CEO: "보안에서 정말 큰 실수를 했다" 코로나바이러스로 비디오 도구 인기 급상승-WSJ
https://www.wsj.com/articles/zoom-ceo-i-really-messed-up-on-security-as-coronavirus-drove-video-tools-appeal-11586031129
The Wall Street Journal, April 4, 2020

119. Zoom Blocks Activist in U.S. After China Objects to Tiananmen Vigil

Zoom, 중국이 톈안먼 추모 집회에 반대하자 미국 내 활동가 차단
https://www.nytimes.com/2020/06/11/technology/zoom-china-tiananmen-square.html
The New York Times, June 11, 2020

제2장: 항상 승리하기

120. 〈台湾は中国の一部〉と言い切る郭台銘のヤバさ 〈台湾〉を中国に売り飛ばすかもしれない中国版トランプ
"대만은 중국의 일부"라고 단언하는 궈타이밍의 위험성: "대만"을 중국에 팔아넘길지도 모르는 중국판 트럼프
The danger of Terry Gou's bold claim that〈Taiwan is a part of China〉-the Chinese equivalent of Trump who may sell 〈Taiwan〉 to China
https://jbpress.ismedia.jp/articles/-/56322
JBpress, 日本ビジネスプレス, May 09, 2019

121. 影／被民眾詢問是否支持統一 郭台銘：不希望兩岸統一
영상/시민이 통일 지지 여부를 묻자 궈타이밍: "양안 통일을 원하지 않는다"
Video/ Asked by the public if he supports reunification, Terry Gou: Doesn't want cross-strait reunification
https://udn.com/news/amp/story/123307/7303224
聯合新聞網, July 16, 202

제3장: 흔적도 없이

122. 华为神祕崛起惹猜疑 孟晚舟被捕恐是第一枪-大纪元
화웨이의 미스터리한 부상에 대한 의혹-멍완저우 체포가 첫 번째 공격일 수도(대기원)
Huawei's mysterious rise stirs suspicion; Meng Wanzhou's arrest may be the first shot
https://www.epochtimes.com/gb/18/12/6/n10895505.htm
大纪元, *Epoch Times*, December 08, 2018

123. 孟晚舟外祖父背景特殊 日媒揭其神祕身份: 任正非: 大型間諜機構: 孟東波: 新唐人电视台
멍완저우 외조부의 특이한 배경 - 일본 언론이 밝힌 그의 신비로운 정체: 런정페이, 대형 스파이 기관, 멍둥보(NTDTV)
Meng Wanzhou's grandfather has a special background. Japanese media reveals his mysterious identity: Ren Zhengfei: A large spy agency: Meng Dongbo: NTDTV
https://www.ntdtv.com/b5/2018/12/14/a102465905.html
NTD Chinese, December 04, 2018

124. 华为背景大揭祕 专家：它是一个间谍机构(图) - 动向 -

화웨이의 배경 대공개-전문가: "화웨이는 스파이 기관이다"(사진)

Huawei's Background Revealed: Experts: It is a spy agency(Photo)-Trends -

https://www.secretchina.com/news/gb/2018/12/23/879999.html

看中国, December 23, 2018

125. 华为发迹根源曝光 日媒:孟晚舟外祖父背景神祕

화웨이 성장의 근원 폭로-일본 언론: 멍완저우 외조부의 배경은 미스터리

Huawei's roots exposed, Japanese media: Meng Wanzhou's grandfather's background is mysterious

https://www.dwnews.com/全球/60105336/华为发迹根源曝光日媒孟晚舟外祖父背景神祕

DW news, December 14, 2018

126. 踢爆華為謊言 文件證實操控與伊朗有往來的 空頭公司

화웨이의 거짓말 폭로-문서가 증명한 이란과의 거래를 조종한 페이퍼 컴퍼니

Huawei's lies exposed, documents confirm manipulation of short-selling companies with ties to Iran

蘋果新聞網, January 25, 2019

127. 500.com bribery case sees eight convicted in Japan, but company remains untouched for now

500.com 뇌물 사건, 일본에서 8명 유죄 판결 받았으나 회사 자체는 아직 손대지 않은 상태

https://mlexmarketinsight.com/news-hub/editors-picks/area-of-expertise/anti-bribery-and-corruption/500.com-bribery-case-sees-eight-convicted-in-japan-but-company-remains-untouched-for-now

MLex Market Insight, February 22, 2021

128. IR汚職、贈賄側の中国企業〈500.com〉元顧問2人が起訴事実認める

IR 비리, 뇌물 제공 측 중국 기업 "500.com" 전 고문 2명 기소 사실 인정

Two former advisers to Chinese firm〈500.com〉plead guilty to bribery in IR corruption case

https://www.yomiuri.co.jp/national/20200826-OYT1T50227/

読売新聞オンライン, August 26, 2020

129. 〈500ドットコム〉は実態がほぼ無い会社~日本政界への工作自体が目的か

'500닷컴'은 실체가 거의 없는 회사~일본 정계에 대한 공작 자체가 목적이었나

〈500.com〉is a company with almost no substance- is its purpose to influence Japanese politics? https://news.1242.com/article/205986

ニッポン放送 NEWS ONLINE, February 04, 2020

130. Biden's Cave to Xi on Huawei's Meng Is a Calamitous Sellout | Opinion

바이든의 시진핑에 대한 화웨이 멍완저우 굴복은 재앙적인 매국 행위 | 오피니언
https://www.newsweek.com/bidens-cave-xi-huaweis-meng-calamitous-sellout-opinion-1634067
Newsweek, October 01, 2021

131. Huawei's Meng Wanzhou flies back to China after deal with US
화웨이 멍완저우, 미국과의 합의 후 중국으로 귀국 비행
https://www.bbc.com/news/world-us-canada-58682998
BBC News, September 25, 2021

132. The Meng Wanzhou Huawei saga: A timeline | CBC News
멍완저우와 화웨이 사태의 타임라인 | CBC 뉴스
https://www.cbc.ca/news/meng-wanzhou-huawei-kovrig-spavor-1.6188472
CBC news, September 25, 2021

133. Huawei CFO leaves Canada after U.S. agreement on fraud charges, detained Canadians head home | Reuters
화웨이 CFO, 미국과의 사기 혐의 합의 후 캐나다 떠나… 억류됐던 캐나다인들도 귀국 | 로이터
https://www.reuters.com/technology/huawei-cfo-meng-appear-court-expected-reach-agreement-with-us-source-2021-09-24/
Reuters, September 27, 2021

134. Key events in Huawei CFO Meng Wanzhou's extradition case | Reuters
화웨이 CFO 멍완저우의 송환 사건의 주요 일지 | 로이터
https://www.reuters.com/technology/key-events-huawei-cfo-meng-wanzhous-extradition-case-2021-08-11/
Reuters, September 25, 2021

135. Canada, China and US were all doomed to lose in Meng Wanzhou's case
멍완저우 사건에서 캐나다, 중국, 미국 모두 패배할 운명이었다
https://www.theguardian.com/technology/2021/sep/24/meng-wanzhou-canada-china-us-settlement-analysis
The Guardian, September 24, 2021

136. Huawei executive Meng Wanzhou freed by Canada, arrives home in China
화웨이 간부 멍완저우, 캐나다에서 석방 후 중국 귀환
https://www.bbc.com/news/world-us-canada-58690974
BBC News, September 25, 2021

137. How China Stole Top Secret Information on the F-22 and F-35
중국이 F-22와 F-35의 기밀 정보를 훔친 방법

https://nationalinterest.org/blog/buzz/how-china-stole-top-secret-information-f-22-and-f-35-94201

The National Interest, November 09, 2019

138. Snowden reveals that China stole plans for a new F-35 aircraft fighter

스노든 폭로: 중국이 차세대 F-35 전투기 설계도를 훔쳤다

https://securityaffairs.com/32437/intelligence/china-stole-plans-f-35-aircraft.html

Security Affairs, March 08, 2018

139. Chinese Businessman Pleads Guilty of Spying on F-35 and F-22

중국 기업인, F-35 및 F-22 관련 스파이 혐의 인정

https://www.defensenews.com/breaking-news/2016/03/24/chinese-businessman-pleads-guilty-of-spying-on-f-35-and-f-22/

Defense News, August 22, 2022

140. Theft of F-35 design data is helping U.S. adversaries-Pentagon

F-35 설계 데이터 도난, 미국의 적들에게 도움 주고 있다-미 국방부

https://www.reuters.com/article/idUSL2N0EV0T3/

Reuters, June 20, 2013

141. NSA Details Chinese Cyber Theft of F-35, Military Secrets

NSA, 중국의 F-35 및 군사 기밀 사이버 도난 상세 공개

https://freebeacon.com/national-security/nsa-details-chinese-cyber-theft-of-f-35-military-secrets/

Washington Free Beacon, January 22, 2015

142. Cyber espionage for the Chinese government

중국 정부를 위한 사이버 스파이 활동

https://www.osi.af.mil/News/Features/Display/Article/2350807/cyber-espionage-for-the-chinese-government/

Office of Special Investigations, September 17, 2020

143. B-21, F-22, F-35: China Claims 'Busting' US Stealth Fighters; Experts Shed Light On Chinese Assertions

B-21, F-22, F-35: 중국, 미국 스텔스 전투기 '무력화' 주장… 전문가들의 분석

https://www.eurasiantimes.com/b-21-f-22-f-35-china-claims-busting-us-stealth-fighters/

Latest Asian, Middle-East, EurAsian, Indian News, December 03, 2023

144. Chinese Spies Stole Australia's New F-35 Lightning-II fighter Jet Design, Snowden Reveals

중국 스파이들이 호주의 F-35 라이트닝-II 전투기 설계를 훔쳤다-스노든 폭로
https://thehackernews.com/2015/01/F-35-Lightning-II-fighter-Jet-Design.html
The Hacker News, January 19, 2015

제4장: 어느 대만 해군 장교의 죽음

145. Taiwan's Lafayette Frigate Affair
대만 라파예트 프리깃 사건
https://corruption-tracker.org/case/taiwans-lafayette-frigate-affair
Corruption Tracker, January 01, 1991

146. A scandal of the sudden death of fourteen people involved in the transaction of Lafayette Class Frigates purchase from a French arms company, Thomson CSF(French industrial group specialized in naval defense systems design)
Taiwan's Lafayette Frigate Affair
프랑스 방산업체 톰슨 CSF(해군 방위 시스템 설계 전문 프랑스 산업 그룹)에서 라파예트 급 프리깃을 구매하는 과정에서 연루된 14명이 갑작스럽게 사망한 스캔들-대만 라파예트 프리깃 사건
https://corruption-tracker.org/case/taiwans-lafayette-frigate-affair
Corruption Tracker

147. Another mystery death in frigate scandal
프리깃 스캔들에서 또 한 명의 의문사
https://www.taipeitimes.com/News/local/archives/2001/07/19/94755
Taipei Times, July 18, 2001

148. Taipei says Paris betrayed secrets on frigate deal to China
타이베이, 프랑스가 프리깃 계약 관련 기밀을 중국에 유출했다고 주장
https://www.nytimes.com/2002/03/22/news/taipei-says-paris-betrayed-secrets-on-frigate-deal-to-china.html
The New York Times, March 22, 2002

149. Transnational Corruption in Weapons Procurement in East Asia: A Case Analysis
동아시아의 무기 조달에서의 초국가적 부패 사례 분석
https://www.academia.edu/20268318/Transnational_Corruption_in_Weapons_Procurement_in_East_Asia_A_Case_Analysis
Sociological Focus, February 16, 2020

150. Lafayette, We Are Still Here
라파예트, 우리는 여전히 여기 있다
https://michaelturton.blogspot.com/2006/07/lafayette-we-are-still-here.

html?m=0

Date published: July 18, 2006

151. Lafayette, Lee, and Hau

라파예트, 리, 그리고 하우

https://michaelturton.blogspot.com/2006/07/lafayette-lee-and-hau.html

Date published: July 20, 2006

152. Taiwan's Lafayette Frigate Affair

대만 라파예트 프리깃 사건

https://sites.tufts.edu/corruptarmsdeals/taiwan-the-lafayette-affair/

Compendium of Arms Trade Corruption. Date published: August 06, 2023

153. Hsiao-ting Lin

린샤오팅

https://www.hoover.org/search?query=Hsiao-ting-Lin

Hoover Institution, 2023

제5장: 시작

154. Brian Gerard Martin, *The Green Gang in Shanghai, 1920-1937*: The rise of Du Yuesheng, p.64-97

브라이언 제라드 마틴, 1920-1937년 상하이의 청방과 두웨셩의 부상, p.64-97

Date published: July 1991

155. 満洲アヘンスクワッド 青幇、岸信介、甘粕正彦、里見甫、アヘン密売.密輸-Grand angel living life

만주 아편 스쿼드-청방, 기시 노부스케, 아마가스 마사히코, 사토미 하지메, 아편 밀매 및 밀수

(Grand Angel Living Life)

Manchurian Opium Squad: Qing Gang, Shinsuke Kishi, Masahiko Amakasu, Hajime Satomi, opium

smuggling - Grand angel living life

https://simahiko.com/ahensucuwat/

Grand angel living life - おもしろいみらいへ, January 13, 2024

156. Martin Booth: The Dragon Syndicates, Japanese version, p.108

마틴 부스: *드래곤 신디케이트*(일본어판, p.108)

Date published: October 01, 2001

157. Endo Homare, 毛沢東 日本軍と共謀した男

엔도 호마레, 마오쩌둥-일본군과 공모한 남자

Mao Zedong, a man who conspired with the Japanese military, Shintyoshinsyo
Date published: November 13, 2015

158. 徐铸成, 杜月笙正传(Biography of Du Yuesheng)
쉬주청, 두웨셩 정전(두웨셩 전기)
Xu Zhucheng, The True Story of Du Yuesheng(Biography of Du Yuesheng)
浙江人民出版社, Published 1982

159. Lynn Pan: In Search of old Shanghai
린 판, 올드 상하이를 찾아서
Joint Publishing Company, Published 1982

160. Sterling Seagrave, *The Soong Dynasty*(1986)
스털링 시그레이브, 쑹 왕조(1986)
Date published: June 01, 1986

161. Unno Hiroshi, ドラゴンの系譜(1989)
운노 히로시, 드래곤의 계보(1989)
The Dragon's Genealogy: China's Secret Societies, Fukutake Book
Harper Perennial. Date published: April 01,1989

162. Lee Changqing 李長慶, 論杜月笙在 "四·一二" 政变前後的政治投機性
리창칭(李長慶), "4·12" 정변 전후 두웨셩의 정치적 기회주의에 대한 논고
On Du Yuesheng's political speculation before and after the "April 12" political turmoil
《中外企業家》22号("Chinese and Foreign Entrepreneurs" No. 22), Date published: November, 2011
"As can be seen in Chiang Kai-shek's family, they have connections around the world centered around the Zong family of the Zhejiang conglomerate. The Zong family and the Chiang family flourished with secret societies, and they were strongly connected with the Green Gang.
The connections between the Hong Kong Triads, the Kuomintang forces in the Golden Triangle, and Taiwan's intelligence agencies are puzzling. In this region, there is a mysterious country called the Golden Triangle that cannot be seen on maps, and Taiwan and Hong Kong are multi-layered mysterious countries. Secret societies flourish in such areas. Even if they are exposed, secret societies can revive again and again by taking advantage of the dual structure of countries like Hong Kong and Taiwan."
"장제스 가문을 보면, 저장 재벌 쑹(宗) 가문을 중심으로 전 세계에 네트워크를 가지고 있다. 쑹 가문과 장제스 가문은 비밀 조직들과 밀접한 연관을 가지며, 청방과도 깊이 연결되

어 있다.

홍콩 삼합회, 골든 트라이앵글 내 국민당 세력, 대만 정보기관 간의 연결고리는 미스터리하다. 이 지역에는 지도에 나타나지 않는 '골든 트라이앵글'이라는 신비로운 국가가 있으며, 대만과 홍콩은 다층적으로 신비로운 나라들이다. 이러한 지역에서는 비밀 조직들이 번성하며, 설령 탄로 나더라도 홍콩과 대만 같은 이중 구조를 활용하여 끊임없이 부활할 수 있다."

163. Du Yuesheng turned the Green Gang into a cohesive international syndicate, a sophisticated spy network funded by human trafficking and the drug trade.
두웨성, 청방을 국제적인 신디케이트이자 정교한 스파이 네트워크로 발전시킴-인신매매와 마약 거래를 자금원으로 활용
満洲アヘンスクワッド 青幇、岸信介、甘粕正彦、里見甫、アヘン密売·密輸 - Grand agel iving life
《만주 아편 스쿼드》 청방, 키시 노부스케, 아마스카 마사히코, 사토미 하지메, 아편 밀매·밀수-Grand Angel Living Life
Manchurian Opium Squad: Qing Gang, Shinsuke Kishi, Masahiko Amakasu, Hajime Satomi, opium smuggling - Grand angel living life
https://simahiko.com/ahensucuwat/
Grand angel living life-おもしろいみらいへ, Date published: January 13, 2024

164. The Green Gang in Shanghai, 1920-1937: The rise of Du Yuesheng
《상하이의 청방, 1920-1937: 두웨이셩의 부상》
https://openresearch-repository.anu.edu.au/bitstream/1885/112131/2/b1806291x_Martin_Brian_Gerard.pdf
Brian Gerard Martin, Date published: July, 1991

165. The Green Gang and the Guomindang State: Du Yuesheng and the Politics of Shanghai, 1927-37:The Journal of Asian Studies
《청방과 국민당 국가: 1927-1937년 상하이의 두웨이셩과 정치》(아시아연구저널)
https://www.cambridge.org/core/journals/journal-of-asian-studies/article/abs/green-gang-and-the-guomindang-state-du-yuesheng-and-the-politics-of-shanghai-192737/33526AF3DACDA36CA95FB3C929B9CD18
Cambridge Core, Date published: March 26, 2010

166. Du Yuesheng-East Asian History
《두웨이셩-동아시아 역사》
https://www.eastasianhistory.org/sites/default/files/article-content/29/EAH29_05.pdf

167. Murder, mayhem and money

살인, 혼란, 그리고 돈

https://www.globaltimes.cn/content/767575.shtml

Global Times, March 12, 2013

168. Du Yuesheng, the French Concession, and Social Networks in Shanghai

《두웨이성, 프랑스 조계지, 그리고 상하이의 사회 네트워크》

https://academic.oup.com/stanford-scholarship-online/book/19259/chapter-abstract/177764620?redirectedFrom=fulltext

OUP Academic, Date published: November 29, 2007

169. [PDF] The Green Gang in Shanghai, 1920-1937 : the Rise of Du Yuesheng

《상하이의 청방, 1920-1937: 두웨이성의 부상》(PDF)

https://www.semanticscholar.org/paper/The-Green-Gang-in-Shanghai,-1920-1937-:-the-rise-of-Martin/6d181f9eadf8797601e82f88713973df77c19d65

Semantic Scholar, Published 1991

170. Du Yuesheng established intelligence agencies of both China and Taiwan. Green Gangs as Pseudo-government

두웨이성, 중국과 대만의 정보기관 창설-청방을 준(準)정부 조직으로 활용

https://academic.oup.com/book/25594/chapter-abstract/192935615?redirectedFrom=fulltext

OUP Academic, Date published: January 19, 2017

171. China Spying

중국의 스파이 활동

https://academic.oup.com/california-scholarship-online/book/14341/chapter-abstract/168288533?redirectedFrom=fulltext

OUP Academic, Date published: March 06, 2003

172.(PDF) The Shanghai Green Gang and its Self-Legitimation Claims in the Early Twentieth Century

《상하이 청방과 20세기 초 자기 정당화 주장》(PDF)

https://www.researchgate.net/publication/364756039_Taming_Violence_The_Shanghai_Green_Gang_and_its_Self-Legitimation_Claims_in_the_Early_Twentieth_Century

Taming Violence, Date published: October, 2022

173. China, Japan and DPRK had unofficial bonds before WWII

An Overview of North Korea-Japan Relations

중국, 일본, 북한은 2차 대전 이전부터 비공식적인 유대 관계를 유지했다

《북한-일본 관계 개관》

https://www.ncnk.org/resources/briefing-papers/all-briefing-papers/overview-north-korea-japan-relations

NCNK, Date published: November 02, 2022

174. China-North Korea Relations

《중국-북한 관계》

https://www.ncnk.org/resources/briefing-papers/all-briefing-papers/china-north-korea-relations

NCNK, Date published: May 14, 2020

175. The Green Gang infiltrated western intelligence agencies after WWII.

청방, 2차 대전 이후 서방 정보기관에 침투하다

The Claws and Teeth of the Generalissimo

https://warfarehistorynetwork.com/article/the-claws-and-teeth-of-the-generalissimo/

Warfare History Network, Date published: July 07, 2022

176. Du Yuesheng, the French Concession, and Social Networks in Shanghai

《두웨이셩, 프랑스 조계지, 그리고 상하이의 사회 네트워크》

https://www.degruyter.com/document/doi/10.1515/9780804768436-006/pdf?licenseType=restricted

De Gruyter. Date published: November 29, 2007

177. Rooted in Taiwan Connection : The Plot to Kill Henry Liu-Slayers Confess Details

《대만과 연결된 음모: 헨리 리우 암살 사건-가해자들의 자백》

https://www.latimes.com/archives/la-xpm-1985-03-03-mn-32691-story.html

Los Angeles Times, March 03, 1985

178. Sterling Seagrave mentioned this incident and said that he was warned that publishing his book The Soong Dynasty(1986), was dangerous.

스털링 시그레이브, 《쑹 왕조》 출간이 위험하다는 경고를 받았다고 언급

The Dragon Lady who charmed the world

https://www.taipeitimes.com/News/taiwan/archives/2003/10/25/2003073291

Taipei Times, October 24, 2003

179. Chiang Kai Shek: China's Generalissimo and the Nation He Lost, Chapter 22

《장제스: 중국의 총통과 그가 잃어버린 국가》, 제22장

Jonathan Fenby. Date published: January 03, 2005

180. Madame Chiang Kai-shek, a Power in Husband's China and Abroad, Dies at 105

쑹 메이링(마담 장제스), 남편의 중국과 국제 사회에서 영향력 행사, 105세로 별세

https://www.nytimes.com/2003/10/25/world/madame-chiang-kai-shek-a-

power-in-husband-s-china-and-abroad-dies-at-105.html
The New York Times, October 25, 2003

181. 江南Gangnam, 蔣経国伝(The story of Chiang Ching-kuo)(1989)
강남(江南, Gangnam), 장징궈 전기(蔣経国伝)(1989)
同成社 Douseisya. Date published: August 01, 1989

182. 拜登意外點名張淑芬!〈我第一次競選參議員時, 她是工作人員〉現場響起熱烈掌聲- 今周刊
바이든, 뜻밖에 장숙분(張淑芬) 언급! "내가 처음 상원의원 선거에 나섰을 때, 그녀는 내 캠
프에서 일했다"-현장 뜨거운 박수(금주간)
Biden accidentally named Zhang Shufen! 〈When I first ran for Senate, she was a
staff member. 〉There was warm applause - Today's Weekly
https://www.businesstoday.com.tw/article/category/183027/
post/202212070026/
專業財經雜誌新聞網, December 07, 2022

183. The Green Gang and the Guomindang State: Du Yuesheng and the Politics of
Shanghai, 1927-37: The Journal of Asian Studies
청방과 국민당 국가: 두웨성과 1927~1937년 상하이 정치(Journal of Asian Studies)
https://www.cambridge.org/core/journals/journal-of-asian-studies/article/abs/
green-gang-and-the-guomindang-state-du-yuesheng-and-the-politics-of-
shanghai-192737/33526AF3DACDA36CA95FB3C929B9CD18
Cambridge Core, Date published: March 26, 2010

184. Du Yuesheng - East Asian History
두웨성 - 동아시아 역사
https://eastasianhistory.org/sites/default/files/article-content/29/EAH29_05.pdf

제6장: 문화대혁명의 재현

185. *The Cultural Revolution: A Very Short Introduction.* On p.43, Culture: "destroy
the old, establish the new"
문화대혁명: 아주 짧은 소개-p.43, 문화: "구체제를 파괴하고 새로운 체제를 구축하라"
Richard Curt Kraus, Date published: January 2012

186. Destroy the Old to Build the New! A comment on the state, revolution, and the
C.P.G.B.
구체제를 파괴하고 새로운 체제를 구축하라!-국가, 혁명, 그리고 C.P.G.B에 대한 논평
https://www.marxists.org/history/erol/uk.firstwave/destroytheold.htm
Michael McCreery, Date published: November, 1963

187. Jiang Qing was held responsible and sentenced to death as leader of the cultural

revolution.

장칭(마오쩌둥의 부인)은 문화대혁명의 지도자로 지목되어 사형 선고를 받았다.
Chairman Mao's widow sentenced to death | January 25, 1981
https://www.history.com/this-day-in-history/maos-widow-sentenced-to-death
History.com, July 21, 2010

188. Mao's Widow Spared, Gets Life in Prison-The Washington Post
마오쩌둥의 부인, 장칭, 사형 면하고 종신형 선고(워싱턴 포스트)
https://www.washingtonpost.com/archive/politics/1983/01/26/maos-widow-
spared-gets-life-in-prison/ea7318a6-05d2-4c18-b85d-acd1b87db701/
The Washington Post, January 25, 1983

189. Suicide of Jiang Qing, Mao's Widow, Is Reported
장칭의 자살 보도
https://www.nytimes.com/1991/06/05/obituaries/suicide-of-jiang-qing-mao-s-
widow-is-reported.html
The New York Times, June 05, 1991

190. The Cultural Revolution: all you need to know about China's political convulsion
문화대혁명: 중국의 정치적 격변에 대한 모든 것
https://www.theguardian.com/world/2016/may/11/the-cultural-revolution-50-
years-on-all-you-need-to-know-about-chinas-political-convulsion
The Guardian, May 11, 2016

191. China Says Cultural Revolution Killed or Harassed Thousands
중국 정부 발표: 문화대혁명으로 수천 명이 사망하거나 박해받았다
https://www.washingtonpost.com/archive/politics/1980/11/17/china-says-
cultural-revolution-killed-or-harassed-thousands/fd016528-fc0d-43b4-80ae-
4da23326a674/
The Washington Post, November 16, 1980

192. According to Mao, China needed to be destroyed before piecing it back together;
May 16, 1966, Deng initiated the Cultural revolution.
마오쩌둥: "중국을 재건하려면 먼저 파괴해야 한다"-1966년 5월 16일, 덩샤오핑이 문화
대혁명을 시작했다.
The Cultural Revolution: all you need to know about China's political convulsion
https://www.theguardian.com/world/2016/may/11/the-cultural-revolution-50-
years-on-all-you-need-to-know-about-chinas-political-convulsion
The Guardian, May 11, 2016

193. Foreign views

해외 시각

https://taiwantoday.tw/news_amp.php?post=4851&unit=4%2C8%2C29%2C31%2C32%2C45&unitname=Taiwan-Review&postname=Foreign-views

Taiwan Today, January 01, 1981

194. China: Confessions of a Red Guard

중국: 한 홍위병의 고백

https://edition.cnn.com/2016/05/15/asia/china-cultural-revolution-red-guard-confession/index.html

CNN, May 15, 2016

195. From Red Guards to Thinking Individuals: China's Youth in the Cultural Revolution

홍위병에서 사색적인 개인으로: 문화대혁명 시기의 중국 청년들

https://www.asianstudies.org/publications/eaa/archives/from-red-guards-to-thinking-individuals-chinas-youth-in-the-cultural-revolution/

Association for Asian Studies, Date published: June 12, 2023

196. China Says Cultural Revolution Killed or Harassed Thousands

중국 정부 발표: 문화대혁명으로 수천 명이 사망하거나 박해받았다

https://www.washingtonpost.com/archive/politics/1980/11/17/china-says-cultural-revolution-killed-or-harassed-thousands/fd016528-fc0d-43b4-80ae-4da23326a674/

The Washington Post, November 16, 1980

197. Introduction to the Cultural Revolution

문화대혁명 개요

https://spice.fsi.stanford.edu/docs/introduction_to_the_cultural_revolution

FSI, Date published: December 2005

198. Cultural Revolution

문화대혁명

https://www.britannica.com/event/Cultural-Revolution

Encyclopedia Britannica, Date published: April 08, 2024

199. China: the Cultural Revolution

중국: 문화대혁명

https://sites.tufts.edu/atrocityendings/2016/12/14/china-the-cultural-revolution/

Mass Atrocity Endings, Date published: December 14, 2016

200. ASIA BY ERA-RESOURCES

시대별 아시아-자료집

http://afe.easia.columbia.edu/tps/1950_cn.htm
Asia for Educators

201. The Social forums made youth passionate about the revolution, making them join the red guard and later the communist party to ironically participate in censorship.
I Was a Teenage Red Guard
사회 포럼은 청년들을 혁명에 열광하게 만들었으며, 홍위병에 가입하도록 유도했고 이후 공산당에 참여해 검열 활동에 관여하는 역설적인 결과를 낳았다.
-나는 10대 홍위병이었다
https://newint.org/features/1987/04/05/teenage
New Internationalist, Date published: July 05, 2017

202. The Red Guard Generation
홍위병 세대
https://omnia.sas.upenn.edu/story/red-guard-generation-0
Omnia. Date published: March 28, 2022

203. Academic Censorship in China: The Case of The China Quarterly: PS: Political Science & Politics
중국 학계 검열: 〈The China Quarterly〉 사례 분석(PS: Political Science & Politics)
https://www.cambridge.org/core/journals/ps-political-science-and-politics/article/academic-censorship-in-china-the-case-of-the-china-quarterly/A5747B5452DDBF79F754C36A21810FE1
Cambridge Core, Date published: January 07, 2019

204. ASIA BY ERA-RESOURCES
시대별 아시아-자료 모음
http://afe.easia.columbia.edu/tps/1950_cn.htm
Asia for Educators

205. Jiang Qing was held responsible and sentenced to death as leader of the cultural revolution.
장칭, 문화대혁명의 주범으로 지목되어 사형 선고를 받음
The death of Jiang Qing, a.k.a., Madame Mao
https://thechinaproject.com/2021/05/19/the-death-of-jiang-qing-a-k-a-madame-mao/
The China Project, Date published: May 24, 2021

206. Mao's Widow Spared, Gets Life in Prison-
마오쩌둥의 미망인, 감형되어 종신형 선고

https://www.washingtonpost.com/archive/politics/1983/01/26/maos-widow-spared-gets-life-in-prison/ea7318a6-05d2-4c18-b85d-acd1b87db701/
The Washington Post, January 25, 198

207. Jiang Qing and the Cultural Revolution
장칭과 문화대혁명
https://digitalscholarship.unlv.edu/cgi/viewcontent. cgi?article=4247&context=rtds
University Libraries, Date published: January 01, 1996

208. Silvia Salino, Jiang Qing: *Between Fact and Fiction: The Many Lives of a Revolutionary Icon*
실비아 살리노, 장칭: 사실과 허구 사이-혁명적 아이콘의 다양한 삶
https://uscholar.univie.ac.at/detail/o:1430124.pdf
Date published: April 2021

209. MAO`S WIFE MAKING A COMEBACK
마오의 아내, 정치 복귀 시도
https://www.chicagotribune.com/1990/05/06/maos-wife-making-a-comeback/
Chicago Tribune, August 10, 2021

210. Suicide of Jiang Qing, Mao's Widow, Is Reported
장칭 자살 보도
https://www.nytimes.com/1991/06/05/obituaries/suicide-of-jiang-qing-mao-s-widow-is-reported.html
The New York Times, June 05, 1991

211. Richard Curt Kraus, *The Cultural Revolution: A Very Short Introduction.* P.43, Culture: "destroy the old, establish the new"
리처드 커트 크라우스, 문화대혁명: 아주 짧은 소개, p.43-"낡은 것을 파괴하고 새로운 것을 세우라"
Date published: January 2012

212. Michael McCreery: *Destroy the Old to Build the New! A comment on the state, revolution, and the C.P.G.B.*
마이클 맥크리리, 낡은 것을 파괴하고 새로운 것을 세우라!
https://www.marxists.org/history/erol/uk.firstwave/destroytheold.htm
Date published: November, 1963

213. The Cultural Revolution: all you need to know about China's political convulsion
문화대혁명: 중국의 정치적 대혼란에 대해 알아야 할 모든 것
https://www.theguardian.com/world/2016/may/11/the-cultural-revolution-50-years-on-all-you-need-to-know-about-chinas-political-convulsion

The Guardian, May 11, 2016

214. Foreign views-Mainland Corruption
해외 시각-본토 부패
https://taiwantoday.tw/news_amp.php?post=4851&unit=4%2C8%2C29%2C31%2
C32%2C45&unitname=Taiwan-Review&postname=Foreign-views
Taiwan Today, January 01, 1981

215. China: Confessions of a Red Guard
중국: 한 홍위병의 고백
https://edition.cnn.com/2016/05/15/asia/china-cultural-revolution-red-guard-
confession/index.html
CNN, May 15, 2016

216. From Red Guards to Thinking Individuals: China's Youth in the Cultural Revolution
홍위병에서 사색적인 개인으로: 문화대혁명 속 중국 청년들
https://www.asianstudies.org/publications/eaa/archives/from-red-guards-to-
thinking-individuals-chinas-youth-in-the-cultural-revolution/
Association for Asian Studies, Date published: June 12, 2023

217. China Says Cultural Revolution Killed or Harassed Thousands
중국 정부 발표-"문화대혁명으로 수천 명이 사망하거나 박해받았다"
https://www.washingtonpost.com/archive/politics/1980/11/17/china-says-
cultural-revolution-killed-or-harassed-thousands/fd016528-fc0d-43b4-80ae-
4da23326a674/
The Washington Post, November 16, 1980

218. Introduction to the Cultural Revolution
문화대혁명 개요
https://spice.fsi.stanford.edu/docs/introduction_to_the_cultural_revolution
FSI, Date published: December, 2005

219. Cultural Revolution
문화대혁명
https://www.britannica.com/event/Cultural-Revolution
Encyclopedia Britannica, Date published: April 08, 2024

220. China: the Cultural Revolution
중국: 문화대혁명
https://sites.tufts.edu/atrocityendings/2016/12/14/china-the-cultural-
revolution/
Mass Atrocity Endings, Date published: December 14, 2016

제8장: 힘을 숨기고 길을 감추어라

221. 岸信介とアヘン王の関係を追う～密売で儲けた〈数兆円〉はどこに消えた？

기시 노부스케와 아편왕의 관계를 추적하다－밀매로 벌어들인 '수조 엔'은 어디로 사라졌나?

Tracing the relationship between Kishi Nobusuke and the opium king: Where did "the trillions of yen" he made from smuggling go?

https://gendai.media/articles/-/49375

ShukanGendai, Date published: August 07, 2016

222. Inside the Trilateral Commission: Power elites grapple with China's rise

삼자위원회 내부: 중국의 부상에 맞서는 글로벌 엘리트들

https://asia.nikkei.com/Spotlight/The-Big-Story/Inside-the-Trilateral-Commission-Power-elites-grapple-with-China-s-rise

Nikkei Asia, November 23, 2022

제9장: 계산된 모든 것

223. 财经》杂志:台资芯片业跨海西进

《차이징(재경 财经)》 잡지: 대만 반도체 산업, 중국 본토로 진출

《Finance and Economics》Caijing Magazine: Taiwanese chip industry moves westward across the sea

Taiwan-funded chip industry is heading westward across the sea

https://tech.sina.com.cn/it/e/2002-02-18/103305.shtml

科技时代, February 18, 2002

224. 深度爆料:FinFET教父胡正明，才是成就麒麟芯片的高人

심층 분석: FinFET의 거장 후정밍(胡正明), 기린(Kirin) 칩의 숨은 공로자

Deep revelation: FinFET godfather Hu Zhengming is the master who made Kirin chip a success Hu

Zhengming(TSMC Distinguished Professor Emeritus), the godfather of FinFET, is the master who made Kirin chips(Huawei) possible?

225. [링크] MCU-DSP 관련 기사

https://www.eefocus.com/mcu-dsp/353608

eefocus, November 19, 2015

226. 【原创】聊聊台积电和华为这对好基友的故事

[독창적인 이야기] TSMC와 화웨이, 이 절친한 관계의 이야기

【Original】Let's talk about the story of TSMC and Huawei, two good friends

The story of good friends TSMC and Huawei. These two companies have been working together for more than ten years.

https://www.eetrend.com/article/2018-08/100125798.html

电子创新网, August 27, 2018

227. 麒麟芯片是如何发展起来的？

기린(Kirin) 칩은 어떻게 발전해 왔는가?

How was the Kirin chip developed?

https://cloud.tencent.com/developer/news/441431

腾讯云开发者社区-腾讯云

228. 华为台积电秀恩爱 "三"儿插足有点难

화웨이와 TSMC의 밀월 관계… 제3자의 개입은 어려울까?

Huawei and TSMC show their affection, it's hard for the third party to intervene

http://www.eetrend.com/article/2015-11/100060567.html

电子创新网

"Huawei and TSMC show affection. Huawei Fellow Ai Wei thanked Professor Hu Zhengming, former CTO of TSMC and inventor of FinFET technology, for his contribution. Kirin 950 chose TSMC's 16nm, for TSMC's vision and wisdom, and Huawei's deep trust in TSMC, and TSMC's strong support for Kirin."

229. 華為創辦人任正非: 中國製晶片是世界第一〈在台灣〉

화웨이 창립자 런정페이: "세계 최고의 반도체는 대만에서 제조된다"

Huawei founder Ren Zhengfei: China's chip production is the world's first in Taiwan

https://www.inside.com.tw/article/21534-huawei-ren-zhengfei

TNL mediagene, November 12, 2020

"Huawei founder Ren Zhengfei: Taiwan's chip production makes China the world's best. China has now become the world leader in chip design and also is the world's number one in chip manufacturing, in Taiwan."

"화웨이 창립자 런정페이: 대만의 칩 생산 덕분에 중국이 세계 최고가 됐다. 중국은 이제 칩 설계에서 세계 선두가 되었고, 대만에서 칩 제조에서도 세계 1위다."

230. TSMC to acquire WSMC foundry

TSMC, WSMC 반도체 공장 인수 추진

https://www.eetimes.com/tsmc-to-acquire-wsmc-foundry/

EE Times, January 07, 2000

231. 详解华为的3D芯片堆叠封装技术Huawei's 3D chip stacking packaging technology

화웨이의 3D 칩 적층 패키징 기술 상세 해설

Detailed explanation of Huawei's 3D chip stacking packaging technology

https://www.ednchina.com/news/a9444.html

232. Chiplet的真機遇和大挑戰

칩렛(Chiplet) 기술의 진정한 기회와 도전 과제

Chiplet's real opportunities and challenges

https://tw.news.yahoo.com/chiplet的真機遇和大挑戰-055030042.html

Yahoo! News

233. 深入了解华为麒麟9000: GPU性能翻身, AI算力顶尖的5G旗舰芯片

화웨이 기린 9000 칩 심층 분석-GPU 성능 혁신, AI 연산력 최강의 5G 플래그십 칩

A Deeper Look at Huawei's Kirin 9000: GPU Performance Turnaround, 5G Flagship Chip with Top AI Computing Power In-depth understanding of Huawei Kirin 9000: GPU performance improvement, 5G flagship chip with top AI computing power

https://www.jiqizhixin.com/articles/2020-10-31-3

机器之心

234. 巨大中华

거대 중화

Huge China

https://baike.sogou.com/v7823383.htm

巨大中华-搜狗百科

235. 你还记得曾经的"巨大中华"吗

당신은 한때 '거대 중화'를 기억하는가?

Do you still remember the "Giant China" of the past?

The "Great China" comes true by the agreement between the four companies.

http://www.semiinsights.com/s/electronic_components/23/36851.shtml

제10장: 총통 죽이기

236. 揭密張忠謀夫婦、郭台銘、蘋果高層神祕晚餐: 讓孫又文想〈用頭撞牆〉的豪賭, 成就台積電晶圓霸業-今周刊

장중모(張忠謀) 부부, 궈타이밍(郭台銘), 애플 고위층의 미스터리한 만찬 공개-'머리를 벽에 박고 싶게 만든' 승부수, TSMC의 웨이퍼 제국을 완성하다(금주간)

evealing the mysterious dinner between Chang Chung-mou and his wife, Terry Gou, and top Apple executives: The gamble that made Sun Youwen want to "bang his head against the wall" made TSMC's wafer dominance-Today's Weekly Semiconductor manufacturer would be just like the house of Casino

https://www.businesstoday.com.tw/article/category/183015/post/202308080030/

專業財經雜誌新聞網, August 08, 2023

237. 台積電強大引起美國焦慮TSMC's power causes anxiety in the United States
TSMC의 강력한 영향력, 미국의 불안감을 초래하다
https://zh.cn.nikkei.com/industry/itelectric-appliance/43639-2021-01-29-04-00-00.html
Nikkei. January 29 , 2021

238. 台積CoWoS 產能爆滿 傳矽品三星有機會分食-自由財經
TSMC CoWoS 생산능력 포화, 실리콘웍스·삼성이 반사이익 얻을 가능성-자유재경
TSMC's CoWoS production capacity is full, and Samsung is rumored to have a chance to share the market share
https://ec.ltn.com.tw/article/breakingnews/4370104
自由時報電子報, July 20, 2023
"TSMC's CoWoS production capacity is full, and Samsung is rumored to have a chance to share the market share. If TSMC wouldn't produce it will affect other companies." *Free Finance.*

239. Prof On Track For Return To China After Plea In Huawei Case
화웨이 사건 연루 교수, 유죄 인정 후 중국 복귀 예정
https://www.law360.com/articles/1334782/prof-on-track-for-return-to-china-after-plea-in-huawei-case
Law360, December 4, 2020

240. TSMC Under U.S. Pressure As Chip Supplier For Lockheed F-35 Lightning II: Report
TSMC, 미국의 압박 속에서 록히드 F-35 라이트닝 II의 칩 공급업체 역할 수행-보도
https://hothardware.com/news/tsmc-under-pressure-to-build-chips-in-us
HotHardware, January 16, 2020

241. 譏諷中國充斥山寨武器! 美海軍研究協會〈國家撞臉日〉發文-國際
미 해군 연구소, 중국의 짝퉁 무기 홍수 조롱?-'국가 도플갱어의 날' 게시글 논란
Ridiculing China for being full of copycat weapons! The U.S. Naval Research Association issued a message on "National Face-off Day" - International
https://news.ltn.com.tw/news/world/breakingnews/3507529
自由時報電子報, April 21, 2021

제12장: 새로운 세계

242. *China's First Hydrogen Bomb Successfully Exploded*
중국 최초의 수소폭탄 성공적 폭발
http://www.cctv.com/english/special/60anni/20090907/110313.shtml

CCTV, September 07, 2009

243. Getting To Beijing: Henry Kissinger's Secret 1971 Trip

    베이징으로 가는 길: 헨리 키신저의 비밀 1971년 방문

    https://china.usc.edu/getting-beijing-henry-kissingers-secret-1971-trip

    USN Annenberg, Date published: July 21, 2011

244. Kissinger's historic China policy: A retrospective

    키신저의 역사적인 중국 정책: 회고

    https://thehill.com/opinion/international/408507-kissingers-historic-china-policy-a-retrospective/

    The Hill, September 26, 2018

245. World Economic Forum's Summer Annual Meeting held in China. Schwab praises Xi.

    세계경제포럼의 여름 연례 회의, 중국에서 개최. 슈밥, 시진핑 칭찬

    把世界经济论坛开到中国

    https://www.mfa.gov.cn/web/ziliao_674904/zt_674979/dnzt_674981/qtzt/zggcddwjw100ggs/gg/202208/t20220824_10750735.shtml

    中华人民共和国外交部, August 24, 2022

246. Schwab praises China's achievements

    슈밥, 중국의 성과 칭찬

    http://www.chinadaily.com.cn/a/201809/18/WS5ba0b4cba31033b4f4656c02.html

    China Daily, September 18, 2018

247. China GDP 1960-2023

    중국 GDP 1960-2023

    https://www.macrotrends.net/countries/CHN/china/gdp-gross-domestic-product

    MacroTrends

제13장: 불사조의 귀환

248. 中國在8成尖端技術研究領域居首 日經中文網

    중국, 80% 첨단 기술 연구 분야에서 1위-닛케이 중문망

    China ranks first in 80% of cutting-edge technology research fields

    https://zh.cn.nikkei.com/industry/scienceatechnology/53531-2023-09-15-09-54-22.html

    Nikkei, September 15 , 2023

China ranks first in 80% of cutting-edge technology research fields

249. HiSilicon breaks into top ten chip vendor ranking

하이실리콘, 칩 제조사 상위 10위권 진입

https://www.eenewseurope.com/news/hisilicon-breaks-top-ten-chip-vendor-ranking

eeNews Europe, May 06, 2020

250. CIA Claims It Has Proof Huawei Has Been Funded By China's Military And Intelligence

CIA, 화웨이가 중국 군과 정보기관으로부터 자금 지원받았다는 증거 확보 주장

https://www.forbes.com/sites/zakdoffman/2019/04/20/cia-offers-proof-huawei-has-been-funded-by-chinas-military-and-intelligence/?sh=3409e68c7208

Forbes, April 23, 2019

251. Exclusive: Trump administration says Huawei, Hikvision backed by Chinese military

특종: 트럼프 행정부, 화웨이와 하이크비전이 중국 군의 지원을 받았다고 밝혀

https://www.reuters.com/article/us-usa-china-military-exclusive-idUSKBN23V309

Reuters, June 25, 2020

252. 太难了!华为余承东: 陷断供危机, Mate40将成高端麒麟芯片"绝版"机! 到底如何破局？他这样说(附全文)

너무 어렵다! 화웨이 유청둥: 공급 중단 위기, Mate40이 고급 기린 칩의 "마지막 모델" 될 것! 어떻게 돌파할 것인가? 그의 발언(전문)

It's too difficult! Huawei's Yu Chengdong: Mate40 will become a "discontinued" model of high-end Kirin chips due to supply cut crisis! How to break the deadlock? Here's what he said(with full text)

https://company.stcn.com/gsxw/202008/t20200807_2205951.html

STCN, August 07 , 2020 "We must break through the US blockade and become a global leader in this ecosystem." Huawei Yu Chengdong says."

253. 中国最神祕的研究基地--华为2012实验室

중국에서 가장 신비로운 연구 기지-화웨이 2012 연구소

China's most mysterious research base - Huawei 2012 Laboratory

https://www.leiphone.com/news/201608/5fWci6bJoL7JW5Wr.html

雷峰网, August 10, 2016

"Huawei's '2012 Laboratory' has established eight important overseas research institutes in Europe, India, the United States, Russia, Canada, and Japan."

제14장: 쿠데타 시도

254. NVIDIA's CEO is the Uncle of AMD's CEO

NVIDIA CEO가 AMD CEO의 삼촌이라는 사실

https://babeltechreviews.com/nvidias-ceo-is-the-uncle-of-amds-ceo/

BabelTechReviews, June 07, 2018

255. 郭台銘板橋造勢音樂會 表姐張淑芬現身支持! 還有這些家人到場力挺

궈타이밍(테리 궈), 판차오 유세 음악회에서 사촌 누나 장수펀이 등장해 지원! 다른 가족들
도 현장에 나와 힘 실어줘

Terry Gou held a promotional concert in Banqiao, and his cousin Zhang Shufen
showed up to support! And these family members came to support me Terry Gou
held a promotional concert in Banqiao, and his cousin Zhang Shufen showed up
as support.

https://tw.news.yahoo.com/郭台銘板橋造勢音樂會-表姐張淑芬現身支持-還有這些家人
到場力挺-114400161.html

壹蘋新聞網, May 12, 2023

256. Wife of TSMC founder appears at Taiwan rally with Terry Gou.

TSMC 창업자의 아내, 대만 집회에서 테리 궈와 함께 등장

https://www.taiwannews.com.tw/en/news/4890808

Taiwan News, May 13, 2023

257. Brooklyn Nets' Owner Joe Tsai Pledges $50 Million to Brooklyn's Black Community

브루클린 네츠 구단주 조 차이, 브루클린 흑인 커뮤니티에 5천만 달러 기부 약속

https://nextshark.com/joe-tsai-brooklyn-nets-owner-50-million-social-justice

NEXT SHARK, Date published: August 28, 2020

258. 困境中的曙光?日本松下電器愿 牽手華为 , 共同制造芯片

어려움 속의 한 줄기 빛? 일본 파나소닉, 화웨이와 손잡고 칩 공동 제조 의사

A ray of hope in a difficult situation? Japan's Panasonic is willing to join hands
with Huawei to jointly manufacture chips

Japan's Panasonic is willing to join hands with Huawei to jointly manufacture
chips

https://3g.163.com/dy/article/FLTN3ENS05444HL8.html

手机网易网, September 07, 2020

259. Panasonic to ramp up Chinese output of 5G circuit board material

파나소닉, 중국 내 5G 회로기판 소재 생산 확대

Nikkei Asia, June 19, 2020

260. パナソニック、5Gミリ波アンテナモジュール用〈基盤対FPCコネクタ〉を開発

파나소닉, 5G 밀리미터파 안테나 모듈용 "기판 대 FPC 커넥터" 개발

Panasonic Develops Board-to-FPC Connector for 5G Millimeter-Wave Antenna Modules

https://iotnews.jp/communication/153526/

IoTNEWS, May 19, 2020

Panasonic develops "board-to-FPC connector" for 5G millimeter wave antenna module.

261. 一个好消息，日企"松下"主动示好华为，华为半导体阵营再度壮大

좋은 소식 하나, 일본 기업 "파나소닉"이 화웨이에 적극 호응, 화웨이 반도체 진영 다시 확대

Good news: Japanese company Panasonic takes the initiative to show goodwill to Huawei, and

Huawei's semiconductor camp grows again

https://xw.qq.com/cmsid/20200705A00UVR00?f=newdc

QQ News, July 5, 2020

262. 日媒传出好消息!日本松下邀请华为合作，或共同生产芯片?

좋은 소식이 일본 언론에 전해졌습니다! 일본 파나소닉, 화웨이와 협력 요청, 칩 공동 생산 가능성?

Japan's Panasonic may invite Huawei to cooperate or jointly produce chips?

https://www.cunman.com/new/d5e4b458eae44c80af0cbcd27984987b

存满娱乐网, July 3, 2020

263. 老冤家愿当帮手?日本松下希望能与华为联手，共造高端芯片

오랜 라이벌이 조력자가 되길 원한다고? 일본 파나소닉, 화웨이와 손잡고 고급 칩 공동 제조 희망

Old enemy willing to be a helper? Panasonic hopes to join forces with Huawei to build high-end chips

https://kknews.cc/tech/jakbm3q.html

每日头条, August 20, 2020

264. 【評論】安倍晋三遭槍擊宣告不治！台日友好推手，曾意外助攻台灣半導體

[논평] 아베 신조, 총격으로 사망 선고! 대만-일본 우호의 추진자, 뜻밖에도 대만 반도체에 도움

Shinzo Abe was shot and pronounced dead! A promoter of Taiwan-Japan friendship, he once accidentally assisted Taiwan Semiconductor

https://www.bnext.com.tw/article/70531/the-shooting-of-shinzo-abe-the-economy-20220708

數位時代 Business Next, July 08, 2022

"Shinzo Abe, as a promoter of Taiwan-Japan friendship, assisted the development of the Taiwan Semiconductor industry. It is said that Shinzo Abe was behind the success of Winbond's acquisition of Panasonic."

265. シャープ、中国のファーウェイと特許ライセンス契約を締結

샤프, 중국 화웨이와 특허 라이선스 계약 체결

Sharp signs patent license agreement with China's Huawei

https://jp.reuters.com/business/XQ2I4HSMXBNR7G2K6Q5ENNZZ6I-2023-11-27/

Reuters, November 27, 2023

266. 單肥啖大企日曝驚媒外?誰了肥令禁為華

중국은 G5 생산 지역을 확장함으로써 혜택을 누리고 있습니다

China is benefiting by expanding G5 production area

https://ctee.com.tw/news/tech/293802.html

工商時報,July 01, 2020

267. 揭祕:中芯国际背后的三个爱国台湾人

공개: SMIC의 배후에 있는 세 명의 애국적인 대만인

Revealed: The three patriotic Taiwanese behind SMIC

https://kknews.cc/zh-cn/finance/8k68j8e.html

每日头条, June 01, 2020

"세 명의 애국적인 대만인 장루징(SMIC 설립자), 장상이(전 TSMC 임원), 량명송(전 TSMC 연구개발국장)이 SMIC의 배후에 있습니다. 중국 칩의 급속한 부상은 미국에서 공부하고 일한 대만인 그룹과 떼려야 뗄 수 없는 관계입니다."

"The three patriotic Taiwanese, Zhang Rujing(founder of SMIC), Jiang Shangyi(former TSMC executive), and Liang Mengsong(former Research and Development Director at TSMC), are behind SMIC. The rapid rise of China's chips is inseparable from a group of Taiwanese who have studied and worked in the United States."

268. 支撐中芯國際的台灣力量 Taiwan's power supporting SMIC

SMIC를 지원하는 대만의 힘

Taiwan's power supporting SMIC Taiwan's power supporting SMIC

https://zh.cn.nikkei.com/china/ccompany/43369-2021-01-07-08-18-24.html

*Nikkei*日本經濟新聞中文版, January 07, 2021

269. 兩岸企業在靠攏, 與美國意向相悖

대만 해협 양쪽의 기업들이 점점 더 가까워지고 있으며, 이는 미국의 의도와 상충된다.

Enterprises on both sides of the Taiwan Strait are getting closer, which is contrary to the intentions of the United States.

https://min.news/zh-hk/taiwan/78e7661346adb3122e322329e1bde820.html

Nikkei, February 04, 2021

"미국의 의도와는 달리, 대만의 대기업들은 중국 본토의 기업들과 협력을 강화하고 있습니다."

"Contrary to the intentions of the United States, large Taiwanese companies are strengthening cooperation with companies in mainland China."

270. 因為梁孟松! 台積電〈研發六騎士〉, 20年後照片變4人…揭背後故事

량멍쑹 때문에! TSMC "연구개발 6기사", 20년 후 사진 속 4명으로… 그 뒤에 숨은 이야기

20년 후 TSMC의 '연구 개발의 여섯 기사' 사진이 4명으로 바뀌었습니다. 이들은 삼성, 인텔, SMIC, TSMC로 확산되었습니다.

The photo of TSMC's "Six Knights of Research and Development," 20 years later, has turned into four people. They have spread to Samsung, Intel, SMIC, and TSMC.

https://www.bnext.com.tw/article/75884/tsmc-6-key-man

BusinessNext, July 03 , 2023

271. 【內幕】上海幫〈造芯〉記(上)-大紀元

[내막] 상하이파의 "칩 제조" 이야기(상)-대기원

[Insider] The CCP and Shanghai Gang's Plan to build a high-tech business group(Part 1)

https://www.epochtimes.com/b5/20/6/3/n12156659.htm

大紀元, June 17, 2020

272. 【內幕】上海幫〈造芯〉記(下)

[내막] 상하이파의 "칩 제조" 이야기(하)

[Insider] The CCP and Shanghai Gang's Plan to build a high-tech business group(Part 2)

https://www.epochtimes.com/b5/20/6/3/n12159014.htm

大紀元, June 20, 2020

273. 五月四日、胡定吾、曾繁城、焦佑鈞、張汝京四大巨頭在北京 曾繁城和張汝京話不投機?

5월 4일, 후딩우, 쩡판청, 쟈오유쥔, 장루징 4대 거물 베이징에서 만남. 쩡판청과 장루징, 말이 안 맞았나?

On May 4th, the four giants Hu Dingwu, Zeng Fancheng, Jiao Youjun, and Zhang Rujing were in Beijing. Are Zeng Fancheng and Zhang Rujing talking about speculation?

https://www.businessweekly.com.tw/Archive/Article?StrId=12245

Business Weekly, May 17, 2001

"2001년 5월 4일, 베이징에서 네 명의 거인 후딩우(중국 개발 총괄 매니저), 쩡판청(TSMC 총괄 매니저), 자오우쥔(윈본드 회장), 장루징(SMIC 설립자 리처드 창)이 만났습니다. 쩡판청과 장루징은 투기에 대해 이야기하고 있을지도 모릅니다."

"On May 4,2001, the four giants Hu Dingwu(general manager of China Development), Zeng Fancheng(general manager of TSMC), Jiao Youjun(Winbond Chairman), and Zhang Rujing(Richard Chang, founder of SMIC) met in Beijing. Zeng Fancheng and Zhang Rujing may be talking about speculation."

274. 侵權官司與台積電和解／中芯割股賠款 張汝京下台

TSMC/SMIC의 주식 분할로 보상금 지급을 위한 침해 소송 합의. 장루징(SMIC 설립자 리처드 창) 사임

Settlement of infringement lawsuit with TSMC/SMIC's stock split to pay compensation. Zhang Rujing(Richard Chang, founder of SMIC) steps down

https://news.ltn.com.tw/news/focus/paper/349971

自由時報電子報, November 10, 2009

275. 张忠谋：对台积电中芯和解结果很高兴

TSMC 모리스 창: TSMC와 SMIC의 합의 결과에 매우 만족합니다

TSMC Morris Chang: Very happy with the settlement result of TSMC and SMIC

https://www.163.com/tech/article/5NR4HSBU000915BD.html

网易科技, November 11, 2009

276. 與中芯和解 張忠謀:很欣慰

TSMC 모리스 창은 SMIC와의 화해에 매우 만족하고 있습니다

TSMC Morris Chang is very pleased with reconciliation with SMIC

https://zumo031.pixnet.net/blog/post/2635363

痞客邦, December 02, 2009

277. 台积电张忠谋:不会参与中芯经营 不排除释股

SMIC, TSMC의 중국 본토 웨이퍼 파운드리 지분 8% 인수 공식 승인

SMIC officially approves TSMC's acquisition of 8% stake in mainland China wafer foundry

https://www.laoyaoba.com/html/news/newsdetail?source=pc&news_id=88929

Date published: June 30, 2010

278. 中芯国际的第一大股东是谁？没你想的那么简单

SMIC의 최대 주주는 누구인가요? 생각만큼 간단하지 않습니다

Who is the largest shareholder of SMIC? It's not as simple as you think

https://www.163.com/dy/article/FEA9LUHG05324Q3Q.html

163.com, June 04, 2020

"SMIC의 최대 주주는 생각만큼 간단하지 않습니다. 2019년 말 기준으로 SMIC의 최대 주주는 CCP의 핵심 회사인 다탕 텔레콤으로 17%의 지분율을 보유하고 있으며, 두 번째로 큰 주주는 국가 집적 회로 산업 기금으로 15.7%의 지분율을 보유하고 있습니다."

"SMIC's largest shareholder is not as simple as you think. As of the end of 2019, SMIC's largest shareholder is CCP's core company, Datang Telecom, with a shareholding ratio of 17%; the second largest shareholder is the National Integrated Circuit Industry Fund, with a shareholding ratio of 15.7%."

세계 개발: 경제 성장 둔화(Global Development: Declining economic)

279. Dashboard of decline: seven charts that explain Britain's economic crisis
쇠퇴의 대시보드: 영국 경제 위기를 설명하는 7가지 차트
https://www.theguardian.com/business/2022/jul/02/dashboard-of-decline-seven-charts-that-explain-britains-economic-crisis
The Guardian, July 02, 2022

280. US sees world influence declining amid economic woe
미국, 경제난 속에서 세계 영향력 감소로 인식
https://www.bbc.com/news/world-us-canada-11331265
BBC News, September 16, 2010

281. U.S. economy just had a 2nd quarter of negative growth. Is it in a recession?
미국 경제, 2분기 연속 마이너스 성장 기록. 경기 침체에 들어섰나?
https://www.npr.org/2022/07/28/1113649843/gdp-2q-economy-2022-recession-two-quarters
NPR, July 28, 2022

282. The global economy is under pressure - but how bad is it?
세계 경제가 압박을 받고 있다-얼마나 심각한가?
https://www.weforum.org/agenda/2023/01/davos23-the-global-economy-is-under-pressure-but-how-bad-is-it-two-experts-share-insights/
World Economic Forum, January 11,2023

283. What's happening this week in economics?
이번 주 경제에서 무슨 일이 일어나고 있나?
https://www2.deloitte.com/us/en/insights/economy/global-economic-outlook/weekly-update.html
Deloitte Insights, April 09, 2024

284. Joe Biden Is Right, Inflation Is a Global Problem as Europe Sees Record Price Spike

조 바이든의 말이 맞다, 인플레이션은 유럽에서 기록적인 가격 급등을 겪으며 글로벌 문제다
https://www.usnews.com/news/economy/articles/2022-07-01/joe-biden-is-right-inflation-is-a-global-problem-as-europe-sees-record-price-spike
U.S. News, July 01,2022

285. The U.S. and European Economies Are Diverging
미국과 유럽 경제의 갈라짐
https://www.wsj.com/economy/global/the-u-s-and-european-economies-are-diverging-d56f2c8a
The Wall Street Journal, October 31,2023

286. As U.S. Debt Surges, Europe Brings Its Own Under Control
미국 부채 급증 속, 유럽은 자체 부채를 통제 중
https://www.wsj.com/economy/global/as-u-s-debt-surges-europe-brings-its-own-under-control-2ea6e58b
The Wall Street Journal, October 22, 2023

287. Four challenges for the global economy in 2022
2022년 세계 경제가 직면한 네 가지 도전 과제
https://credendo.com/en/knowledge-hub/four-challenges-global-economy-2022
Credendo

288. What China's economic problems mean for the world
중국의 경제 문제가 세계에 미치는 의미
https://www.bbc.com/news/business-66840367
BBC News, September 29, 2023

289. Analysis: The global economy has likely been spared a US debt default. It still faces a mountain of risks | CNN Business
분석: 세계 경제, 미국 부채 디폴트는 피했지만 여전히 수많은 위험에 직면 | CNN 비즈니스
https://edition.cnn.com/2023/06/01/economy/global-economy-outlook-recession/index.html
CNN, June 01, 2023

290. The world economy's shortage problem
세계 경제의 부족 문제
https://www.economist.com/leaders/2021/10/09/the-world-economys-shortage-problem
The Economist, October 09, 2021

291. These Three Global Crises Will Transform Our World

이 세 가지 글로벌 위기가 우리 세계를 변화시킬 것이다
https://time.com/6176274/global-crises-will-transform-world/
Time, May 13, 2022

쇠퇴하는 산업(Waning industries)

292. IBISWorld-Industry Market Research, Reports, and Statistics
IBISWorld-산업 시장 조사, 보고서 및 통계
https://www.ibisworld.com/global/industry-trends/fastest-declining-industries/
IBIS World Industry Reports

293. New Advice for the Graduate: Look to Waning Industries
졸업생을 위한 새로운 조언: 쇠퇴하는 산업을 주목하라
https://www.wsj.com/articles/SB842912811962228000
The Wall Street Journal, September 17, 1996

294. These 20 Industries Are Expected To Have the Largest Decline by 2031
2031년까지 가장 큰 감소를 겪을 것으로 예상되는 20개 산업
These 20 Industries Are Expected To Have the Largest Decline by 2031(yahoo.com)
Yahoo! Finance, August 16, 2023

295. Decline of Major Economic Indicators Significantly Narrowed Down in March
3월 주요 경제 지표의 하락 폭이 크게 줄어듦
https://www.stats.gov.cn/english/PressRelease/202004/t20200417_1739339.html
国家统计局

기술 발전의 감소(Diminishing technological development)

296. Technology and Diminishing to Negative Returns
기술과 감소에서 마이너스 수익으로
https://www.sevarg.net/2022/05/21/technology-and-diminishing-returns/
Syonyk's Project Blog, May 21, 2022

297. 디리스킹 속 美-中 반도체 전쟁…한국과 일본의 위험과 기회 [시라이 사유리의 세계 경제 정책 인사이트]
US-China Semiconductor War in the midst of Derisking… Risks and Opportunities for Korea and Japan [Sayuri Shirai's World Economic Policy Insights]
https://mbiz.heraldcorp.com/view.php?ud=20230622000398
헤럴드경제, June 22, 2023
"The US-China semiconductor war amid de-risking. There are concerns about

technology leakage as Chinese students come to study in the United States.

298. Why Isn't New Technology Making Us More Productive?
왜 신기술이 우리를 더 생산적으로 만들지 않는가?
https://www.nytimes.com/2022/05/24/business/technology-productivity-economy.html
The New York Times, May 24, 2022

299. Why Is Technology Not Producing Productivity Improvements?
기술이 왜 생산성 향상을 가져오지 않는가?
https://www.forbes.com/sites/adigaskell/2022/10/20/why-is-technology-not-producing-productivity-improvements/?sh=513ab6570e83
Forbes, October 05, 2023

300. Digital Technology May Give Productivity The Boost It Needs
디지털 기술이 생산성에 필요한 활력을 줄 수 있을지도
https://www.forbes.com/sites/joemckendrick/2023/02/27/digital-technology-may-give--productivity-the-boost-it-needs/?sh=53f487a24fef
Forbes, March 01, 2023

301. Technology isn't working
기술이 제대로 작동하지 않고 있다
https://www.economist.com/special-report/2014/10/02/technology-isnt-working
The Economist, October 02, 2014

급증하는 범죄율(Soaring crime rates)

302. Is crime going up in America? Some types are, new FBI data shows
미국에서 범죄가 증가하고 있나? 새로운 FBI 데이터에 따르면 일부 유형은 그렇다
https://thehill.com/homenews/nexstar_media_wire/4258799-is-crime-going-up-in-america-some-types-are-new-fbi-data-shows/
The Hill, October 16, 2023

303. The geography of crime in four U.S. cities: Perceptions and reality
미국 4개 도시의 범죄 지리: 인식과 현실
https://www.brookings.edu/articles/the-geography-of-crime-in-four-u-s-cities-perceptions-and-reality/
Brookings, October 17, 2023

304. Crime Trends in U.S. Cities: Mid-Year 2023 Update
미국 도시의 범죄 동향: 2023년 중간 업데이트

https://counciloncj.org/mid-year-2023-crime-trends/
Council on Criminal Justice, April 11, 2024

305. Crime Trends in California
캘리포니아의 범죄 동향
https://www.ppic.org/publication/crime-trends-in-california/
Public Policy Institute of California, November 01, 2023

306. Many midterm races focus on rising crime. Here's what the data does and doesn't show
많은 중간선거 경쟁, 증가하는 범죄에 초점. 데이터가 보여주는 것과 보여주지 않는 것
https://www.npr.org/2022/10/27/1131825858/us-crime-data-midterm-elections
NPR, October 28, 2022

307. Homicides soar nationwide; local leaders at a loss for answers-The Washington Post
전국적으로 살인 사건 급증: 지역 지도자들, 답을 찾지 못해-워싱턴 포스트
https://www.washingtonpost.com/national/homicides-up-nationwide-mayors/2021/06/21/13e5aa46-d058-11eb-9b7e-e06f6cfdece8_story.html
The Washington Post, June 22, 2021

308. Crime rate increases in Calgary and Edmonton while Lethbridge sees downward trend | CBC News
캘거리와 에드먼턴에서 범죄율 증가, 레스브리지에서는 하락 추세 | CBC 뉴스
https://www.cbc.ca/news/canada/calgary/crime-rates-alberta-canada-crime-severity-index-1.6919801
CBC news, July 27, 2023

309. DC Council Passes 'Emergency' Bill to Counter Soaring Crime Rate
DC 의회, 급등하는 범죄율에 대응하기 위해 '긴급' 법안 통과
https://www.thewellnews.com/crime/dc-council-passes-emergency-bill-to-counter-soaring-crime-rate/
The Well News, July 11,2023

310. 25 cities where crime is soaring
범죄가 급등하는 25개 도시https://www.iadlest.org/Portals/0/Files/Documents/DDACTS/Docs/DDACTS_20_OpGuidelines_06_06_21.pdf https://www.usatoday.com/story/news/2018/03/09/25-cities-where-crime-soaring/409912002/
USA Today, March 09, 2018

311. A county, hit by the pandemic, grapples with soaring crime after spending a

decade lowering it.-The Washington Post

팬데믹으로 타격받은 카운티, 10년간 범죄를 낮춘 후 급등하는 범죄와 씨름-워싱턴 포스트

https://www.washingtonpost.com/local/public-safety/prince-georges-homicides-crime-increase/2021/05/29/0cf9523a-bef8-11eb-b26e-53663e6be6ff_story.html

The Washington Post, May 30, 2021

312. DC continues experiencing soaring crime rates despite council chairman saying 'there is no crime crisis'

DC, 의회 의장이 '범죄 위기는 없다'고 말했음에도 불구하고 범죄율 급등 지속

https://www.foxnews.com/politics/dc-continues-experiencing-soaring-crime-despite-its-council-chairman-saying-there-is-no-crime-crisis

Fox News, August 20, 2023

313. Is NYC Safe? The Reality of Crime Rates in New York

뉴욕은 안전한가? 뉴욕의 범죄율 현실

https://www.bloomberg.com/graphics/2022-is-nyc-safe-crime-stat-reality/

Bloomberg.com, July 29, 2022

314. Cities where the violent crime rate is soaring in every state in the US

미국 각 주에서 폭력 범죄율이 급등하는 도시들

https://www.usatoday.com/story/money/2019/02/28/crime-rate-cities-every-state-us-where-violence-rising/39117505/

USA Today, February 28, 2019

315. US crime: Is America seeing a surge in violence?

미국 범죄: 미국에서 폭력이 급증하고 있나?

https://www.bbc.com/news/57581270

BBC News, October 24, 2022

316. US homicide rates drop at record pace in 2023

2023년 미국 살인율, 기록적인 속도로 하락

https://www.independent.co.uk/news/world/americas/homicide-rate-drop-2023-b2470981.html

The Independent, December 29, 2023

317. U.S. Crime Still Higher Than Pre-Pandemic

미국 범죄, 팬데믹 이전보다 여전히 높아

https://time.com/6201797/crime-murder-rate-us-high-2022/

Time, July 29, 2022

318. Florida crime trending down while California skyrockets explained by one key

difference: expert

플로리다 범죄는 감소 추세, 캘리포니아는 급등-전문가가 설명하는 한 가지 핵심 차이

https://www.foxnews.com/us/florida-crime-trending-down-while-california-skyrockets-explained-one-key-difference-expert

Fox News, October 30, 2023

319. Data from big cities suggest most violent crime fell last year. It's not the full picture, experts say.

대도시 데이터에 따르면 지난해 대부분의 폭력 범죄 감소. 전문가들, 완전한 그림은 아니라고

https://www.usatoday.com/story/news/nation/2023/01/26/crime-rate-homicides-shootings-declined-2022/11075070002/

USA Today, January 26, 2023

320. What we know about the increase in U.S. murders in 2020

2020년 미국 살인 사건 증가에 대해 우리가 아는 것

https://www.pewresearch.org/short-reads/2021/10/27/what-we-know-about-the-increase-in-u-s-murders-in-2020/

Pew Research Center, October 27, 2021

약화된 군사력(Weakened militaries)

321. Alarm Grows Over Weakened Militaries and Empty Arsenals in Europe-WSJ

유럽의 약화된 군사력과 텅 빈 무기고에 대한 경고 커져-WSJ

https://www.wsj.com/world/europe/alarm-nato-weak-military-empty-arsenals-europe-a72b23f4

The Wall Street Journal, December 11,2023

322. Yes, the U.S. Military Is Weak

그렇다, 미국 군사력은 약하다

https://www.heritage.org/defense/commentary/yes-the-us-military-weak

The Heritage Foundation, April 16, 2024

국가 가치의 쇠퇴(Decaying national values)

323. America Pulls Back from Values That Once Defined It, WSJ-NORC Poll Finds

미국인들, 한때 미국을 정의했던 가치에서 멀어지다. WSJ-NORC 여론조사 결과

https://www.wsj.com/articles/americans-pull-back-from-values-that-once-defined-u-s-wsj-norc-poll-finds-df8534cd

The Wall Street Journal, March 27, 2023

324. Will American Century end because of cultural war over values?

가치에 대한 문화 전쟁으로 인해 미국의 세기가 끝날 것인가?
https://www.gisreportsonline.com/r/american-century-values/
GIS Reports, November 11, 2022

325. How Americans Lost Their National Identity
미국인들이 국가 정체성을 잃어버린 과정
https://time.com/5431089/trump-white-nationalism-bible/
Time, October 23, 2018

326. The erosion of values is a warning to a faltering nation-Washington Examiner
가치의 침식은 흔들리는 국가에 대한 경고다-워싱턴 이그재미너
https://www.washingtonexaminer.com/restoring-america/patriotism-unity/the-erosion-of-values-is-a-warning-to-a-faltering-nation
Washington Examiner-Political News and Conservative Analysis About Congress, the President, and the
Federal Government, January 06, 2024

327. National Unity and National Perpetuation
국가 단결과 국가 영속성
https://www.nationalaffairs.com/publications/detail/national-unity-and-national-perpetuation
National Affairs, Spring 2024

328. The United States Is a Decaying Digital Superpower
미국은 쇠퇴하는 디지털 초강대국이다
https://nationalinterest.org/blog/techland/united-states-decaying-digital-superpower-206652
The National Interest, July 23, 2023

329. Has Our Culture Decayed or Progressed?
우리 문화는 쇠퇴했나, 아니면 진보했나?
https://medium.com/@hanzifreinacht/has-our-culture-decayed-or-progressed-1915166a62f8
Medium, May 29, 2023

빅테이터 문제(Big Data problem)

330. 3 Massive Big Data Problems Everyone Should Know About
모두가 알아야 할 3가지 거대한 빅데이터 문제
https://www.forbes.com/sites/bernardmarr/2017/06/15/3-massive-big-data-problems-everyone-should-know-about/?sh=5286117f6186

Forbes, July 15, 2017

331. Dangers of Big Data
빅데이터의 위험성
https://electronicspost.com/dangers-of-big-data/
Electronics Post, October 28, 2016

332. 19 Big Data Problems You Need to Solve
해결해야 할 19가지 빅데이터 문제
https://www.solvexia.com/blog/15-big-data-problems-you-need-to-solve
SolveXia, September 05, 2023

333. Big Data Issues: 6 Negative Aspects of Big Data Nature
빅데이터 문제: 빅데이터 본질의 6가지 부정적 측면
https://www.orientsoftware.com/blog/big-data-issues/
Orient Software, July 18, 2023

334. 9 Biggest Challenges of Big Data
빅데이터의 9가지 가장 큰 도전 과제
https://forbytes.com/blog/challenges-of-big-data/
Forbytes, April 28, 2023

335. Security Threats to Big Data
빅데이터에 대한 보안 위협
https://itsecuritywire.com/featured/security-threats-to-big-data/
ITSecurityWire, May 19, 2023

336. Big Data Security Concerns for 2024 and Beyond
2024년 이후 빅데이터 보안 우려
https://www.instinctools.com/blog/big-data-security-concerns/
*instinctools, January 11, 2024

337. Challenges of Big Data in Cybersecurity
사이버 보안에서 빅데이터의 도전 과제
https://bigdataldn.com/news/challenges-of-big-data-in-cybersecurity/
Big Data LDN, March 18, 2024

338. Major Hurdles in Big Data: Risks and Threats
빅데이터의 주요 장애물: 위험과 위협
https://resources.experfy.com/bigdata-cloud/major-hurdles-big-data-risks-threats/
Experfy Insights, May 25, 2021

339. The perils of Big Data: How crunching numbers can lead to moral blunders

빅데이터의 위험: 숫자 계산이 어떻게 도덕적 실수를 초래할 수 있는가
https://www.washingtonpost.com/outlook/2019/02/18/perils-big-data-how-crunching-numbers-can-lead-moral-blunders/
The Washington Post, February 18, 2019

340. Senate hearing on 'big data' morphs into grilling over how Facebook harms teens
'빅데이터'에 관한 상원 청문회, 페이스북이 십대들에게 미치는 해악에 대한 질책으로 변질
https://www.washingtonpost.com/politics/2021/09/22/senate-hearing-big-data-morphs-into-grilling-over-how-facebook-harms-teens/
The Washington Post, September 22,2021

341. FTC warns companies that 'big data' comes with the potential for big problems
FTC, 기업들에 경고: '빅데이터'는 큰 문제를 초래할 가능성이 있다
https://www.washingtonpost.com/news/the-switch/wp/2016/01/07/ftc-warns-companies-that-big-data-comes-with-the-potential-for-big-problems/
The Washington Post, January 07, 2016

342. Big data
빅데이터
https://en.wikipedia.org/wiki/Big_data
Wikipedia, April 05, 2024

343. Benefits and Harms of "Big Data"
"빅데이터"의 이점과 해악
https://cis-india.org/internet-governance/blog/benefits-and-harms-of-big-data
Centre for Internet & Society, December 30, 2015

344. Is Big Data Dangerous? The Risks Uncovered [With Examples]
빅데이터는 위험한가? 빅데이터의 위험성 폭로 [예시 포함]
https://careerfoundry.com/en/blog/data-analytics/is-big-data-dangerous/
CareerFoundry, December 15, 2022

345. Is Big Data Dangerous? Insight into the Potential and Risks of Big Data
빅데이터는 위험한가? 빅데이터의 잠재력과 위험에 대한 통찰
https://www.baselinemag.com/uncategorized/is-big-data-dangerous-insight-into-the-potential-and-risks-of-big-data/
Baseline, March 22, 2024

346. Why is Big Data so Dangerous?
왜 빅데이터가 위험한가?
https://www.datasciencecentral.com/why-is-big-data-so-dangerous/
Data Science Central, September 14, 2016

347. Why big data can be dangerous
빅데이터가 왜 위험할 수 있는가
https://www.imperial.ac.uk/business-school/ib-knowledge/finance/why-big-data-can-be-dangerous
Imperial College Business School, May 03, 2018

348. The Risks of Big Data for Companies-WSJ
기업에 있어서 빅데이터의 위험-WSJ
https://www.wsj.com/articles/the-risks-of-big-data-for-companies-1382129327
The Wall Street Journal, October 20, 2013

349. Benefits and Risks of Big Data Analytics in Fragile⋯-Gov.uk
취약 국가에서 빅데이터 분석의 이점과 위험-Gov.uk
https://assets.publishing.service.gov.uk/media/5d1c7da440f0b609cfd974a1/605_Benefits_and_Risks_of_Big_Data_Analytics_in_Fragile_and_Conflict_Affected_States_FCAS_.pdf
University of Birmingham, May 17, 2019

350. The Big Data World: Benefits, Threats and Ethical Challenges
빅데이터 세계: 이점, 위험, 그리고 윤리적 도전
https://www.emerald.com/insight/content/doi/10.1108/S2398-601820210000008007/full/html
Emerald Insight, December 09, 2021

버려진 건물로 가득 찬 유령 도시의 증가
(A growing number of ghost towns filled with abandoned buildings)

351. The world's most fascinating abandoned towns and cities
세계에서 가장 매혹적인 버려진 마을과 도시들
https://edition.cnn.com/travel/article/most-fascinating-abandoned-towns/index.html
CNN, December 31, 2022

352. Inside The Ghost Cities Of China That Feel Like An Eerie, Futuristic Dystopia
중국의 유령 도시 내부: 섬뜩하고 미래적인 디스토피아 같은 느낌
https://allthatsinteresting.com/chinese-ghost-cities
All That's Interesting, March 18, 2024

353. 15 of the largest abandoned cities and ghost towns around the world, and the eerie stories behind them
세계에서 가장 큰 버려진 도시와 유령 마을 15곳, 그리고 그 뒤에 숨은 섬뜩한 이야기

https://www.insider.com/abandoned-cities-2018-8#tianducheng-china-is-a-replica-of-paris-without-the-crowds-1
Business Insider, October 28, 2022

354. Concrete 'ghost towns' make China's real estate bubble visible
콘크리트 '유령 마을'이 중국의 부동산 거품을 가시화하다
https://asia.nikkei.com/Spotlight/The-age-of-Great-China/Concrete-ghost-towns-make-China-s-real-estate-bubble-visible
Nikkei Asia, February 09, 2022

355. The 2008 Crash Made This Madrid Suburb a Ghost Town. Now It's Coming Alive.
2008년 금융위기로 이 마드리드 교외는 유령 마을이 됐다. 이제 살아나고 있다
https://www.nytimes.com/2019/07/12/business/spain-ghost-town-financial-crisis.html
The New York Times, July 12, 2019

356. Cities Lost in Limbo: Are China's Ghost Cities Here to Stay?
림보에 갇힌 도시들: 중국의 유령 도시는 영원히 남을 것인가?
https://uschinatoday.org/features/2022/01/11/cities-lost-in-limbo-are-chinas-ghost-cities-here-to-stay/
US China Today, January 11, 2022

357. The Story Behind the Many Ghost Towns of Abandoned Mansions Across China
중국 전역에 버려진 저택 유령 마을의 이야기
https://www.architecturaldigest.com/story/see-inside-a-ghost-town-of-abandoned-mansions-in-china
Architectural Digest, February 23, 2024

358. Ghost towns: 6 Abandoned cities in the world that give you
유령 마을: 세계의 6개 버려진 도시가 주는 소름
https://artdevivre.com/articles/ghost-towns-six-abandoned-cities-in-the-world-that-give-you-goosebumps/
Art de Vivre, July 19, 2023

359. Modern ghost towns where no-one lives
아무도 살지 않는 현대 유령 마을들
https://www.loveproperty.com/gallerylist/83211/modern-ghost-towns-where-noone-lives
lovePROPERTY

360. Travellers are flocking to these ghost towns and abandoned places
여행자들이 이 유령 마을과 버려진 장소로 몰려들고 있다

https://www.lonelyplanet.com/news/ghost-town-abandoned-travel
Lonely Planet, August 03, 2022

361. Ghost Towns of America
미국의 유령 마을들
https://www.geotab.com/ghost-towns/
Geotab

362. Ghost towns in Japan: a different kind of housing crisis
https://apolitical.co/solution-articles/en/ghost-towns-japan-housing-policy
Apolitical, January 08, 2019

363. Washington Ghost Towns: Abandoned Places, Towns In WA State
워싱턴 유령 마을: 워싱턴주 버려진 장소와 마을
https://blog.wa.aaa.com/travel/road-trips/washington-ghost-towns-abandoned-places/
AAA Washington | Articles, News and Advice, May 26, 2023

364. Under-occupied developments in China
중국의 저개발 지역
https://en.wikipedia.org/wiki/Under-occupied_developments_in_China
Wikipedia, February 19, 2024

365. Inside China's ghost towns: 'Developers run out of money'
중국 유령 마을 내부: '개발자들이 돈이 떨어졌다'
https://www.aljazeera.com/features/2016/9/21/inside-chinas-ghost-towns-developers-run-out-of-money
Al Jazeera, September 21, 2016

366. 10 famous Utah ghost towns and where to find them
유타의 유명한 10개 유령 마을과 그 위치
https://kslnewsradio.com/1947650/utah-ghost-towns/
KSLNewsRadio, May 28, 2021

367. Why are there dozens of 'ghost cities' in China? | The World
왜 중국에 수십 개의 '유령 도시'가 있는가? | The World
https://www.youtube.com/watch?v=TiTDU8MZRYw
YouTube, June 26, 2018

368. Ghost town
유령 마을
https://www.britannica.com/topic/ghost-town
Encyclopædia Britannica, March 08, 2024

369. China has at least 65 million empty homes-enough to house the population of France. It offers a glimpse into the country's massive housing-market problem.
중국에는 최소 6,500만 채의 빈집이 있다-프랑스 인구를 수용할 수 있을 정도. 이는 중국의 거대한 주택 시장 문제를 엿보게 한다.
https://www.businessinsider.com/china-empty-homes-real-estate-evergrande-housing-market-problem-2021-10
Business Insider, October 14, 2021

370. Ghost Town, Why they were abandoned
유령 마을, 왜 버려졌는지
https://knowgro.co.in/f/ghost-town-why-they-were-abandoned
KnowGro, September 15, 2023

371. Five modern-day ghost towns
현대의 다섯 유령 마을
https://edition.cnn.com/travel/modern-day-ghost-towns-climate-crisis-scn/index.html
CNN, October 31, 2023

372. Kerala: A ghost town in the world's most populated country
케랄라: 세계에서 가장 인구가 많은 나라의 유령 마을
https://www.bbc.com/news/world-asia-india-64936519
BBC News, March 26, 2023

중소기업의 사라짐(The disappearance of small and midsize companies)

373. Latin America's missing middle of midsize firms and middle-class spending power
라틴아메리카의 사라진 중간: 중소기업과 중산층 구매력
https://www.mckinsey.com/featured-insights/americas/latin-americas-missing-middle-of-midsize-firms-and-middle-class-spending-power
McKinsey & Company, May 13, 2019

374. Effect of Disappearance of Small Businesses on the Market by Tamari D. & Tak N.
소규모 사업체의 사라짐이 시장에 미치는 영향-타마리 D. & 타크 N.
https://aar.pausd.org/project/disappearing-small-businesses-effect-market
Advanced Authentic Research, March 09, 2021

375. The Disappearing Data Center
사라지는 데이터 센터
https://hbr.org/2009/07/the-disappearing-data-center

Harvard Business Review, August 01, 2014

376. American Small Business Disappearing
미국 소규모 사업체의 사라짐
https://thomasfcampenni.medium.com/american-small-business-disappearing-e064ca95dc21
Medium, January 02, 2018

377. More small and midsize firms going bankrupt post pandemic: The Asahi Shimbun: Breaking News, Japan News and Analysis
팬데믹 이후 더 많은 중소기업이 파산하고 있다: 아사히 신문
https://www.asahi.com/ajw/articles/14985765
The Asahi Shimbun, August 21, 2023

378. Why Are Small Family Farms Disappearing Across the United States?
왜 미국 전역에서 소규모 가족 농장이 사라지고 있는가?
https://www.organicvalley.coop/blog/farms-disappearing-across-the-us/
Organic Valley, July 19, 2023

379. 'The midsize developer is certainly disappearing,' says Versus Evil founder - GameDaily.biz: We Make Games Our Business
'중간 규모 개발자는 확실히 사라지고 있다.' 버서스 이블 창립자 말-GameDaily.biz
https://www.gamedaily.biz/the-midsize-developer-is-certainly-disappearing-says-versus-evil-founder/
GameDaily.biz | We Make Games Our Business, January 09, 2023

380. How Covid-19 is Affecting the Small & Medium-Sized Enterprises(SME) businesses
코로나19가 중소기업(SME)에 미치는 영향
https://ray-debasmitagunja.medium.com/how-covid-19-is-affecting-the-small-medium-sized-enterprises-sme-businesses-f80b65712448
Medium, May 17, 2021

381. How Midsize Companies Can Make the Most of Disruption
중소기업이 혼란을 최대한 활용하는 방법
https://hbr.org/2023/05/how-midsize-companies-can-make-the-most-of-disruption
Harvard Business Review, August 24, 2023

382. Are Small Businesses Disappearing Because Of The Pandemic
팬데믹 때문에 소규모 사업체가 사라지고 있는가?
https://firstunionlending.com/are-small-businesses-disappearing-because-of-the-pandemic/

First Union Lending

383. Post-Corporate: the Disappearing Corporation in the New Economy
포스트-코퍼레이트: 새 경제에서 사라지는 기업
https://www.thirdway.org/report/post-corporate-the-disappearing-corporation
-in-the-new-economy
Third Way, February 01,2017

384. The Top 10 Reasons Why Businesses Will Fail Over The Next 10 Years
향후 10년간 사업이 실패하는 10가지 주요 이유
https://www.forbes.com/sites/bernardmarr/2022/08/29/the-top-10-reasons-
why-businesses-will-fail-over-the-next-10-years/?sh=194af78045ed
Forbes, February 20, 2024

385. Disappearing Small IPOs and Lifecycle of Small Firms
사라지는 소규모 IPO와 소기업의 생애 주기
https://corpgov.law.harvard.edu/2014/03/06/disappearing-small-ipo-and-
lifecycle-of-small-firm/
The Harvard Law School Forum on Corporate Governance, March 06, 2014

386. Monopoly Power and the Decline of Small Business The Case for Restoring
America's Once Robust Antitrust Policies
독점 권력과 소규모 사업체의 쇠퇴: 미국의 강력했던 반독점 정책 복원의 필요성
https://ilsr.org/wp-content/uploads/downloads/2016/08/MonopolyPower-
SmallBusiness.pdf
Institute for Local Self-Reliance, August 2016

387. The UK small-cap market is gradually disappearing, says Columbia Threadneedle's
Ewins
영국 소형주 시장이 점차 사라지고 있다, 컬럼비아 스레드니들의 유윈스 말
https://www.trustnet.com/news/13394467/the-uk-small-cap-market-is-
gradually-disappearing-says-columbia-threadneedles-ewins
Trustnet, October 25, 2023

388. The Mortgage Market's Disappearing Middle
모기지 시장의 사라지는 중간
https://nationalmortgageprofessional.com/news/mortgage-markets-
disappearing-middle
National Mortgage Professional, January 23, 2024

389. Small businesses are disappearing and being replaced by large multinational
companies. Do the advantages of this outweigh the disadvantages?

소규모 사업체가 사라지고 대규모 다국적 기업으로 대체되고 있다. 이점은 단점을 능가하는가?

https://ieltsscience.fun/small-businesses-are-disappearing-and-being-replaced-by-large-multinational-companies-do-the-advantages-of-this-outweigh-the-disadvantages-2/

IELTS Science, November 27, 2023

390. We All Need Small Businesses. Don't Let Them Die.

우리 모두에게 소규모 사업체가 필요하다. 그들을 죽게 내버려두지 말자

https://www.nytimes.com/2020/03/19/business/small-businesses-coronavirus-help.html

The New York Times, March 20, 2020

391. The Disappearing White-Collar Job

사라지는 화이트칼라 일자리

https://www.wsj.com/articles/the-disappearing-white-collar-job-af0bd925

The Wall Street Journal, May 15, 2023

소득 감소(Declining incomes)

392. U.S. Incomes Fall for Third Straight Year

미국 소득, 3년 연속 하락

https://www.wsj.com/economy/u-s-incomes-fall-for-third-straight-year-7b8293c6

The Wall Street Journal, September 12, 2023

393. Incomes are falling in 17 states. Here's where Americans are falling furthest behind.

17개 주에서 소득 감소. 미국인들이 가장 뒤처지는 곳은 어디인가

https://www.cbsnews.com/news/income-down-17-states-midwest-northeast-inflation/

CBS News, October 13, 2023

394. 1. Trends in income and wealth inequality

1. 소득과 부의 불평등 추세

https://www.pewresearch.org/social-trends/2020/01/09/trends-in-income-and-wealth-inequality/

Pew Research Center, January 09, 2020

395. Declining Incomes, Rising Living Costs, and Spiralling Debt of Cambodian Garment Workers Post Covid Central

캄보디아 의류 노동자들의 소득 감소, 생활비 상승, 코로나 이후 급증하는 부채
https://asia.floorwage.org/reports/declining-incomes-rising-living-costs-and-spiralling-debt-of-cambodian-garment-workers-post-covid-central/
Asia Floor Wage Alliance, September 06, 2023

396. Real incomes fell last year. No wonder Americans were bummed out
지난해 실질 소득 하락. 미국인들이 우울해하는 것도 놀랍지 않다
https://www.axios.com/2023/09/12/real-incomes-fell-last-year-no-wonder-americans-were-bummed-out
Axios, September 12, 2023

397. Poorer than their parents? A new perspective on income inequality
부모보다 가난해졌나? 소득 불평등에 대한 새로운 관점
https://www.mckinsey.com/featured-insights/employment-and-growth/poorer-than-their-parents-a-new-perspective-on-income-inequality
McKinsey & Company, July 13, 2016

398. Higher interest rates, falling incomes key risks to household balance sheets: MAS
높은 금리와 소득 감소, 가계 재무 상태에 주요 위험: MAS
https://www.businesstimes.com.sg/property/higher-interest-rates-falling-incomes-key-risks-household-balance-sheets-mas
The Business Times, November 27, 2023

399. Millennials and Gen Zers find living in baby boomers' world untenable
밀레니얼과 Z세대, 베이비붐 세대의 세상에서 생활이 불가능하다고 느끼다
https://fortune.com/2023/09/16/millennials-gen-z-worry-baby-boomer-impact-financial-future/
Fortune, September 16, 2023

식품 가격 상승(Rising food prices)

400. What's Really Happening With Grocery Prices?
식료품 가격에 실제로 무슨 일이 일어나고 있나?
https://www.bonappetit.com/story/2023-grocery-prices
Bon Apptit, June 20, 2023

401. Inflation spiral: food prices could yet rise higher and may never come down
인플레이션 악순환: 식품 가격이 더 오를 수 있고, 절대 내려가지 않을 수도 있다
https://www.theguardian.com/business/2023/aug/19/inflation-spiral-food-prices-could-yet-rise-higher-and-may-never-come-down
The Guardian, August 18, 2023

402. One chart shows how it may finally be a better deal to buy groceries and cook at home again
한 장의 차트가 보여주듯, 이제 집에서 밥을 해먹는 게 더 경제적일지도
https://www.businessinsider.com/food-prices-cheapest-option-groceries-restaurants-fast-food-2023-12
Business Insider, December 06, 2023

403. High food prices could keep Americans hating the economy for years to come
높은 식품 가격, 앞으로 몇 년간 미국인들이 경제를 싫어하게 만들 수 있다
https://www.businessinsider.com/high-food-prices-inflation-gas-costs-groceries-restaurants-americans-economy-2023-12
Business Insider, December 05, 2023

404. Food Prices Outpace General Inflation: Here's What You Need To Know
식품 가격, 일반 인플레이션을 앞지르다: 알아야 할 것들
https://www.forbes.com/sites/mikepatton/2023/08/30/food-prices-outpace-general-inflation-heres-what-you-need-to-know/?sh=21caa7c26fbd
Forbes, February 20, 2024

405. Food Prices: As Dining Out Costs Climb, It May Pay to Eat In
식품 가격: 외식 비용이 오르면서 집밥이 더 나을 수도
https://www.nerdwallet.com/article/finance/price-of-food
NerdWallet, April 10, 2024

406. Food prices are rising at the highest rate in decades. Here's where that money goes.
식품 가격, 수십 년 만에 가장 높은 상승률 기록. 그 돈은 어디로 가나?
https://www.cbsnews.com/news/food-prices-inflation-inputs-profits-heres-where-that-money-goes/
CBS News, April 07, 2024

407. Grocery store prices are rising due to inflation. Social media users want to talk about it
인플레이션으로 식료품 가격 상승. 소셜 미디어 사용자들이 이야기하고 싶어 한다
https://www.usatoday.com/story/money/2023/10/07/grocery-prices-rising-social-media-complaints/71087569007/
USA Today, October 09, 2023

408. Higher Food Prices Bring Bigger Profits, but Consumers Start to Resist
높은 식품 가격이 더 큰 수익을 가져오지만, 소비자들이 저항하기 시작
https://www.nytimes.com/2023/04/28/business/food-inflation-prices.html

The New York Times, April 28, 2023

409. Food Prices Are New Inflation Threat for Governments and Central Banks
식품 가격, 정부와 중앙은행에 새로운 인플레이션 위협
https://www.wsj.com/articles/food-prices-are-new-inflation-threat-for-governments-and-central-banks-969e7483
The Wall Street Journal, April 09, 2023

410. Food prices have risen 7.5 per cent in the last year. Here's what that looks like at the check-out
지난해 식품 가격 7.5% 상승. 계산대에서 어떤 모습일까
https://www.abc.net.au/news/2023-08-14/food-inflation-are-food-prices-going-to-go-down/102669270
ABC News, August 15, 2023

411. Why are UK food prices up by 19% - and which foods are worst affected?
영국 식품 가격이 19% 오른 이유는? 가장 큰 영향을 받은 음식은?
https://www.theguardian.com/business/2023/apr/19/why-are-uk-food-prices-up-by-19-and-which-foods-are-worst-affected
The Guardian, April 19, 2023

412. Rising food prices are clouding Asian rate cut outlook
상승하는 식품 가격, 아시아 금리 인하 전망을 흐리게 하다
https://asia.nikkei.com/Opinion/Rising-food-prices-are-clouding-Asian-rate-cut-outlook
Nikkei Asia, August 28, 2023

413. Behind the Numbers: What's Causing Growth in Food Prices
숫자 뒤에 숨은 이야기: 식품 가격 상승의 원인은?
https://www150.statcan.gc.ca/n1/pub/62f0014m/62f0014m2022014-eng.htm
Statistics Canada, November 16, 2022

414. Annual food prices increase 12.5 percent: Stats NZ
연간 식품 가격 12.5% 상승: 뉴질랜드 통계청
https://www.stats.govt.nz/news/annual-food-prices-increase-12-5-percent/
Stats NZ, May 11, 2023

415. US grocery prices rose in May. Here's what got more expensive | CNN Business
미국 식료품 가격, 5월에 상승. 무엇이 더 비싸졌나 | CNN 비즈니스
https://edition.cnn.com/2023/06/13/business/grocery-prices-may/index.html
CNN, June 15, 2023

416. Cost of living: Food price inflation - House of Lords Library

생활비: 식품 가격 인플레이션 - 영국 상원 도서관
https://lordslibrary.parliament.uk/cost-of-living-food-price-inflation
UK Parliament, February 10, 2023

417. Rising food prices a concern for 71% families in Bangladesh: WB
방글라데시 71% 가정, 식품 가격 상승에 우려: 세계은행
https://www.thedailystar.net/business/news/rising-food-prices-concern-71-
families-bangladesh-wb-3509236
The Daily Star, January 03, 2024

418. Why Are Food Prices Still Rising?
식품 가격이 계속 오르는 이유는?
https://www.forbes.com/advisor/personal-finance/why-are-food-prices-still-
rising/
Forbes, December 01, 2022

419. UK inflation: Why are food prices rising so much?
영국 인플레이션: 식품 가격이 왜 이렇게 많이 오르나?
https://news.sky.com/story/uk-inflation-why-are-food-prices-rising-so-
much-12860884
Sky News, May 16, 2023

420. Who's to blame for rising food prices in Canada?
캐나다에서 식품 가격 상승, 누구 탓인가?
https://www.ctvnews.ca/business/who-s-to-blame-for-rising-food-prices-in-
canada-1.6599960
CTVNews, October 13, 2023

421. What's Behind The Rise Of Food Prices?
식품 가격 상승의 배후는 무엇인가?
https://www.visualcapitalist.com/sp/whats-behind-the-rise-of-food-prices/
Visual Capitalist, May 02, 2023

422. Sorry shoppers, food prices are likely to keep rising. Here's why.
미안하지만, 쇼핑객 여러분, 식품 가격은 계속 오를 가능성이 높다. 그 이유는 이렇다
https://www.cbsnews.com/news/inflation-food-prices-rising-grocery-stores/
CBS News, April 23, 2022

423. Why Are Food Prices Going Up?
식품 가격이 왜 오르나?
https://www.ramseysolutions.com/budgeting/food-prices-going-up
Ramsey Solutions, May 14, 2024

424. Rising cost of pasta, bread and other everyday foods leaves most vulnerable the worst off
파스타, 빵 등 일상 식품 비용 상승, 가장 취약한 계층이 최악의 상황
https://www.ons.gov.uk/economy/inflationandpriceindices/articles/risingcostof pastabreadandothereverydayfoodsleavesmostvulnerabletheworstoff/2022-12-22
Office for National Statistics, December 22, 2022

425. Since the Pandemic, Food Prices Have Risen 23.5 Percent; People the NYT Interviews Have Seen
Much Sharper Increases
팬데믹 이후 식품 가격 23.5% 상승: NYT 인터뷰 대상자들은 훨씬 더 큰 증가를 경험
https://cepr.net/since-the-pandemic-food-prices-have-risen-23-5-percent-people-the-nyt-interviews-have-seen-much-sharper-increases/
Center for Economic and Policy Research, June 14, 2023

426. What Is Driving the Increase in Food Prices?
식품 가격 상승을 이끄는 요인은 무엇인가?
https://econofact.org/what-is-driving-the-increase-in-food-prices
Econofact, November 12, 2021

출생률(Birth rate)

427. China forcing birth control on Uighurs to suppress population, report says
중국, 위구르 인구 억제를 위해 강제 피임 시행 중이라는 보고서
https://www.bbc.com/news/world-asia-china-53220713
BBC News, June 29, 2020

428. Declining birth rate in Developed Countries: A radical policy re-think is required
선진국의 출생률 감소: 근본적인 정책 재검토가 필요하다
https://www.ncbi.nlm.nih.gov/pmc/articles/PMC4255510/
Facts, views & vision in ObGyn, 2009

429. The Consequences of Declining Fertility for Social Capital
출산율 감소가 사회적 자본에 미치는 결과
https://www.jec.senate.gov/public/index.cfm/republicans/2022/12/the-consequences-of-declining-fertility-for-social-capital
United States Congress Joint Economic Committee, December 07, 2022

430. Charted: The Rapid Decline of Global Birth Rates
차트로 본 전 세계 출생률의 급격한 감소
https://www.visualcapitalist.com/cp/charted-rapid-decline-of-global-birth-

rates/
Visual Capitalist, June 16, 2023

431. Global fertility has collapsed, with profound economic consequences
전 세계 출산율 붕괴, 심각한 경제적 결과를 초래하다
https://www.economist.com/leaders/2023/06/01/global-fertility-has-collapsed-
with-profound-economic-consequences
The Economist, June 01, 2023

432. Fertility rate: 'Jaw-dropping' global crash in children being born
출생률: 전 세계적으로 '충격적인' 출생아 감소
https://www.bbc.com/news/health-53409521
BBC News, July 14, 2020

433. Global spread of birth rate decline makes problem more not less urgent
출생률 감소의 전 세계적 확산, 문제를 덜 긴급하게 만들지 않고 더 긴급하게 만든다
https://www.ft.com/content/d317a2eb-5cda-4955-b90d-ec4c6b86018c
Financial Times, August 22, 2023

434. Common denominator of drastic social decline in East Asia: Low birth rates
동아시아의 급격한 사회적 쇠퇴의 공통 분모: 낮은 출생률
https://english.hani.co.kr/arti/english_edition/e_international/1116616.html
Hankyoreh, November 16, 2023

435. South Korea has the lowest fertility rate in the world-and that doesn't bode well
for its economy
한국, 세계 최저 출산율 기록-경제에 좋지 않은 신호
https://theconversation.com/south-korea-has-the-lowest-fertility-rate-in-the-
world-and-that-doesnt-bode-well-for-its-economy-207107
The Conversation, June 30, 2023

436. 'How do you grow an economy without young people?' What falling birth rates mean
'젊은이 없이 경제를 어떻게 성장시키나?' 출생률 하락이 의미하는 것
https://www.smh.com.au/national/how-do-you-grow-an-economy-without-
young-people-what-falling-birth-rates-mean-20220609-p5asfy.html
The Sydney Morning Herald, August 03, 2022

437. World population hits 8bn, but falling births mean slower growth ahead
세계 인구 80억 돌파, 하지만 출생률 하락으로 앞으로 성장 둔화
https://asia.nikkei.com/Spotlight/Society/World-population-hits-8bn-but-
falling-births-mean-slower-growth-ahead
Nikkei Asia, November 14, 2022

438. Japan's already-struggling birth rate fell to a record low in 2022
일본의 이미 어려운 출생률, 2022년 사상 최저로 하락
https://qz.com/decline-declining-birth-rate-hits-new-low-1850500506
Quartz, June 02, 2023

439. The Long-Term Decline in Fertility-and What It Means for State Budgets
장기적인 출산율 감소와 주 예산에 미치는 영향
https://www.pewtrusts.org/en/research-and-analysis/issue-briefs/2022/12/the-
long-term-decline-in-fertility-and-what-it-means-for-state-budgets
The Pew Charitable Trusts, December 05, 2022

440. The global fertility collapse
전 세계 출산율 붕괴
https://www.niskanencenter.org/the-global-fertility-collapse/
Niskanen Center-Improving Policy, Advancing Moderation, November 17, 2023

441. Declining fertility rates and the threat to human rights
출산율 감소와 인권에 대한 위협
https://www.ibanet.org/Declining-fertility-rates-and-the-threat-to-human-
rights
International Bar Association, March 28, 2022

442. Global Fertility Crisis Has Governments Scrambling for an Answer
전 세계 출산 위기, 정부들이 답을 찾기 위해 분주하다
https://www.bloomberg.com/graphics/2019-global-fertility-crash/
Bloomberg.com, October 31, 2019

443. Asia is spending big to battle low birth rates-will it work?
아시아, 낮은 출생률에 맞서 큰돈을 쓰고 있다-효과가 있을까?
https://www.bbc.com/news/business-65478376
BBC News, May 16, 2023

444. How Low Can America's Birth Rate Go Before It's A Problem?
미국 출생률이 어디까지 내려가야 문제가 되나?
https://fivethirtyeight.com/features/how-low-can-americas-birth-rate-go-
before-its-a-problem/
FiveThirtyEight, June 09, 2021

445. The Consequences of Declining Fertility for Social Capital
출산율 감소가 사회적 자본에 미치는 결과
https://www.jec.senate.gov/public/_cache/files/635c69dc-6a5a-467b-b7b0-
3ab906fb4a94/the-consequences-of-declining-fertility-for-social-capital.pdf

Jec Republicans, December, 2022

446. "Baby Bust": The Impact of COVID-19 on Declining Fertility Rates
"베이비 버스트": 코로나19가 출산율 감소에 미친 영향
https://www.wilsoncenter.org/event/baby-bust-impact-covid-19-declining-
fertility-rates
Wilson Center, June 10, 2021

447. Global Fertility Rate: A Population Crash Is Coming
전 세계 출산율: 인구 붕괴가 다가오고 있다
https://www.bloomberg.com/opinion/articles/2021-03-29/global-fertility-rate-
a-population-crash-is-coming
Bloomberg.com, March 29, 2021

기독교인 수감(Imprisonment of Christians)

448. Two Eritrean Christians mark 7,000 days in prison
에리트레아 두 기독교인, 감옥에서 7,000일 보내다
https://www.mnnonline.org/news/two-eritrean-christians-mark-7000-days-in-
prison/
Mission Network News, July 21, 2023

449. North Korean Christians targeted in prisons, confirms new report
북한 기독교인, 감옥에서 표적 됨 확인, 새 보고서
https://www.opendoorsuk.org/news/latest-news/north-korea-prison-report/
Open Doors UK & Ireland, August 10, 2022

450. 21 Christians Released From Prison in Eritrea
에리트레아에서 21명의 기독교인 감옥에서 석방
https://www.persecution.org/2021/03/04/21-christians-released-prison-eritrea/
International Christian Concern, March 04, 2021
사원과 교회 철거(Demolition of temples and churches)

451. Churches and Temples Demolished for Made-Up Illegalities
교회와 사원, 터무니없는 불법성 이유로 철거
https://bitterwinter.org/churches-and-temples-demolished-for-illegalities/
Bitter Winter, June 06, 2019

452. 'Demolition of religious structures unscientific'
'종교 건축물 철거는 비과학적이다'
https://starofmysore.com/demolition-of-religious-structures-unscientific/
Star of Mysore, September 13, 2021

453. Gujarat: Ancient Hindu temple in Tapi demolished to build a Church
구자라트: 타피의 고대 힌두 사원, 교회 건설 위해 철거
https://www.opindia.com/2022/10/gujarat-ancient-hindu-temple-in-tapi-demolished-to-build-a-church/
OpIndia, October 02, 2022

454. Churches and temples are regularly demolished in Pakistan
파키스탄에서 교회와 사원이 정기적으로 철거되고 있다
https://twitter.com/TheHarrisSultan/status/1801752307724161568
Twitter, July 15, 2023

455. Hindu Temples Demolished and Idols were Stolen by Church Pastors
힌두 사원 철거되고 우상이 교회 목사들에 의해 도난당하다
https://vsktelangana.org/hindu-temples-demolished-and-idols-were-stolen-by-church-pastors
VSK Telangana, March 30, 2019

456. Not only temple, church too was demolished in anti-encroachment drive in TN
사원뿐만 아니라 교회도 TN의 불법 건축물 제거 작업에서 철거
https://newsmeter.in/fact-check/not-only-temple-church-too-was-demolished-in-anti-encroachment-drive-in-tn-690295
NewsMeter, January 25, 2022

457. Three churches demolished in BJP-ruled Manipur for 'illegal constructions'
BJP가 통치하는 마니푸르에서 '불법 건축'으로 3개 교회 철거
https://www.deccanherald.com/india/three-churches-demolished-in-bjp-ruled-manipur-for-illegal-constructions-1208610.html
Deccan Herald, April 11, 2023

458. Why are churches being demolished in Europe?
유럽에서 교회가 철거되는 이유는?
https://www.quora.com/Why-are-churches-being-demolished-in-Europe
Quora

459. The Demolition of Sanjiang Church in China: When Law Meets Religion
중국 산장 교회 철거: 법과 종교가 만날 때
https://cchr.uu.nl/the-demolition-of-sanjiang-church-in-china-when-law-meets-religion/
Utrecht University-Cultures, Citizenship and Human Rights

460. China church demolition sparks fears of campaign against Christians
중국 교회 철거, 기독교인에 대한 캠페인 우려 촉발

https://www.theguardian.com/world/2018/jan/11/china-church-demolition-sparks-fears-of-campaign-against-christians
The Guardian, January 11, 2018

461. France's ex-culture minister predicts demolition of churches
프랑스 전 문화부 장관, 교회 철거 예측
https://international.la-croix.com/news/culture/frances-ex-culture-minister-predicts-demolition-of-churches/17162
La croix international, January 11, 2023

462. China demolition of church in Wenzhou leaves Christians uneasy
중국 원저우 교회 철거, 기독교인들 불안하게 만들어
https://www.latimes.com/world/asia/la-fg-china-church-20140506-story.html
Los Angeles Times, May 06, 2014

463. Zhejiang Government Launches Demolition Campaign, Targets Christian Churches
저장성 정부, 기독교 교회를 표적으로 철거 캠페인 시작
https://www.cecc.gov/publications/commission-analysis/zhejiang-government-launches-demolition-campaign-targets-christian
Congressional-Executive Commission on China, June 06, 2014

464. Indonesian authorities demolish churches in Aceh
인도네시아 당국, 아체에서 교회 철거
https://www.bbc.com/news/world-asia-34570570
BBC News, October 19, 2015

465. Coronavirus Does Not Stop Church Demolition, Cross Removal in China
코로나19도 중국의 교회 철거와 십자가 제거를 막지 못해
https://www.persecution.org/2020/03/18/coronavirus-not-stop-church-demolition-cross-removal-china/
International Christian Concern, March 18, 2020

466. Chinese Police Dynamite Christian Megachurch
중국 경찰, 대형 기독교 교회 폭파
https://www.nytimes.com/2018/01/12/world/asia/china-church-dynamite.html
The New York Times, January 12, 2018

467. Concern over demolition of churches in China
중국 내 교회 철거에 대한 우려
https://www.catholicireland.net/churches-demolished-china/
Catholicireland.net, May 04, 2014

468. China: More churches report threats, demolition of buildings, crosses

중국: 더 많은 저장성 교회, 건물과 십자가 철거 위험 보고

https://christiantoday.com.au/news/more-zhejiang-churches-report-threats-demolition-of-buildings-crosses.html

Christian Today, April 20, 2024

469. Mazaar, Temple Demolished In Delhi To Widen Road Stretch

델리에서 도로 확장을 위해 마자르와 사원 철거

https://www.ndtv.com/delhi-news/mazar-temple-demolished-in-delhi-to-widen-road-stretch-4170275

NDTV.com, July 02, 2023

470. Centre wants to demolish 53 temples in Delhi, says AAP

중앙정부, 델리에서 53개 사원 철거 원한다며 AAP 주장

https://www.thehindu.com/news/cities/Delhi/centre-wants-to-demolish-53-temples-in-delhi-says-aap/article65554104.ece

The Hindu, June 22, 2022

471. 'Over 150-year-old' Hindu temple demolished in Karachi's Soldier Bazaar

'150년 이상 된' 카라치 솔저 바자르의 힌두 사원 철거

https://www.dawn.com/news/1764986

DAWN.COM, July 16, 2023

472. 80 temples demolished in Modi's capital: India News

모디의 수도에서 80개 사원 철거: 인도 뉴스

https://timesofindia.indiatimes.com/india/80-temples-demolished-in-modis-capital/articleshow/3706244.cms?from=mdr

The Times of India, November 13, 2008

473. 'Demolition' of temples in Varanasi figures in UP legislature

바라나시의 사원 철거, UP 입법부에서 논의

https://www.business-standard.com/article/pti-stories/demolition-of-temples-in-varanasi-figures-in-up-legislature-118122000606_1.html

Business Standard, December 20, 2018

474. YS Sharmila Joins Congress: Can Jagan Mohan Reddy's Sister Dent His Power?

YS 샤르밀라, 의회 합류: 자간 모한 레디의 여동생이 그의 권력을 약화시킬 수 있을까?

https://www.thequint.com/opinion/ys-sharmila-to-join-congress-how-will-this-impact-electoral-politics-in-andhra

The Quint, January 04, 2024

475. Hindu Groups Stage Protests After Demolition of 9 Temples in Tamil Nadu's

Coimbatore

타밀나두 코임바토르에서 9개 사원 철거 후 힌두 단체들 항의 시위

https://www.news18.com/news/india/hindu-groups-stage-protests-after-demolition-of-9-temples-in-tamil-nadus-coimbatore-3977048.html

News18, July 18, 2021

476. Hindu groups protest against demolition of Hindu temples in Coimbatore

힌두 단체들, 코임바토르 힌두 사원 철거에 반대하며 항의

https://www.opindia.com/2021/07/tamil-nadu-hindu-groups-protests-against-demolition-seven-temples-coimbatore/

OpIndia, July 17, 2021

477. Hindus furious over temple's demolition

힌두교도들, 사원 철거에 분노

https://www.thestar.com.my/news/nation/2023/12/21/hindus-furious-over-temples-demolition

The Star, December 21, 2023

신장 위구르족 수용소(Concentration camps of Uyghurs in Xinjiang)

478. Forced Labor in China's Xinjiang Region - United States Department of State

중국 신장 지역의 강제 노동 - 미국 국무부

https://www.state.gov/forced-labor-in-chinas-xinjiang-region/

U.S. Department of State, July 01, 2021

479. China's Xinjiang records revealed: Uyghurs thrown into detention for growing beards or bearing too many children, leaked Chinese document shows

중국 신장 기록 폭로: 유출된 중국 문서에 따르면 위구르족이 수염을 기르거나 아이를 너무 많이 낳아 구금당함

https://edition.cnn.com/interactive/2020/02/asia/xinjiang-china-karakax-document-intl-hnk/

CNN, February, 2020

480. Who are the Uyghurs and why is China being accused of genocide?

위구르족은 누구이며, 왜 중국이 집단학살 혐의를 받고 있나?

https://www.bbc.com/news/world-asia-china-22278037

BBC News, May 24, 2022

481. 'Like a war zone': Congress hears of China's abuses in Xinjiang 're-education camps'

'전쟁터와 같다': 의회, 신장 '재교육 수용소'에서 중국의 학대에 대해 듣다

https://www.theguardian.com/world/2023/mar/24/like-a-war-zone-congress-hears-of-chinas-abuses-in-xinjiang-re-education-camps
The Guardian, March 24, 2023

482. New details of torture, cover-ups in China's internment camps revealed in Amnesty International report
앰네스티 인터내셔널 보고서, 중국 수용소 내 고문과 은폐의 새로운 세부사항 폭로
https://www.nbcnews.com/news/world/new-details-torture-cover-ups-china-s-internment-camps-revealed-n1270014
NBCNews.com, June 10, 2021

483. Abandoned camps hint at a far darker next chapter for China's Uyghur people
버려진 수용소, 중국 위구르족에게 훨씬 더 어두운 다음 장을 암시
https://news.sky.com/story/whats-happened-to-chinas-uyghur-camps-12881984
Sky News, May 18, 2023

484. Xinjiang: Large numbers of new detention camps uncovered in report
신장: 보고서에서 다수의 새로운 구금 수용소 발견
https://www.bbc.com/news/world-asia-china-54277430
BBC News, September 24, 2020

485. China forcing birth control on Uighurs to suppress population, report says
중국, 위구르 인구 억제를 위해 강제 피임 시행 중이라는 보고서
https://www.bbc.com/news/world-asia-china-53220713
BBC News, June 29, 2020

486. China's hidden camps
중국의 숨겨진 수용소
https://www.bbc.co.uk/news/resources/idt-sh/China_hidden_camps
BBC News, October 24, 2018

487. Searching for truth in China's Uighur 're-education' camps
중국 위구르 '재교육' 수용소에서 진실을 찾다
https://www.bbc.co.uk/news/blogs-china-blog-48700786
BBC News, June 20, 2019

488. China's Xinjiang citizens monitored with police app, says rights group
신장: 인권 단체, 경찰 앱으로 중국 시민 감시 확인
https://www.bbc.com/news/world-asia-china-48130048
BBC News, May 02, 2019

489. Uighur crackdown: 'I spent seven days of hell in Chinese camps'

위구르 탄압: '중국 수용소에서 7일간 지옥을 겪었다'
https://www.bbc.com/news/world-asia-47157111
BBC News, February 12, 2019

490. House China panel turns focus to plight of Uyghurs
하원 중국 위원회, 위구르족의 곤경에 초점
https://apnews.com/article/china-uyghur-muslims-xinjiang-region-833fb8f337
b3a87fcdf0b760bb3e7066
AP News, March 24, 2023

491. New evidence of China's concentration camps shows its hardening resolve to
wipe out the Uighurs
중국의 집단 수용소에 대한 새로운 증거, 위구르족 말살에 대한 강경한 결의를 보여줌
https://www.washingtonpost.com/opinions/global-opinions/new-evidence-of-
chinas-concentration-camps-shows-its-hardening-resolve-to-wipe-out-the-
uighurs/2020/09/03/aeeb71b4-ebb2-11ea-99a1-71343d03bc29_story.html
The Washington Post, September 03, 2020

492. Inside Chinese camps thought to be detaining a million Muslims
약 백만 명의 무슬림을 구금하고 있는 것으로 알려진 중국 수용소 내부
https://www.nbcnews.com/news/world/inside-chinese-camps-thought-detain-
million-muslim-uighurs-n1062321
NBCNews.com, October 04, 2019

493. China is creating concentration camps in Xinjiang. Here's how we hold it
accountable.
중국, 신장에 집단 수용소 건설 중. 책임을 묻는 방법은 이렇다
https://www.washingtonpost.com/opinions/china-is-creating-concentration-
camps-in-xinjiang-heres-how-we-hold-it-accountable/2018/11/23/93dd8c34-
e9d6-11e8-bbdb-72fdbf9d4fed_story.html
The Washington Post, November 24, 2018

494. Night Images Reveal Many New Detention Sites in China's Xinjiang Region
야간 이미지, 중국 신장 지역의 수많은 새로운 구금 시설 드러내
https://www.nytimes.com/2020/09/24/world/asia/china-muslims-xinjiang-
detention.html
The New York Times, September 24, 2020

495. China says claims 1 million Uyghurs imprisoned in camps 'completely untrue'
중국, 100만 위구르족이 수용소에 갇혔다는 주장은 '완전히 사실이 아님'이라고 주장
https://edition.cnn.com/2018/08/13/asia/china-xinjiang-uyghur-united-

nations-intl/index.html
CNN, August 14, 2018

496. For Uighur Muslims in China, Life Keeps Getting Harder
중국의 위구르 무슬림에게 삶은 점점 더 힘들어지고 있다
https://foreignpolicy.com/2019/10/26/uighur-concentration-camps-surveillance-spies-china-control/
Foreign Policy, October 26, 2019

497. Inside Xinjiang's Prison State
신장의 감옥 국가 내부
https://www.newyorker.com/news/a-reporter-at-large/china-xinjiang-prison-state-uighur-detention-camps-prisoner-testimony
The New Yorker, February 26, 2021

498. China's Muslim 're-education centres' are run like 'concentration camps', Amnesty researcher says
중국의 무슬림 '재교육 센터', '집단 수용소'처럼 운영된다고 앰네스티 연구원 발언
https://www.independent.co.uk/news/world/asia/china-muslims-re-education-camps-amnesty-uighur-religion-human-rights-watch-a8678156.html
The Independent, December 16, 2018

인권 변호사 탄압(Crackdowns on human rights attorneys)

499. China: Shock at continued crackdown on human rights defenders and lawyers
중국: 인권 옹호자와 변호사에 대한 지속적인 탄압에 충격-유엔 전문가
https://www.ohchr.org/en/press-releases/2020/12/china-shock-continued-crackdown-human-rights-defenders-and-lawyers-un-expert
United Nations Human Rights, December 16, 2020

500. A human rights lawyer pays the price of standing up to Xi's China
인권 변호사, 시진핑의 중국에 맞서며 대가 치르다
https://www.reuters.com/investigates/special-report/china-lawyers-crackdown-mainland/
Reuters, September 22, 2022

501. 8 Years After '709,' Persecution of Chinese Human Rights Lawyers Continues
'709 사건' 8년 후, 중국 인권 변호사 박해 계속
https://thediplomat.com/2023/07/8-years-after-709-persecution-of-chinese-human-rights-lawyers-continues/
The Diplomat, July 09, 2023

502. lobal call against China's renewed crackdown on human rights lawyers
중국의 인권 변호사에 대한 새로운 탄압에 반대하는 글로벌 호소
https://www.globalr2p.org/publications/global-call-against-chinas-renewed-crackdown-on-human-rights-lawyers/
Global Centre for the Responsibility to Protect, July 10, 2023

503. China's Crackdown On Human Rights Lawyers
중국의 인권 변호사 탄압
https://www.amnesty.org/en/latest/campaigns/2016/07/one-year-since-chinas-crackdown-on-human-rights-lawyers/
Amnesty International, June 17, 2021

504. The 8th Anniversary of 709 Crackdown on Human Rights Lawyers: Ten Notable Events Over the Past Year
709 인권 변호사 탄압 8주년: 지난 1년간 주목할 만한 10가지 사건
https://29principles.uk/en/es
The 29 Principles, September 04, 2023

505. Joint Press Release: Massive crackdown of human rights lawyers continues
공동 보도자료: 인권 변호사에 대한 대규모 탄압 계속
https://www.omct.org/en/resources/statements/joint-press-release-massive-crackdown-of-human-rights-lawyers-continues
OMCT, January 01, 1970

506. China targets lawyers in new human rights crackdown
중국, 새로운 인권 탄압으로 변호사 표적 삼아
https://www.business-humanrights.org/en/latest-news/china-targets-lawyers-in-new-human-rights-crackdown/
Business & Human Rights Resource Centre, July 12, 2015

507. Eighth Anniversary of the Chinese Government's "709 Crackdown" on Lawyers and Human Rights Advocates
중국 정부의 변호사 및 인권 옹호자에 대한 "709 탄압" 8주년
https://www.nycbar.org/media-listing/media/detail/eighth-anniversary-of-the-chinese-governments-709-crackdown-on-lawyers-and-human-rights-advocates
New York City Bar Association, September 23, 2023

508. China targets lawyers in new human rights crackdown
중국, 새로운 인권 탄압으로 변호사 표적 삼아
https://www.theguardian.com/world/2015/jul/13/china-targets-lawyers-in-new-human-rights-crackdown

The Guardian, July 13, 2015

509. China Targeting Rights Lawyers in a Crackdown
중국, 인권 변호사 탄압에 나서
https://www.nytimes.com/2015/07/23/world/asia/china-crackdown-human-rights-lawyers.html
The New York Times, July 22, 2015

510. How Beijing's Crackdown on Lawyers Affects Media Freedom
베이징의 변호사 탄압이 언론 자유에 미치는 영향
https://freedomhouse.org/article/how-beijings-crackdown-lawyers-affects-media-freedom
Freedom House, August 10, 2015

511. China Targets Human-Rights Lawyers in Crackdown
중국, 인권 변호사를 탄압의 표적으로 삼아
https://www.wsj.com/articles/china-targets-human-rights-lawyers-in-crackdown-1436715268
The Wall Street Journal, July 12,2015

512. 709 Crackdown
709 탄압
https://en.wikipedia.org/wiki/709_crackdown
Wikipedia, June 07, 2023

513. China Crackdown on Human-Rights Lawyers Is a Bad Sign
중국의 인권 변호사 탄압은 나쁜 신호다
https://www.bloomberg.com/opinion/articles/2023-04-12/china-crackdown-on-human-rights-lawyers-is-a-bad-sign
Bloomberg.com, April 12, 2023

514. The UIA Condemns China Targeting Human Rights Lawyers in a Crackdown
UIA, 중국의 인권 변호사 탄압 규탄
https://www.uianet.org/fr/actions/uia-condemns-china-targeting-human-rights-lawyers-crackdown
UIA, April 27, 2018

515. She was a quiet commercial lawyer. Then China turned against her.
그녀는 조용한 상업 변호사였다. 그러다 중국이 그녀를 적으로 돌렸다
https://www.washingtonpost.com/world/she-was-a-quiet-commercial-lawyer-then-china-turned-against-her/2015/07/18/fe45876c-2b3d-11e5-960f-22c4ba982ed4_story.html

The Washington Post, July 18, 2015

중국 국민을 괴롭히는 경기 침체(The Chinese people are beset by recessions)

516. China is "entering a balance sheet recession" as borrowers shy away from new debt in a potential replay of Japan's "lost decades"
중국, "대차대조표 경기 침체"에 진입하며 차입자들이 새 부채를 꺼려, 일본의 "잃어버린 수십 년" 재현 가능성
https://fortune.com/2023/06/30/china-balance-sheet-recession-nomura-institute-chief-economist/
Fortune, June 30, 2023

517. Is China's Economy Already in Recession?
중국 경제, 이미 침체에 빠졌나?
https://leverageshares.com/en/insights/chinas-economy-in-recession/
Leverage Shares, December 22, 2023

518. Why China's Economy Is Slowing and Why It Matters
중국 경제가 왜 느려지고 있으며, 왜 중요한가
https://www.bloomberg.com/news/articles/2023-07-11/why-china-s-economy-is-slowing-and-why-it-matters
Bloomberg.com, July 11, 2023

519. 2023: The year China's economic miracle ended
2023년: 중국 경제 기적이 끝난 해
https://www.axios.com/2023/12/28/2023-the-year-chinas-economic-miracle-ended
Axios, December 28, 2023

520. The End of China's Economic Miracle
중국 경제 기적의 종말
https://www.foreignaffairs.com/china/end-china-economic-miracle-beijing-washington
Foreign Affairs, October 17, 2023

521. Five reasons why China's economy is in trouble
중국 경제가 어려움에 처한 다섯 가지 이유
https://www.bbc.com/news/world-asia-china-62830775
BBC News, October 04, 2022

522. Xi Jinping Is Running China's Economy Cold on Purpose
시진핑, 의도적으로 중국 경제를 냉각시키고 있다
https://www.bloomberg.com/news/features/2023-08-20/xi-jinping-is-running-

china-s-economy-cold-on-purpose
Bloomberg.com, August 20, 2023

523. China's Rebound Hits a Wall, and There Is 'No Quick Fix' to Revive It
중국의 회복세 벽에 부딪혀, 되살릴 '빠른 해결책' 없어
https://www.nytimes.com/2023/06/19/business/economy/china-economy-stimulus.html
The New York Times, June 19, 2023

524. China's Economy Ahead of the Third Plenum: The End of the "China Miracle"?
제3차 전원회의를 앞둔 중국 경제: "중국 기적"의 끝인가?
https://asiasociety.org/policy-institute/chinas-economy-ahead-third-plenum-end-china-miracle
Asia Society, October 04, 2023

525. China's economic slump may yet wash up on foreign shores
중국의 경제 침체, 아직 외국 해안에 영향을 미칠 수도
https://www.livemint.com/opinion/online-views/chinas-economic-slump-may-yet-wash-up-on-foreign-shores-11691942711008.html
mint, August 13, 2023

526. China and the Next Global Recession
중국과 다음 글로벌 경기 침체
https://time.com/4180267/made-in-china-the-next-global-recession/
Time, January 14, 2016

527. Is China's high-growth era over - forever?
중국의 고성장 시대는 영원히 끝났나?
https://www.aljazeera.com/features/2023/1/24/is-chinas-high-growth-era-over
Al Jazeera, January 24, 2023

528. China's confidence deficit
중국의 자신감 부족
https://www.ft.com/content/5100279b-d063-4f31-aa9d-f36e5de99c47
Financial Times, August 20, 2023

529. China's economy is in desperate need of rescue
중국 경제, 구출이 절실하다
https://www.economist.com/finance-and-economics/2023/08/24/chinas-economy-is-in-desperate-need-of-rescue
The Economist, August 24, 2023

530. China's 40-Year Boom Is Over. What Comes Next?

중국의 40년 호황 끝났다. 다음은 무엇인가?

https://www.wsj.com/world/china/china-economy-debt-slowdown-recession-622a3be4

The Wall Street journal, August 20, 2023

531. China's Great Leap Backward: by Jeffrey Frankel

중국의 대역전: 제프리 프랭클

https://www.project-syndicate.org/commentary/china-undoing-crucial-economic-reforms-by-jeffrey-frankel-2023-10

Project Syndicate, October 24, 2023

532. China's youth unemployment hits a record high, deepening its economic scars

중국 청년 실업률 사상 최고치 기록, 경제적 상처 깊어져

https://www.cnbc.com/2023/05/29/record-youth-unemployment-stokes-economic-worries-in-china-.html

CNBC, May 31, 2023

533. China signals more support for real estate with a 'big change' in tone

중국, 부동산 지원 강화 신호··· '큰 변화'로 분위기 전환

https://www.cnbc.com/2023/07/26/china-signals-more-support-for-real-estate-with-a-big-change-in-tone.html

CNBC, July 26, 2023

534. China's economic growth falls to 3% in 2022 but slowly reviving

중국 경제 성장률, 2022년 3%로 하락했지만 서서히 회복 중

https://www.npr.org/2023/01/17/1149452066/chinas-economic-growth-falls-to-3-in-2022-but-slowly-reviving

NPR, January 17, 2023

535. China's Economy Is Faltering. Should We Be Worried?

중국 경제가 흔들리고 있다. 걱정해야 하나?

https://www.forbes.com/advisor/au/personal-finance/how-chinas-decline-affects-australia/

Forbes, October 30, 2023

경기 침체가 젊은 세대에 미치는 영향(The Chinese people are beset by recessions impact young generation)

536. Is Chinese Youth Unemployment as Bad as It Looks?

중국 청년 실업률, 보이는 것만큼 나쁜가?

https://insight.kellogg.northwestern.edu/article/is-chinese-youth-unemployment-as-bad-as-it-looks

Kellogg Insight, September 29, 2023

537. China's Economy Shrinks, Ending a Nearly Half-Century of Growth
중국 경제 축소, 거의 반세기 만의 성장 끝내며
https://www.nytimes.com/2020/04/16/business/china-coronavirus-economy.
html
The New York Times, April 17, 2020

538. Why People Are Quitting Jobs and Protesting Work Life From the U.S. to China
미국에서 중국까지 사람들이 왜 일자리를 그만두고 직장 생활에 항의하나
https://www.bloomberg.com/news/features/2021-12-07/why-people-are-
quitting-jobs-and-protesting-work-life-from-the-u-s-to-china
Bloomberg.com, December 07, 2021

인플레이션(Inflation)

539. China's November consumer prices fall the fastest in 3 years
중국 11월 소비자 물가, 3년 만에 가장 빠르게 하락
https://www.cnbc.com/2023/12/09/inflation-in-china-november-consumer-
prices-fall-fastest-in-3-years.html
CNBC, December 09, 2023

540. Analysis: China has an inflation problem. It's way too low | CNN Business
분석: 중국에 인플레이션 문제가 있다. 너무 낮다는 점에서 | CNN 비즈니스
https://edition.cnn.com/2023/04/24/economy/china-deflation-economy-intl-
hnk/index.html
CNN, April 25, 2023

541. China's Inflation Slows, Giving Central Bank Room to Ease
중국 인플레이션 둔화, 중앙은행에 완화 여지 제공
https://www.bloomberg.com/news/articles/2022-02-16/china-s-inflation-
slows-giving-central-bank-room-to-ease-policy
Bloomberg.com, February 16, 2022

542. The Great Chinese Inflation
대중국 인플레이션
https://fee.org/articles/the-great-chinese-inflation/
Foundation for Economic Education, July 05, 2010

543. China's consumer prices fall fastest in 3 years, factory-gate deflation deepens
중국 소비자 물가, 3년 만에 가장 빠르게 하락하며 공장 출고가 디플레이션 심화
https://www.reuters.com/world/china/chinas-consumer-prices-fall-fastest-3-

years-factory-gate-deflation-deepens-2023-12-09/
Reuters, December 11, 2023

544. China: monthly inflation rate 2024
중국: 2024년 월간 인플레이션율
https://www.statista.com/statistics/271667/monthly-inflation-rate-in-china/
Statista, April 11, 2024

545. China: inflation rate 2029
중국: 2029년 인플레이션율
https://www.statista.com/statistics/270338/inflation-rate-in-china/
Statista, April 17, 2024

546. China's inflation data show economy in doldrums despite a slight improvement in trade
중국 인플레이션 데이터, 무역 약간 개선에도 경제 침체 보여줘
https://apnews.com/article/china-consumer-prices-factory-deflation-6ef9d95e c65ccc1513259307244afaf4
AP News, October 13, 2023

547. Inflation and Growth in China
중국의 인플레이션과 성장
https://www.elibrary.imf.org/configurable/content/book$002f9781557755421$0 02fch001.xml?t:ac=book%24002f9781557755421%24002fch001.xml
International Monetary Fund, June 24, 1996

548. China inflation: Latest News and Updates
중국 인플레이션: 최신 뉴스와 업데이트
https://www.scmp.com/topics/china-inflation
South China Morning Post

549. Chinese inflation remains remarkably low
중국 인플레이션, 놀랍도록 낮게 유지
https://www.bofit.fi/en/monitoring/weekly/2023/vw202314_1/
BOFIT, April 06, 2023

실업(Unemployment)

550. China Unemployment Rate
중국 실업률
https://tradingeconomics.com/china/unemployment-rate
Trading Economics

551. Unemployment, total(% of total labor force)(modeled ILO estimate)–China
실업률, 전체 노동력 대비(%)(ILO 추정 모델)–중국
https://data.worldbank.org/indicator/SL.UEM.TOTL.ZS?locations=CN
World Bank Open Data, February 06, 2024

552. China youth unemployment will stay elevated in 2024, but EIU warns economic
impact will linger
중국 청년 실업률, 2024년에도 높게 유지될 것이나 EIU, 경제적 영향 오래갈 것 경고
https://www.cnbc.com/2024/01/25/china-youth-unemployment-will-stay-
elevated-in-2024-but-eiu-warns-economic-impact-will-linger.html
CNBC, January 25, 2024

553. China's Youth Unemployment Rate Is Back, and Better
중국 청년 실업률 다시 발표, 개선됨
https://www.nytimes.com/2024/01/17/business/china-youth-unemployment.
html
The New York Times, January 17, 2024

554. China suspends youth unemployment data after record high
중국, 사상 최고치 기록 후 청년 실업 데이터 발표 중단
https://www.bbc.com/news/business-66506132
BBC News, August 15, 2023

555. China Has a New Youth Jobless Rate. Some Economists Are Ignoring It.
중국, 새로운 청년 실업률 발표. 일부 경제학자들은 무시 중
https://www.wsj.com/world/china/china-has-a-new-youth-jobless-rate-some-
economists-are-ignoring-it-dc2827e5
The Wall Street Journal, January 19, 2024

556. The Root of China's Growing Youth Unemployment Crisis
중국의 증가하는 청년 실업 위기의 근원
https://www.cfr.org/blog/root-chinas-growing-youth-unemployment-crisis
Council on Foreign Relations, September 18, 2023

557. China's Youth Employment Struggles and Societal Trends in 2023
2023년 중국 청년 고용 어려움과 사회적 트렌드
https://www.voanews.com/a/china-s-youth-employment-struggles-and-
societal-trends-in-2023-/7403918.html
Voice of America, December 19, 2023

558. China's youth unemployment problem has become a crisis we can no longer
ignore

중국 청년 실업 문제, 더 이상 무시할 수 없는 위기로

https://theconversation.com/chinas-youth-unemployment-problem-has-become-a-crisis-we-can-no-longer-ignore-213751

The Conversation, November 15, 2023

559. Social, economic risks of China's youth unemployment remain even as rate returns

중국 청년 실업률 복귀에도 사회적, 경제적 위험 여전

https://www.scmp.com/economy/economic-indicators/article/3248696/china-jobs-youth-unemployment-rate-returns-adjusted-stands-149

South China Morning Post, January 17, 2024

560. China Suspends Report on Youth Unemployment, Which Was at a Record High

중국, 사상 최고치 기록 후 청년 실업 보고 중단

https://www.nytimes.com/2023/08/15/business/china-youth-unemployment.html

The New York Times, August 15, 2023

561. [Column] The significance of China's 20.8% youth unemployment rate

[칼럼] 중국 20.8% 청년 실업률의 의미

https://english.hani.co.kr/arti/english_edition/english_editorials/1096590

Hankyoreh, June 19, 2023

562. China stops releasing youth unemployment data after it hit consecutive record highs | CNN Business

중국, 연속 최고치 기록 후 청년 실업 데이터 발표 중단 | CNN 비즈니스

https://edition.cnn.com/2023/08/14/economy/china-economy-july-slowdown-intl-hnk/index.html

CNN, August 18, 2023

563. Unemployment in China

중국의 실업

https://en.wikipedia.org/wiki/Unemployment_in_China

Wikipedia, February 25, 2024

564. China's 'full-time children' move back in with parents and take on chores as good jobs grow scarce

중국의 '전일제 자녀', 일자리 부족으로 부모 집으로 돌아가 집안일 맡아

https://apnews.com/article/china-youth-unemployment-jobs-economy-aeddf9fd7c188db7d72dbb3cca6ebbf7

AP News, September 14, 2023

565. China youth unemployment hits high as recovery falters
중국 청년 실업, 회복세 약화로 최고치 기록
https://www.bbc.com/news/business-66219007
BBC News, July 17, 2023

부패(Corruption)

566. Chinese corruption
중국 부패
https://www.ft.com/chinese-corruption
Financial times

567. Corruption in China: Latest News and Updates
중국 부패: 최신 뉴스와 업데이트
https://www.scmp.com/topics/corruption-china
South China Morning Post

568. Breakingviews-China's war on corruption turns into high wire act
브레이킹뷰-중국의 부패와의 전쟁, 고난도 곡예로 변모
https://www.reuters.com/breakingviews/chinas-war-corruption-turns-into-high-wire-act-2024-01-18/
Reuters, January 18, 2024

569. Ex-boss of China's state-run bank Everbright arrested on corruption charges
중국 국영 은행 에버브라이트 전 사장, 부패 혐의로 체포
https://www.aljazeera.com/economy/2024/1/15/ex-boss-of-chinas-state-run-bank-everbright-arrested-on-corruption-charges
Al Jazeera, January 15, 2024

570. China Launches Corruption Probe Into Top Nuclear Fuel Expert
중국, 최고 핵연료 전문가에 대한 부패 조사 착수
https://www.bloomberg.com/news/articles/2024-02-05/china-launches-corruption-probe-into-top-nuclear-fuel-expert
Bloomberg.com, February 05, 2024

571. China Corruption: Latest News, Photos, Videos on China Corruption
중국 부패: 최신 뉴스, 사진, 동영상
https://www.ndtv.com/topic/china-corruption
NDTV.com

572. China former bank manager sentenced to life in prison for corruption
중국 전 은행 매니저, 부패로 종신형 선고

https://www.bbc.com/news/business-67724241
BBC News, December 15, 2023

573. Chinese military purge exposes weakness, could widen
중국 군부 숙청, 약점 드러내며 확대 가능성
https://www.reuters.com/world/china/sweeping-chinese-military-purge-exposes-weakness-could-widen-2023-12-30/
Reuters, December 31, 2023

574. China records over 36,000 corruption-related cases in 1st half of 2023
중국, 2023년 상반기에 36,000건 이상의 부패 관련 사례 기록
https://www.aa.com.tr/en/asia-pacific/china-records-over-36-000-corruption-related-cases-in-1st-half-of-2023/2977912
Anadolu Ajansı, August 28, 2023

575. China corruption
중국 부패
https://www.bbc.com/news/topics/cjxwxr3negjt
BBC News

576. Measuring corruption in China
중국 부패 측정
https://www.japantimes.co.jp/commentary/2023/10/25/world/measuring-china-corruption/
The Japan Times, October 26, 2023

577. Another top executive is being investigated by China's corruption watchdog
또 다른 고위 임원, 중국 부패 감시 기관의 조사 대상
https://edition.cnn.com/2023/11/21/business/china-shanghai-industrial-group-ceo-investigation-intl-hnk/index.html
CNN, November 21, 2023

578. Unsafe at the top: China's anti-graft drive targets billionaires and bankers
정상에 있어도 안전하지 않다: 중국의 반부패 운동, 억만장자와 은행가들 표적
https://www.theguardian.com/world/2023/apr/19/unsafe-at-the-top-chinas-anti-graft-drive-targets-billionaires-and-bankers
The Guardian, April 19, 2023

579. Estimating Chinese corruption
중국 부패 추정
https://www.ft.com/content/8b72f68b-7b14-4c80-8959-83f77eaf460c
Financial Times, October 03, 2023

580. Corruption in China
중국의 부패
https://en.wikipedia.org/wiki/Corruption_in_China
Wikipedia, March 24, 2024

581. How China's Massive Corruption Crackdown Snares Entrepreneurs Across The Country
중국의 대규모 부패 단속, 전국 기업가들을 옭아매다
https://www.npr.org/2021/03/04/947943087/how-chinas-massive-corruption-crackdown-snares-entrepreneurs-across-the-country
NPR, March 04, 2021

검열(Censorship)

582. Academic Censorship in China: The Case of The China Quarterly | PS: Political Science & Politics | Cambridge Core
중국의 학문적 검열: 차이나 쿼털리 사례 | PS: 정치학 및 정치 | 캠브리지 코어
https://www.cambridge.org/core/journals/ps-political-science-and-politics/article/academic-censorship-in-china-the-case-of-the-china-quarterly/A5747B5452DDBF79F754C36A21810FE1
Cambridge University Press, January 07, 2019

583. Censorship in China
중국의 검열
https://en.wikipedia.org/wiki/Censorship_in_China
Wikipedia, April 16, 2024

584. Internet censorship in China
중국의 인터넷 검열
https://en.wikipedia.org/wiki/Internet_censorship_in_China
Wikipedia, April 06, 2024

585. Beina Xu, Media Censorship in China
베이나 쉬, 중국의 미디어 검열
https://www.files.ethz.ch/isn/177388/media%20censorship%20in%20china.pdf
Council on Foreign Relations, September 25, 2014

586. II. How Censorship Works in China: A Brief Overview
II. 중국에서 검열이 작동하는 방식: 간략한 개요
https://www.hrw.org/reports/2006/china0806/3.htm
Human Rights Watch

Authors:

Jason Ho

제이슨 호는 30년 동안 컴퓨터 칩 설계, 광학장치, 컴퓨터 보안, 신경망 분야에서 400개 이상의 국제특허를 보유한 혁신적인 기술을 개발한 인물입니다. 그의 발명에서 비롯된 기술들은 도요타, 닛산, 인텔, 일본 국가 연구소(NICT) 및 다른 많은 글로벌 기업과 정부 기관에서 사용되고 있으며, IBM의 최고 인증을 받았습니다. 제이슨 호는 이 책의 중요한 사건들과 깊은 연관이 있습니다. 예를 들어 그는 F-35 전투기 비행 제어 및 이미지 디스플레이 시스템용 컴퓨터 칩의 수석설계자로서, 이 설계들이 중국에 의해 해킹과 간첩 활동을 통해 도난당한 사건을 다룬 책의 내용에 포함되어 있습니다. 그는 이러한 공격들을 보고했으며, FBI 피해자 지원 프로그램에 등록되었습니다. 제이슨은 펜실베니이니아 주립대학교에서 전기공학 석사(MS)를, 대만 국립교통대학에서 전기공학 학사(BS)를 취득했습니다.

Moe Fukada

모에 후카다는 일본의 베스트셀러 작가이자, 저널리스트, IT 분석가입니다. 기업관리와 금융 분야에서 15년 이상 경험을 쌓았으며, 중요한 커뮤니케이션 분야에서 뛰어난 과학자들과 협력하는 기업가입니다. 그녀는 일본에서 7권 이상의 베스트셀러 책을 출판했으며, 과학적 분석을 바탕으로 비즈니스, 기술, 금융 기법에 관한 수백 편의 글을 작성했습니다. 또한 일본과 전 세계의 최신 사건을 정확하고 날카롭게 분석하는 유튜브 채널을 운영하고 있으며, 구독자 수는 50만 명이 넘습니다. 모에는 와세다대학교에서 글로벌 정치 경제학을 전공했으며, 다이아몬드 금융 리서치에서 분석가로 근무한 후, 일본 바클레이스 캐피탈에 합류했습니다. 또한 세계에서 네 번째로 큰 통신회사이자 포춘 글로벌 500에서 55위에 랭크된 NTT의 CEO에게 비즈니스 컨설턴트로 활동한 경험이 있습니다.

translators:

권은주(權恩主)

숙명여자대학교, 베를린 자유대학교, 멜버른 모나쉬대학교 경영대학원, 킹 조지 인터내셔널 칼리지 등에서 언어학, 회계학 등을 수학했으며 햇불 트리니티 신학대학원에서 교회사 박사과정에 있습니다.

박보영

일본에서 활동 중인 사업가이자 일본어와 한국어에 능통한 언어 전문가입니다. 서울여자대학교에서 영어영문학을 전공하였으며, IT, 소규모 비즈니스, 그리고 아시아 문화에 대한 폭넓은 이해와 통찰력을 갖추고 있습니다.

거대한 음모
– 불사조의 귀환

초판 1쇄 2025년 4월 25일

지은이 | Jason Ho & Moe Fukada

펴낸곳 | 북앤피플
대　표 | 김진술
펴낸이 | 김혜숙
디자인 | 박원섭
마케팅 | 박광규

등　록 | 제2016-000006호(2012. 4. 13)
주　소 | 서울시 송파구 성내천로37길 37, 112-302
전　화 | 02-2277-0220
팩　스 | 02-2277-0280
이메일 | jujucc@naver.com

ⓒ 2024, Teklium Inc.

ISBN 978-89-97871-71-1 03340

잘못된 책은 구입처에서 바꾸어 드립니다.
값은 표지 뒤에 있습니다.